汽车故障诊断
与典型案例分析

嵇伟　等编著

机械工业出版社

本书通过大量的汽车故障案例、详尽的资料和数据，重点介绍了发动机燃油喷射系统故障分析，发动机点火系统故障分析，发动机怠速控制系统故障分析，发动机排放控制系统和OBD Ⅱ系统故障分析，自动变速器、无级变速器和双离合器变速器故障分析，电控悬架系统和电控转向系统故障分析，制动防滑控制系统故障分析，车身电器故障分析等内容。

本书既可以作为高等职业院校及本科院校汽车运用与维修专业师生的参考用书，又可以作为具有一定汽车修理经验人员的参考资料。

图书在版编目（CIP）数据

汽车故障诊断与典型案例分析/嵇伟等编著. —北京：机械工业出版社，2011.8（2025.1重印）

ISBN 978-7-111-35461-1

Ⅰ.①汽⋯ Ⅱ.①嵇⋯ Ⅲ.①汽车-故障诊断 Ⅳ.①U472.42

中国版本图书馆 CIP 数据核字（2011）第 153368 号

机械工业出版社（北京市百万庄大街22号 邮政编码100037）
策划编辑：陈玉芝 责任编辑：王华庆
版式设计：霍永明 责任校对：王 欣
封面设计：鞠 杨 责任印制：单爱军
北京虎彩文化传播有限公司印刷
2025 年 1 月第 1 版第 7 次印刷
184mm×260mm · 15.5 印张 · 398 千字
标准书号：ISBN 978-7-111-35461-1
定价：35.00 元

电话服务
客服电话：010-88361066
010-88379833
010-68326294
封底无防伪标均为盗版

网络服务
机 工 官 网：www.cmpbook.com
机 工 官 博：weibo.com/cmp1952
金 书 网：www.golden-book.com
机工教育服务网：www.cmpedu.com

前　言

　　随着我国汽车工业的高速发展和人民生活水平的不断提高，汽车的使用已经越来越普及。但是，汽车故障类型繁多，故障的现象也是千变万化。要想快速掌握汽车故障的分析、诊断和排除方法，则需要具有扎实的理论基础和丰富的实践经验。本书的目的就是在大量案例分析的基础上，使读者了解并掌握汽车各零部件之间的关系和连接点，建立起正确的故障诊断思路，然后结合汽车构造和原理对汽车常见故障和疑难故障进行分析，并通过对大量案例的概括、总结、归纳，从中找出汽车故障的规律性。本书系统性、实用性强，涉及的内容较深、范围较广，将大量的汽车修理案例分析与理论探讨相结合，注重理论联系实践，并对近年涌现的发动机和底盘新技术作了准确的介绍，在维修理论上有所突破。

　　本书对各种传感器及关键件的位置、作用、彼此间的关系、检测的数据、常见故障的原因和诊断与排除方法等作了详尽的阐述，使读者能够举一反三，学会综合运用各种检测手段进行故障诊断；在发动机方面，对电控发动机进气系统、燃油系统、缸内直喷技术、点火系统、急速控制系统、排放控制系统的故障案例进行了详尽的分析，并且特别加大了电子节气门、OBDⅡ系统以及发动机综合故障、他生性故障案例分析的内容；在底盘方面，重点对自动变速器、无级变速器、双离合器变速器、电控悬架、四轮定位、电控动力转向，以及 ABS、EBD、EBA、ASR、ESP、EDS 的故障案例进行了分析；在车身电器方面，重点对自动空调、安全气囊、CAN 总线的故障案例进行了分析。另外，本书还增加了具有画龙点睛作用的一句话介绍、故障一点通、维修小窍门等，以达到在最短的时间内准确诊断故障的目的。

　　本书的部分内容以教案的形式参与了教育部全国 30 年职业教育成果展。汽车发动机故障树和自动变速器故障树则是作者在参加国家级本科精品课建设中独立负责的发动机故障诊断与发动机实验课内容的延伸。

　　本书既可以作为高等职业院校及本科院校汽车运用与维修专业师生的参考用书，又可以作为具有一定汽车修理经验人员的参考资料。

　　参与本书编著的有嵇伟、刘欢、刘惠、王瑞章、刘自萍、苏晓芳、张莉。

　　由于编者水平有限，书中难免有不妥之处，恳请广大读者批评指正。

编　者

目　录

汽车发动机
故障树

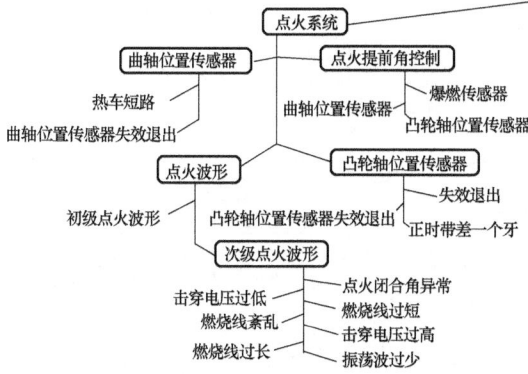

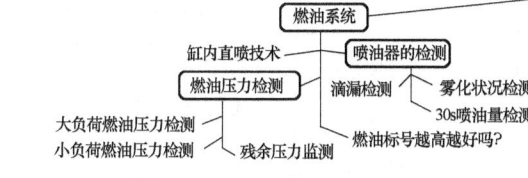

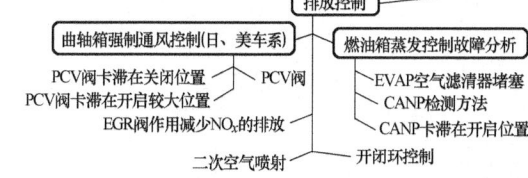

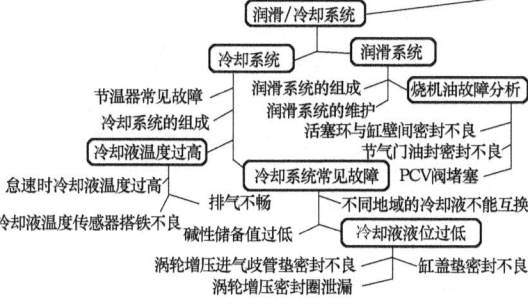

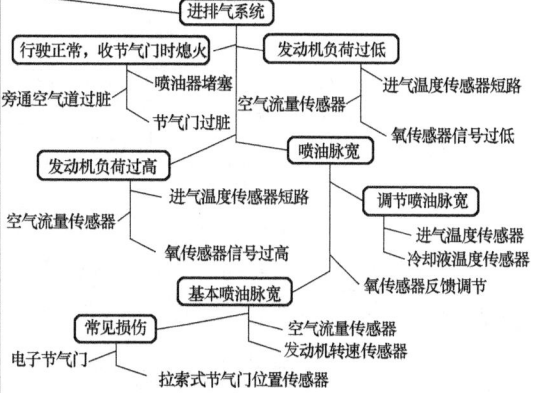

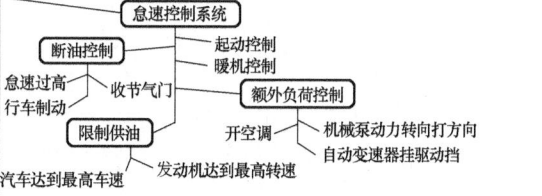

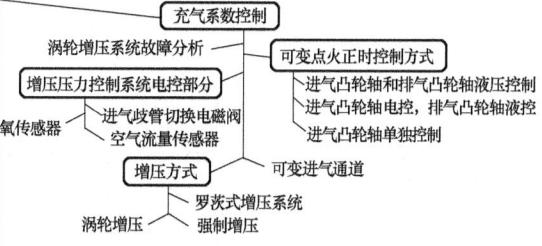

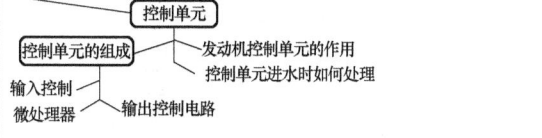

点火系统

曲轴位置传感器
- 热车短路
- 曲轴位置传感器失效退出

点火提前角控制
- 曲轴位置传感器
- 凸轮轴位置传感器
- 爆燃传感器

凸轮轴位置传感器
- 失效退出
- 正时带差一个牙

点火波形
- 初级点火波形
- 凸轮轴位置传感器失效退出

次级点火波形
- 击穿电压过低
- 燃烧线紊乱
- 燃烧线过长
- 点火闭合角异常
- 燃烧线过短
- 击穿电压过高
- 振荡波过少

燃油系统

缸内直喷技术

喷油器的检测
- 滴漏检测
- 雾化状况检测
- 30s喷油量检测

燃油压力检测
- 大负荷燃油压力检测
- 小负荷燃油压力检测
- 残余压力监测
- 燃油标号越高越好吗?

排放控制

曲轴箱强制通风控制(日、美车系)
- PCV阀卡滞在关闭位置
- PCV阀卡滞在开启较大位置
- EGR阀作用减少NOₓ的排放
- 二次空气喷射
- PCV阀

燃油箱蒸发控制故障分析
- EVAP空气滤清器堵塞
- CANP检测方法
- CANP卡滞在开启位置
- 开闭环控制

润滑/冷却系统

冷却系统
- 节温器常见故障
- 冷却系统的组成

润滑系统
- 润滑系统的组成
- 润滑系统的维护

烧机油故障分析
- 活塞环与缸壁间密封不良
- 节气门油封密封不良
- PCV阀堵塞

冷却液温度过高
- 急速时冷却液温度过高
- 冷却液温度传感器搭铁不良

冷却系统常见故障
- 排气不畅
- 碱性储备值过低
- 不同地域的冷却液不能互换

冷却液液位过低
- 涡轮增压进气歧管垫密封不良
- 涡轮增压密封圈泄漏
- 缸盖垫密封不良

进排气系统

行驶正常，收节气门时熄火
- 旁通空气道过脏
- 喷油器堵塞
- 节气门过脏

发动机负荷过低
- 空气流量传感器
- 进气温度传感器短路
- 氧传感器信号过低

喷油脉宽
- 调节喷油脉宽
  - 进气温度传感器
  - 冷却液温度传感器
  - 氧传感器反馈调节

发动机负荷过高
- 空气流量传感器
- 进气温度传感器短路
- 氧传感器信号过高

基本喷油脉宽
- 空气流量传感器
- 发动机转速传感器

常见损伤
- 电子节气门
- 拉索式节气门位置传感器

急速控制系统

断油控制
- 急速过高行车制动
- 收节气门
- 起动控制
- 暖机控制

限制供油
- 汽车达到最高车速
- 发动机达到最高转速

额外负荷控制
- 开空调
- 自动变速器挂驱动挡
- 机械泵助力转向打方向

充气系数控制

涡轮增压系统故障分析

增压压力控制系统电控部分
- 进气歧管切换电磁阀
- 空气流量传感器
- 氧传感器

增压方式
- 涡轮增压
- 罗茨式增压系统
- 强制增压

可变点火正时控制方式
- 进气凸轮轴和排气凸轮轴液压控制
- 进气凸轮轴电控，排气凸轮轴液控
- 进气凸轮轴单独控制
- 可变进气通道

控制单元

控制单元的组成
- 发动机控制单元的作用
- 控制单元进水时如何处理

输入控制
- 微处理器
- 输出控制电路

汽车自动变速器故障树

液力变矩器

锁止力矩不足
- 原因是锁止电磁阀柱塞磨损，变矩器内过脏
- 现象为进入锁止工况前车速在20km/h内有"嗡嗡"异常响声
- 单向离合器打滑，发动机失速转速过低

变矩器过脏的危害
- 行星齿轮早期磨损
- 行驶正常而制动熄火
- 变速器个别挡有换挡冲击
- 更换锁止电磁阀，清洗变矩器

导轮单向离合器打滑或卡滞
- 单向离合器打滑，车速在30~50km/h以下时加速不良
- 单向离合器卡滞，汽车没有高速

换挡执行机构

离合器
- 装配顺序
- 离合器摩擦片和密封性的检查
- 离合器早期磨损的原因

单向离合器
- 装配方向
- 打滑
- 卡滞

制动器
- 制动器的检测方法
- 装配时的注意事项
- 发动机制动

变速器主油压试验

怠速油压试验
- 正常，说明油泵和主调压阀弹簧刚度正常
- 怠速油压低，失速油压正常油泵早期磨损
- 怠速和失速油压过低、主调压阀弹簧过软或主调压阀卡滞在泄油一侧

不同挡位油压试验
- 离合器或制动器活塞密封圈密封不良
- 蓄能器密封圈密封不良或活塞裂缝
- 离合器进油口密封圈密封不良

怠速油压过高
- 发动机进气系统泄露
- 空气流量传感器信号过高
- 氧传感器信号过低

失速油压试验
- 怠速油压正常，失速油压过低而且保持不住
- 怠速油压正常，失速油压过低但能保持住
- 怠速和失速油压正常，说明节气门油压正常

怠速和失速油压都过低
- 变速器油液位过低
- 主调压阀柱塞磨损
- 变速器油液拖底，油滤器进油口被堵

个别挡位工作油压过低
- 蓄能器密封圈密封不良或活塞有裂缝
- 离合器进油口密封圈密封不良
- 离合器或制动器活塞密封圈密封不良

怠速和失速油压都过高
- 主油压电磁阀漏，油路滤网堵塞
- 节气门拉簧过紧，调节器真空软管破裂
- 控制单元上节气门位置传感器搭铁线接触不良

换挡冲击

变速器自身原因
- 个别挡有换挡冲击
- 发动机转速过高
- 控制单元不良记忆

变速器自身原因
- 个别挡有换挡冲击
- 所有挡有换挡冲击

个别挡有换挡冲击
- 安全缓冲系统
- 换挡滑阀
- 换挡电磁阀

所有挡都有换挡冲击
- 主油压电磁阀泄漏滤网堵塞
- 节气门位置传感器信号过高

发动机转速过高
- 空气流量传感器信号过高
- 发动机进气系统密封不良
- 氧传感器信号过低

缺挡的原因

节气门位置传感器
- 信号过高
- 原因是控制单元上节气门位置传感器搭铁线接触不良

换挡严重卡滞
- 该升入的挡位以及更高的挡位均没有
- 原因是变速器内过脏

换挡严重卡滞
- 变速器油温过高
- 发动机进、排气不畅
- 冷车有超速挡而热车后没有超速挡

缺挡
- 变速器散热器堵塞造成缺挡
- 换挡电磁阀线束接反
- 单向离合器装反

换挡电磁阀
- 短路
- 断路
- 卡滞

自动变速器油

自动变速器放气阀失效
- 变速器油窜入变速器控制单元
- 油尺弹出

自动变速器油

液位高度
- 通用变速器油液位过低，没有倒挡
- 液位过高会造成油液外泄
- 大众变速器油液位过低，制动后无法立即行驶

油液型号
- 大众变速器加错油时会在3、4挡之间出现换挡冲击
- 奔驰变速器加错油时只有一个失效保护挡

变速器油温过高
- 变速器油温传感器短路
- 摩擦件打滑

油液颜色
- 油液变成白色说明有冷却液进入
- 油液液位过低或散热器堵塞
- 油液变成褐色，说明已氧化
- 油液变成黑色，则摩擦片剥落

液压控制系统

球阀
- 前进挡和倒挡转换球阀
- 单向节流阀球阀
- 工作油路限压阀
- 密封圈密封不良

滑阀

严重卡滞
- 换挡阀严重卡滞
- 锁止继动阀卡滞

轻微卡滞
- 主调节阀轻微卡滞
- 换挡阀轻微卡滞

蓄能器
- 活塞裂
- 活塞卡滞

自动变速器电控系统

电磁阀

变速器控制单元需要自适应
- 换挡点滞后、换挡有冲击
- 挂P位时正常，挂D位时却有换挡冲击

开关式电磁阀
- 换挡电磁阀
- 所有前进挡都加速不良

占空比电磁阀
- 锁止电磁阀

电控系统
- 主油压电磁阀
- 换挡电磁阀

温度传感器
- 冷却液温度传感器
- 进气温度传感器

怠速和失速油压都过高

节气门位置传感器
- 和车速传感器一起控制换挡点
- 和主油压电磁阀一起控制节气门油压

变速器转速传感器
- 监控换挡点，在换挡时给控制单元信号以便换挡瞬间限制发动机转矩以防止换挡冲击

输入轴转速传感器
- 和发动机转速传感器一起监控变矩器锁止离合器是否打滑
- 和车速传感器一起监控各挡离合器和制动器是否打滑

空挡开关进水
- 挂挡后不能立即行驶
- 用吹风机热风烘干

车速传感器
- 和输入轴转速传感器一起监控离合器和制动器是否打滑
- 和节气门位置传感器一起负责控制油压

装配不当可能导致的故障

执行器装配不当可能导致的故障
- 离合器装配不当可能导致的故障
- 制动器装配不当可能导致的故障
- 单向离合器装配不当可能导致的故障

控制阀装配不当可能导致的故障
- 控制阀拆、装时需要注意的事项
- 主调压阀的装配顺序、节气门阀的锁片
- 滑阀和弹簧的检测方法

变矩器过脏的危害
- 变速器转速传感器和车速传感器线束装反
- 换挡电磁阀线束装反
- 换挡电磁阀和其他电磁阀线束装反

变矩器的装配
- 装配前的注意事项
- 装配过程中的注意事项

路试

变矩器锁止力矩不足
- 刚进入锁止工况的20km/h车速范围内能听到"嗡嗡"声会造成锁止离合器烧蚀锁止电磁阀柱塞磨损

行驶正常制动熄火
- 锁止继动阀是上阀体直径最大、最长的阀
- 导致卡滞的原因是变矩器内过脏
- 锁止继动阀卡滞在工作端

单向离合器
- 装反在负责的挡位，收节气门时能听到"嗡嗡"声
- 打滑行驶中负责的挡位有时会突然没有动力
- 卡滞在负责的挡位上，收节气门时能听到"嗡嗡"声

不能立即起步
- 行驶中制动后不能立即起步，起步后2~3min后才能起步

制动器
- 某挡位车速上不去，收节气门时没有发动机制动，说明制动器打滑

第一章 发动机燃油喷射系统故障分析

第一节 喷油脉宽方面的故障分析

一、基本喷油脉宽控制的故障分析

1. 电喷发动机空燃比的形成

电控发动机的空燃比主要通过喷油脉宽、燃油压力和燃油流量三个方面进行控制。其中，电控系统主要控制喷油脉宽，燃油系统主要控制燃油压力和燃油流量，而燃油流量主要和燃油滤清器以及喷油器是否堵塞有关，和控制系统没有太大的关联。现在一些轿车发动机已经取消了燃油压力调节器，即取消了燃油压力调节，其空燃比主要由喷油脉宽控制。

2. 喷油脉宽的形成

所谓喷油脉宽，就是指在发动机的每个工作循环内喷油器持续喷油的时间。喷油脉宽由基本喷油脉宽、调节喷油脉宽和修正喷油脉宽三个部分组成，如图 1-1 所示。

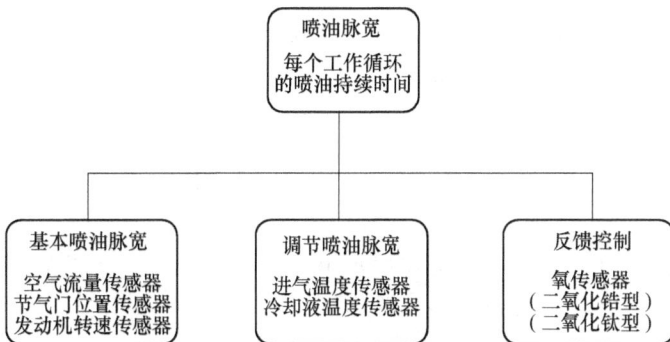

```
              ┌─────────────┐
              │   喷油脉宽    │
              │  每个工作循环  │
              │ 的喷油持续时间 │
              └──────┬──────┘
        ┌────────────┼────────────┐
┌───────┴───────┐┌───┴────────┐┌──┴─────────┐
│   基本喷油脉宽   ││  调节喷油脉宽  ││   反馈控制    │
│  空气流量传感器  ││ 进气温度传感器 ││    氧传感器    │
│ 节气门位置传感器 ││冷却液温度传感器││  （二氧化锆型） │
│  发动机转速传感器 ││            ││  （二氧化钛型） │
└───────────────┘└────────────┘└────────────┘
```

图 1-1 喷油脉宽的控制

所谓基本喷油脉宽，特指环境温度正常（在 20℃ 左右），发动机工作温度正常（在 85℃ 以上），海拔高度正常，氧传感器还没有参与修正喷油脉宽节时喷油器在每个工作循环内持续喷油的时间。

（1）负责基本喷油脉宽调节的传感器 此类传感器有空气流量传感器、节气门位置传感器和发动机转速传感器，如图 1-2 所示。其中，空气流量传感器的信号为主信号。空气流量传感器计量的是单位时间内的进气量，以 g/s 计算。节气门位置传感器计量的是节气门开启角度和开启速率。发动机转速传感器计量的是发动机每个工作循环内的进气量，以 g/s 计算。基本喷油脉宽控制主要取决于空气流量传感器的信号。节气门位置传感器主要负责在急加速时增加一次喷油。在 OBD II 系统中，进气歧管压力传感器、节气门位置传感器和发动机转速传感器负责监控空气流量传感器。如果发现空气流量传感器的信号与以上三个传感器的综合信号明显不符，则会留下空气流量传感器信号不准确的故障码，空气流量传感器将退出控制。

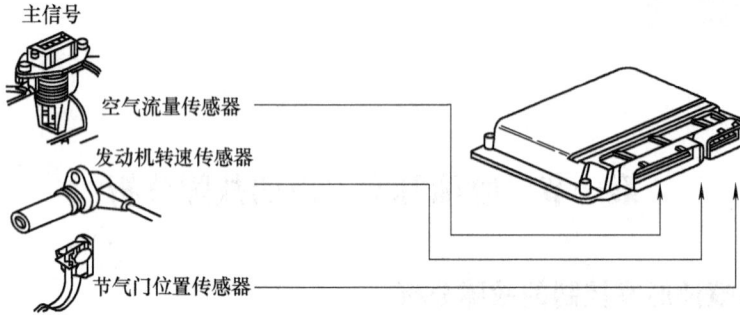

图1-2 控制基本喷油脉宽调节的传感器

（2）负责调节喷油脉宽的传感器 此类传感器有进气温度传感器、冷却液温度传感器。进气温度越高，发动机冷却液温度越低，喷油脉宽越大。进气温度传感器和冷却液温度传感器短路时会显示温度过高。如果进气温度传感器断路或接地线接触不良，则会造成混合气过稀，发动机起动困难；如果冷却液温度传感器短路，则显示温度超过105℃，会造成混合气过稀，发动机无法起动。

（3）负责修正喷油脉宽调节的传感器 此类传感器为氧传感器。以二氧化锆氧传感器为例，正常情况下其输出电压信号为 0.1～0.9V。废气中氧的含量越多（混合气越稀），传感器输出电压信号越低；相反，废气中氧的含量越少（混合气越浓），电压信号越高。负责调节和修正喷油脉宽调节的传感器如图1-3所示。

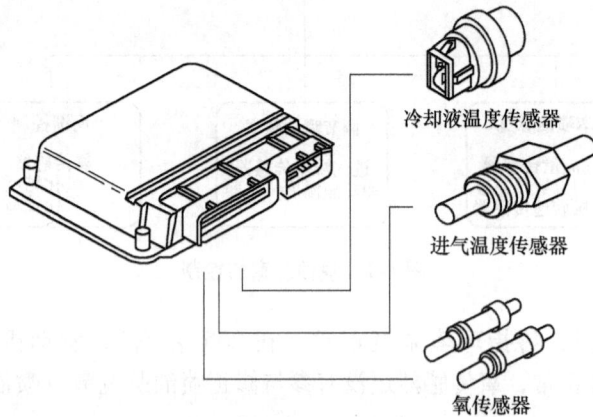

图1-3 负责调节和修正喷油脉宽调节的传感器

3. 空气流量传感器的故障特点及检测方法

现在常用的空气流量传感器有热膜式和热线式两种。

（1）喷油脉宽的检测　以大众车系为例，检测热膜式空气流量传感器怠速喷油脉宽的前提条件是：环境温度和发动机温度正常，怠速时节气门开度为 2°~5°，喷油脉宽为 2~3ms。如果喷油脉宽低于 2ms，则混合气过稀；如果喷油脉宽高于 3ms，则混合气过浓。

小·提示

热膜式空气流量传感器电路没有稳压电路，因此，如果发电动机调节器失效，则在急加速出现瞬间过高电压时，空气流量传感器就可能损坏。

热膜式空气流量传感器的结构如图 1-4 所示。

以通用车系为例，检测热线式空气流量传感器怠速喷油脉宽的前提条件是：环境温度和发动机温度正常，怠速时节气门开度正常，喷油脉宽为 2.5~3.5ms。如果喷油脉宽低于 2.5ms，则为混合气过稀；如果喷油脉宽高于 3.5ms，则为混合气过浓。热线式空气流量传感器的结构如图 1-5 所示。

既然理想的空燃比都是 14.7:1，那么为什么大众车系和通用车系怠速喷油脉宽的标准不一样呢？这是因为大众车系怠速时燃油压力为 350kPa，通用车系怠速时燃油压力为 260kPa，所以将喷油脉宽和燃油压力综合起来考虑，14.7:1 对于它们来说都是理想的空燃比。

图 1-4　热膜式空气流量传感器的结构
1—金属热膜元件　2—密封　3—密封盖
4—感应元件　5—电路

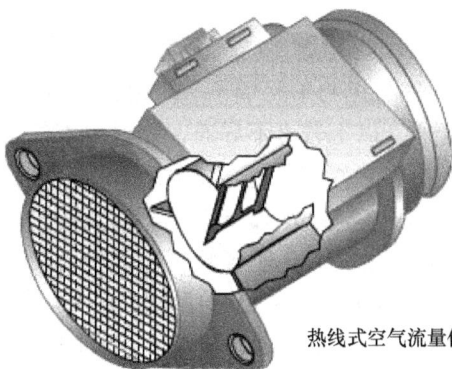

（2）空气流量的检测　通用车系为什么比大众车系油耗高呢？这是因为它们的进气量不一样。怠速时大众车系环境温度和发动机温度正常，节气门开度不大于 5°，空气流量传感器进气量标准为 2~4g/s。如果信号过高，则说明传感器短路，必须更换传感器。怠速时通用车系环境温度和发动机温度正常，节气门开度正常，空气流量传感器进气量标准为 4~6g/s。如果信号低于下限，则应重点检查以下三方面：

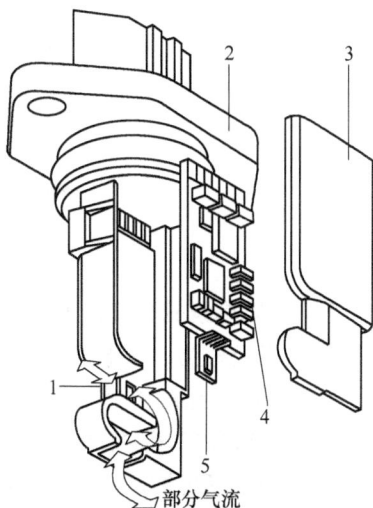

热线式空气流量传感器

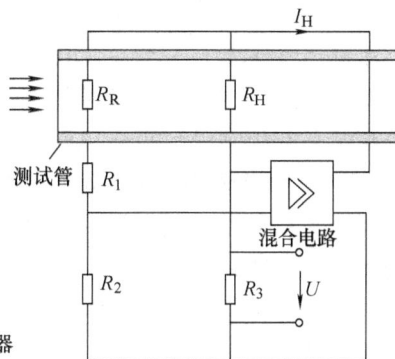

热线式空气流量传感器电路

图 1-5　热线式空气流量传感器的结构

1）热线或热膜是否因被废气反流的积炭覆盖而形成隔热层，造成混合气过稀，怠速抖动，加速不良，没有高速。如果属于这种情况，则在热机状态下就车清洗空气流量传感器即可排除故障。

2）热线或热膜前方是否因被异物遮挡而造成混合气过稀，因为只有流经热线和热膜的空气才被计量，而从热线和热膜周边流过的空气是不被计量的，如图1-6所示。

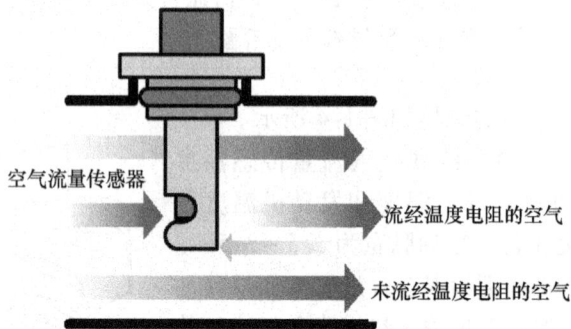

图1-6　从热线和热膜周边流过的空气

3）如果热线或热膜很干净，但信号很低，则说明空气流量传感器和控制单元之间的电路可能与正极短路，使电阻值异常减小。

（3）传感器信号频率的检测　热线式空气流量传感器还需要检测传感器的信号频率。在发动机热机后怠速运转时，传感器信号频率为2000~2650Hz，如果怠速时低于2000Hz，则会造成混合气过稀，而高于2650Hz则会造成混合气过浓。发动机高速运转时传感器信号频率约为7000Hz，最大负荷为8000Hz以上。大负荷时，如果传感器信号频率不到8000Hz，则会造成动力不足。如果热线被积炭污染，则传感器信号频率偏离（低于）实际值，并且污染越严重，偏离（低于）实际值越多，清洗后可恢复到正常值。

（4）空气流量传感器电阻的检测　空气流量传感器的五个端子中，A为电源（12V），B为参考电压（5V），C为输出电压信号，D为进气温度信号，E为搭铁线。

数字万用表表选欧姆挡，关闭点火开关，搭试测针。

空气流量传感器端子D与A之间不应导通，D与E之间不应导通，E与A之间不应导通。以上若有导通，则说明该条电路短路。

空气流量传感器端子A与主继电器端子C之间应导通，空气流量传感器端子B与控制单元端子IP之间应导通，空气流量传感器端子D与控制单元端子IAT之间应导通，空气流量传感器端子E与控制单元端子IAR之间应导通。以上若有不导通，则说明该条电路断路。

（5）空气流量传感器电压的检测　数字万用表选择直流电压信号（DC）挡，打开点火开关。电源插头和车身接地点应为蓄电池电源电压，实测为12.5V，合格。信号电压插头和车身接地点电压信号应随发动机负荷的增大而同步增大。一辆奔驰轿车的发动机无论加速、减速，空气流量传感器信号电压都保持在1.9V。该车在行驶过程中换挡时，发动机转速表指针会上下波动，同时数据流显示混合气时浓时稀，当发动机转速为4000r/min时，车速只能达到100km/h。拔下空气流量传感器的线束插头进行试车（发动机收不到空气流量传感器信号会自动进入失效保护模式），结果此时车辆换挡有力，发动机转速在2500r/min时车速便达到120km/h，变速器能进入高速挡。更换空气流量传感器，消除故障码，故障排除。

4. 进气歧管绝对压力传感器

（1）作用 进气歧管绝对压力传感器将进气歧管内的真空度变为电信号输入发动机控制单元。当节气门关闭时，进气歧管内的真空度大，进气量小，供给的燃油量少；节气门打开后进气歧管内的真空度降低，进气量增加，供给的燃油量随之增加。

（2）工作原理 进气歧管绝对压力传感器是一个对压力高度灵敏的可变电阻。当发动机工作时，进气歧管内的部分空气经传感器和滤清器作用在硅膜片上，使之产生变形，可变电阻的阻值就会发生变化，电桥输出电压随之变化。因为进气压力随进气流量的变化而变化，当节气门开度增大（即进气流量增大）时，空气流通截面增大，气流速度降低，进气压力升高，膜片变形量增大，可变电阻的变化率增大，电桥输出电压升高。反之，当节气门开度变小（即进气流量降低）时，空气流通截面减小，气流速度升高，进气压力降低，膜片变形量减小，可变电阻的变化率减小，电桥输出电压降低，经集成电路进行比例放大后，再经传感器输入控制单元的信号电压降低。

（3）进气歧管绝对压力传感器真空软管破裂或堵塞时分别会造成的故障 当进气歧管绝对压力传感器真空软管堵塞时，控制单元因接收不到空气流量信号而不能进入应急保护程序，在怠速时控制单元会反复调整怠速步进电动机，造成怠速转速漂移，怠速容易熄火，热机时起动困难，加速时发动机喘振，油耗明显增加，排气管冒黑烟。

进气歧管绝对压力传感器的电源为5V，来自控制单元。进气歧管压力传感器有三条线：一条线是传感器输出信号线（PIM），表示进气压力和发动机负荷的高低；第二条线是控制单元输入传感器的电压（VCC），为5V；第三条线是传感器的接地线，如图1-7所示。

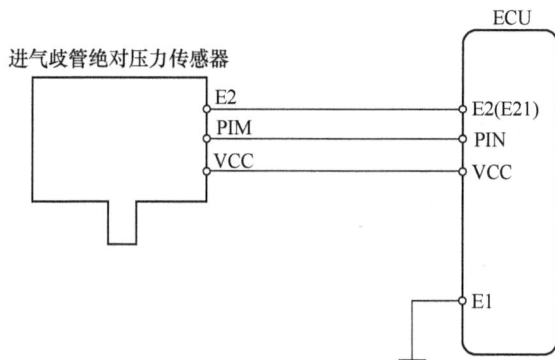

图1-7 进气歧管绝对压力传感器电路

维修注意事项：如果更换进气歧管绝对压力传感器，连接管必须与原有的管子保持同样的孔径。

小·提示

三根导线的进气歧管绝对压力传感器里没有装进气温度传感器，四根导线的进气歧管绝对压力传感器里装有进气温度传感器。进气歧管绝对压力传感器解剖图如图1-8所示。

5. 节气门位置传感器的故障特点及检测方法

（1）节气门位置传感器的端子　VCC 为控制单元的输入电压，为 5V；VTA 为节气门位置传感器的输出电压，随着节气门开启量的增大，输出电压同步增大；IDL 为怠速触点开关，怠速时为 12V；E2 为传感器共用的到控制单元内部的接地线；E1 为控制单元的接地线。

（2）电压的检测　IDL 与 E2 之间的电压应为蓄电池电压。VTA 与 E2 之间的电压为传感器的输出电压信号，应随节气门的逐渐开启而同步增大。VTA 与 E2 之间的电阻也随节气门的逐渐开启而同步增大。

图 1-8　进气歧管绝对压力传感器解剖图
1—绝对真空泵　2—硅片　3—IC 放大器

（3）电阻值的检测　TPS 主要检测节气门全关和全开时电阻值是否和厂家规定相符。缓慢开启节气门，在开启节气门的过程中用手拍打节气门位置传感器，看其电阻值有无波动，如果有波动，则说明滑线电阻磨损，必须更换节气门位置传感器。

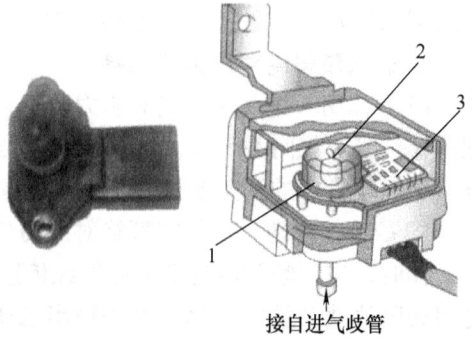

小·提示

控制单元对节气门位置传感器的输入电压过高或控制单元上节气门位置传感器端子接触不良，会造成传感器输出电压过高。

维修提示：

如果 VCC 与 E2 之间的电压过高，则应重点检查控制单元是否有故障；如果 VCC 与 E2 之间的电压正常，则说明控制单元正常。

如果 VCC 与 E1 之间的电压过高，则说明控制单元接地线不良；如果 VCC 与 E1 之间的电压正常，则说明控制单元接地线正常。

节气门位置传感器（见图 1-9）滑线电阻失效退出后，控制单元改用怠速触点信号，节

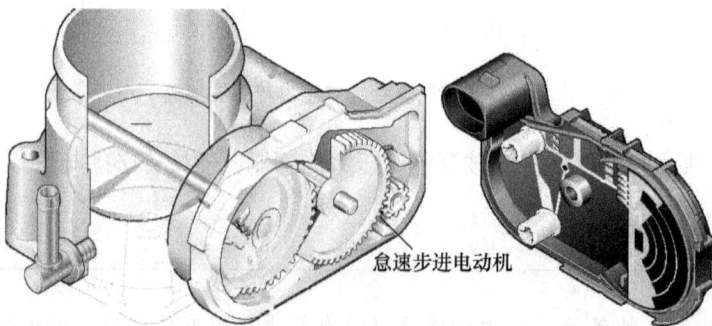

怠速步进电动机

图 1-9　节气门位置传感器

气门开启后一律按开启50%进行控制。此时，发动机会出现怠速高，加速不良，没有高速的故障，这是因为加速和大负荷时失去节气门位置传感器信号，不再增加喷油次数。

> **小·提示**
>
> 不要解体维修节气门控制单元。更换节气门控制单元后必须做基本设定。日本和美国产的发动机，更换节气门控制单元后只需断开蓄电池负极1.5min，即可完成基本设定。

> **维修提示：**
>
> 无论节气门的开启角度和开启速率是多少，输出电压都为输入电压，即为5V或接近5V，说明VCC（输入）和VTA（输出）之间短路。由于节气门位置传感器输出信号电压过高，自动变速器只有1挡，所以无法升挡，此时必须更换节气门位置传感器。

6. 可调式节气门位置传感器

所谓可调式节气门位置传感器（见图1-10），是指四线带怠速开关，可以在怠速状态下通过旋转传感器调整传感器怠速状态下的电阻值或输出电压，使之和厂家规定相符的传感器。如果因节气门位置传感器调整不当而造成怠速输出电压过低，则会出现缓慢加速后放松加速踏板时因重新供油、点火时间过晚而导致发动机过载熄火，还会造成怠速转速过低。按规定重新调整后可以排除该故障。

三线式节气门位置传感器不带怠速开关，属于不可调式节气门位置传感器。

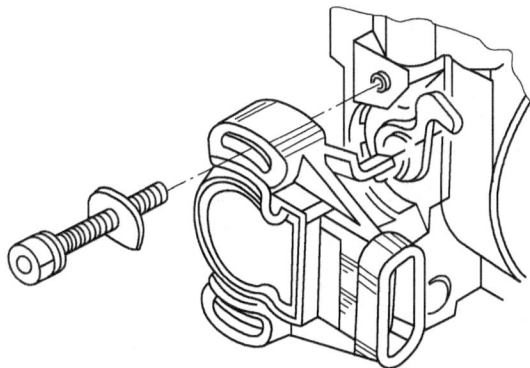

图1-10 可调式节气门位置传感器

7. 节气门的清洗

如果节气门过脏，则会造成起动困难，并且在行驶中放松加速踏板时会熄火。节气门的清洗方法如下：

1）拆下节气门前端的皱纹管，起动发动机，将发动机转速控制在1200～2000r/min，按动节气门拉索，使节气门处于全开位置，将节气门清洗罐轻轻摇晃几下，使节气门清洗罐的导管伸入进气管对节气门及进气管进行喷射。喷射后等待10～20min，如果感觉还不够清洁，可再喷射清洗一次。将剩余的节气门清洗剂喷洒在节气门体和回位弹簧上，关闭发动机，用棉布将杂质擦干净后，再用压缩空气吹干，或打开节气门停留几分钟，让清洗剂挥发干净。如果这几个部位积炭过严重，则会使发动机怠速不稳，油耗大及动力不足。

2）重新起动发动机，使之怠速运转3～5min，然后急加速2～3次，将最高转速控制在3000r/min。

8. 温度传感器的故障特点及检测方法

负责调节喷油脉宽的传感器主要有进气温度传感器和冷却液温度传感器。进气温度传感器和冷却液温度传感器均是负温度系数热敏电阻传感器，测量点的温度越高，自身的电阻值越低，输出的电压信号就越低。如果负温度系数热敏电阻传感器短路，则会出现虚假的异常高温信号；如果断路或接地不良，则会出现虚假的异常低温信号。

如果进气温度传感器出现虚假的异常低温信号，或冷却液温度传感器出现虚假的异常高温信号，则会造成混合气过稀。

如果进气温度传感器断路或接地线接触不良，则会显示进气温度异常低，控制单元会据此减少喷油脉宽，造成混合气过稀，发动机起动困难。

冷却液温度传感器短路时，会显示冷却液温度超过100℃，控制单元会据此减少喷油脉宽，造成混合气过稀，发动机无法起动。

二、基本喷油脉宽控制方面的案例分析

案例1　传感器型号不对，更换空气流量传感器之后出现油耗升高、怠速不稳的现象

故障现象　桑塔纳2000/3000型轿车在更换空气流量传感器之后出现油耗升高、怠速不稳的现象。

故障分析　桑塔纳2000型空气流量传感器有四根线，没有进气温度传感器，与其配套的是普通滑线电阻式节气门位置传感器。桑塔纳3000型空气流量传感器有五根线，内有进气温度传感器，与其配套的是电子节气门。如果错误地安装了空气流量传感器，就会使发动机不能得到正确的喷油量，在混合气开环控制阶段，可能会导致三元催化转换器因温度过高而烧毁或造成机油消耗过高；在混合气闭环控制阶段，偏差可以由氧传感器的信号来修正，从而导致空燃比修正量较大，系统工作不稳定。

故障排除　更换标准的空气流量传感器后试车，车辆恢复正常，故障排除。

案例2　节气门位置传感器滑线电阻磨损，发动机怠速不稳、转速忽高忽低

故障现象　一台索纳塔发动机出现了怠速不稳、转速忽高忽低现象，而且在低速行驶时，偶尔出现窜动的现象。当故障出现时，仪表板上的CHECK警告灯发亮。

故障分析　仪表板上的CHECK警告灯发亮，说明电控系统有故障，调取故障码，显示为"14"，其含义是节气门位置传感器信号不正常。

故障诊断　拆下节气门位置传感器上的线束插头，观察各端子，发现无锈蚀，接触也可靠。用手操纵节气门由全关平稳地向全开过渡时，电阻值应从0.5kΩ平稳地上升至3.5~6.5kΩ，但发现该传感器电阻值不是呈线性变化，而是在全关（稍有振动）和开度不大时电阻值有突变的情况。这说明节气门位置传感器内的滑线电阻磨损，有接触不良的现象。正是由于节气门位置传感器在怠速（稍有振动）或低速时输出的电阻值出现突变，导致给发动机控制单元输入了错误信号（相当于节气门开度突然开大或减小），出现了发动机低速运转时转速忽高忽低并有窜动等工作失常的现象。

故障排除　更换新的节气门位置传感器，消除故障码，试车，怠速运转稳定，故障排除。

故障排除后的思考

1）节气门位置传感器中滑线电阻的磨损多出现在中高速区域内，而这个区域出现磨损

后，配置有自动变速器的车辆在 3 挡和 4 挡转换时会出现换挡冲击。用电压挡测量节气门由全关平稳地向全开过渡时，电压应呈线性上升，如图 1-11 所示。

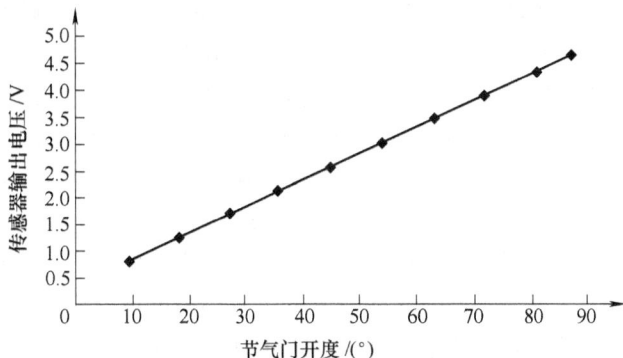

图 1-11 滑线电阻式节气门位置传感器随节气门开启电压呈线性上升

2）对于进口现代车系，清洗节气门体或更换节气门总成后，必须对节气门进行匹配学习。若没有进行匹配学习，可以正常着车，但着车后部分车辆会产生急速微微升高或急速轻微游车现象。以上现象产生后，持续着车大约 30s 后故障现象就会消失。如果不进行匹配，上述故障第二天还会出现。匹配学习的方法：打开钥匙门至 ACC Ⅱ 后关闭钥匙门，等待 10s 后再次打开钥匙门，即可使发动机急速恢复正常，完成匹配学习。

案例 3 热线式空气流量传感器被污染，导致加速无力

故障现象 一台 2006 年生产的别克君越自动挡轿车，发动机型号为 LE5，排量为 2.4L。车辆行驶时仪表 TC 灯有时会点亮，发动机加速无力，TC 灯点亮时伴有闯车现象，换挡生硬，严重时，即使将加速踏板踩到底，车速也不超过 60km/h，并且发动机转速不超过 2500r/min，发动机急速运转平稳，停车加速时发动机无力表现不明显，有时会出现回火现象。如果就这样使用，不但会缩短变速器的使用寿命，而且会严重影响车辆的驾驶性能，让驾驶人无法接受。

故障分析 此车的故障点主要集中在三个方面：发动机加速无力；伴有闯车现象，换挡生硬；没有高速。从此车的三个故障点来看，如果是牵引力控制系统出现问题，则不应该影响发动机加速不良；如果是变速器出现问题，也不应该影响发动机加速不良；如果发动机系统出现问题或出现故障码，则牵引力控制系统会点亮 TC 灯，让牵引力控制系统处于关闭状态；如果出现回火现象，则说明混合气过稀。根据故障的推理判断，问题应该出在发动机控制系统。

由汽油发动机的工作原理可知，要使发动机良好地运转，必须具备以下条件：

1）供给的混合气要符合工作状况所需的空燃比（浓度）。

2）工作时要有合适的气缸压缩压力和燃油压力。

3）点火时要有合适的点火提前角和足够的电火花能量。

4）良好的燃料。

现在后三条正常，因此应重点检查第一条。

起动发动机，急速时运转平稳，急加速时会出现回火现象，用 TECH2 检测故障码，发现在发动机系统中有一个故障码"P0171"（发动机混合气过稀）。牵引力控制系统参加工作的前提条件是发动机负荷正常。无论发动机负荷是过高还是过低，牵引力控制系统都会退出，并点亮故障灯。

所谓发动机负荷，是指曲轴每旋转一圈的喷油脉宽，而喷油脉宽主要由空气流量传感器、发动机转速传感器和氧传感器决定。经过检查，氧传感器工作正常。发动机转速传感器对发动机负荷影响甚微，可忽略不计。所以应重点检测空气流量传感器。

数据流显示长期燃油调整值过高，这也证明了空气流量传感器信号值可能出现明显偏差。发动机刚开始起动时处在开环状态，长期燃油调整值在 10% 左右。1~2min 后，氧传感器开始工作，发动机进入闭环状态，闭环状态时长期燃油调整值为 25%~30%，燃油调整值和故障码是相符的，都是混合气过稀故障，所以问题应该是混合气过稀。在开环中，发动机控制模块在没有加热型氧传感器输入的情况下，主要根据空气流量传感器的信号来决定喷油脉宽。闭环时，发动机控制模块在计算中加入了加热型氧传感器输入信号和清污信号值，以计算短期和长期燃油调节值。如果加热型氧传感器指示过稀状态，则燃油调节值将大于0。如果加热型氧传感器指示过浓状态，则燃油调节值将小于0。短期燃油调节值变化迅速，以响应加热型氧传感器的电压信号。长期燃油调节作粗略调整，以将空燃比保持在理想空燃比（14.7:1），但是，如果空气流量传感器信号明显超出正常值，则氧传感器将无法将空燃比恢复到14.7:1。分析以上测试结果，问题应该出在空气流量传感器及相关电路上。

故障诊断　车辆在不久前由于加速无力，刚在维修厂更换完机油三滤并清洗了喷油器、进气道和节气门。但是，保养后不但问题没有解决，故障还越来越严重，最后导致 TC 灯点亮、换挡生硬等故障。维修人员考虑主要原因为发动机动力不足，所以先重点检查气缸压力、火花塞、前氧传感器\喷油器和燃油压力。

1) 检查气缸压力。拔掉燃油泵熔丝，起动三次，释放燃油压力，然后拆下全部火花塞，接好气缸压力表，把节气门全部打开，起动起动机使发动机转动，测量气缸压力：1缸气缸压力为816kPa，2缸气缸压力为812kPa，3缸气缸压力为815kPa，4缸气缸压力为818kPa。查看维修手册，四个缸的气缸压力均符合标准，说明燃烧室密封良好，点火能量正常，没有明显的积炭。测试火花塞，跳火均正常（蓝火），这进一步说明点火能量正常。

2) 检查火花塞。由于此车采用的是各缸独立点火，所以因高压线阻值问题造成加速不良是不存在的。把火花塞拆下，检查火花塞电极间隙均正常，均为铁锈色，没有被污染，火花塞型号也符合标准，火花塞的绝缘陶瓷未见损坏现象，火花塞未见异常。用红外测温仪检测各个排气歧管，温度基本一致，不存在缺缸、缺火现象。

3) 检查前氧传感器。用 TECH2 检查氧传感器的工作参数：前氧传感器电压值变化非常快（说明氧传感器加热器良好），并且电压值变化在正常的 0.1~0.9V 之间；后氧传感器变化缓慢，并且电压值变化也不大，正常值在 0.5~0.7V 之间，实际检测为 0.5V 左右。两个氧传感器均工作正常，氧传感器反馈给 ECM 的错误信号排除。车辆起动后很快进入闭环状态，氧传感器工作正常。

4) 检查此车的燃油。把进油管拆下，起动发动机，从车内取出燃油样本，观察燃油，未发现异常。

5) 拔下燃油泵熔丝，起动三次，释放燃油压力，在接口下方垫好棉丝，接好燃油压力表，检测燃油压力。起动发动机，让发动机怠速运转，燃油压力在 260kPa 左右，当发动机加速到3000r/min 时，燃油压力在 320kPa 左右，均在正常范围之内。

6）拆下燃油分配管和喷油器，在喷油器试验台上做 30s 喷油测试，发现各缸喷油器雾化良好，喷油量均匀，喷油过程中和熄火瞬间喷油器均没有滴漏，但喷油总量明显低于厂家规定，说明喷油器本身没有问题。

此车的空气流量传感器与进气温度传感器集成在一起。空气流量传感器是测量进入发动机空气量的空气流量传感器。发动机控制模块（ECM）利用空气流量传感器信号，在所有发动机转速和负载条件下提供正确的燃油输送量。少量空气进入发动机，表示发动机减速或怠速运行；大量空气进入发动机，表示发动机加速或高负载运行。发动机控制模块向空气流量传感器信号电路上的空气流量传感器提供 5V 电压。传感器根据流过传感器孔的空气流量，利用此电压产生频率。正常时怠速频率应为 2000～2650Hz，该空气流量传感器怠速时频率接近 1700Hz，说明怠速频率过低。空气流量传感器热线被积炭污染，传感器信号频率偏离（低于）实际值，污染越严重，偏离实际值越多，混合气就越稀，清洗后可恢复到正常值。由此可见，该车的故障可能是由于热线被积炭污染而造成的。

进一步检查传感器电路，把空气流量传感器插头拔下，接通点火开关，不起动发动机，测量空气流量传感器的 C 脚与接地的电压，结果为蓄电池电压符合要求；测量空气流量传感器信号电路与可靠接地之间的电压，结果为 5V 左右，符合要求。让空气流量传感器冷却至常温，测量空气流量传感器接地电路与可靠接地之间的 A 脚和 B 脚之间的电阻，结果为 4Ω，符合要求。检查相关电路和空气流量传感器，均未发现问题。空气流量传感器故障导致混合气过稀的原因有两种：

1）空气流量传感器和控制单元之间信号传输电路与正极短路，使电阻值异常减小。

2）空气流量传感器内部的金属铂丝被废气反流的积炭污染，形成隔热层，热量无法让空气带走，导致空气流量传感器计量出现问题。

该空气流量传感器电阻值正常，造成此问题的原因可能是空气流量传感器被积炭污染。把空气流量传感器拆下，观察空气流量传感器内部的金属铂丝，发现上边有一层杂质，原来此车在清洗进气道和喷油器时没有清洗空气流量传感器。

故障排除　在热车状态下，用化油器清洗剂清洗空气流量传感器的金属铂丝，清洗后读取数据流，空气流量传感器怠速流量为 3.5g/s，要比未清洗之前增加 0.6g/s。查看长期燃油调整值，下降到 5%，也基本符合了标准。

车辆路试　消除故障码后试车，急加速时车辆没有回火现象，动力强劲，TC 灯也没有点亮，驾驶车辆测试，加速有力，换挡平顺，冲击感消除。多次测试，故障均未再出现。

案例总结　热线式空气流量传感器的检测分为两个方面，一个是怠速时的进气量，另一个是工作频率。该发动机怠速时进气量为 2.9g/s，明显低于标准下限的 4.0g/s；怠速时频率不到 1700Hz，而正常时怠速频率下限为 2000Hz。所以从单位时间进气量和工作频率两个方面都明显低于厂家标准来判断，故障为混合气过稀。空气流量传感器是控制喷油脉宽的核心传感器，它直接影响车辆的正常行驶。别克君越轿车使用的空气流量传感器是热线式流量传感器，它的作用是测量单位时间内通过传感器的空气流量和进气温度，并将有关空气流量和进气温度的信号传给发动机控制单元。发动机控制单元根据该信号来监测发动机的工作状况，计算燃油供给量。如果空气流量大，则表明发动机在加速运转；如果空气流量小，则表明发动机在减速或怠速运转。其工作原理是：当进入节气门体内的空气流经空气流量传感器时，带走了金属铂丝的部分热量，并且空气流量越大，带走的热量越多。为使传感器感应件的温度保持在一恒定的温度，需要额外的电流来加热感应件。空气流量传感器通过测量该电流的电压来确定空气流量的大小。

空气流量传感器中的热线由金属铂丝制成，伸入到节气门阀体的旁通气道中。这种空气流量传感器采用单臂电桥原理，置于空气流中的通电热线因气流的冷却作用而使电阻值发生变化，电桥因而失去平衡，控制电路便自动提高电压，加大流过热线的电流，使热线电阻值随温度升高而升高，电桥便重新获得平衡。在调节过程中，空气流量传感器传送给发动机控制单元的电压信号随空气流量的变化而变化，在近热线的空气流中还设有补偿电阻丝（冷线），以免因空气温度的变化而使电桥失去平衡。

空气流量传感器的热线产生积垢之后，传给控制单元的电压信号便会不准，此时污物会影响辐射，使冷却效果降低。当空气流量增大时，热线温度缓慢降低，其电阻值的变化量也相应减少，因而电压和流过热线的电流不能相应增加，以致传给控制单元的信号电压偏低，造成混合气过稀。虽然热线式空气流量传感器都加装了烧净电路，即在每次停机时，控制单元会自动给热线高温（1000℃）加热 1 ~ 2s，以烧掉热线上空气中的污物和灰尘，但是因进气管产生回火而造成的积炭却无法清除，造成过多的杂质和积炭胶结在金属铂丝上，故单加热热线的净化装置也难以清除积垢，从而导致混合气过稀。

别克君越轿车空气流量传感器的金属铂丝只有在拆下空气流量传感器后直接喷洗，才能恢复其正常功能。为了避免类似问题的产生，清洗喷油器或进气道时，应把空气流量传感器也应清洗一下，以防止其杂质和积炭胶结在金属铂丝上，造成遗留问题。

案例提示　故障排除了，车主满意地走了，但回过头来想想其中还是走了一些弯路。任何故障的诊断与分析都必须建立在正确诊断思路的基础之上，而正确的诊断思路又源于对车辆整体的把握。对于综合性故障维修人员来说，要有整车的概念，要掌握车辆各个系统之间的内在联系，要把理论、经验、检测仪器综合起来加以运用。如果发动机动力不足、回火，表明混合气过稀，与气缸密封性以及点火能量没有关系，所以没有必要检查缸压和火花塞。燃油压力过低会造成发动机动力不足、回火，但不会造成牵引力系统退出，更不会留下故障码，所以没有必要检查燃油压力。燃油质量不好，可能会降低发动机动力，但不会造成牵引力系统退出。在牵引力系统退出故障的原因中，与发动机有关的只有发动机负荷一条，而数据流里的发动机负荷特指曲轴每旋转一圈的喷油脉宽，只与空气流量传感器、发动机转速传感器以及氧传感器有关。这三个传感器的故障中，最常见的就是空气流量传感器的空气流量值过高或过低。空气流量值过高时，必须更换空气流量传感器；空气流量值过低时，则需要测量空气流量传感器接地电路与可靠接地之间的 A 脚和 B 脚之间的电阻是否正常，或直接检查空气流量传感器的热丝或热膜是否被积炭污染。此车故障为发动机动力不足、回火，所以可先检查空气流量传感器的热丝或热膜是否被积炭污染。

案例 4　节气门位置传感器滑线电阻磨损，发动机怠速忽高忽低，低速行驶时偶尔有窜动现象

故障现象　马自达轿车发动机怠速忽高忽低，低速行驶时偶尔有窜动现象。此时，仪表板上自动换挡的手动锁止模式"HOLD"指示灯以及发动机故障灯"CHECK"同时闪烁不止。

故障分析　在路试中发现，每当踩下加速踏板时，"HOLD"灯及"CHECK"灯即熄灭，而一松开加速踏板即闪亮。由此可初步判断故障应该与节气门位置传感器有关。

故障诊断 连接故障诊断仪，调出故障码，结果为节气门位置传感器故障。用示波器检查滑线电阻式节气门位置传感器，出现明显的电压降（磨损的部位），如图1-12所示。

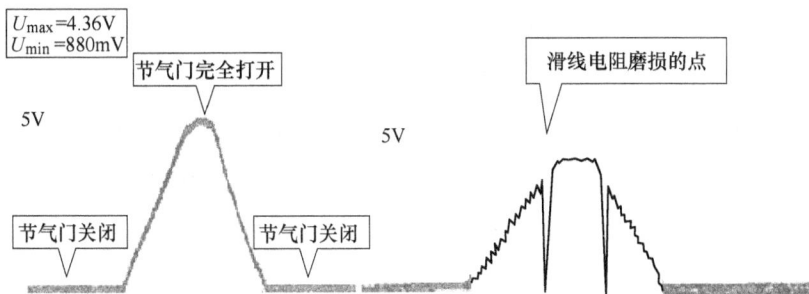

$U_{max}=4.36V$
$U_{min}=880mV$

节气门完全打开

滑线电阻磨损的点

5V

5V

节气门关闭

节气门关闭

图1-12 滑线电阻式节气门位置传感器正常波形和异常波形的对比

波形有突变点，特别是在节气门位于怠速位置时，这说明节气门位置传感器内的滑线电阻有断路或接触不良现象。

故障排除 更换节气门位置传感器，消除故障码，断开并拆除蓄电池负极线1min后重新连接即可将故障排除。

案例5 进气歧管压力传感器真空管堵塞，冷车起动正常，热车时起动困难

故障现象 雪佛兰子弹头罗米娜冷车起动正常，热车时起动困难；怠速时转速漂移，容易熄火；加速时发动机喘振，油耗明显增加，排气管冒黑烟。

故障分析 该车用进气歧管压力传感器替代空气流量传感器的进气歧管压力传感器，一方面，真空软管堵塞或破裂都会造成混合气过浓，混合气过浓时热车不好起动；另一方面，进气歧管绝对压力传感器真空软管堵塞，控制单元接收不到空气流量信号，进入应急保护程序，在怠速时控制单元会反复调整怠速步进电动机，造成怠速转速漂移，怠速时容易熄火。因为同时具备这两个故障特点，所以有可能是进气歧管压力传感器真空软管堵塞。

故障诊断 故障码显示为进气歧管压力传感器和上游氧传感器故障。氧传感器通过短期燃油修正系数已经调整到极限，但是混合气依旧过浓，这样就会留下上游氧传感器的故障码。所以，即使有氧传感器的故障码，氧传感器也不一定就有故障。经检测，氧传感器输出电压信号和工作频率均合格。拔下进气歧管压力传感器一侧的真空软管，使发动机怠速运转（此时真空度高），用手堵住传感器一侧的真空软管感觉不到吸力，说明真空软管确实堵塞。

故障排除 更换真空软管，试车一切恢复正常，说明故障已被排除。

三、进气温度传感器和冷却液温度传感器对喷油脉宽的影响

1. 进气温度传感器工作状况对喷油脉宽的影响

环境温度越高，进气温度传感器的输出信号就越低，数据流显示温度也就越高，混合气就会越浓。进气温度传感器短路时，数据流会显示进气温度过高，导致混合气过浓；传感器断路或接地不良时，数据流会显示进气温度过低，造成混合气过稀，导致起动困难。进气温度传感器结构如图1-13所示。

2. 冷却液温度传感器工作状况对喷油脉宽的影响

冷却液温度传感器温度越高，混合气越稀。冷却液温度传感器短路时，数据流会显示冷

却液温度过高,导致混合气过稀,发动机无法起动。冷却液温度传感器断路或接地不良时,会造成混合气过浓,排气管冒黑烟,油耗高。冷却液温度传感器结构如图1-14所示。

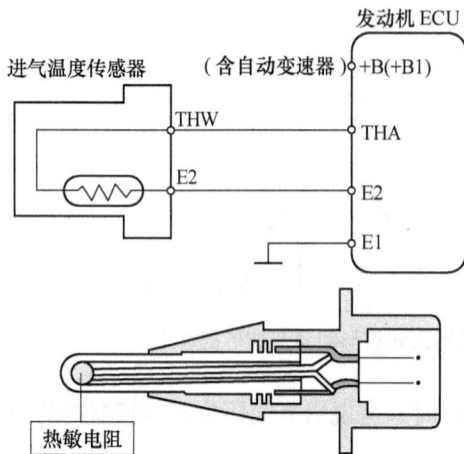

图1-13　进气温度传感器结构　　　　图1-14　冷却液温度传感器结构

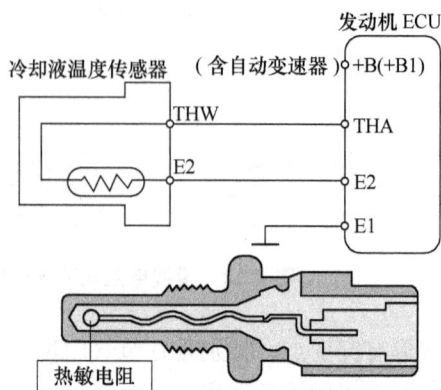

四、调节喷油脉宽方面的案例分析

案例1　进气温度传感器断路或接地线接触不良造成起动困难

故障现象　一辆马自达6轿车发动机有时会出现起动困难,需要连续起动2~3次才能着车。

故障分析　冷车起动困难可能是由混合气过稀造成的。空气流量传感器信号过低会造成混合气过稀,但不会造成起动困难;冷却液温度传感器短路会造成混合气过稀,但混合气过稀时发动机会无法起动,而不是起动困难;使用空气流量传感器的发动机进气系统密封不良,会造成混合气过稀,但不影响起动;残余压力过低和进气温度传感器断路或接地线接触不良会造成起动困难。本着先简单后复杂的原则,应先检查进气温度传感器是否断路。

故障诊断　读取数据流,环境温度显示略低于零下30℃。进气温度越低,空气密度越高,控制单元就会适当减少喷油脉宽。但实际上环境温度正常,说明无异常低温信号,则检测进气温度传感器的电阻值。马自达6轿车的进气温度传感器在空气流量传感器上,关闭发动机,用欧姆表笔分别连接空气流量传感器上进气温度传感器端子和发动机上的接地点,环境温度为20℃时电阻应为2.21~2.69kΩ,而实际检测为无穷大,说明进气温度传感器断路。

故障排除　更换断路的进气温度传感器,消除故障码,重新读取数据流,环境温度显示正常,发动机可以正常起动,则故障已被排除。

案例2　冷却液温度传感器短路造成发动机无法起动

故障现象　一辆帕萨特轿车连续起动发动机后仍无法起动,以为是混合气过浓,摘掉空气滤清器滤芯,重新起动,仍无法起动,此时以为是油大了造成淹缸,于是拆下火花塞,却发现电极非常干净。

故障分析　连续起动后发动机仍无法起动,而火花塞电极又非常干净,则说明混合气过稀。导致混合气过稀的原因有空气流量传感器输出信号过低、喷油嘴堵塞、进气温度传感器断路或接地线接触不良、使用空气流量传感器的进气系统密封不良以及冷却液温度传感器短路。但维修实践证明，除冷却液温度传感器短路会造成连续起动后发动机仍无法起动外，其他控制喷油脉宽的传感器即使有故障，最多也就是造成起动困难，不会造成无法起动。冷却液温度传感器属于负温度系数热敏电阻传感器，当线束短路时，数据流会出现虚假的高温信号。如果数据流显示发动机冷却液温度超过100℃，则会造成混合气过稀而使发动机无法起动。

故障诊断　读取数据流，刚刚起动时数据流就显示发动机冷却液温度已经达到106℃，由此说明冷却液温度传感器存在短路的可能性。帕萨特轿车的冷却液温度传感器在环境温度为30℃时，冷却温度电阻应为1500～2000Ω，但实际测量电阻明显过低。

故障排除　更换冷却液温度传感器，重新试车，可以正常起动，故障排除。

案例3　发动机初次起动后立即熄火，重新起动时可正常起动，不再熄火，连续起动后立即熄火

故障现象　发动机初次起动后立即熄火，重新起动时可正常起动，且起动后不会熄火，连续起动后便使火花塞淹死，无法起动。

故障分析　发动机可以起动，但起动后立即熄火，原因有以下两个：

1）曲轴位置传感器失效退出。在发动机起动的瞬间，由凸轮轴位置传感器提供1缸上止点信号，所以凸轮轴位置传感器正常时，发动机可以起动，但起动后2s之内改由曲轴位置传感器提供点火上止点信号。如果曲轴位置传感器失效退出，而设计上凸轮轴位置传感器又不提供失效保护，此时往往会感觉到每次都有起动的征兆，但立即又熄火。这种故障不会造成淹缸。

2）热车时因混合气过浓而造成起动困难。如果点火能量不足，连续起动后便会因燃烧室内混合气过浓而使火花塞淹死，无法起动。冷车时则是因混合气过稀而造成起动困难。

综上所述，发动机初次起动后立即熄火，重新起动后可正常起动，不再熄火，但连续起动后立即熄火的原因可能是混合气过浓。在进气系统传感器方面的故障中可能引发混合气过浓的有：

1）空气流量传感器信号过高，会造成TCS和DSC系统退出控制，进而造成油耗高，但不会造成每次起动后立即熄火。

2）进气温度传感器短路或冷却液温度传感器断路以及接地线接触不良均会造成混合气过浓，但也不会造成每次起动后立即熄火。

3）氧传感器输出电压信号始终在0.1～0.3V，会造成混合气过浓，排气管冒黑烟，但同样不会造成每次起动后立即熄火。

4）进气压力传感器输入信号线断路，会造成混合气过浓，而且浓度远高于上述各项。

进气压力传感器可以根据发动机的负荷状态测出进气歧管内的绝对压力，并将其转换成电信号和转速信号一起送入控制单元，作为决定喷油器脉宽的主要依据。进气压力传感器有三根导线的和四根导线的两种。三根导线的进气歧管绝对压力传感器里没有装进气温度传感器，四根导线的进气歧管绝对压力传感器里装有进气温度传感器。

装进气温度传感器的进气压力传感器的四根导线分别为：1号线为接地端，2号线为进气温度传感器信号线，3号线为输入电压信号线，4号线为输出电压信号线。

没有装进气温度传感器的进气压力传感器的三根导线分别为：输入电压信号端a，输出电压信号端 b, 接地线 c。

用电压表测量绝对压力传感器线接头输入电压信号端 a 与接地端 c 是否有 5V 的电压。

输出电压信号端 b、c 的电压在节气门全开时大于 4V, 即大负荷时应为 4V 以上。输出电压信号端 b、c 的电压在怠速时低于 2V, 怠速状态测量电压信号端 b、c 的电压多数为 1 ~ 1.5V。

故障诊断 进气压力传感器输入信号线电压应为 5V, 如果实际检测为 0V, 说明进气压力传感器输入信号线断路。正常情况下, 输出电压信号端 b、c 的电压在怠速时应为 1 ~ 1.5V, 而输入信号线断路后, 便使输出电压信号小于 0.5V, 控制单元便会误认为发动机进气系统真空度急剧增大, 于是大幅度增加喷油脉宽, 导致混合气过浓, 使发动机起动后立即熄火。发动机在熄火状态下断开进气压力传感器端子, 重新起动, 控制单元会自动启用备用值来计算喷油量, 发动机可正常起动, 且起动后不会熄火。

故障排除 用手摸的方法沿线束检查, 找着断路处 (断路处发软), 重新接好即可排除故障。

相关故障 进气歧管压力传感器软管堵塞, 控制单元接收不到空气流量信号而进入应急保护程序, 在怠速时控制单元会反复调整怠速步进电动机, 造成怠速转速漂移, 使怠速时容易熄火。热机时起动困难, 加速时发动机喘振, 油耗明显增加, 排气管冒黑烟。

案例 4 更换空气滤清器滤芯后汽车没有高速, 自动变速器没有超速挡

故障现象 车主到汽配城按照商家的介绍, 选择了一个副厂产的滤网很密的空气滤清器滤芯, 更换后发现车辆起动、怠速、中低速均正常, 但加速座车, 没有高速 (最高车速只有 120km/h), 自动变速器没有超速挡。

故障分析 空气滤清器滤网过密, 导致充气系数过小, 使汽车没有高速, 自动变速器没有超速挡。

故障诊断 在进气系统中连接真空表, 在节气门全开的瞬间, 如果真空度大于 15kPa (正常应为 3 ~ 10kPa), 说明空气滤清器滤网过密, 导致充气系数过小。

故障排除 更换原厂的空气滤清器滤芯即可将故障排除。

相关故障 通过对进气系统真空度进行检测, 不仅可以检查出空气滤清器滤网是否过密或过稀, 而且能检查出进气系统有没有内漏、外漏, 发动机排气是否通畅。

1) 在节气门全开的瞬间, 如果真空度小于 3kPa, 则说明空气滤清器滤网过稀, 会造成发动机气缸早期磨损。

2) 在节气门全闭的瞬间, 如果真空度明显小于 80kPa, 则说明发动机进气系统内漏, 即节气门或旁通空气道因积炭而卡滞或关闭不严, 应及时清洗节气门或旁通空气道。

3) 如果在怠速时进气系统真空度稳定在 10 ~ 20kPa, 则说明发动机进气系统外漏, 应重点检查皱纹管和真空软管接头。

4) 如果在怠速时进气系统真空度稳定在 20 ~ 30kPa, 则说明发动机排气不畅; 如果急加速时有金属撞击声, 则说明消声器内部隔音板开焊; 如果急加速时没有金属撞击声, 则说明三元催化器堵塞。

案例 5 进气歧管压力传感器真空管堵塞导致热机起动困难

故障现象 一辆雪佛兰轿车热车起动正常, 热机起动困难, 而且怠速游车, 加速座车,排气管冒黑烟。

故障分析　热车起动正常，热机起动困难，多属于空燃比不对。如果燃油压力过低，则热机时会造成气阻，导致起动困难，但排气管不会冒黑烟。如果混合气过浓，则热机起动时容易造成淹缸。导致混合气过浓的原因主要有：

1）氧传感器故障，即上游氧传感器输出信号电压始终在 0.1~0.3V 之间，造成油耗明显增加，排气管冒黑烟，但不会影响发动机起动。

2）进气歧管绝对压力传感器输出信号过高或真空软管堵塞，控制单元接收不到空气流量信号而进入应急保护程序，在怠速时控制单元会反复调整怠速步进电动机，造成怠速转速漂移，怠速容易熄火，热机时起动困难，加速时发动机喘振，油耗明显增加，排气管冒黑烟。

故障诊断　用电压表测量进气歧管压力传感器的线接头输入电压信号端 a 与接地端 c 是否有 5V 的电压。输出电压信号端 b、c 的电压在节气门全开时应为 4.5V，即大负荷时电压应为 4.5V。在怠速状态测量输出电压信号端 b、c 的电压应为 1.2~2.0V。实际检测输出电压信号端的电压，在节气门全开时为 4.4V，在怠速状态时为 1.7V，均在正常范围内。

拔下进气歧管压力传感器上的真空软管，用手指堵住，怠速时应能感觉到明显的真空吸力，但该软管却一点吸力都没有，说明真空软管破裂或堵塞。需要说明的是，真空软管通常破裂在接口处，比较容易被发现，而且软管破裂只会造成怠速高，不会造成怠速转速漂移、熄火。所以，该车属于真空软管堵塞。

故障排除　更换真空软管，重新试车，热机时可以正常起动，怠速运转稳定，加速良好，动力恢复正常，油耗也恢复正常，故障排除。

📢 **小·提示**

三元催化器堵塞，也会导致进气歧管压力传感器信号不正常。

相关案例　一辆雪佛兰轿车慢加速时正常，急加速时车身抖动。该车进气歧管压力传感器在怠速状态测量输出电压信号端 b、c 的电压为 1.6V，急加速时信号电压仍保持在 1.6V，更换进气歧管压力传感器后故障排除。

进气歧管压力传感器真空软管破裂或堵塞都会造成混合气过浓。其中，软管堵塞后，在怠速时控制单元会反复调整怠速步进电动机，造成怠速转速漂移，而真空软管破裂只会造成怠速转速高。

五、上游氧传感器修正喷油脉宽的控制故障分析

1. 氧传感器的分工

上游氧传感器负责向三元催化器提供理想的空燃比，下游氧传感器负责检测三元催化器。

2. 二氧化锆型氧传感器输出电压信号的分析

用欧姆表检测二氧化锆氧传感器，1 号和 2 号端子的电阻值应为 1~5Ω。如果信号电压为 0.3~0.7V，则说明燃烧室工作正常；如果信号电压为 0.2~0.8V，则说明燃烧室轻度污

染；如果信号电压为 0.1 ~ 0.9V，则说明燃烧室严重污染。混合气过浓时，传感器电压为 0.6 ~ 0.9V；混合气过稀时，传感器电压为 0.1 ~ 0.3V。二氧化锆氧传感器的结构如图 1-15 所示。

上游氧传感器输出电压如果为 0.3 ~ 0.7V，则说明燃烧室工作正常；如果为 0.2 ~ 0.8V，则说明燃烧室轻度污染；如果为 0.1 ~ 0.9V，则说明燃烧室严重污染，需要清理燃烧室内的积炭。

如果氧传感器输出电压在 0.45 ~ 0.50V 保持不动，则为氧传感器断路；如果氧传感器输出电压为 0V，则说明传感器对地短路；如果氧传感器输出电压为 1.1V，则说明传感器对正极短路。

如果上游氧传感器输出电压始终在 0.7 ~ 0.9V，通常是氧传感器触头被污染、喷油器滴漏、点火能量不足或空气流量传感器输出信号电压过高。空气流量传感器信号电压过高，会造成混合气过浓，氧传感器自适应值也会因此达到极限，输出电压通常会在 0.85 ~ 0.95V 之间缓慢变化。

如果上游氧传感器输出电压始终在 0.1 ~ 0.3V，则有可能是氧传感器自身损坏或喷油器堵塞。如果为前者，则排气管冒黑烟，油耗高；如果为后者，则排气管不冒黑烟，油耗正常。上游氧传感器的位置如图 1-16 所示。

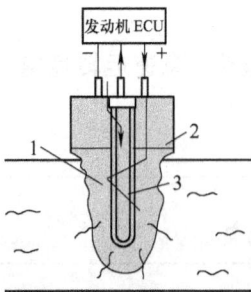

图 1-15　二氧化锆氧传感器的结构
1—加热电阻丝　2—绝缘物　3—二氧化锆管

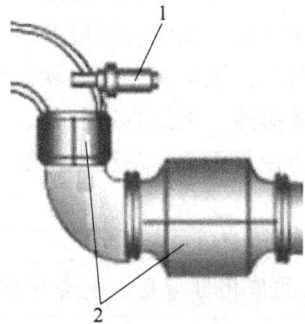

图 1-16　上游氧传感器的位置
1—上游氧传感器　2—三元催化器

氧传感器转化频率在 10s 内达到 8 次或 8 次以上为合格，少于 8 次会造成混合气过浓，必须更换氧传感器。

如果上游使用的也是二氧化锆型氧传感器，氧气全部用于转化，下游氧传感器（见图 1-17）的电压信号应处于 0.5 ~ 0.7V 之间，否则应更换三元催化器。

3. 二氧化钛型氧传感器输出电流信号分析

对于二氧化钛型氧传感器电流信号，混合气越浓电流越大，混合气越稀电流越低，踩加速踏板时电流增大，且发动机转速在 3000r/min 以上时不低于 0.25mA，放松加速踏板后电流降低。二氧化钛型氧传感器的结构如图 1-18 所示。

上游使用二氧化钛型氧传感器时，下游二氧化锆型氧传感器的信号电压在怠速时不应低于 0.3V，大负荷时不应高于 0.6V，否则应更换三元催化器。

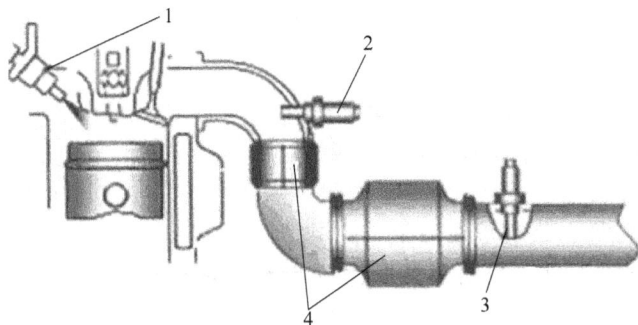

图 1-17 下游氧传感器的位置

1—喷油嘴 2—空燃比传感器（主氧传感器） 3—下游氧传感器 4—三元催化器

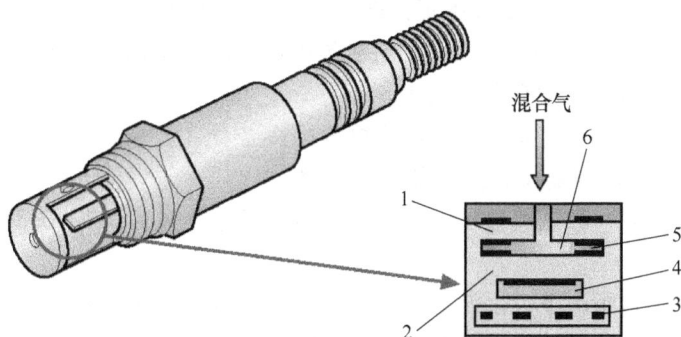

图 1-18 二氧化钛型氧传感器的结构

1—单元泵 2—能斯特单元 3—λ 传感器加热器 4—外界空气通道 5—测量室 6—放氧通道

六、上游氧传感器控制方面的案例分析

案例 1 加热器损坏造成怠速发抖，加速不良

故障现象 冷车起动后，怠速稳定，加速顺畅；但是起动后大约 2min，进入闭环控制后，发动机怠速开始发抖，加速不良；踩下加速踏板后，发动机失速，有时甚至熄火；待发动机怠速运转几分钟后，排气管温度完全正常，故障现象渐渐消失。

故障分析 在正常情况下，氧传感器在自身加热器的帮助下起动 1min 后即可进入工作状态，而该车需要发动机怠速运转几分钟后氧传感器才进入工作状态，说明氧传感器的加热器有可能已经损坏。

故障诊断 读取故障码，显示氧传感器的加热器损坏。为了进一步证实氧传感器的加热器是否损坏，可以从工作频率和输出电压信号两个方面进行进一步检测。

1）氧传感器的加热器损坏会造成工作频率过低。氧传感器工作频率的检测：热车后，连接好诊断仪，一个人读取氧传感器输出电压的数据流，另一个人踩加速踏板，每次都必须迅速将加速踏板完全踩到底，待发动机转速上升到 3000r/min 以上且不到 4000r/min 时，迅速完全放松加速踏板。如此反复，如果氧传感器在 10s 内能完成 8 次工作频率变化则为合格。经检测，工作频率过低。

2）氧传感器输出电压的检测。从怠速到加速踏板完全踩到底，氧传感器输出电压始终在 0.1 ~ 0.3V 之间变化。

上述两项检测证明氧传感器的加热器损坏。

故障排除 更换上游氧传感器，消除故障码后试车，车辆怠速运转平稳，加速性能良好，说明故障已被排除。

案例 2 传感器断路，出现怠速游车

故障现象 冷车时正常，热机后出现怠速游车，发动机转速在 750 ~ 1000r/min 之间波动。

故障分析 发动机在冷车时没有出现怠速游车，而热机后出现怠速游车，应重点检查氧传感器的输出电压。

故障诊断 打开点火开关，在没有起动发动机前，上游氧传感器输出电压在 0.45V 或 0.5V 保持不动，这是控制单元给氧传感器的参考电压。起动发动机后，氧传感器输出电压应在 0.1 ~ 0.9V 之间变化。如果起动后上游氧传感器输出电压仍然在 0.45V 或 0.5V 保持不动，则说明氧传感器断路，没有参加工作。

故障排除 更换上游氧传感器，并消除故障码。

案例 3 信号电压明显偏低，排气管却冒黑烟

故障现象 油耗高，数据流显示上游氧传感器信号电压只有 0.1 ~ 0.3V，而排气管却冒黑烟。

故障分析 在正常情况下，上游氧传感器信号电压应该为 0.1 ~ 0.9V，而该发动机排气管冒黑烟，油耗高，上游氧传感器信号电压却只有 0.1 ~ 0.3V，说明上游氧传感器有可能老化、加热器损坏、触头被积炭覆盖。

故障诊断 氧传感器触头很干净，说明传感器自身损坏。

故障排除 更换氧传感器后，重新读取数据流上游氧传感器的信号电压为 0.3 ~ 0.7V，排气管也不再冒黑烟，说明故障已被排除。

案例 4 信号电压高，排气管冒黑烟，温控风扇不转

故障现象 一辆别克轿车发动机工作不良，排气管冒黑烟，故障码显示氧传感器信号电压过高，可是氧传感器信号电压、电阻和工作频率均正常。

故障分析 控制单元根据闭环控制氧传感器信号将喷油脉宽已经修正到极限，而闭环控制的氧传感器还继续要求修正，控制单元就会认为闭环控制传感器有问题。所以，遇到此类故障时，应先从那些会造成混合气过浓的因素入手。导致混合气过浓的主要原因有：空气流量传感器信号过高，进气温度传感器短路，冷却液温度传感器断路或接地线接触不良，喷油器滴漏，空气滤清器滤芯过密。

故障诊断

1）空气滤清器滤芯过密时，汽车没有高速，自动变速器没有超速挡，而该车既有高速，又有超速挡，并且由进气阻力大造成的混合气过浓不会使排气管在氧传感器信号调整到上限时还冒黑烟，所以可以排除空气滤清器滤芯过密的可能性。

2）读取空气流量传感器怠速空气流量，数据流显示为 5g/s，而别克轿车设计的怠速空气流量为 4 ~ 6g/s，所以可以排除空气流量传感器信号过高的可能性。

3）拆下喷油器，外观检查喷油器不发黑，所以喷油器滴漏的可能性不大。

4）将进气温度传感器放在点亮的车前照灯旁边，用欧姆表检测电阻，随着温度的升高，传感器电阻值逐渐下降，所以进气温度传感器短路的可能性也被排除。进气温度传感器即使短路，造成的混合气过浓也不会使排气管在氧传感器信号调整到上限时还冒黑烟）。

5）用欧姆表检测冷却液温度传感器的电阻值，常温下基本正常，但将其放在热水杯中加热后其电阻值不发生变化，说明冷却液温度传感器断路。

故障排除　更换冷却液温度传感器，消除故障码，试车，一切恢复正常，说明故障已被排除。

故障排除后的思考　冷却液温度传感器断路或接地线接触不良时，数据流会显示异常低温，所以会造成混合气过浓。另外，数据流显示发动机异常低温也是该发动机温控风扇始终不转的原因。

七、混合气过稀的原因分析

1. 空气流量传感器对正极短路或被污染

发动机慢加速时正常，急加速时回火，汽车没有高速，说明混合气过稀，应重点检查空气流量传感器热线或热膜是否被污染，空气流量传感器是否因对正极短路而导致信号过低，进而造成混合气过稀。

2. 炭罐空气滤清器堵塞

油箱内产生负压，底部被吸起，燃油泵进油口部分被堵塞，造成热车后混合气过稀。

3. 炭罐与炭罐电磁阀间的真空管脱落

炭罐与炭罐电磁阀间的真空管脱落，使未经空气流量传感器计量的空气进入进气道，因未给其配置燃油，造成混合气过稀。

4. 进气道发生泄漏

使用空气流量传感器的进气道发生泄漏，使未经空气流量传感器计量的空气进入进气道，造成混合气过稀。

5. 控制单元上喷油器接地线接触不良

喷油器电阻过大，喷油脉宽明显减少；喷油器密封圈老化、破裂，喷油器被积炭堵塞。后者会使喷油量减少1/2，造成混合气过稀。

6. 燃油表进入红区后继续行驶

经常在燃油表进入红区后行驶，造成燃油泵发生过热变形、磨损，使燃油泵油压明显降低。

7. 燃油压力调节器密封不良

大负荷时仍有回油，造成大负荷时混合气过稀。

8. 曲轴箱强制通风装置的 PCV 阀开启量过大

发动机起动后 PCV 阀开启，并且发动机负荷越大，PCV 阀开启量越大。如果在中小负荷时 PCV 阀就因卡滞而保持在开启量过大的部位，使曲轴箱内过多的气体进入进气道，则会造成混合气过稀，发动机怠速运转不平稳。

9. 进气温度传感器断路或接地线接触不良

如果数据流显示环境温度非常低，则为进气温度传感器断路或接地线接触不良，会造成混合气过稀。

10. 冷却液温度传感器短路

如果数据流显示发动机冷却液温度过高，则为冷却液温度传感器短路，会造成混合气过稀，发动机无法起动。

八、混合气过浓的原因分析

1. 空气流量传感器短路造成输出信号过高

大众车系怠速时正常的空气流量是 $2 \sim 4g/s$，如果超过 $4g/s$ 则会造成混合气过浓；别克车系怠速时正常的空气流量是 $4 \sim 6g/s$，如果超过 $6g/s$ 则会造成混合气过浓。

2. 喷油器滴漏

喷油器滴漏属于额外供油，会造成混合气过浓，喷油器雾化不好，使燃烧质量明显下降。

3. 进气道发生泄漏

如果使用进气歧管压力传感器的进气道发生泄漏，则会造成混合气过浓。

4. 进气歧管压力传感器的真空软管堵塞或破裂

如果使用进气歧管压力传感器的真空软管堵塞或破裂，则会造成混合气过浓。

5. 上游氧传感器故障

如果上游二氧化锆氧传感器老化、加热器损坏、上端进气口或触头被堵塞，则会造成混合气过浓。

6. 空气滤清器滤网过密

空气滤清器滤网越密，进气阻力就越大，混合气也就越浓。

7. 曲轴箱强制通风装置的 PCV 阀堵塞

在发动机起动后，控制单元会根据 PCV 阀的开启程度（发动机负荷的变化）来调整喷油脉宽，并且负荷越大，喷油脉宽越大（负荷越大，PCV 阀开启量越大）。如果负荷增大了而 PCV 阀却没有开启，就会造成混合气过浓。

8. 炭罐电磁阀卡滞在开启部位

夏天，燃油箱内的燃油大量蒸发，早上第一次起动前整个进气道和燃烧室里已经充满了燃油蒸气，所以需要连续起动三次（头两次主要负责将进气道和燃烧室里过多的燃油蒸气驱赶出去）。在正常情况下，炭罐电磁阀在每一次开启时，控制单元都会根据进气温度的信号重新对喷油脉宽进行调节。如果环境温度较高，炭罐电磁阀开启时就会减少喷油脉宽。炭罐电磁阀卡滞在开启部位属于机械故障，控制单元不会为此调节喷油脉宽，而热天燃油蒸发量大，就会造成混合气过浓。

9. 冷却液温度传感器断路或接地线接触不良

冷却液温度传感器断路或接地线接触不良时，数据流会显示发动机冷却液温度过低，为了缩短暖机时间，喷油脉宽就增大，进而造成混合气过浓。

10. 进气温度传感器短路

进气温度传感器短路时，数据流会显示环境温度过高。环境温度越高，空气密度就越低，喷油脉宽也就越大，进而造成混合气过浓。

11. 喷油器导线控制电路短路

喷油器导线控制电路短路，导致喷油器长时间喷油。

12. 燃油压力调节器真空软管堵塞

在怠速和中小负荷时，燃油压力调节器无法感受到进气系统的真空吸力，没有回油，所以在怠速和中小负荷时混合气过浓。燃油压力调节器膜片破裂后，在小负荷时燃油会被直接吸入进气道，然后流入燃烧室，造成混合气过浓。

13. 氧传感器前边的排气管泄漏

氧传感器前边的排气管泄漏后，会使上游氧传感器始终收到含氧量过高的信号，导致其输出的信号电压持续走低，控制单元也因此逐步将喷油脉宽调到最大，造成混合气过浓。

14. 上游氧传感器输出电压信号过低

冷车时怠速正常，热机后（散热器电控风扇开始旋转）排气管便开始冒黑烟，此时应检查上游氧传感器的输出电压信号。上游二氧化锆氧传感器老化或加热器损坏后，会造成输出电压信号始终在 $0.1 \sim 0.3V$，进而造成混合气过浓，排气管冒黑烟，油耗明显增加。

第二节 电子节气门的组成、作用、故障分析

电子节气门能根据驾驶人的需求以及整车各种行驶状况确定节气门的最佳开度，保证车辆最佳的动力性和燃油经济性，并具有牵引力控制、巡航控制等控制功能，以提高驾驶安全性和乘坐舒适性。采用电子节气门控制系统，可避免在时间上滞后现象的发生，而对节气门开度控制精度的提高，将会改善发动机的燃油经济性能及排放性能。

一、电子节气门的组成、作用及失效保护

电子节气门系统由两个加速踏板位置传感器、怠速开关和节气门全开开关、两个节气门位置传感器、节气门开度控制电动机、EPC 故障灯、制动踏板开关、制动灯开关、手动变速器的离合器踏板开关等组成。

1. 加速踏板位置传感器

电子节气门系统有两个加速踏板位置传感器，它们都属于霍尔式传感器，分别将加速踏板的移动量和移动速度转换成电信号输送给发动机控制单元。以大众车系为例，电子节气门系统由两个电位器传感器 G79 和 G185 组成，其中一路电子节气门的电阻值呈线性增加，另一路电子节气门的电阻值呈线性下降，将由此产生的电压信号输送给发动机控制单元，以反映节气门开度和开启速率的变化，用于处理信息和控制节气门，如图 1-19 所示。当 EPC 系统出现故障时，EPC 故障灯进行报警。

控制系统根据两个信号来确定加速踏板位置，如图 1-20 所示。两个信号值正好相反，形成对比。两个电位器传感器在同一基准电压下工作，基准电压由控制单元提供。随着加速踏板位置的改变，电位器阻值也发生线性变化，由此产生反映加速踏板下踏量和变化速率的电压信号，并将其输入控制单元。将两个电位器传感器反接，实现阻值的反向变化，即两个传感器阻值变化量之和为零。控制单元对两个传感器施加相同的电压，两者输出的电压信号也相应反向变化，且它们的和始终等于控制单元输入的信号电压（5V）。当 EPC 系统出现故障时，EPC 故障灯进行报警。

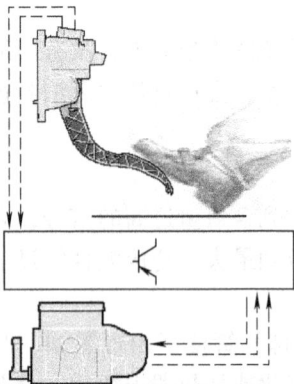

图 1-19　电子节气门系统

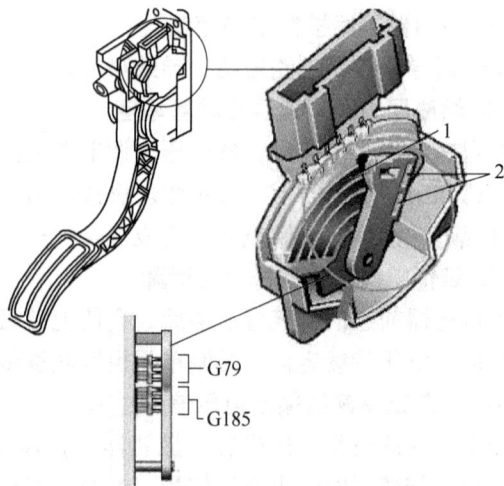

图 1-20　加速踏板位置传感器
1—滑片　2—传感器

另外，加速踏板总成还设置了一个怠速开关以及一个节气门全开开关。这两个开关分别对应于驾驶人的最小与最大输入意图。采用加速踏板总成的第二个目的就是让驾驶人仍然能够体验到被替换掉的机械式钢索和弹簧所产生的"脚感"。

2. 加速踏板位置传感器进入失效保护

1）一个加速踏板位置传感器（电位计）信号失真或中断后，如果另一个传感器处于怠速位置，则发动机进入怠速工况。

2）如果是负荷工况，系统会自动进入紧急操作状态，则发动机转速上升缓慢，最高车速限制在 120km/h。

3）若两个传感器同时出现故障，则发动机只有高怠速。

3. 节气门位置传感器 G187、G188

节气门角度位置传感器有两个，都属于可变电阻式，负责向系统反馈节气门位置信号。其中一路电子节气门电阻值呈线性增加，另一路电子节气门电阻值呈线性下降，将由此产生的电压信号（节气门的位置信息）输送给发动机控制单元，以反映节气门开度和开启速率的变化，用于处理信息和控制节气门，能够将节气门的位置信息反馈给控制单元，形成闭环控制。这样，当控制单元把指令传给调节电动机后，电动机就能够根据传感器反馈的信息正确地让节气门阀片转动定位。装两个传感器是为了精确和备用。

4. 节气门位置传感器进入失效保护

1）当一个传感器损坏时，系统会使用另一个传感器信号，而对加速踏板的响应不变，只是会出现加速无力，换挡冲击，巡航系统关闭，EPC 故障灯亮，存储故障码。

2）当两个信号都中断时，发动机在 1500r/min 左右运行，踩加速踏板无反应，EPC 故障灯亮，有故障码存储。

注意：节气门位置传感器、怠速空气阀与节气门体为一体式结构，当节气门位置传感器或者怠速控制阀出现故障时，应当更换节气门体总成。

5. 节气门开启的控制电动机

控制电动机根据车型的不同分为直流电动机和步进电动机两种，如图 1-21 所示。电动机接受系统命令，控制节气门开度。节气门阀片控制电动机本身是遵循电磁场相互作用原理而工作的。电动机内部有两个方向相反的磁场，并采用脉宽调制技术控制其中一个磁场相对于另一个磁场的大小。通过增大脉冲持续时间的百分比来增加调节电动机的转动角度，也就是说，脉冲持续的时间越长，调节电动机让节气门阀片转动的角度就越大。控制电动机能够让节气门阀片在 1°~80° 的范围内转动，以得到期望的节气门开度。在典型的电子节气门控制系统中，电动机根据控制单元的指令调节节气门阀片的偏转角度，对于节气门阀片的大部分转动位置，其定位

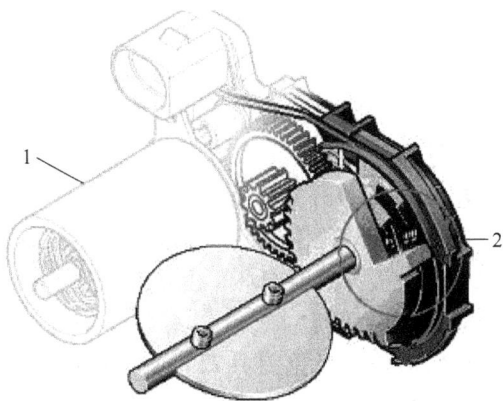

图1-21 节气门控制电动机
1—电动机 2—操纵机构

精度一般都在 ±0.5° 的范围内。当发动机怠速空转时，阀片的转角精确度甚至能控制在 ±0.1° 的范围内。出现故障后，进入紧急运行模式，由弹簧将节气门打开到一定角度，系统运行速度高于怠速，踩加速踏板没反应，EPC 故障灯亮，存储故障码。一般选用步进电动机或直流电动机，经过两级齿轮减速来调节节气门开度。早期以使用步进电动机为主，步进电动机精度较高、能耗低、位置保持特性较好，但其高速性能较差，不能满足节气门较高的动态响应性能要求，所以现在比较多地采用直流电动机。直流电动机精度高，反应灵敏，便于伺服控制，适合急加速时的快速反应。

作为一种安全保险措施，节气门阀片采用弹簧装置支撑，这样，一旦电子节气门控制系统出现故障，节气门阀片便能够在弹簧的作用下回到怠速空转时的位置，即节气门在回位弹簧的作用下将开启 8° 左右。

这样就适应了牵引力控制系统的发动机控制要求。在驱动轮由 TCS 施加制动时，应减小节气门开度，以免损坏变速器。

通过在换挡期间对节气门的开度进行控制，优化了自动变速器在换挡时的振动，提高了操作平顺性，简化了巡航控制系统，取消了巡航执行机构，直接由节气门控制器进行巡航控制。

6. 手动变速器配有离合器踏板开关

使用电子节气门体的车辆，在驾驶人突放松加速踏板后，为了使乘员不会感到一种突然制动，驾驶性能优化功能开始作用，控制发动机扭矩使其平缓下降，以提高车辆的驾驶性能。在这种功能作用期间，如果发动机控制单元收到离合器开关由 0 变为 1 的信号（即表示驾驶人踩下了离合器），则该功能中止。因为踩下离合器踏板后，发动机与变速器的连接脱开，此时发动机转速下降的制动效应已经不会作用在车身上了，发动机控制单元也就不再故意控制节气门开度的下降速度了，即仅控制发动机扭矩的下降速率，发动机转速也正常下降，不会产生明显上冲。离合器踏板开关信号反馈离合器踏板位置，当离合器踏板被踩下时，负载变化功能关闭，系统不对其进行监控，故无故障码存储，也无替代值。如果在踩下离合器踏板之前，已经因为脚放在离合器踏板上并施加了一定的力使得离合器踏板开关信号由 0 变为 1 了，同时车辆也以超过 2.5km/h 的车速行驶了超过 5s 的时间，那么此时如果突

然放松加速踏板并同时踩下离合器踏板，就会出现发动机转速上冲的情况。发动机转速上冲的多少取决于突然放松加速踏板前的节气门开度以及离合器踏板踩下的时机。节气门开度越大，踩下离合器踏板的时刻与放松加速踏板的时刻越接近，则转速上冲会越高。挡位越高，上冲转速也就越高。

7. 制动踏板开关和制动灯开关

制动踏板开关信号反馈制动踏板位置信号，控制单元收到制动踏板信号后，关闭巡航。如果制动踏板传感器损坏，由怠速信号替代。

8. EPC 故障灯

EPC 故障灯（见图1-22）发出提示信号，监控电子加速踏板系统与节气门控制单元各传感器的工作状况。当系统正常时，打开点火开关进行3s自检后EPC故障灯熄灭。当系统出现故障时，EPC故障灯闪烁，提示驾驶人系统有故障，同时，电磁离合器被分离，节气门不再受电动机控制，发动机控制单元记录故障信息。此时，节气门在回位弹簧的作用下将开启8°左右，发动机转速在3000r/min以下，发动机抖动严重，加速踏板控制失效，为"跛行回家"状态。若EPC故障灯出现故障，则发动机工作不受影响。EPC故障灯亮后，发动机转速到3000r/min时就不再增加了，动力明显不足。

图 1-22 EPC 故障灯

9. 电子节气门控制系统的优点

电子气节气门控制系统能改善发动机的排放性能。例如，在汽车减速时，驾驶人的脚脱离加速踏板而去踩制动踏板，同时也就关掉了节气门阀片，此时如果发动机继续转动，则会造成很高的进气歧管真空度，这种高的真空度将会导致供油方面的故障。通过在加速踏板总成和步进电动机之间设置一个控制软件，可以实现发动机 CO 和 NO_x 的排放量减少15%左右。

> **小·提示**
>
> 点火开关打开后，不要手动开启节气门，一定要使用诊断仪驱动节气门的开启。

二、电子节气门污染的危害及清洗方法

1. 电子节气门污染的危害

造成EPC故障灯频繁亮启的原因主要是配置有电子节气门系统的节气门污染。配有电子节气门系统的车辆怠速不稳，绝大多数是由节气门内侧污染造成的（见图1-23）。电子节气门一旦被灰尘严重污染，节气门积炭过多，会使怠速控制阀在同样的开度下进气量相对减少，就会导致发动机怠速不稳、车辆加速不良、加速踏板发沉、燃油消耗量增加、尾气排放超标，严重时还会出现怠速熄火，但中高速时运转平稳。电子节气门一般在车辆每行驶40000km后清洗一次。

2. 电子节气门的清洗方法

关闭点火开关，拆下节气门，在这期间不能开电源，在清洗时不要动节气门转板（见图1-24），最好一点也不动。洗好后装好，打开钥匙，等5min后关掉，循环两次后起动，

怠速5min，循环两次，然后稳加速两次。使用专门的电子节气门清洁剂进行清洗，以防止节气门特殊涂层的不必要损坏。

图1-23 节气门内侧被积炭污染

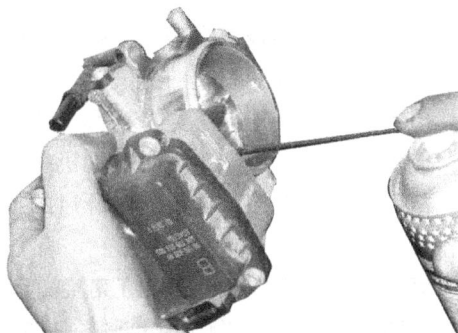

图1-24 电子节气门的清洗方法

三、电子节气门系统使用时的注意事项

1. 不要用过厚的脚垫

特别需要提醒的是，车内不要用过厚的脚垫，尤其是驾驶人一侧的脚垫，因为脚垫会逐渐前移，使前部皱起，顶住加速踏板，造成加速踏板卡滞，在高速行驶中放松加速踏板后车速不下降，这样极不安全。

2. 不要同时踩下加速踏板和制动踏板

对于使用电子节气门的车辆，在驾驶人同时踩下加速踏板和制动踏板时，制动功能超过节气门控制功能，使发动机回到怠速运行模式，尽管不会留下故障码，但是汽车无法行驶。

3. 不要手动开启节气门

点火开关打开后，不要手动开启节气门，一定要使用诊断仪驱动节气门的开启。电子节气门（加速踏板位置传感器）装配在驾驶室内，与拉锁式节气门比较，节气门开启角度不再由加速踏板拉锁控制，其开启角度和速率是由控制单元通过控制的怠速步进电动机进行驱动的。电子节气门的加速踏板位置传感器是以电压信号来反映加速踏板力矩指令的，而不是以节气门的实际开度来反映。加速踏板位置信号作为确定节气门位置的输入信号。怠速调节阀被取消，由电子节气门进行怠速调节。控制单元精确控制电子节气门的开启，以满足加速、自动变速器主油压调节、换挡点控制、空调控制和平稳动态控制以及发动机冷却功能的需要。需要开启节气门时，一定要使用诊断仪来驱动节气门的开启。

四、电子节气门系统常见故障的案例分析

案例1 EPC故障灯频繁亮启，车子严重抖动或行驶中突然熄火

故障现象 一辆2009款福克斯两厢自动挡轿车在行驶中频繁熄火，当轿车行驶至2000km左右时，发动机突然出现警示，点亮故障灯，并出现车体抖动现象，发动机动力不足，转速到3000r/min时就上不去了，车子开起来没力，感觉走不动。在清洗节气门后，故障依然存在。

故障分析 电子节气门系统的节气门污染会造成怠速抖动,但不会造成行驶中频繁熄火。电子节气门系统出现故障时,故障灯闪烁,提示驾驶人系统有故障。同时,电磁离合器被分离,节气门不再受电动机控制,发动机控制单元记录故障信息。此时,节气门在回位弹簧的作用下将开启8°左右,发动机转速在3000r/min以下,发动机抖动严重,加速踏板控制失效(踩加速踏板没有反应),说明电控系统没有参与控制。

故障诊断 拆开右边的进气管,用手摸住节气门,急加速时可以感觉到节气门不打开。测量电动机电源端子与车身搭铁间的电源电压,正常值应为12V左右的蓄电池电压,而实际检测的电源电压为零,说明电动机线圈已经断路。

故障排除 更换负责节气门开启的控制电动机,试车加速良好,动力强劲,说明故障已被排除。

案例2 电子节气门故障灯突然被点亮,同时加速踏板有踏空的感觉

故障现象 一辆2007款雅阁轿车在行驶中电子节气门故障灯突然被点亮,同时加速踏板有踏空的感觉。

故障分析 电子节气门故障灯被点亮,踩加速踏板没有反应,汽车无法行驶,这可能是节气门或加速踏板上的插头松了,造成接触不良,中断了控制单元和电子节气门传感器之间的信号传输,从而点亮了故障灯。在这种情况下加不上油是很正常的。

故障诊断 电子节气门采用加速踏板位置传感器的一个目的就是让驾驶人仍然能够体验到被替换掉的机械式钢索和弹簧所产生的"脚感"。如果加速踏板位置传感器插头松了,造成接触不良,中断了电子节气门控制单元和加速踏板位置传感器之间的信号传输,就会点亮EPC故障灯,同时加速时加速踏板就会有踏空的感觉。

故障排除 把加速踏板位置传感器的插头重新插好,清除故障码后试车,一切恢复正常,说明故障已被排除。

案例3 发动机怠速不稳、加速不良、加速踏板发沉,严重时会出现怠速熄火

故障现象 发动机怠速不稳、车辆加速不良、加速踏板发沉、燃油消耗量增加、尾气排放超标,严重时还会出现怠速熄火,但中高速时运转平稳。

故障分析 配有电子节气门的车辆怠速不稳,绝大多数是由电子节气门污染造成的。电子节气门一旦被灰尘严重污染,就会导致发动机怠速不稳、车辆加速不良、加速踏板发沉、燃油消耗量增加、尾气排放超标,严重时还会出现怠速熄火,但中高速时运转平稳。节气门体一般在车辆每行驶40000km后清洗一次,如果不按时进行清洗,就会出现车辆加速不良、燃油消耗量增加、加速踏板发沉、发动机怠速不正常等现象。

故障排除 按照电子节气门的清洗方法对电子节气门进行清洗,即可排除故障。

案例4 发动机起动正常,怠速抖动,中高速时运转平稳

故障现象 发动机起动正常,起动后稍停片刻便出现怠速抖动,车辆加速不良,加速踏板发沉,燃油消耗量增加,尾气排放超标,但中高速时运转平稳。

故障分析 以上现象说明电子节气门过脏,有灰尘,清洗并重新匹配电子节气门便可以排除故障。

故障诊断 拆下节气门,在这期间不能开电源,经检查发现节气门内侧有较多的积炭。

故障排除 按照电子节气门的清洗方法对电子节气门进行清洗,即可排除故障。

故障提示 电子节气门系统出现怠速抖动,但中高速时运转平稳,通常都是因为节气门内侧的积炭过多。必须将电子节气门拆下来清洗干净，装好后再进行匹配，才能彻底排除故障。

五、电子节气门的重新设定

1. 清洗电子节气门后必须重新设定电子节气门

清洗了电子节气门之后，怠速时的转速一直很高，下不来。这是因为电子节气门脏了以后效率会下降，控制单元会进行一定的调整和匹配。在正常情况下，怠速的自适应调节值为1.00。随着发动机工况的变化（例如当车辆长期行驶及电子节气门体变脏时，会使空气流经节气门时的截面积变小），为了稳定怠速，电子节气门开度就会适当开大。这样怠速时的自适应调节值就会相应增加一点，变成大于1.00，如1.05、1.10等。但是，调节值最大只能调节到1.15，如果电子节气门体继续变脏，就会使怠速时的进气量不够。发动机在每次起动时必须略微踩下加速踏板才能完成起动，还会造成怠速不稳，甚至出现熄火。在这种情况下，只要把电子节气门体清洗干净，就可以解决熄火的问题。但发动机控制单元中存储的自适应调节值并没有进行修改，仍旧为1.15，这样节气门开度会依然较大，导致发动机出现怠速过高的现象。

清洗电子节气门之后对其进行重新设定，可以使节气门恢复到怠速空转时的正常开度。另外，在更换发动机控制单元、节气门体控制单元或发动机以后，怠速或点火正时在规定范围以外，蓄电池断开后，以及进行怠速空气量学习前，都必须进行基础设定。

电子节气门设定的前提条件如下：

1）蓄电池电压大于12.9V（怠速时）。

2）点火开关转至"ON"位置。

3）关闭所有用电设备，电气负载开关（空调、前照灯、后窗除雾器）转至"OFF"位置。

4）转向盘处于中间位置（正直向前位置）。

5）汽车停止。

6）变速器已预热到正常工作温度。

7）发动机冷却液温度为70~100℃。

2. 电子节气门初始化的通用方法

1）清洗前先断开蓄电池负极。

2）清洗后连接好蓄电池负极。

3）将点火开关打开30s，然后关闭15s，即可完成电子节气门的初始化。

3. 利用点火开关的匹配

将电子节气门洗好后装好，打开钥匙，等5min后关掉，循环两次后起动，怠速5min，循环两次，稳加速两次。

4. 马自达6轿车电子节气门重新设定的步骤

断开蓄电池负极10s，然后装复。打开点火开关置于"ON"位置，将加速踏板踩到底，保持5s后放开。关闭点火开关，然后重新起动，检查放松加速踏板后转速是否下降至正常，如果正常，即完成电子节气门的重新设定。

5. 雪铁龙爱丽舍轿车加速踏板位置传感器重新设定的步骤

1）将点火开关置于"M"位置，旋转点火开关期间不要踩加速踏板。

2）旋转点火开关后将加速踏板踩到底。

3）松开加速踏板，重新起动发动机，发动机运转不得少于30min，即完成加速踏板位置传感器的重新设定。

6. 东风标致307轿车电子节气门重新设定的步骤

设定前先清除故障码，使发动机控制单元无故障码储存；使发动机处于完全冷却状态，并且在设定前的10min内不能起动发动机。

1）关闭点火开关15s以上。

2）打开点火开关15s以上。

3）重复上述步骤两次。

4）将加速踏板迅速完全踩到底，然后再松开。

5）重新着车，使发动机运转不得少于30min，即完成电子节气门的重新设定。

7. 2004款日产天籁轿车电子节气门的设定

日产天籁轿车电子节气门如图1-25所示。

更换电子节气门控制器需完成以下步骤：电子节气门关闭位置的学习，怠速空气量的学习。进行操作前，让发动机冷却液温度达到正常，且其他用电器都关闭。

对于使用CONSULT—Ⅱ型诊断仪的A/T车型，使车辆行驶至"A/T"系统"DATA MONITOR"（数据监控）模式中的"FLUID TEMP SE"（油液温度传感器）显示数值低于0.9V时为止；对于不使用CONSULT—Ⅱ型诊断仪的A/T车型，使车辆行驶10min。

图1-25 日产天籁轿车电子节气门

把加速踏板踩到底，等待20s，此时发动机灯将会闪烁，直到常亮，3s内松开加速踏板，马上直接起动发动机，让其怠速运转即可。此时已完成电子节气门的重新设定。

8. 日产奇骏SUV电子节气门设定的步骤

（1）操作程序 在每次断开电子节气门控制执行器或ECM的线束插头后，必须进行以下操作：

1）确认加速踏板完全释放。

2）将点火开关转到"ON"位置。

3）将点火开关转到"OFF"位置，等待至少10s。

4）通过节气门动作的声音确认节气门动作超过10s。

（2）确认满足的所有条件

1）蓄电池电压大于12.9V（怠速时）。

2）发动机冷却液温度为70~100℃。

3）PNP开关处于"ON"位置。

4）电负荷开关（空调、前照灯、后窗除雾器）处于"OFF"位置。

5）转向盘处于中间位置（正直向前位置）。

6）车辆停止。

7）变速器已预热。

说明：即使是瞬间，如果有任何一个条件不满足，学习操作将停止。对于使用 CON-SULT—Ⅱ型诊断仪的自动变速器车型，车辆应行驶到"DATA MONITER"（数据监控）模式中的"FLUID TEMP SE"（油液温度传感器）显示数值低于 0.9V 时为止；对于不使用 CONSULT—Ⅱ型诊断仪的自动变速器车型以及手动变速器车型，车辆应行驶 10min。

（3）怠速空气量学习方法（不使用 CONSULT—Ⅱ型诊断仪）

1）执行"加速踏板释放位置学习"。

2）执行"节气门闭合位置学习"。

3）起动发动机并使发动机温度上升到正常运转温度。

4）检查前提条件是否均已满足。

5）将点火开关转到"OFF"位置，等待至少 10s。

6）确定加速踏板完全释放，将点火开关转到"ON"位置，等待 3s。

7）在 5s 内迅速重复以下操作五次。

① 完全踩下加速踏板。

② 完全释放加速踏板。

③ 等待 7s，完全踩下加速踏板并保持约 20s，直到 MIL 停止闪烁并变亮。

④ 在 MIL 变亮后，在 3s 内完全释放加速踏板。

⑤ 起动发动机并使之怠速运转。

⑥ 等待 20s。

说明：最好用时钟准确计时；如果加速踏板位置传感器电路有故障，将无法开启诊断模式。

9. 大众车系电子节气门重新设定的步骤

前提条件：发动机控制单元中无故障码储存，蓄电池电压正常，清洁过电子节气门，在设定过程中不得踩加速踏板。

（1）大众车系电子节气门的设定方法

1）连接 V. A. G1552 诊断仪，接通点火开关（不起动发动机），输入地址码"01-发动机电控系统"。

2）输入功能码"04-基础设定"，输入设定组号"060"，在显示区域 4 显示"ADP. OK"，表示基础设定已完成。

3）按"→"键，输入功能码"06-结束输出"。

（2）帕萨特 B5 节气门基本设定的步骤

1）连接 V. A. S5052 诊断仪，打开点火开关。

2）选择发动机系统，按"确定"键。

3）选择基本调整功能，按"确定"键。

4）输入组号"098"，按"确定"键。

按下"确定"键后基本调整过程开始，节气门控制器运行到最大开度、最小开度及中间开度等几个位置。发动机控制单元在存储器内计下多个节气门角度，随后节气门短时间保持在起动位置，然后关闭。

（3）基本调整中断或错误的原因　如果基本调整中断或错误，可能有以下原因

1）有故障码没有清除或者没有维修好。

2）节气门没有安装到位或者节气门拉线没有调整好。

3）节气门本身机械故障。

4）电子节气门自身有故障。

5）起动过程中条件没达到。

6）控制单元编码不正确。

（4）注意事项

1）如果出现故障码"17967"或者"17973"，则下次打开点火开关时系统自动进入基本调整。

2）在基本设定过程中，如果数据第4项不显示"自适应运转"或"ADP RUN"，而是只提示一个数字，应该怀疑节气门位置传感器电路是否有故障，一定要保证电路正常。

3）此功能只打开钥匙，不起动，但是前期必须热车，并且达到设定条件。

10. 通用君越、荣御轿车电子节气门重新设定的步骤

设定前先清除故障码，保证发动机控制单元无故障储存；蓄电池电压正常。

1）关闭点火开关并保持30s以上。

2）打开点火开关但不起动，保持60s以上。

此时即可完成通用君越、荣御电子节气门的重新设定。

11. 丰田轿车电子节气门的重新设定

关闭点火开关，拔下发动机舱内熔丝盒中的EFI和ETCS熔丝，1min后装上即可完成电子节气门的重新设定。

12. 克莱斯勒300C轿车电子节气门重新设定的步骤

1）更换新的节气门体后，断开蓄电池负极至少保持90s。

2）重新连接蓄电池负极。

3）将点火开关转到"ON"位置，接通电源，但不起动。

4）点火开关在"ON"位置至少保持10s，PGM将利用这段时间进行并完成电子节气门的自适应。

13. 三菱帕杰罗越野车电子节气门重新设定的步骤

在断开蓄电池负极或断开电子节气门插头后会出现熄火现象，需要进行电子节气门的重新设定：打开点火开关，保持1s，然后关闭，等待15s，在此时间内不能重新接通点火开关，15s后起动发动机，即可完成电子节气门的重新设定。

14. 雪铁龙爱丽舍轿车电子节气门重新设定的步骤

把点火开关置于"M"位置并保持30s，在此期间不得踩加速踏板。关闭点火开关15s，拔出钥匙，即可完成电子节气门的重新设定。

15. 无法进行电子节气门基本设定的原因

电子节气门控制单元进行基本调整的过程有可能中断，出现这种情况的主要原因有：

1）电子节气门不能灵活移动卡位（电子节气门体脏污）。

2）电子节气门控制部件或线束损坏。

3）蓄电池电压太低。

4）发动机控制单元损坏。

5）在自适应过程中起动了发动机或踏下了加速踏板。

中断后故障存储器内将存储"基本调整没有完成，基本调整出错"的信息，下次打开点火开关时将再次自动进行基本调整。

六、行驶中的异常故障分析

1. 行驶正常，收节气门时熄火

积炭造成节气门和旁通空气道内的怠速步进电动机卡滞；喷油器被积炭堵塞，使喷油量减少1/2。清洗节气门、旁通空气道和喷油器后可排除故障。

2. 热线或热膜式空气流量传感器被废气反流污染或被异物遮挡

热线或热膜式空气流量传感器被废气反流污染或被异物遮挡时，会造成混合气过稀，仪表板上发动机故障灯点亮，且车辆行驶无力，加速发闷，没有高速，严重时最高车速只有60km/h，但不会影响起动和怠速控制。拆下空气滤清器滤芯，使发动机保持怠速，就车用节气门清洗剂清洗后可排除故障。

3. 使用空气流量传感器的进气系统密封不良

使用空气流传感器的发动机，在进气系统密封不良时，会造成混合气过稀，怠速高，加速发闷，但不会影响起动。

4. 空气滤清器滤芯过密

空气滤清器滤芯过密时，会造成充气系数不足，加速发闷，没有高速，自动变速器没有超速挡，但不会影响起动和怠速控制。

5. 行驶正常，收节气门时不熄火，但制动时熄火

最常见的故障是自动变速器锁止继动阀卡滞在工作端，在制动时发动机和变速器仍然保持动力联系，致使发动机因过载而熄火。拆下自动变速器控制阀，上阀体直径最大、最长的阀是锁止继动阀，将其拆下，用金相砂纸抛光，然后清洁，用自动变速器油润滑后装复，如果滑动自如，即可排除故障。

6. 发动机慢加速时正常，急加速时回火，汽车没有高速

这说明混合气过稀，应重点检查空气流量传感器是否短路，热线或热膜是否被污染。

7. 热车时怠速正常，热机后排气管便开始冒黑烟

热机后（散热器电控风扇开始旋转）应检查上游氧传感器输出信号电压，如果始终在0.1~0.3V，则说明氧传感器老化或加热器损坏，必须更换氧传感器。

8. 温和地踩加速踏板时行驶正常，但只要急加速就熄火

汽车起动和温和地踩加速踏板时行驶正常，但只要急加速就熄火；在车速上升的同时机油压力也同步上升，而且机油压力明显超过了厂家的规定。这通常是因为机油压力限压阀过脏，卡滞在不泄油的一侧，机油压力限压阀不泄油后发动机转速越高机油压力就越高。液压挺杆采用机油润滑，机油压力越高，液压挺杆内压力也就越高。急加速时机油压力过高，导致液压挺杆内压力过高，造成所有气门都处于开启状态，燃烧室内因缸压过低而熄火。熄火后如果立即起动，则会因气门还处于开启状态而无法起动。过20min左右，在弹簧的作用

下，气门关闭，则可以正常起动。拆下机油压力限压阀进行清洗，使其滑动自如，即可排除故障。

第三节　燃油压力的控制

一、燃油系统的组成、作用和检测

1. 燃油系统的组成

燃油系统由燃油泵继电器、燃油箱、燃油泵（内含限压阀和单向阀）、燃油滤清器、燃油分配管、喷油器、燃油压力调节器（调压器）、进油管、回油管、EVAP 和 CANP 等组成，如图 1-26 所示。燃油系统负责控制燃油压力和燃油流量。

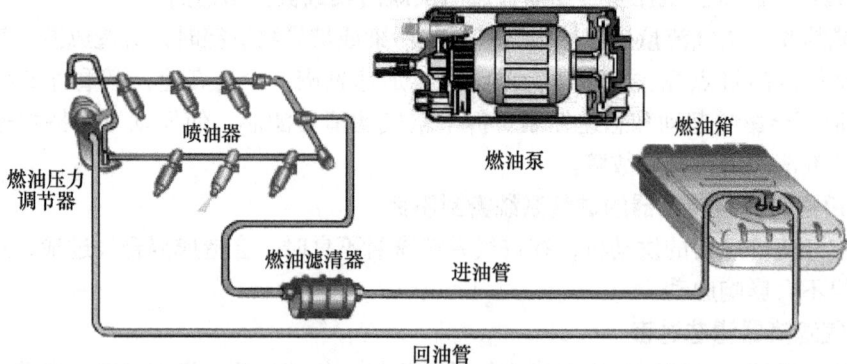

图 1-26　燃油系统的组成

2. 燃油系统的分工

1）燃油泵限压阀负责控制燃油泵出油口的油压，如大众车系出油口的油压始终保持在 400kPa，别克车系出油口的油压始终保持在 320kPa。

2）燃油泵单向阀使燃油管路内保持足够的残压，残压不得低于 200kPa，以备下次起动时使用。

3）燃油滤清器有特定的装配方向，堵塞后会造成燃油流量降低，但不会改变燃油压力，一旦装错方向便会造成损坏。

4）喷油器密封不良会造成燃油残压过低，喷油器堵塞会造成混合气过稀，喷油器滴漏会造成所在气缸内混合气过浓。

5）燃油压力调节器根据发动机负荷的变化调节燃油压力。小负荷时少量回油，大负荷时不回油。正常情况下，在大负荷和小负荷时燃油压力差为 50～60kPa。

3. 燃油压力调节器的发展

第一代燃油压力调节器（见图 1-27）的真空软管直接与发动机进气系统相连。进气压力影响燃油压力。怠速时，如果进气压力高，则通往油箱的管路开得就大；全负荷时，如果进气压力低，则通往油箱的管路开得就小。第二代燃油压力调节器为了避免温度较高的燃油回到油箱以减少油箱内燃油的蒸发，在真空软管上安装了电磁阀，在发动机冷却液温度达到

100℃后电磁阀关闭，停止回油。为了避免温度较高的燃油回到油箱，第三代燃油压力调节器改装在燃油箱内。第四代燃油压力调节器用进气压力传感器替代燃油压力调节器。

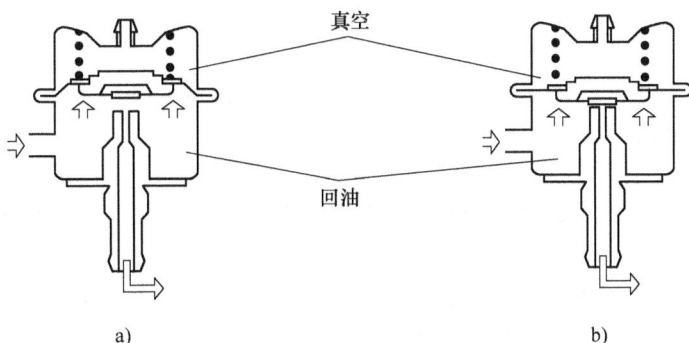

图1-27　第一代燃油压力调节器
a）怠速　b）全负荷

（1）燃油压力主要由燃油泵和燃油压力调节器进行控制　燃油泵装在燃油箱内，靠汽油润滑和冷却。如果经常在燃油表到了红区还继续行驶，燃油泵就可能烧蚀变形，导致燃油压力明显降低。当燃油箱过脏时，燃油泵集滤器容易堵塞，会造成燃油压力过低。燃油压力主要由燃油压力调节器进行控制。

燃油泵磨损会造成怠速油压和大负荷油压都过低。燃油压力调节器密封不良会造成大负荷油压过低。

1）怠速油压过低会造成怠速运转不平稳。

2）大负荷油压过低会造成高速时汽车动力不足。

3）残压过低或没有会造成发动机起动困难（需要连续起动两次才能着车）。

（2）燃油流量的检测内容和影响　燃油流量的检测分为30s喷油量检测、喷油器喷射角度检测、喷油器密封性（滴漏）检测三个部分。

1）30s喷油量过少，会造成发动机怠速不稳、汽车加速不良以及正常行驶中快速放松加速踏板时发动机熄火。

2）喷油器喷射角度过小，会造成发动机燃烧不好。

3）在30s喷油时间内所有喷油器滴油不得超过一滴，如果滴油过多，则说明喷油器密封不良。

4. 燃油压力的检测

（1）燃油压力检测前的准备工作　先在进油管路上连接燃油压力表。有些汽车接燃油压力表前需要先泄压，即拆下燃油泵继电器或熔丝，反复起动发动机三次，使燃油管路内的燃油耗尽，然后在管接头下方垫上棉丝，再连接燃油压力表。但也有些汽车留有测试口，不需要泄压，可直接将燃油压力表管路与测试口连接。

（2）怠速燃油压力的检测　用适配器在压力表与燃油供油管和燃油分配管间连接，打开压力测试仪的截止阀，使其手柄指向燃油流动方向，起动发动机，并使之以怠速运转，检测燃油压力。

燃油压力调节器根据发动机负荷（进气歧管压力）的变化来调节进入喷油器的燃油压

力，使两者保持恒定的压力差。这样，怠速和小负荷时燃油系统有少量回油，大负荷时燃油系统停止回油。

🔊 **小·提示**

怠速和小负荷燃油系统油压异常升高，主要是由回油软管堵塞和燃油压力调压器连接进气道的真空软管漏气等原因造成的。

所以，在怠速油压高时，应重点检查调压器连接进气道的真空软管是否漏气和调压器回油软管是否堵塞。

（3）大负荷燃油压力的检测 不同车型的燃油压力值略有差别，但怠速和大负荷燃油压力差通常是50kPa。例如，某车型怠速时燃油压力为350kPa，拔下燃油压力调节器上方的真空软管，或将节气门完全踩到底，燃油压力如果上升到400kPa，则说明燃油压力调节器良好，否则必须更换燃油压力调节器。

（4）大负荷燃油压力不足的原因

1）怠速燃油压力正常而大负荷燃油压力不足的原因是燃油压力调节器密封不良。

2）起动发动机路试，试车过程中如果油压保持不住，则说明燃油管路过脏。

3）跑高速时如果感觉跟不上油，行驶过程中慢慢地熄火，熄火后马上起动时无法起动，停一会才能起动，则说明燃油箱过脏。

（5）残压的检测 残压关系到发动机是否能够正常起动，如果没有残压，发动机必须连续起动两次。

🔊 **小·提示**

检测残压时，在连接好燃油压力表的前提下熄火，关闭燃油压力测试仪的截止阀，10min后再打开，残压不应小于200kPa。如果残压过低，应分别检查燃油泵的出油单向阀、喷油器和燃油压力调节器回油孔的密封性。

---

5. 燃油残压过低故障的诊断与分析

造成燃油残压过低的原因主要有三个方面：燃油泵出油单向阀的密封不良；燃油压力调节器密封不良；喷油器密封不良。本着先简单后复杂的原则，按以下顺序进行检测：

（1）先检查燃油泵出油单向阀的密封性 燃油残压低于标准值时，可以用排除法检测。先关闭燃油压力表上的截止阀，使燃油泵到燃油压力表之间处于密封状态。重做一次残压检测，如果此次残压正常，则说明燃油泵出油单向阀和油压表前的管路密封不良。

（2）检查燃油压力调节器的密封性 关闭截止阀后，燃油压力依然低于标准值，说明燃油泵出油单向阀和燃油压力表前的管路密封良好。用夹板夹住燃油压力调节器的回油管，重做一次残压检测，如果此次残压正常，则说明燃油压力调节器回油阀损坏。

（3）检查喷油器的密封性 用夹板夹住燃油压力调节器的回油管后，燃油压力依然低于标准值，说明喷油器有泄漏。做30s喷油检测，在30s内各喷油器滴漏不许超过一滴，否则说明喷油器密封不良。

6. 燃油流量的控制

燃油滤清器或喷油器堵塞不会改变燃油压力，但会明显降低燃油流量。滤清器堵塞会导致行驶过程中跟不上油，发动机慢慢熄火。在正常使用的情况下，燃油滤清器更换间隔里程为 40000km。喷油器严重堵塞会使喷油量减少 1/2，导致怠速时剧烈抖动。喷油器的检测分为喷射角度（雾化）、滴漏（30s 内各喷油器的滴漏量不许超过一滴）、30s 喷油量（检测每个喷油器是否发生堵塞，各喷油器喷油量误差不得超过 10%）。如果喷油量少，则说明喷油器发生堵塞。如果喷油器仅使用 1～2 年就发生堵塞，则有可能是所用燃油标号过低，烯烃的含量过高，造成喷油器、燃烧室、氧传感器触头、三元催化器前端以及空气流量传感器的热线或热膜处产生过多的积炭。

7. 燃油泵继电器控制电路

普通的电喷发动机燃油泵继电器正极短路时，会同时出现加热型氧传感器（H 氧传感器）、炭罐电磁阀（CANP）、喷油器（INJ）、怠速步进电动机（IAC）及空气流量传感器五个方面的故障码。一些配置较好的车，还负责控制中高档发动机上选装的进气歧管切换阀和可变气门控制机构（VTEC）、电控行驶平稳系统（ESP）。电动燃油泵继电器对正极短路后，发动机熄火（装有 ESP 系统的还会点亮 ESP 故障灯），熄火后无法立即起动，过 10min 后可正常起动，调故障码时会同时出现十多个故障码。所以，如果同时出现多个故障码，而这些传感器和执行器的电源又都由燃油泵继电器提供，则应首先检查燃油泵继电器。

二、缸内直喷技术

1. 大众车系缸内直喷系统的组成

（1）BOSCH 控制系统　进气凸轮末端的直角凸轮驱动高压泵，凸轮轴转一圈该循环发生四次。应用直角凸轮减少凸轮行程，使每转的传递效率提高，进而使快速压力建立成为可能，这有利于发动机起动和再起动。

（2）缸内直喷系统的组成和作用　缸内直喷系统由负责驱动高压泵的直角凸轮、凸轮轴、可以建立 20MPa 压力的高压泵、油轨、进油管、回油管、燃油压力传感器以及专用的喷油器等组成，如图 1-28 所示。

汽油机直喷技术在向两个方向发展：一个方向是以增加驾驶乐趣为出发点，整车厂致力于均质直喷技术的汽油机开发，通过辅助涡轮增压、VVT 技术，使发动机从较低的转速范围起就开始提供平稳的高扭矩；另一个发展方向是以提高燃油经济性为前提，采用分层直喷燃烧技术通过稀燃来大幅提高燃油经济性，其中具有代表性的是大众的 FSI 技术，即我们通常听到的燃油分层燃烧直喷技术。大众 FSI 发动机利用一个高压泵，使汽油通过一个分流轨道（共轨）到达电磁控制的高压喷射气门。它的特点是在进气道中已经产生可变涡流，使进气流形成最佳的涡流形态进入燃烧室内，以分层填充的方式推动，使混合气体集中在位于燃烧室中央的火花塞周围。如果稀燃技术的混合比达到 25:1 以上，按照常规是无法点燃混合气的，因此必须采用由浓至稀的分层燃烧方式。通过缸内空气的运动在火花塞周围形成易于点火的浓混合气，混合比达到 12:1 左右，外层逐渐稀薄。浓混合气点燃后，燃烧迅速波及外层，燃烧更充分，燃烧效率更高，动力更强劲。

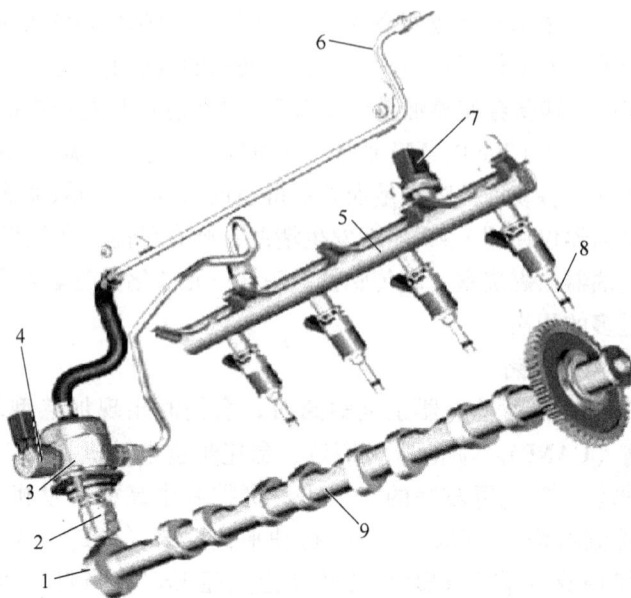

图 1-28　大众 1.8T FSI 缸内直喷系统
1—直角凸轮　2—触头　3—高压泵　4—进油管　5—油轨　6—回油管
7—燃油压力传感器　8—喷油器　9—凸轮轴

2. 缸内直喷技术采用的注油模式

缸内直喷（FSI）又称为燃料分层喷射技术，代表着传统汽油发动机的一个发展方向。直喷式汽油发动机采用类似于柴油发动机的供油技术，通过一个活塞泵提供所需的 10MPa 以上的压力，将汽油提供给位于气缸内的电磁喷射器，然后通过控制单元控制喷射器将燃料在最恰当的时间直接注入燃烧室，其控制的精确度接近毫秒。其对燃油品质的要求比较高，目前我国的油品状况可能很难达到 FSI 发动机的要求，所以部分装配了 FSI 发动机的进口高尔夫轿车和国产的迈腾轿车，在使用一段时间后会出现发动机喷油器堵塞的现象。FSI 技术采用了两种不同的注油模式，即分层注油和均匀注油模式，也就是分层燃烧和均质燃烧。

（1）分层燃烧技术　将燃料喷射成雾状，借助空气运动以及活塞顶面特殊的凹陷形状，便可局部形成燃料较浓的区域（见图 1-29），通过在这一区域附近设置点火火花塞来实现分层燃烧（稀薄燃烧）。

分层燃烧的真正目的是实现较稀混合气的点燃，而设计缸内直喷的主要目的则是实现稀薄燃烧，因此两者走到了一起。发动机的稀薄燃烧技术是为了让混合气更加充分燃烧，以达到降低油耗和排放的目的。油泵、油嘴、活塞等都是特制的，没有过硬的技术，分层燃烧都是不可能实现的。

（2）均质燃烧技术　目前，我国引进的 FSI 发动机采用了均质燃烧技术，这可以使燃料直接注入燃烧室后进行比较充分的燃烧，如图 1-30 所示。FSI 技术还可以提高压缩比，从而提高压缩机有效性，因此也就提高了燃油效率。

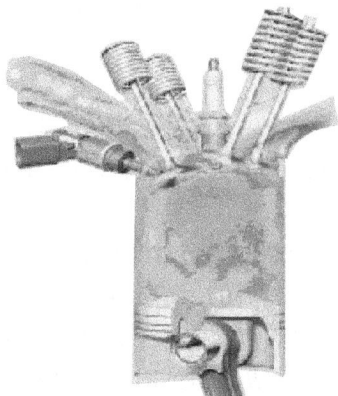

图1-29　可局部形成燃料较浓区域
的分层燃烧

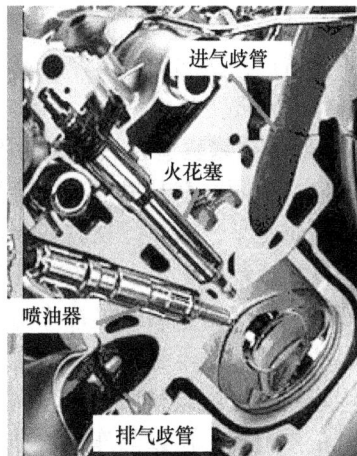

进气歧管

火花塞

喷油器

排气歧管

图1-30　奥迪轿车的缸内直喷结构

小·提示

　　采用分层燃烧技术和均质燃烧技术的发动机的压缩比都较高，而喷油器柱塞工作间隙小，所以对燃油清洁度要求较高，如奥迪轿车按规定应加98号汽油。高标号汽油中烯烃的含量相对较低，不容易形成积炭。燃油标号过低会在短时间内堵塞喷油器。

三、燃油系统案例分析

案例1　残压过低造成发动机热车起动困难

故障现象　一辆帕萨特轿车冷车起动困难，热车后稍停片刻立即起动时可以正常起动，但等15min后再次起动，仍然起动困难。

故障分析　造成每天初次起动困难的原因主要有：

1）大部分气缸燃烧室内积炭过多，每天初次起动时燃油大都被积炭吸附，经过初次起动后积炭处于饱和状态，随后一天之内每次都可以正常起动。

2）燃油压力过低，需要先在燃油管路内建立起正常的压力，所以没有残压，发动机必须连续起动两次才能完成起动。所以，不仅热车起动困难，而且熄火后等15min后再次起动，仍然起动困难。

故障诊断　检测残压时，在连接好燃油压力表，起动发动机建立起正常的燃油压力的前提下，熄火，关闭燃油压力测试仪的截止阀，10min后再打开，残压不应小于200kPa。如果残压过低，应重点检查燃油泵单向阀、燃油压力调节器或喷油器的密封性。这三处如果有任何一处密封不良，都会造成燃油系统残压过低。具体检测方法见本章第三节中"5. 燃油残压过低故障的诊断与分析"。

经检查发现燃油压力调节器膜片密封不良。

故障排除　更换燃油压力调节器后试车，每次都可以正常起动，说明故障已被排除。

相关故障　燃油残压低于标准值时会造成起动困难，需连续两次起动才能着车。喷油器有泄漏属于额外供油，会造成混合气过浓。燃油泵出油单向阀密封不良或燃油压力调节器回油阀损坏还会造成初次起动不着车，第二次起动虽然可以着车，但由于油压低，容易出现急速抖动，维修时需要更换燃油泵。

案例2 喷油器堵塞造成热车起动困难

故障现象 一辆别克君越轿车在冷车时需要连续起动2~3次才能着车，而且暖机时急速不稳，加速时座车，温和行驶时基本正常，但收节气门时熄火；热机后可正常起动，急速稳定，加速良好，行驶正常，但收节气门时依然熄火。

故障分析 热车起动困难，冷车起动容易，通常是由混合气过浓或燃油压力过低造成的。冷车起动困难，热车起动正常，通常是由混合气过稀造成的。造成混合气过稀的原因有空气流量传感器信号过低和喷油器堵塞。不同的是前者在热车后（经过氧传感器反馈调节后）混合气依然较稀，所以热车后在加速时还是座车。喷油器堵塞时，经过氧传感器反馈调节后混合气接近正常，所以热车后可正常起动，急速稳定，加速良好，行驶正常。只不过在行车制动和收节气门时急速控制系统进入供油控制，在行车制动和急减速或滑行时控制单元会中断供油，当转速降到1500r/min时再恢复供油。如果喷油器堵塞，则喷油量只有正常时的1/2，这时会由于混合气过稀而使发动机过载熄火。

故障诊断 拆下喷油器进行检查，发现喷油器发黑，说明喷油器处有较多的积炭，已经造成堵塞。做30s喷油量试验，喷油量明显低于正常标准。

故障排除 用喷油器试验台清洗喷油器，然后试车，一切恢复正常，说明故障已被排除。

【一句话介绍】

1）热线或热膜式空气流量传感器端子为五针的，内部装有进气温度传感器。热线传感器端子为三针的，热膜式空气流量传感器端子为四针的，内部都没有装进气温度传感器。

2）冷却液温度传感器端子为两针的，一根为输入信号线，另一根为输出信号线。

3）冷却液温度传感器（内有一个热敏电阻，一个冷却液温度传感器）端子为三针的，分别为输入信号线、输出信号线、冷却液温度传感器线。冷却液温度传感器负责仪表板上冷却液温度的显示。

4）冷却液温度传感器（内有两个热敏电阻）端子为四针的，分别为输入信号线、输出信号线、控制单元接地线和仪表板接地线。

5）三针式进气歧管压力传感器内没有进气温度传感器，四针式进气歧管压力传感器内有进气温度传感器。

6）三针式进气歧管绝对压力传感器的端子a是控制单元输入传感器的电压（VCC），为5V；端子b是传感器输出信号线（PIM），端子c是传感器的接地线，急速状态测量信号端子b、c的电压应为1~1.5V，在大负荷时应为4V以上。

7）负温度系数热敏电阻传感器或线束短路时，数据流会出现虚假的高温信号。

8）负温度系数热敏电阻传感器或线束断路以及接地线接触不良时，数据流会出现虚假的低温信号。

9）油箱内的油量剩下一格时应马上加油，经常在燃油表指针处于红格内时行驶会造成燃油泵烧蚀。

10）在正常情况下节气门怠速的自适应调节值为1.00。随着节气门处污染加重，控制单元为了稳定怠速，节气门开度就会适当开大，但是调节值最大只能调节到1.15。如果节气门体继续变脏，就不再加大节气门开度了，于是就会出现起动时如果不略微踩下加速踏板起动就困难的现象。

11）清洗节气门体或更换节气门总成后必须对节气门进行匹配学习，否则节气门怠速的自适应调节值仍然为1.15，会造成怠速过高。

12）日本和美国产的发动机更换节气门控制单元后只需断开蓄电池负极1.5min，然后重新连接，即可完成基本设定。

13）在进气系统中，节气门位置传感器的主要作用是在急加速时增加喷油。

14）维修人员在做发动机加速过程中空气流量传感器的检测时，使用吹风机模拟加速时的空气流量。做这种检测时必须使用冷风，如果使用热风，会造成温度补偿电阻瞬间电压过高，导致空气流量传感器损坏。

15）进气压力传感器的四根导线中，1号线为接地线，2号线为进气温度传感器信号线，3号线为输入电压信号线，4号线为输出电压信号线。

16）只有流经热膜或热线的空气才能得以计量，而从热膜或热线周边流过的空气则不参与计量，只有遮挡住热膜或热线的前方，才会造成混合气过稀。使用热膜或热线式空气流量传感器的进气系统进气阻力越大，混合气越浓。如果进气系统发生泄漏，则会造成混合气过稀，泄漏严重时就会造成起动困难。

17）热膜式空气流量传感器电路没有稳压电路，因此如果发电机调节器失效，急加速时便会出现瞬间过高电压，空气流量传感器就会损坏。

18）如果使用空气流量传感器的进气系统密封不良，则会造成混合气过稀；如果使用进气歧管压力传感器的系统密封不良，则会造成混合气过浓。

19）热线式空气流量传感器还需要检测传感器的波形频率。热机后怠速运转时，传感器信号频率为2000~2650Hz。怠速时，传感器信号频率低于2000Hz时会使混合气过稀，高于2650Hz时会使混合气过浓；高速时约为7000Hz，最大负荷时为8000Hz。如果大负荷时传感器信号频率低于8000Hz，则发动机动力不足。

20）在20℃时高电阻喷油器两个端子间的电阻值应为11.4~12.6Ω。

21）冷起动：在发动机总成温度与环境温度相同的情况下起动。热起动：起动前预热，发动机总成温度大于40℃。

22）热线和热膜式空气流量传感器有自清洁功能，在关闭发动机的瞬间可产生1000℃的高温，可以烧掉附在表面的灰尘，但无法烧掉废气返流带来的积炭。

23）标号低的汽油中烯烃的含量较高，喷油器在高温环境下极易在喷油器上通过与氧气发生氧化反应而形成低聚黏稠物的胶质，长期沉淀后形成积炭，造成喷油器堵塞和燃烧室内积炭过多。另外，标号低的汽油中杂质相对较多，而且辛烷值低，所以高压缩比、高温的缸内燃油喷射的发动机必须使用高标号汽油，如奥迪缸内燃油喷射的发动机必须使用98号汽油，否则20000km内就会堵塞喷油器。

24）进气歧管绝对压力传感器的检测：使用电压表测量绝对压力传感器的输入电压信号端a与接地端c是否有5V的电压；输出电压信号端b、c的电压在节气门全开时大于4V，大负荷时应为4V以上；输出电压信号端b、c的电压在怠速时应为1~1.5V。

25）汽油滤清器堵塞会降低燃油流量，造成动力明显下降和逐渐熄火，但不会降低燃油压力。如果燃油压力调节器膜片密封不良，则会造成大负荷时燃油压力过低。

26）清洁汽油（即乙醇汽油）中含10%的乙醇，主要是为了增加汽油中氧的含量，以便有效降低尾气中 CO 和 HC 的含量。但乙醇的含量超过10%时，会对燃油管产生腐蚀。另外，乙醇能将汽油无法分解的附在油箱底部的部分残留物分解，所以初次使用清洁汽油时喷油器容易发生堵塞。

27）一旦电子节气门控制系统出现故障，在电控部分退出的时候，节气门阀片能够在弹簧的作用下回到怠速空转时的位置，使发动机始终保持高怠速运转。

28）电子节气门发动机在车辆每行驶 40000km 后就需要拆下节气门，清洗节气门的后侧，因为此处容易产生积垢。清洗了节气门之后，怠速时的转速一直很高，匹配后怠速即可恢复正常。

29）制动踏板开关和制动灯开关（开关信号）反馈制动踏板位置信号，控制单元收到踏板信号后，关闭巡航。

30）电子节气门系统用一个同心的弹簧控制节气门，当节气门打开到接近关闭的位置时，如果步进电动机电源丢失，弹簧将关闭节气门到限位位置。当节气门完全关闭的时候，弹簧也将尽力打开节气门。

31）电子节气门的开启是利用节气门上的直流电动机通过减速机构来自动实现的。

32）清洗电子节气门时应使用专门的电子节气门清洁剂进行清洗，以防止电子节气门特殊涂层的不必要损坏。

33）起动发动机后，用手摸住电子节气门，急加速时可以感觉到电子节气门是否打开，如果没有打开，则说明电子节气门进入失效保护。

34）在清洗或更换电子节气门后应对电子节气门位置传感器做基本设定。对于捷达车来说，最好松开电子节气门前方的皱纹管卡子，伸入一字槽螺钉旋具使其略微漏气，再做三次基本设定，可使怠速转速恢复正常。

35）缸内直喷发动机由于压缩比高、燃烧室温度高、喷油器工作间隙小，必须使用高标号汽油。如果使用低标号汽油，则容易在喷油器内产生积炭，堵塞喷油器。

36）继电器的检测：按动诊断仪功能键，激活继电器，听继电器有无吸合声。

【故障一点通】

1）没有清洗过喷油器的车在出现怠速不稳、费油、加速不灵敏、放松加速踏板后熄火等故障时，清洗一下喷油器就可以将故障排除。

2）V 缸发动机两侧的空气流量传感器端子插错，有可能造成发动机怠速发抖，尾气呛人，一侧排气管烧红，如果不及时重新安装，就有可能造成三元催化器烧蚀。

3）如果行驶正常，收节气门时熄火，则通常需要清洗节气门、旁通空气道和喷油器。

4）进气歧管压力传感器真空软管无论是破裂还是堵塞都会造成混合气过浓。其中，软管堵塞会导致在怠速时控制单元会反复调整怠速步进电动机，造成怠速时的转速漂移；真空软管破裂只会造成怠速转速高。三元催化器堵塞也会导致进气歧管压力传感器信号不正常。

5）如果热车时起动困难，将加速踏板踩到底时可正常起动，则说明混合气过浓。

6）每天初次踩加速踏板时感到较重，而且发动机起动困难，但略微踩下加速踏板时可正常起动，说明节气门处积炭过多，应及时清洗节气门系统和旁通空气道，否则会造成行驶正常而放松加速踏板时熄火。

7）无论节气门的开启角度和开启速率是多少，输出电压始终为输入电压（即为 5V 或接近 5V），说明 VCC（输入）和 VTA（输出）之间短路。

8）当控制单元中负责冷却液温度控制的 A/D 转换器转换错误时，数据流可能出现虚假的高温信号。

9）节气门位置传感器滑线电阻失效退出后，控制单元改用怠速触点信号，节气门开启后一律按开启 50% 进行控制，发动机会出现怠速高、加速不良、没有高速的故障。

10）发动机多次起动后无法起动，而火花塞电极又非常干净，可能是冷却液温度传感器短路，造成混合气过稀。

11）如果进气温度传感器断路或接地线接触不良，则会造成混合气过稀，使起动困难，但不会造成无法起动。

12）如果热线或热膜式空气流量传感器被废气反流污染，则会造成混合气过稀，仪表板上发动机故障灯点亮，且行驶无力，加速发闷，但不会影响起动和怠速控制。

13）如果使用空气流量传感器的进气系统密封不良，则会造成混合气过稀、怠速高、加速发闷，但不会影响起动。

14）如果空气滤清器滤芯过密，则会造成充气系数过小、加速发闷、没有高速、自动变速器没有超速挡，但不会影响起动和怠速控制。

15）如果三元催化器或消声器堵塞，则会造成充气系数过小、加速发闷、没有高速、自动变速器没有超速挡，但不会影响起动和怠速控制。

16）如果喷油器堵塞，则会造成喷油量减少 1/2，进而造成混合气过稀、发动机起动困难、怠速抖动、行驶中收节气门时熄火等故障。在正常情况下，车辆每行驶 40000km 应清洗一次喷油器，如果使用低标号的汽油，则车辆每行驶 20000km 应清洗一次喷油器。

17）进气歧管绝对压力传感器软管堵塞时，控制单元会因接收不到空气流量信号而进入应急保护程序，在怠速时控制单元会反复调整怠速步进电动机，造成怠速时的转速漂移，怠速时容易熄火，热机时起动困难，加速时发动机喘振，油耗明显增加，排气管冒黑烟。

18）如果进气温度传感器断路或接地线接触不良，则会造成起动困难，而冷却液温度传感器短路则会造成发动机无法起动。

19）大众车系数据流中显示发动机负荷的正常值为 10～30，相当于喷油脉宽 0.5～1.5ms。由此可推出发动机每个工作循环喷油脉宽的正常值为 1.0～3.0ms。多数发动机在正常时的怠速喷油脉宽为 2～2.5ms。

20）发动机在每天初次起动时需要连续起动三次，随后一天内一次即可完成起动，但行驶中加速和收节气门时发动机发抖，则有可能是燃烧室内积炭过多，造成进气门密封不良，清洗燃烧室后即可排除故障。

21）如果进气歧管绝对压力传感器或电路不良，则会造成发动机怠速不稳、怠速不正确、起动困难或起动后又熄火等现象。

22）如果进气歧管绝对压力传感器输入信号线断路，则会造成起动后立即熄火。进气压力传感器输入信号线电压应为 5V，如果实际检测为 0V，则说明传感器断路。

23）使用万用表测量进气歧管绝对压力传感器的输入电压信号，如果怠速输出电压基本合格，而大负荷时输出电压和怠速时一致，则说明进气歧管绝对压力传感器工作失常，会造成慢加速基本正常而快加速回火（混合气过稀）的故障，此时应更换传感器。

24）如果发动机怠速发抖、慢加速正常、急加速回火、汽车没有高速，则说明混合气过稀，应重点检查空气流量传感器热线或热膜是否被污染。

25）火花塞经常被燃油污染，造成起动困难和油耗高。如果燃油压力正常，但喷油器端部发黑，则说明喷油器堵塞。

26）电子节气门采用加速踏板位置传感器的一个目的就是让驾驶人仍然能够体验到被替换掉的机械式钢索和弹簧所产生的"脚感"。如果加速踏板位置传感器插头松了，造成接触不良，中断了电子节气门控制单元和加速踏板位置传感器之间的信号传输，就会点亮 EPC 故障灯，同时踏加速踏板时就会有踏空的感觉。只要把插头重新插好，清除故障码后即可将故障排除。

27）配置电子节气门的车辆在节气门处过脏时，会造成 EPC 故障灯频繁亮启，使汽车在行驶过程中突然熄火并一个劲地抖动。拆下节气门，进行彻底清洗，然后重新匹配，就可将故障排除。

28）对于配置电子节气门的车辆，当一个节气门位置传感器损坏或端子接触不良时，系统会使用另一个传感器信号，并且对加速踏板响应不变，只是会出现加速无力、换挡冲击、巡航系统关闭、EPC 故障灯亮，并存储故障码，而对于配置有数据总线的车辆，则会留下发动机电子系统故障、自动变速器电子系统故障、电子驻车系统故障。分别进入各个系统，在发动机电子系统中可以查到节气门位置传感器电路故障。检查电阻，如果短路或断路，则应更换电阻；如果端子接触不良，则在处理后重新连接，然后消除故障码，即可排除故障。

29）电子节气门系统中的一个节气门位置传感器损坏后系统监测到还有一个节气门信号时，则能进入怠速运行，但节气门全开得很慢。系统还通过制动灯开关和制动踏板开关信号来判别怠速状态、关闭巡航、点亮 EPC 故障灯以及在故障存储器存储故障码。

30）节气门驱动装置属于定位直流电动机，用于接受系统命令，控制节气门开度。当其出现故障后，进入紧急运行模式，由弹簧将节气门打开到一定角度，系统高怠速运行，踩加速踏板没反应，EPC 故障灯亮，存储故障码。

31）电子节气门系统中加速踏板位置传感器上的插头松了，造成接触不良，中断了电子节气门控制单元与加速踏板位置传感器之间的信号传输，电子节气门故障灯亮，踩加速踏板时没反应，只要把插头重新插好，清除故障码就行了。

32）如果节气门位置传感器 G187 线束断路，则会造成电子节气门 EPC 故障灯常亮，且加速无力。使用 V. A. S5051 诊断仪查询，结果有两个故障，分别是"17950"（节气门位置传感器 G187 不可靠信号）和"17952"（节气门位置传感器 G187 信号太大）。将断路线束修复后可将故障排除。

33）对于装有滑线电阻式电子节气门控制装置的汽车，节气门电子控制装置反应迟缓或汽车无法行驶的故障通常是由错误驾驶造成的。驾驶人如果同时踩下加速踏板和制动踏板，将使制动功能超过节气门控制功能。在这种模式下，踩下加速踏板后发动机仍回到怠速运行模式，尽管不会留下故障码，但是汽车却无法行驶。

34）空气流量传感器和节气门位置传感器一起控制喷油脉宽，但在急加速的瞬间，空气流量传感器相对于节气门位置传感器的信号有滞后性，可燃混合气进入气缸后，空气流量传感器信号还没来得及改变。在加速的初期，混合气主要是由节气门位置传感器控制的，而后期的过渡圆滑则主要靠空气流量传感器控制。因此，在加速初期，回火故障在节气门位置传感器；在加速后期，回火故障在空气流量传感器。

35）燃油压力调节器膜片密封不良，燃油会经此直接进入进气系统，导致混合气过浓。

36）燃油压力调节器真空软管破裂时会造成混合气过浓，因为发动机负荷越大，进气系统的真空度越低，而调节器真空软管破裂会使真空度降到比大负荷时还低。

37）燃油压力保持不住时，应主要检查燃油泵出油单向阀、燃油压力调节器和喷油器的密封性。

38）气门导管磨损时会引起气门响，冷车刚起动时响声更大，严重的会使排气门烧坏不密封，此时要拆缸盖修理，进行润滑和冷却。

39）一辆别克君威轿车因使用的燃油标号过低，出现怠速游车，火花塞经常被燃油污染，造成起动困难和油耗高，检查怠速时的喷油脉宽为 5.5ms，而别克车系怠速时的正常喷油脉宽为 2.5～3.5ms，燃油压力正常，但喷油器端部发黑，说明喷油器堵塞，造成混合气过稀。为了保证理想的空燃比，经上游氧传感器短期燃油系数修正后，喷油脉宽变为 5.5ms。燃烧室容易产生积炭，但喷油器在车辆行驶 20000km 内没有堵塞，这通常是由点火能量不足、混合气燃烧不彻底所致。喷油器在车辆行驶 20000km 内就发生堵塞，通常是因为燃油标号过低。

40）数据流里混合比适应超过上限，代表混合气过稀；混合比适应超过下限，代表混合气过浓。法国车系数据流里，"P"代表永久性故障，"F"代表临时性故障。

41）节气门位置传感器出故障时会出现怠速游车，怠速不稳，熄火，如果是自动变速器的话，还会出现换挡冲击。此时应用控制单元进行检测，看节气门的开度是多少，输出的电压是多少。车型不同，则怠速开度和电压不同。一般怠速的情况下，节气门的开度与输出电压之比是不会变的。

42）一辆雪佛兰子弹头罗米娜轿车冷车起动时正常，热车起动困难，怠速抖动，动力不足，加速时发动机喘振，油耗明显增加，排气管冒黑烟。这是典型的进气歧管绝对压力传感器真空管堵塞的故障。

43）如果燃油标号过低，会导致火花塞经常被燃油污染，造成起动困难（燃烧室积炭过多），进气门周围会产生大量胶质，使进气门运动不畅，车辆出现加速座车和油耗高的现象。检查怠速时喷油脉宽为 5.5ms，而怠速时正常的喷油脉宽应为 2.5～3.5ms。这是因为燃油压力正常，但喷油器端部发黑（喷油器被堵塞），使喷油量减少 1/2，所以经氧传感器修正后，怠速时的喷油脉宽特别大。

44）如果所有气缸的燃烧室内积炭过多，则可能是燃油标号过低；如果部分或个别气缸的燃烧室内积炭过多，则可能是高压电路故障，导致点火能量不足。

45）发动机冷车起动时正常，热机起动时困难。热机的情况下在打开油箱盖的瞬间有真空吸气声，但打开油箱盖后可正常起动，说明炭罐空气滤清器堵塞。炭罐空气滤清器堵塞，使油箱唯一的空气通道关闭。随着油箱内液位的降低，油箱内的真空度提高，油箱底部被吸起，汽油集滤器的进油口大部分被油箱底部堵塞，使进油量减少，需要连续 2～3 次起动才可着车。更换炭罐即可排除故障。

46）冷车时发动机加速放炮，严重抖动，热车后故障消失。拆开燃油喷油器，检查发现上面粘有胶性物质。冷车时，燃油胶质轻微堵塞喷油器，车一热，故障便消失。更换燃油即可排除故障。

47）喷油器滴漏严重的发动机，冷车时可正常起动，热车在熄火较长时间后重新起动时，会因混合气过浓而出现起动困难。

48）喷油嘴被积炭堵塞，会造成冷车时发动机加速放炮，严重抖动，但热车后故障消失。清洗喷油器即可排除故障。喷油器如果在车辆行驶20000km范围内就被积炭堵塞，则说明燃油标号过低，烯烃的含量过高，应清洗燃油系统，更换厂家规定标号的燃油。

【诊断小窍门】

1）混合气过浓时，热车起动困难，此时将加速踏板完全踩到底（起动时踩到底，喷油器不喷油）便可以一次起动成功，摘掉空气滤清器滤芯也可以一次起动成功。

2）如果每天初次踩加速踏板时发沉，则说明节气门处有较多的积炭，堵塞了为了起动发动机而开启的节气门缝隙，造成起动困难。起动时略微踩下加速踏板，使进气量有保障，便可以正常起动。这说明需要清洗节气门和旁通空气道了。

3）当冷车起动困难时，拆下空气滤清器滤芯，在起动的同时用化油器清洗剂往里喷，如果能起动，则说明冷车起动困难的原因是混合气过稀。

4）冷车时发动机加速放炮，严重抖动，热车时故障消失（氧传感器进入闭环控制），说明混合气过稀，应重点检查喷油器是否发生堵塞。

5）怠速稳定，加速顺畅，但是起动后大约0.5min，发动机怠速开始发抖，加速不良，踩下加速踏板后发动机失速，有时甚至熄火。待发动机怠速运转几分钟后，故障现象渐渐消失。此时应重点检查上游氧传感器，起动后1min氧传感器就应该达到正常的工作温度，即315℃以上，如果用手摸上游氧传感器时感觉只是发温，则说明氧传感器加热器失效，必须更换氧传感器。

6）打开燃油箱盖起动时，如果在汽油泵工作时产生"嗡嗡'的高频异响，则说明汽油泵因为缺乏燃油润滑和冷却已经发生了早期磨损，汽油泵油压已经明显降低。此时应更换汽油泵。

7）如果每天初次起动时困难，热车熄火后能立即起动，但热车熄火后停车时间稍长就会出现起动困难，则说明燃油系统残余压力过低。

8）打开散热器盖，将尾气分析仪测头悬于上侧，如果在急加速时能测到HC，说明气缸盖垫密封不良。

9）如果冷车和热车时都需要连续两次起动才能起动发动机，并且在起动发动机后在排气尾管出气口处能听到"噗噗"声，汽车加速座车，则说明排气门密封不良。

第二章 发动机点火系统故障分析

第一节 凸轮轴位置传感器和曲轴位置传感器故障分析

一、点火系统的组成和作用

1. 点火系统的组成

电喷发动机点火系统由凸轮轴位置传感器、曲轴位置传感器、蓄电池、点火开关、熔丝、点火继电器、点火模块、点火线圈、高压阻尼线、火花塞、爆燃传感器等组成。

2. 点火系统的作用

点火系统的作用是控制点火提前角、点火闭合角（点火能量和点火持续时间）、爆燃。最基本的作用是在汽油机的压缩行程接近上止点时，由火花塞点燃可燃混合气，完成做功，使发动机在不同转速、进气量等因素下，在最佳点火提前角工况下工作，以使发动机能输出最大的功率和扭矩，将油耗和排放降到最低限度。其闭环系统通过爆燃传感器的反馈控制，使点火提前角控制得更加精确。

点火系统的主要传感器（见图2-1）如下：

1）控制初始点火提前角和点火顺序（即厂家设定的点火提前角和完成第一次点火），为爆燃传感器提供原始点火提前角信号的凸轮轴位置传感器。

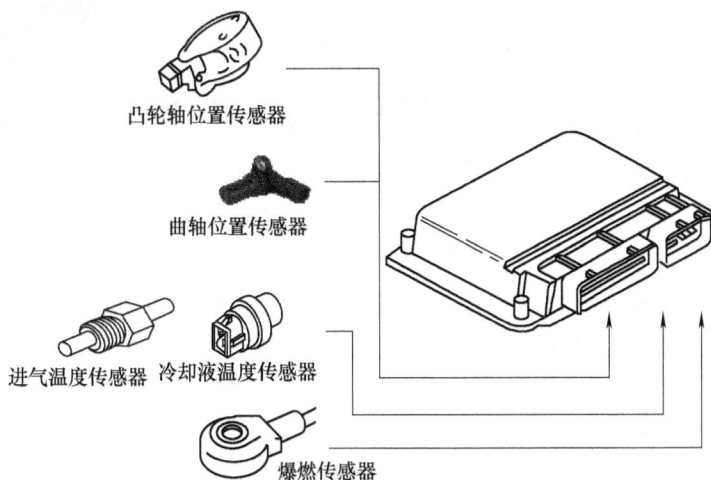

图2-1 点火系统的主要传感器

2）负责控制基本点火提前角和点火顺序的曲轴位置传感器、空气流量传感器和节气门位置传感器，核心是曲轴位置传感器。

3）负责调节点火提前角的车速传感器、进气温度传感器、冷却液温度传感器。

4）负责闭环控制以及修正点火提前角的爆燃传感器。常见的是压电式（振动型）爆燃传感器，利用压电效应原理检测发动机爆燃。传感器配合一定的电压放大器或电荷放大器将信号电压放大，并将高阻抗输入变换成低阻抗输出。压电式爆燃传感器为压电陶瓷元件，由压电陶瓷、配重块和外壳组成。

5）点火继电器是电流过大保护器，在所负责的电路电流过大时会自动切断电路。一旦点火继电器触点接触不良，便会造成热车熄火。

6）点火模块（点火器）是点火系统低压电路的通断开关。它可以将电子控制系统输出的点火信号进行功率放大，驱动点火线圈工作，在适当的时候导通与截止初级点火电路。点火模块切断初级点火电路后，初级电流中断，使穿过点火线圈内两个绕组的磁场消失，次级绕组产生高压电，紧接着点火模块再次接通初级电路，为下一个气缸点火做准备。点火模块又被称为点火放大器、大功率晶体管。

7）点火线圈是把电源的低压电转变成火花塞点火所需要的高压电的基本元件，分为电感储能式和电容储能式两种。

8）电容器的作用是保护低压电路，加快磁场消失的速度，储备能量，保护低压电路，增大点火能量。电容器失效退出后，点火线圈烫手，高压火为红火，无法点燃混合气，会造成发动机缺缸。

二、凸轮轴位置传感器故障分析

1. 凸轮轴位置传感器的作用

（1）负责发动机的第一次起动　凸轮轴位置传感器（见图2-2）是初始点火提前角位置传感器，大部分为霍尔式，主要负责提供初次点火提前角信号，即负责在发动机起动后2s之内将提供点火提前角信号的任务转交给曲轴位置传感器。凸轮轴位置传感器此后只负责向爆燃传感器提供原始点火提前角位置方面的信号。

（2）负责监控厂家设定的原始点火提前角位置　初始点火提前角是厂家原始设定的，又称为固定点火提前角。

1）监控厂家设定的原始点火提前角是否发生变化。如果正时带因差一个齿而使点火过迟，则会造成怠速运转不平稳，发动机尾气排放超标，耗油量增加，动力性下降，加速座车。正时带差一个齿属于机械故障，自诊断系统不可能直接留下正时带故障码，但正时带差一个齿时会破坏原始点火提前角。由于曲轴位置传感器信号和凸轮轴位置传感器信号有一个对比，以检查凸轮轴位置传感器信号是否合理，而正时带位移会造成凸

图2-2　凸轮轴位置传感器

轮轴位置传感器信号错位，所以会留下凸轮轴位置传感器短路或断路的故障码。在汽车出现怠速游车和加速座车（凸轮轴位置传感器只负责起动，不负责怠速和加速），同时又有凸轮轴位置传感器故障码时，有经验的维修人员通常是先检查正时带是否错位，在正时带没有问题的情况下再做其他检查。

2）凸轮轴位置传感器断路或短路或者正时带错位时，凸轮轴传感器都会退出控制，此后爆燃传感器找不到原始点火提前角，也会随之退出控制，控制单元为了防止出现爆燃，就会将点火提前角推迟到10°或更多。所以凸轮轴位置传感器退出控制后，尽管第一次点火改由曲轴位置传感器负责，但发动机会推迟2s起动，同时因为点火提前角被推迟，发动机出现动力不足，加速不良，急加速时声音发闷，有时还会熄火。

凸轮轴位置传感器多为霍尔式，所以又被称为霍尔传感器。

2. 凸轮轴位置传感器的检测

（1）凸轮轴位置传感器电压的检测　凸轮轴位置传感器有 A、B、C 三个端子，其中 A 为电源回路，B 为通往控制单元的信号线，C 为接地线。打开点火开关，用万用表（选择直流电压挡）测量凸轮轴位置传感器端子 A 与车身接地点之间的电压，应为电源电压；端子 B 与车身接地点之间的电压在大负荷时应为 4.8V 或更多，在急速时应为 0.8V 或更少。

（2）凸轮轴位置传感器通断的检测　关闭点火开关，用万用表（选择蜂鸣挡）检测，端子 C 与车身接地点之间应导通。

（3）凸轮轴位置传感器电阻的检测　用欧姆表测量传感器接地线和通往控制单元信号线间的电阻，大多数凸轮轴位置传感器标准电阻值为 1600~2500Ω。

三、曲轴位置传感器故障分析

1. 曲轴位置传感器的作用

曲轴位置传感器常见的有霍尔式和磁电感应式（见图2-3），负责采集曲轴转角位置和发动机转速信号（确定点火提前角和喷油时间）。

2. 曲轴位置传感器信号中断的危害

有起动的征兆，凸轮轴位置传感器已经完成第一次点火，但由于收不到曲轴位置传感器信号，发动机不到2s就熄火了，所以发动机只有起动征兆却无法起动。行驶中曲轴位置传感器信号中断，发动机会立即熄火。曲轴位置传感器信号中断后，发动机转速表不显示转速。

某些新款车可用凸轮轴位置传感器信号替代曲轴位置传感器信号，这样可以起动，但没有高速，自动变速器进入失效保护挡，即变速器只有一个 2 挡或3 挡。

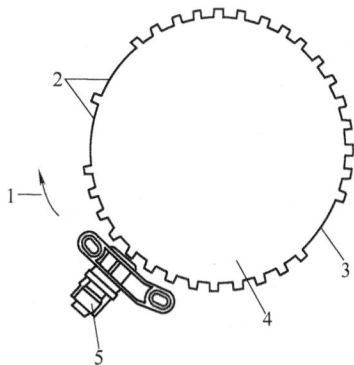

图 2-3　磁电感应式曲轴位置传感器
1—旋转方向　2、3—点火上止点
4—转子　5—CKP

3. 磁电感应式曲轴位置传感器的检测

磁电感应式曲轴位置传感器有三个端子：一根红色线为电源线；白色线为信号线，通往控制单元；黑色线为屏蔽线。检测时，用欧姆表检查红色线与白色线间电磁线圈的电阻值是否符合厂家规定；CKP 端子 1 或 A 与车身接地点之间的电压值应为 12V 左右的蓄电池电压。

第二节　点火能量方面的故障分析

一、点火线圈和点火模块的检测

1. 两缸共用一个点火线圈的检测

两缸共用一个点火线圈上的四根线，这四根线分别为电源正极、点火模块（点火器）、火花塞和接地线，如图2-4所示。

1）检测点火模块对点火线圈的接地情况。检测时选择万用表的电阻蜂鸣挡，将表笔分别接触点火线圈上接地线的被测插头针脚和车身搭铁线时，应有蜂鸣器响声。

2）检测点火线圈的电源线至中央继电器盒插座的电路是否断路。检测时选择万用表的电压挡，将红表笔连接点火线圈上的电源端子，使黑表笔在车身或发动机上可靠接地，打开点火开关，应显示12V左右的电源电压。如果电源电压为零，则说明点火线圈的电源线至中央继电器盒插座之间的电路可能有断路，应逐段进行检测。

3）检测发动机控制单元和点火模块对点火线圈的控制功能。检测时，首先拔下继电器盒上燃油泵的熔丝，使燃油泵停止工作，然后拔下点火线圈插头，将发光二极管分别连接到点

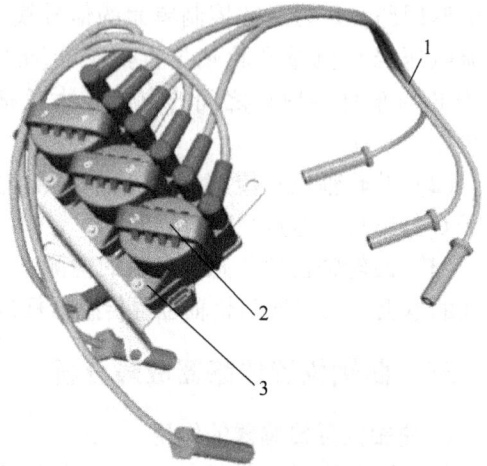

图2-4　两缸共用一个点火线圈上的点火模块、
点火线圈和高压线
1—高压线　2—点火线圈　3—点火模块

火线圈插头的端子"4"（接地线）与端子"1"、端子"4"与端子"3"上分别检测2缸与3缸以及1缸与4缸点火线圈的控制信号。起动发动机，如果发光二极管闪烁，则说明发动机控制单元的点火控制功能和点火模块工作正常，检测完毕，关闭点火开关；如果发光二极管闪烁，点火线圈的电源电压正常，但点火线圈仍不能正常点火，则说明点火线圈有内部故障，应该更换点火线圈组件；如果发光二极管不闪烁，则说明发动机控制单元到点火线圈之间的信号线断路或控制单元内部故障；如果点火线圈的电源电压正常，但发光二极管不闪，检查导线又无断路或短路故障，则说明发动机控制单元有内部故障，应更换发动机控制单元。

4）检测点火线圈的电阻。检测点火线圈的初级绕组时，用万用表的电阻挡分别检测点火线圈插座端子"1"（2缸与3缸控制信号）与端子"2"（电源端子）、端子"3"（1缸与4缸控制信号）与端子"2"之间的导通性，正常时应为导通状态，如果有断路情况，则应更换点火线圈组件。

5）如果点火线圈质量不好，则热态时点火线圈存在匝间短路，会导致高压火弱或没有高压火，冷态时点火线圈又恢复正常。点火线圈更换过勤与点火线圈自身质量和火花塞质量以及控制单元里面负责该点火线圈的点火晶体管是否被击穿有关。

2. 每缸一个点火线圈的检测

每缸一个点火线圈（见图2-5）按端子个数分为两个端子和三个端子两种。

（1）三个端子的每缸一个点火线圈的检测 点火线圈的三个端子分别为信号端子（A端子）、搭铁端子（B端子）、电源端子（C端子）。

1）检查点火线圈到电源间的电路有无断路。从点火线圈上拔下插头，打开点火开关，用万用表电压挡测量电源端子C与车身搭铁间的电源电压，正常值应为12V左右的蓄电池电压。如果电源电压过低或为零，则应检查点火线圈到电源间的电路有无断路，应逐段进行检测，导线电阻值应小于1.5Ω。

图2-5 每缸一个点火线圈

2）检测控制信号端子A与车身搭铁间的信号电压，正常值应为5V。

3）检测发动机控制单元对点火线圈的控制功能。首先拔下中央电路板上的燃油继电器，使燃油泵停止工作，再从点火线圈上拔下插头，打开点火开关，用万用表电压挡测量点火线圈控制信号端子A与车身搭铁间的电压，正常值约为5V。如果检测电压过低或为零，则应检查点火线圈到控制单元间的电路有无断路。如果检测电压过高，则应对发动机控制单元进行相关检测，如果有必要则应进行更换。

4）检测搭铁端子。选择万用表蜂鸣挡，搭铁端子B与车身搭铁应有蜂鸣声。

5）检测控制单元对点火的控制。拔下燃油泵继电器，在控制信号端子A与车身搭铁间连接发光二极管，起动发动机，发光二极管应闪烁。

6）检测点火线圈是否短路。选择万用表欧姆挡，使红表笔连接电源端子，黑表笔连接信号端子，应导通；使红表笔连接信号端子，黑表笔连接接地端子，应导通；使红表笔连接接地端子，黑表笔连接信号端子，应不导通；使红表笔连接信号端子，黑表笔连接电源端子，应不导通。

7）检测点火线圈的电阻值。三个端子的每缸一个点火线圈的电阻检测见表2-1。

表2-1 三个端子的每缸一个点火线圈的电阻检测

检测项目	万用表连接位置		状 态
	红 表 笔	黑 表 笔	
接线端	A	B	0Ω或无穷大不正常
	B	C	
	C	A	0～9999Ω不正常

（2）两个端子的每缸一个点火线圈的检测 点火线圈的两个端子分别为电源端子（A端子）、信号端子（B端子）。

1）检测点火线圈是否短路。选择万用表欧姆挡，使红表笔连接电源端子，黑表笔连接信号端子，应导通；使红表笔连接信号端子，黑表笔连接电源端子，应不导通。

2）检测点火线圈的电阻值。两个端子的每缸一个点火线圈的电阻检测见表2-2。

表2-2　两个端子的每缸一个点火线圈的电阻检测

检测项目	万用表连接位置		状　态
	红 表 笔	黑 表 笔	
接线端	A	B	0Ω 或无穷大不正常
	B	A	0 ~ 9999Ω 不正常

二、击穿电压过低的故障分析

1. 导致击穿电压过低的原因

在理想空燃比时，怠速时的燃烧电压需要10000V，实际击穿电压应为12000V，如果只有8000V或更低，则为击穿电压过低，如图2-6所示。导致击穿电压过低的原因：点火线圈工作不良或高压电路电阻值过小，如高压阻尼线漏电、次级绕组有短路处、点火模块接地线接触不良、火花塞绝缘瓷柱破裂、火花塞电极间隙过小或电极被污染等。

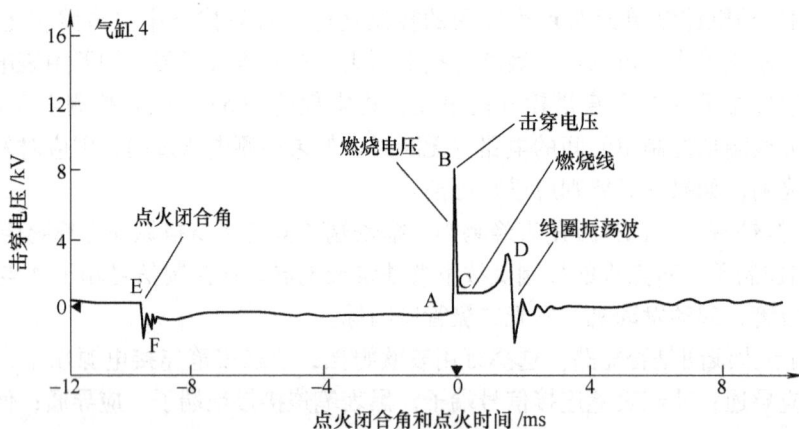

图2-6　击穿电压过低

2. 击穿电压过低的危害

击穿电压过低时，混合气燃烧不好，会影响发动机运转的平稳性，使发动机各个工况的动力明显不足，会导致燃烧室在较短的时间内就形成积炭。点火模块接地线接触不良会造成加速和制动时发动机转速不稳定。次级绕组短路还可能造成热车熄火。

三、击穿电压过高的故障分析

1. 导致击穿电压过高的原因

如图2-7所示，击穿电压顶到显示屏上方，说明高压电路电阻值过大，应重点检查高压阻尼线的电阻值和火花塞电极间隙。由于高压阻尼线使用时间过久，炭粉出现断格，用欧姆表复查，电阻值明显大于20kΩ，表明击穿电压过高。单电极电喷发动机火花塞正常的电极间隙为0.9 ~ 1.1mm，多电极间隙为1.25 ~ 1.35mm。击穿电压过高时，火花塞会因烧蚀而导致电极间隙过大。

2. 击穿电压过高的危害

击穿电压过高会造成点火系统高压电路的电阻值过高，使点火闭合角过大，虽然中低速

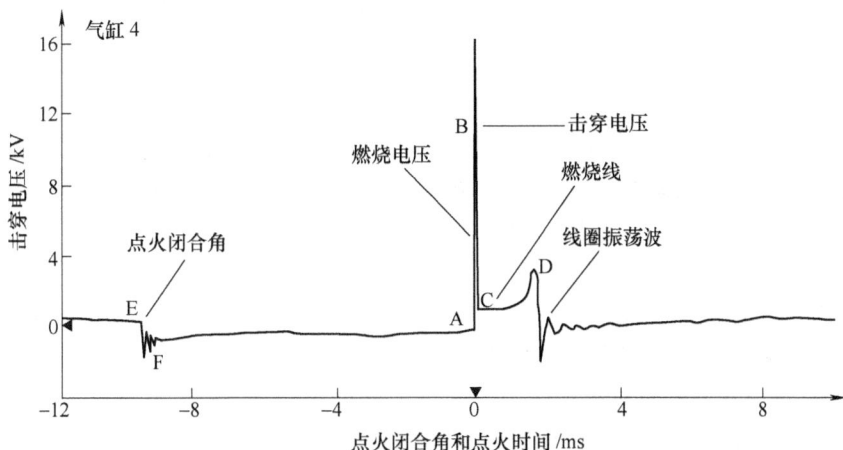

图2-7　击穿电压过高

正常，但是会导致急加速和高速时失火，造成急加速不良，不及时修理还会造成点火线圈过载烧坏。

四、发动机无法起动的故障分析

点火系统的故障有三大来源：一是高压电路有毛病，二是低压电路有毛病，三是点火正时失调。经常碰到的现象是火花塞没有火花跳出或者火花太弱，因而无法引爆气缸内的油气，使发动机不能起动。

1. 冷却液温度传感器短路

发动机经多次起动后无法起动，而火花塞电极又非常干净，则可能是冷却液温度传感器（见图2-8）短路，造成混合气过稀。

2. 点火或燃油泵继电器触点烧蚀或焊点接触不良

在继电器触点烧蚀后，控制系统必须加大电流才能保证继电器继续工作，而加大电流会造成继电器工作温度过高，到一定程度后会导致磁性丢失，开关触点不能吸合，或因电流过大而使继电器触点自动断开，造成该继电器负责的电路没有电。通过外观检查继电器触点，可以看见烧蚀的痕迹，此时必须更换继电器。

图2-8　冷却液温度传感器

3. 蓄电池存不住电

车辆停放一天就没有电，除了蓄电池自身极板硫化外（电动机无法充电），可能是车内线束漏电。在蓄电池负极和车身接地点之间连接电流表，然后逐个拔下熔丝，若拔下某个熔丝后不再放电，则说明该熔丝负责的电路有插头松动或接地线不实，造成拉弧放电。

4. 蓄电池电压过低

蓄电池电压是否过低的检测方法如下：

1）在发动机不起动的情况下，把点火开关旋转到"ON"位置，并在发动机不起动的情况下打开刮水器。如果刮水器动得很慢，比平时慢很多，那么蓄电池很可能是缺电了。

2）用万用表连接蓄电池正、负极，电压应不低于 12.5V。

3）起动时起动机发出"嗒嗒"声。

5. 防盗器锁死

防盗器锁死后，转向盘打不动，仪表板上的防盗指示灯被点亮，控制单元会中断供油控制，但不会中断点火，发动机无法起动，说明转向盘和点火开关被中控锁死。用力旋转转向盘，待旋转后，防盗系统自动解锁，可正常起动。

6. 燃油滤清器堵塞

汽车行驶中车速突然降低，而且越来越低，最后熄火。熄火后重新起动，可以着车，但车速更低，而且着不住车，最后熄火后无法起动。

7. 曲轴位置传感器失效退出

如果同时匹配有凸轮轴位置传感器，有起动征兆，但是无法起动，曲轴位置传感器失效退出，控制单元不能接收到速度信号和曲轴位置信号，就无法正确地控制燃油喷射和点火正时，就会出现喷油器不工作的现象。由于凸轮轴位置传感器负责第一次点火，所以有起动征兆，但起动 1.5s 后改由曲轴位置传感器提供信号，曲轴位置传感器失效退出后没有信号，所以无法真正完成起动。出现上述故障时，一般自诊断系统可显示出故障码。

8. 点火模块短路

点火模块短路（低压电路导通不截止，没有高压火）或点火线圈短路（击穿电压过低），燃油泵继电器触点不闭合（没有油），发动机也无法起动。

9. 混合气过稀

如果怀疑因混合气过稀而无法起动，则可以拆掉空气滤芯，在发动机起动的同时用化油器清洗剂往进气道喷，如果边喷边起动时可以起动，则说明无法起动的原因是混合气过稀。

10. 正时带错牙在两个以上

橡胶的正时带应在车辆每行驶 48000km 后更换一次，如果长期不更换，在冷天长时间停放后起动时机油粘度较高，或车辆重载爬坡时使用时间明显超限的正时带容易发生错牙，如果错牙在两个以上，则气门杆有可能撞击活塞顶，使发动机无法起动。

11. 多根高压阻尼线短路

开始时运转不平稳，次级绕组击穿电压过低，混合气燃烧不好，动力不足，严重时无法起动。

五、发动机起动困难的故障分析

1. 起动困难的故障表现

发动机起动困难是指发动机无法保证一次起动成功，有别于连续多次起动也无法着车的无法起动故障。

（1）冷车起动困难　指冷车起动时要在起动几次后才能着车，而热起动时能立即着车。冷起动困难的原因是混合气过稀或点火能量偏低。具体原因有：残余燃油压力过低、进气系统密封不良（漏真空）、冷起动喷油器不喷油、进气温度传感器断路或接地线接触不良、喷油器雾化不良、燃烧室积炭过多、点火能量不够、火花塞电极被污染、炭罐电磁阀卡滞在开启部位、EGR 阀密封不良、PCV 阀卡滞在开启较大部位、空气流量传感器信号过低、点火线圈次级绕组击穿电压过低、节气门和怠速控制阀处积炭过多等。

（2）热车起动困难　热车难起动是指冷起动正常，热起动困难，甚至不能起动。热起动困难的原因有：混合气过浓、燃油压力低（产生气阻）、部分喷油器漏油或严重雾化不良、进气歧管绝对压力传感器软管堵塞、冷却液温度传感器断路或接地线接触不良、炭罐空气滤清器堵塞。其中最常见的原因是混合气过浓。

（3）冷车和热车均起动困难　原因：缸压不足，进气系统严重密封不良（伴有加速熄火、怠速不稳的故障现象），活塞环密封不良，进气门积炭过多或排气门烧蚀而导致密封不良，动力不足，烧机油，加速不良；点火正时或喷油正时不当，动力不足，加速放炮、怠速不稳；空气滤清器滤网过密而导致进气不畅；三元催化器堵塞或消声器内部隔音板开焊，导致排气不畅。

（4）造成起动困难的具体因素

1）传感器部分：冷却液温度传感器短路或曲轴位置传感器等有故障，冷却液温度传感器短路，曲轴位置传感器失效退出。

2）执行器部分：点火继电器、点火模块、点火线圈故障，电动燃油泵或喷油器有严重漏油。

3）其他部分：燃油油路压力过低，电源或点火系统有故障，空气滤清器堵塞或进气管漏气严重，发动机气缸压力过低。

2. 起动困难的故障原因

（1）混合气过浓　如果热机起动困难，而将加速踏板踩到底（踩到底后不喷油）时可正常起动，则说明混合气过浓。此时可以拆下空气滤清器滤芯，释放出一部分积聚在进气道内的浓混合气。另外，拆下滤芯后进气阻力变小，进气阻力越小混合气就越稀，可正常起动。应重点检查炭罐电磁阀是否卡滞在开启部位。

（2）节气门系统和旁通空气道上有过多的积炭　每天初次踩加速踏板时感到比以前重多了，而且发动机起动困难，但略微踩下加速踏板时可正常起动，说明节气门处积炭过多，过多的积炭堵塞了节气门，造成起动困难。起动时略微踩下加速踏板，使进气量有了保障，所以可以正常起动，但行驶中放松加速踏板就会立即熄火。应及时清洗节气门系统和旁通空气道，清洗后重新匹配，可恢复正常。

（3）进气温度传感器断路或接地线接触不良　会出现异常低温信号，造成混合气过稀，起动困难，但不会造成无法起动。检查进气温度传感器，除了检查常温下的电阻值外，还要利用车的前照灯加热后检查其电阻值是否随其降低。通常断路的负温度系数热敏电阻在常温下的电阻值基本正常，但加热后电阻值却不发生变化。

（4）冷天蓄电池极柱接触不良　使用较久后蓄电池极柱头产生白色结晶粒，会使蓄电池漏电，冷天停车后发动机无法起动。用开水浇极柱头上的结晶粒后，可正常起动。维修时用砂纸清除极柱头上的白色结晶粒，涂抹润滑脂，可排除故障。

（5）接地线不良　冷车起动困难，热车起动正常，急加速时发动机转速漂移，最常见的故障是发动机接地线、变速器接地线、蓄电池接地线或控制单元接地线中至少有一处接触不良，重新紧固后，故障即可排除。如果发动机控制单元供电或接地线接触不良，会引发其间歇性中断，中断时控制单元停止工作，燃油和点火控制将同时中断，即没有油和火，使车辆无法起动。

热车后为什么会起动正常，道理很简单，即热胀冷缩。发动机起动后如果某根接地线接触不良，其温度会烫手，热胀后原有的间隙消除了，接地线接触不良的故障暂时没有了。

（6）燃烧室积炭过多　每天初次起动时，需要连续起动2~3次（刚开始起动的燃油被积炭吸收）才行，严重时会突发性剧烈抖动，甚至带动车身一起抖动。清洗燃烧室积炭，清洗后高速行驶20min可排除故障。清洗后直接熄火，第二天可能因气门被清洗后残留的发黏的积炭粘连，无法起动。

（7）点火线圈短路　会造成发动机起动困难，加速无力，排气管冒黑烟，同时油耗急剧增加。更换有问题的点火线圈可排除故障。

（8）进气歧管绝对压力传感器软管堵塞

1）冷车起动正常，热车起动困难，怠速时抖动、容易熄火，动力不足，加速时发动机喘振，油耗明显增加，排气管冒黑烟，这是典型的进气歧管绝对压力传感器真空管堵塞的故障现象。控制单元接收不到空气流量信号，进入应急保护程序，在怠速时控制单元会反复调整怠速步进电动机，造成怠速转速漂移。更换堵塞的真空管可排除故障。

2）进气歧管绝对压力传感器或电路不良，会造成发动机怠速不稳，怠速不正确，起动困难或起动后又熄火等现象。当出现上述现象时，应检测压力传感器及电路。

（9）炭罐空气滤清器堵塞　发动机冷机起动正常，热机熄火后15min之内重新起动困难，停留较长时间后可以正常起动。热机时在打开油箱盖的瞬间有真空吸气声，但打开油箱盖后可正常起动，说明炭罐空气滤清器堵塞。炭罐空气滤清器堵塞后使油箱唯一的空气通道被关闭，随着油箱内油位的降低，箱内真空度提高，油箱底部被吸起，汽油集滤器的进油口大部分被油箱底部堵塞，使进油量减少，热机熄火后15min之内需要连续2~3次起动方可着车。更换炭罐即可排除故障。停留时间较长后油箱底部离开，可以正常起动。

（10）燃烧室积炭过多造成每天初次起动困难　每天初次起动时需要连续起动三次（前两次喷的油被积炭吸收，第三次起动时积炭已经饱和），随后一天内一次即可完成起动，但行驶中加速和收加速踏板时发动机发抖。这有可能是燃烧室积炭过多，造成进气门密封不良，清洗燃烧室后即可排除故障。燃烧室积炭过多还会造成加速不良及最高车速下降。

（11）炭罐电磁阀（CANP）卡滞在开启部位　炭罐电磁阀卡滞在开启位置导致起动困难，冷车时最少要起动三次才能着车，而热车起动正常。炭罐电磁阀开启条件是发动机冷却液温度在75℃以上，转速在1500r/min以上，每次开启时间不超过90s，开启时控制单元要根据进气温度传感器信号对喷油脉宽进行重新调节，以保证理想的空燃比。当炭罐电磁阀卡滞在开启位置时，控制单元是无法知道的，也就不可能为其重新调节喷油脉宽，每天初次起动时，发动机只有连续起动以将整整一夜积攒下来的过浓混合气从气缸中驱赶出去才能完成起动。热车时因间隔时间有限，从炭罐电磁阀过来的混合气有限，所以基本可以保证正常起动。如果起动时先将加速踏板完全踩到底，或先拆下空气滤清器滤芯，稍停片刻可正常起动。

（12）EGR阀卡滞在开启位置　EGR阀卡滞在开启位置，导致起动困难（连续起动三次以上才能着车）、怠速不稳、加速发抖。

（13）进气歧管绝对压力传感器输入信号线断路　会造成起动后立即熄火。进气压力传感器输入信号线电压应为5V，如果实际检测为0V，则说明传感器断路。

（14）燃油泵及燃油滤清器故障　当因燃油泵及燃油滤清器故障而引发起动困难时，一般燃油泵是能正常工作的，其问题多是因燃油泵滤网堵塞致使燃油泵不能足量吸入燃油，或燃油滤清器不畅通引起燃油流量不足。燃油泵滤网堵塞时必须清洗油箱，然后更换滤网。

（15）喷油器堵塞 喷油嘴堵塞，会使喷油节流并且雾化不好，造成冷车起动困难，需要起动 2 ~ 3 次才能着车。清洗喷油器可恢复正常。

（16）冷却液温度传感器断路或接地线接触不良 冷却液温度传感器短路，会造成混合气过稀，车辆根本无法起动；传感器断路或接地线接触不良，会造成混合气过浓，冷车可以正常起动，热车会出现起动困难，起动后怠速抖动，甚至熄火。检查接地线，如果接地线正常，则进一步检查冷却液温度传感器。

六、发动机加速不良的故障分析

发动机加速性能的好坏是由空燃比、点火能量、点火正时、进气和排气是否通畅、燃烧室密封性决定的。如果出现汽车中低速行驶基本正常但急加速时座车，发动机转速不升反降的现象，对于发动机进气系统，则应重点检测空气流量传感器、氧传感器、节气门位置传感器和空气滤清器是否正常。

1. 热丝式或热膜式空气流量传感器输出信号过低

热丝式或热膜式空气流量传感器输出信号过低的原因有以下三种：

1）热丝或热膜被废气返流的积炭覆盖形成隔热层，当空气流量增大时，积垢使热线或热膜温度降低缓慢，其电阻值的变化量也相应减少，因而电压和流过热线或热膜的电流不能相应地增加，以致传给控制单元的信号电压偏低，造成混合气过稀。

2）热丝或热膜被杂物覆盖时，只有流经热膜或热线的空气才能得以计量，而热膜或热线周边流过的空气则不参与计量，所以当杂质覆盖住热膜或热线后会使热线或热膜温度降低缓慢，信号过低。

3）空气流量传感器和控制单元之间的信号传输电路与正极短路，使电阻值异常减小，造成空气流量传感器信号过低。

2. 空气流量传感器的检测

如果怠速时空气流量正常且发动机怠速良好，但加速不良，则应做加速空气流量传感器的检测。空气流量传感器的检测必须具备以下条件：负责传感器的熔丝必须正常，发动机冷却液温度大于或等于 85℃，所有的用电设备必须关闭。

1）用诊断仪读数据流，用吹风机冷风的不同挡位的风量代替空气流量的变化，检测空气流量传感器输出信号能否随着吹风机的风量变化而变化。如果能同步变化，则说明空气流量传感器该项检测合格。

2）做特定高速空气流量检测。例如某些车系在车速为 120km/h 时的进气量为 60g/s，低于 60g/s 时为混合气过稀，高于 60g/s 时为混合气过浓。

3. 节气门位置传感器滑线电阻失效退出

控制单元改用怠速触点信号后，节气门开启后一律按开启 50% 进行控制，急加速时不再增加喷油次数，这样就会出现怠速高和加速不良的现象。

4. 击穿电压过高或击穿电压过低

1）击穿电压过高时，高压阻尼线断路，火花塞电极烧蚀，中低速时行驶正常，急加速时座车，高速时动力不足。

2）击穿电压过低时，点火线圈、高压阻尼线、火花塞短路，火花塞电极间隙过小，发动机动力不足。

5. 正时带错一个牙

发动机怠速在 700～1300r/min 之间游车，尾气排放超标，耗油量增加，动力性下降，行驶基本正常，但加速座车。如果正时带（见图2-9）错两个牙，气门杆就会撞击活塞顶。

6. 凸轮轴位置传感器电路断路或短路

凸轮轴位置传感器是初始点火提前角传感器，其电路断路或短路退出后的影响如下：

1）起动后，控制单元在确认没有凸轮轴位置传感器信号后才改用曲轴位置传感器信号，所以发动机会推迟 1.5s 点火。

2）由于凸轮轴位置传感器负责厂家设定的原始点火提前角的监控，所以凸轮轴位置传感器退出后，爆燃传感器失去依据，也退出控制，点火提前角被推迟到 10°，使发动机动力性明显下降。

7. 喷油器堵塞

喷油器堵塞会使喷油量减少 1/2。冷车时发动机怠速转速偏低，怠速抖动，热车后怠速转速趋于稳定，中小负荷行驶时也基本正常，但在加速时座车和大负荷时动力不足，而且行驶中放松加速踏板时发动机熄火，喷油脉宽为 5ms。

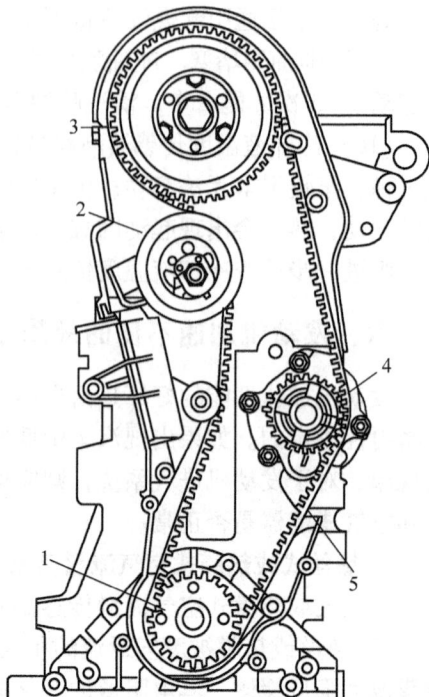

图2-9　正时带

1、3—正时齿轮　2—张紧轮　4—水泵轮
5—正时带

8. 燃油压力调节器密封不良

发动机起动和怠速运转完全正常，也可以达到最高车速，但是加速时座车，大负荷时动力不足。

9. EGR 阀密封不良

由于积炭造成 EGR 阀卡滞在开启部位，发动机怠速时抖动得非常厉害，发动机故障灯不亮，试车时急加速座车，大负荷时动力不足，但中速运转平稳。

10. 发动机排气不畅

发动机排气不畅，会造成充气系数过低，加速不良，发动机工作温度过高，使汽车在行驶中没有高速，最高车速只有 110～130km/h，自动变速器也无法升到超速挡。

11. 排气门密封不良

冷车和热车都需连续两次起动才能起动发动机，起动发动机后在排气尾管出气口处能听到"噗噗"声，汽车加速座车。

12. 机油压力限压阀卡滞在不泄油一侧

汽车在起动和温和踩加速踏板时行驶正常，但只要急加速就熄火。在车速上升的同时，如果机油压力也同步上升，而且机油压力明显超过厂家规定，则通常是因机油压力限压阀过脏而卡滞在不泄油一侧。机油压力限压阀不泄油后，发动机转速越高机油压力就越高。液压挺杆采用压力润滑，机油压力越高，液压挺杆内压力也就越高。急加速时机油压力过高，会导致液压挺杆内压力过高，造成所有气门都处于开启状态，使燃烧室内缸压过低而熄火。如果熄火后立即起动，则会因气门还处于开启状态而无法起动。过 20min 左右，在弹簧的作用下气门关闭，发动机可以正常起动。维修时需拆下机油压力限压阀进行清洗，使其滑动自如，即可排除故障。

13. 进气歧管压力传感器断路

一辆雪佛兰轿车慢加速时正常，急加速时车身抖动。该车进气歧管压力传感器怠速状态测量信号端子 b、c 的电压为 1.6V，急加速信号电压仍保持在 1.6V，更换进气歧管压力传感器后即可排除故障。

七、交流发电动机故障导致电磁干扰引发的故障

交流发电机部分二极管损坏或发电机轴承锈蚀、卡滞，使其工作过载，产生电磁干扰，多出现在怠速和 1500～3000r/min 以下中、低速运转时。随着发动机转速的提高，供电量充足，不存在工作过载，也就不会有电磁干扰。

1. 怠速时喷油器异常

交流发电机非线性信号失真时产生的电磁干扰，在怠速时会影响喷油器，导致怠速时喷油脉宽减小，混合气过稀，发动机有轻微抖动。因为起步后对喷油器的电磁干扰结束，所以喷油器在行驶中工作正常。这是因为发动机转速上去后，发电机可以保证正常供电，非线性信号失真已经不明显，电磁干扰明显减弱，不会影响喷油器正常工作。

2. 在发动机低速运转时影响爆燃传感器

发动机低速（转速在 1500r/min 以下）运转时，发电机非线性信号失真，有时会影响爆燃传感器，使爆燃传感器错误地发出爆燃信号，导致发动机点火提前角推迟得过多，造成怠速和小负荷时功率明显不足，引发怠速抖动和小负荷时加速不良。例如，发动机在转速为 1500r/min 以下时加速座车，而在转速为 1500r/min 以上时加速正常。

3. 机油压力警告灯亮

打开点火开关，不起动发动机，机油压力警告灯就应亮起，如果不亮，则说明机油压力开关坏，应更换。发动机转速超过 2000r/min 时如果蜂鸣器响起来，则先检查液位，如果高度合适，应进一步检查机油压力开关。在机油压力开关装配孔上装上机油压力测试表，当机油压力到 120～160kPa 时测试灯应亮，若不亮，则应更换机油压力开关，否则会导致液体泄漏并损害泵及齿条和齿轮总成。

如果机油压力开关正常，则故障可能在电磁干扰。电磁干扰不会造成机油压力异常，但在发动机转速为 1500～3000r/min 时会导致机油压力传感器信号异常，使控制单元做出错误诊断，导致机油压力警告灯亮，虚报机油压力过高或过低（机油压力过高和过低报警开关都离发电动机很近）。发动机转速为 1500r/min 时，有间歇性机油警告灯报警，同时伴有蜂鸣器响；当发动机转速超过 3000r/min 时，机油警告灯停止报警，蜂鸣器也不再响。

第三节　点火系统典型案例分析

案例 1　两根高压线漏电，发动机怠速不稳，加速发抖，并伴有回火现象

故障现象　一辆累计行程为 10 万 km 以上的奔驰 S320 乘用车，发动机怠速不稳，加速

发抖，并伴有回火现象，调取发动机故障码时发现并没有故障码出现。由于发动机已到了维护期限，所以首先检查火花塞，结果是火花塞良好；继而更换燃油滤清器，并清洗喷油器和油路，同时检查和调整怠速控制系统及其元件；然后起动发动机，故障仍未消除；再调取发动机故障码，并没有故障码出现。

故障分析　发动机怠速不稳、加速发抖并伴有回火现象的原因主要来自两个方面：

1）点火系统的故障造成点火能量不足。

2）进气系统或燃油系统的故障造成混合气过稀，如空气流量传感器信号过低或燃油压力过低。

根据经验，普通的火花塞在车辆每行驶 25000 ~ 30000km 后应更换一次，白金的火花塞在车辆每行驶 60000km 后应更换一次。在更换火花塞的同时，应同步更换高压阻尼线，因为现在的阻尼线内部为炭粉，汽车在行驶 80000 ~ 90000km 以上时容易出现断格（断路）。所以汽车在行驶 80000 ~ 90000km 以上时，如果出现发动机怠速抖动，则应更换掉全部的高压阻尼线和火花塞，以保证发动机性能可靠。如果行程为 10 万 km 以上的车辆出现怠速不稳、加速发抖现象，多是由于高压阻尼线断路、短路或火花塞故障而造成点火能量不足。

故障诊断　检查发动机的点火系统。该发动机两个同步缸共用一个点火线圈。次级绕组串联，当点火线圈初级绕组断电时，一个气缸处于压缩行程上止点为有效点火，另一个同步气缸处于排气行程上止点为无效点火。拔下高压阻尼线，用欧姆表表笔分别连接点火线圈上两个同位缸阻尼线的插头。检查次级绕组时，选择万用表的电阻挡，量程选择 10kΩ 以上，用万用表的两个表笔分别插入点火线圈高压线插孔的 1 缸和 4 缸之间、2 缸和 3 缸之间测量次级绕组，如果没有达到规定值，则应更换点火线圈组件。经检查，电阻正常。

采用缸外跳火的方法判断火花塞是否工作不良。如果怀疑某个缸火花塞无火或工作不良，则拔下该缸高压分线后连接一个新的火花塞，在缸外距缸体 6 ~ 8mm 处跳火，如果正常，则说明故障在原装的火花塞。实际检测时有两个缸为红火，表明点火能量不足。

检测高压阻尼线：

1）断路的检测。拽紧高压阻尼线，用欧姆表表笔连接阻尼线两端（见图 2-10），检查其电阻值是否和厂家规定的相符。如果实际检测某个缸的高压阻尼线电阻值为 30kΩ 或更高，则说明该阻尼线断路，应更换。实际检测时电阻值正常。

2）短路的检测。在发动机起动后，将发光二极管负极接地，将正极表笔在高压阻尼线附近晃动，如果在某个阻尼线附近晃动时发光二极管闪亮，则说明该阻尼线漏电（短路）。经检测，在两根阻尼线附近晃动时发光二极管闪亮，说明这两根阻尼线漏电（短路）。

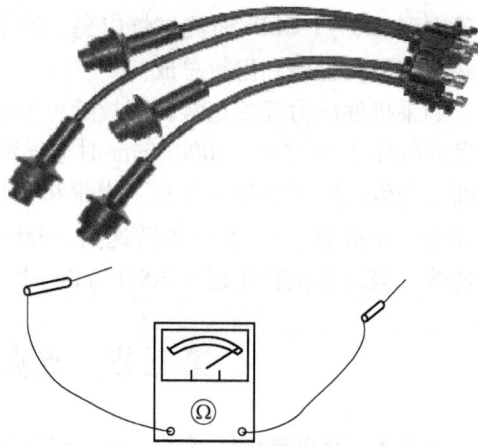

图 2-10　用欧姆表测量高压线电阻

故障排除　更换全部高压阻尼线和火花塞，试车，怠速运转平稳，加速良好，说明故障已被排除。

排除故障后的思考　高压线老化，造成电阻值过大或不均衡，致使点火性能恶化。虽然发动机工作状况不良，但是因为该故障部位不在发动机自诊断范围以内，所以没有故障码显示。火花塞虽然没有发生故障，但是考虑到已经明显超过使用期限，所以也一同更换。

案例2　点火继电器的触点烧蚀，冷车时行驶正常，热车后突然熄火

故障现象　一辆两阀捷达轿车冷车时行驶正常，热车后有时会突然熄火，熄火后立即起动时却无法起动，而10min后可正常起动。开始十多天发生一次，后来几天发生一次，再后来一天发生几次，最后熄火后无法起动。

故障分析　对该故障稍加分析，诊断起来并不难。导致行驶中熄火的故障来源分为油路和电路两个部分。油路故障造成的熄火有一个过渡过程，表现为缓慢熄火，座车在前，车速急剧降低在后，熄火后出现起动困难，重新起动后只能低速行驶，而且座车严重，再次熄火后无法起动。电路故障则表现为突然熄火。电路方面能导致突然熄火的故障主要集中在点火系统的曲轴位置传感器、继电器、点火模块、点火线圈四个部位。汽车电喷发动机点火系统的某些电器热稳定性不好，会导致行驶中突然熄火，主要出现在行驶里程在100000km以上的汽车上。

故障诊断　点火系统的某些电器热稳定性不好时，主要检查点火模块、点火线圈、曲轴位置传感器是否有短路现象，点火继电器触点是否接触不良。

（1）两阀捷达轿车四线式点火线圈的检测

1）检测点火线圈的前提条件。在检测点火线圈前，要求蓄电池电压必须高于11.5V，发动机曲轴位置传感器和凸轮轴位置传感器工作正常。检测设备有检测盒 V. A. G. 1598/22、万用表 V. A. G. 1526、成套辅助线 V. A. G. 1594、二极管测试笔 V. A. G. 1527。

2）通过测量，找到接地线和电源线，并确认电源电压。从点火线圈上拔下四线端子插头，选择万用表的电阻蜂鸣挡，将表笔分别接触被测插头针脚和车身接地点，测出点火线圈的接地线针脚（4号）。

选择万用表的电压挡，将表笔分别接触被测插头和地线针脚，打开点火开关，测量出点火线圈的电源线针脚（2号），并确认电源电压不低于11.5V。如果电源电压为零，则说明点火线圈的电源线至中央继电器盒插座（G1/4）之间的电路可能有断路，应逐段进行检测，导线电阻值应小于1.5Ω。

3）检测发动机控制单元和点火模块对点火线圈的控制功能。检测时，首先拔下继电器盒上的18号熔丝，使燃油泵停止工作，然后拔下点火线圈插头，将闪光二极管分别连接到点火线圈插头的端子"4"与"1"、端子"4"与"3"上，分别检测2、3缸和1、4缸点火线圈的控制信号。起动发动机，如果发光二极管闪烁，则说明发动机控制单元的点火控制功能和点火模块工作正常。检测完毕，关闭点火开关。

如果发光二极管闪烁，点火线圈的电源电压正常，但点火线圈仍不能正常点火，则说明点火线圈有内部故障，应该更换点火线圈组件。

4）检测点火线圈至控制单元的信号线是否断路。如果发光二极管不闪烁，则说明发动机控制单元到点火线圈之间的信号线断路或控制单元内部故障。用万用表的电阻挡检测点火线圈插头上端子"1"到控制单元第71号端子、插头端子"3"到控制单元第78号端子之间的电阻值，标准电阻值应当小于1.5Ω。如果电阻值为无穷大，则说明导线有断路，需要逐段检查。然后检查插头上端子"1"到控制单元第78号端子、端子"3"到控制单元第71号端子之间的导线有无短路情况。如果电阻值为无穷大，则说明导线良好；如果电阻值为零，则说明导线有短路情况。

如果点火线圈的电源电压正常，但发光二极管不闪，导线又无断路或短路故障，则说明发动机控制单元有内部故障。

5）检测点火线圈的电阻。检查点火线圈的初级绕组时，用万用表的电阻挡分别检测点火线圈插座端子"1"与"2"、端子"3"与"2"之间的导通性，正常时应为导通状态。如果有断路情况，则应更换点火线圈组件。检查点火线圈的次级绕组时选用万用表的电阻挡，量程选择在10kΩ以上，将万用表的两个表笔分别插入点火线圈高压线插孔的1缸和4缸之间、2缸和3缸之间测量次级绕组，电阻规定值在4.0~6.0kΩ之间（20℃），如果没有达到规定值，则应更换点火线圈组件。

如果上述检查均没有发现问题，则进一步检查继电器和曲轴位置传感器。

（2）CKP是否短路的检测

1）CKP电阻值的检测。磁电感应式曲轴位置传感器的主要组成部分是线圈，所以首先应检查线圈的电阻值。发动机转速传感器通常为三根线，端子1为电源线，端子2为信号线，端子3为屏蔽线。端子1和端子2之间为磁感应线圈，电阻值由厂家确定，有的厂家确定的正常值450~1000Ω，而有的厂家确定的正常值为800~1000Ω。端子3为屏蔽线，所以端子1和端子3之间，端子2和端子3之间的电阻值应为无穷大。

2）CKP输入电压的检测。关闭点火开关，断开CKP端子，打开点火开关，用万用表电压挡测量CKP端子1（或A）与接地点之间的电压值。CKP正常的输入电压应为12V，否则应检查电源电路，重点检查传感器的接地线。

如果曲轴位置传感器没有问题，就只剩下点火继电器了。

（3）继电器触点是否烧蚀的检查

1）主要检查继电器的触点是否烧蚀，焊点是否接触不良。

小·提示

继电器触点烧蚀或焊点接触不良会造成继电器工作温度过高，导致磁性丢失，开关触点不能吸合；或者因电流过大而使继电器触点自动断开，造成该继电器负责的电路没有电。熄火后随温度下降，继电器的磁性恢复，开关触点能够吸合，该继电器负责的电路恢复正常。但继电器工作温度过高后，故障还会重新出现。

2）加热检测。热稳定性不好的继电器，由于焊点接触不良或触点烧蚀，使电阻增大，工作电流也就随之增大，长时间吸合后会过热，使点火继电器的电磁吸力减弱，开关触点断开后无法吸合，从而造成该继电器负责的电路没有电源，停止工作。温度降下来后，继电器又恢复正常的电磁吸力，所以开关触点在冷却后吸合，该继电器负责的电路重新获得电源，可以恢复工作。

加热检测时，用吹风机热风给继电器加热，在温度上升后检测继电器的触点能否闭合。也可以用热风机给继电器加热。打开点火开关后，直接用发光二极管检测点火系统低压电路是否有电。经检查发现，点火继电器触点烧蚀。

故障排除　更换点火继电器后即可将故障排除。

案例提示　在这次排除故障过程中走了许多弯路，其实在行驶过程中突然熄火的第一时间，可用手逐一摸这些电器，格外烫手的那个就是有故障的。除继电器外，曲轴位置传感器、点火模块、点火线圈中任何一个烫手，都可用湿毛巾进行物理降温。即在熄火后立即用湿毛巾捂住烫手的电器，注意不要弄湿导线接头。如果在物理降温的同时可正常起动，则说明该电器热稳定性不好。更换点火系统热稳定性不好的电器即可排除故障。

案例3　部分点火线圈短路，使发动机起动困难，加速无力，排气管冒黑烟

故障现象　一辆奔驰300E型轿车，发动机起动困难，加速无力，排气管冒黑烟，同时油耗急剧增加。

故障分析　造成发动机起动困难的原因有：混合气过稀或过浓，点火能量不足。混合气过稀会造成发动机起动困难，加速无力，但不会造成排气管冒黑烟，更不会造成油耗增加；混合气过浓会造成发动机起动困难，排气管冒黑烟，同时油耗急剧增加，但不会造成加速无力。所以基本上可排除混合气过稀或过浓的可能性，应重点检查点火系统。造成点火能量不足的原因有：点火初级绕组或次级绕组短路，高压阻尼线短路或断路，火花塞短路或被污染。

故障诊断　奔驰300E型轿车发动机的两个同位缸用同一个点火线圈，1缸与6缸、2缸与5缸、3缸与4缸分别为同位缸。如果有一个点火线圈短路或断路，会造成两个同位缸不工作或点火能量不足。1缸与6缸为同位缸，经检测发现点火线圈初级电线短路，导致1缸与6缸点火能量严重不足，进而使两个气缸不能正常工作，这是造成上述故障的主要原因。同时，点火线圈短路还会导致点火电流过大，造成电磁干扰，破坏喷油器的正常喷油量，造成喷油量不稳定，进一步加剧故障。

故障排除　更换短路的点火线圈，然后清除控制单元存储的故障码，最后起动发动机试车，可正常起动，并且加速强劲，燃油消耗恢复正常，说明故障已被排除。

故障排除后的思考　要避免热车状态下洗车，因为在热车状态下洗车极易造成电器元件短路。

案例4　部分缸点火线圈的次级绕阻断路，使发动机起动困难，怠速不稳，油耗大

故障现象　一辆本田2.3轿车的发动机起动困难，起动后怠速不稳，油耗大。

故障分析　发动机起动困难时应重点检查电路、油路和缸压，即检查点火能量、怠速燃油压力和各缸缸压是否正常。根据该车的故障情况判断，点火能力弱的可能性较大。

故障诊断　有条件的可直接将示波器电容式探头夹住第一缸高压阻尼线，在发动机达到正常工作温度后检查各缸击穿电压是否正常。在正常情况下，怠速时的击穿电压应在12000V左右，如果低于10000V就会造成燃烧不完全，如果低于8000V就会造成发动机起动困难。如果没有示波器或示波器不能检测次级点火波形，也可以采取缸外跳火，逐缸从火花塞上拔下高压阻尼线，再重新安装一个火花塞在缸外跳火，如果是蓝火，则说明点火线圈、高压阻尼线正常。即使用原装火花塞，也不能证明火花塞正常，因为缸内燃烧条件远比缸外复杂。另外，火花塞问题多数表现为怠速时有"突突"声，通常不会造成起动困难。该发动机经缸外跳火检查，发现高压火弱，进一步检查点火线圈电阻，发现次级绕组电阻过大。

故障排除 更换点火线圈即可将故障排除。

故障排除后的思考 做点火能量检测时发动机的工作温度很重要，只有在温度正常时测量的数据才有参考价值。

点火线圈次级绕组短路时，会出现发动机怠速时转速始终在 $400 \sim 600 \mathrm{r/min}$ 之间游车，在各种工况下都运转不平稳，但无故障码的现象。

另外，高压阻尼线或火花塞绝缘瓷柱漏电会造成击穿电压低至 8000V 左右，但不会造成起动困难。高压阻尼线或火花塞绝缘瓷柱漏电时发动机起动正常，夜间打开发动机盖后，起动发动机急加速，可以看到高压阻尼线边上有蓝色火花。行驶在潮湿地域时经常会碰到发动机动力不足、急加速座车、加速喘振、排气管发出"突突"声、怠速抖动、耗油量增加、HC 严重超标，说明高压阻尼线或火花塞绝缘瓷柱漏电。更换阻尼线和火花塞即可排除故障。

案例5 进气温度传感器地线接触不良，发动机有时起动困难，有时无法起动

故障现象 发动机有时反复起动却无法起动，连一点起动的征兆也没有。

故障分析 导致发动机无法起动的原因主要有蓄电池电压过低、没有高压火、高压火弱、混合气过稀。

当蓄电池电压低于 12.3V 时，发动机就无法起动，起动时可以听到起动机处有连续的"嗒嗒"声。

空气流量传感器对地短路或恒温电阻热膜（热丝）被积炭污染而形成隔热层，均会造成混合气过稀，但不会造成发动机无法起动。

如果是凸轮轴位置传感器失效退出控制，则发动机起动时只是推迟不到 2s 起动，改由曲轴位置传感器信号负责第一次起动，而不会无法起动。20 世纪产的发动机曲轴位置传感器失效退出控制后，凸轮轴位置传感器不能替代，所以会出现有起动的征兆但无法起动。即根据凸轮轴位置传感器信号，发动机已经起动，但由于没有曲轴位置传感器信号，起动后不到 2s 发动机就断火断油了。但该发动机连一点起动的征兆也没有，所以不属于此类故障。

进气温度信号过低或冷却液温度信号过高均会造成混合气过稀，致使发动机反复起动却无法起动。进气温度传感器和发动机冷却液温度传感器都是负温度系数热敏电阻。测量点的温度越高，传感器自身的电阻值就越低，输出的信号电压也就越低。传感器或线速短路时，会显示异常高温的虚假信号。传感器断路或地线搭铁不良时，会显示异常低温的虚假信号。进气温度传感器断路或地线搭铁不良时，会显示环境温度在 -30℃ 以下，造成混合气过稀。冷却液温度传感器或线束短路时，会显示发动机冷却液温度在 100℃ 以上，同样会造成混合气过稀。这些故障都会造成发动机反复起动却无法起动，而且拆下火花塞检查，会发现电极非常干净。

故障诊断 经上述分析，故障有可能在冷却液温度传感器或进气温度传感器方面。经检查发现，冷却液温度传感器电阻值正常，进气温度传感器自身电阻值也正常，但其地线搭铁不良。地线搭铁不良等于断路故障，进气温度传感器断路信号会显示环境温度在 -30℃ 以下，而进气温度越低，混合气就越稀，因此造成发动机反复起动却无法起动，连一点起动的征兆也没有。

故障排除 重新紧固进气温度传感器地线即可将故障排除。

案例6 火花塞电极间隙过大，急加速有时发抖，慢加速也有时发抖

故障现象 发动机起动正常，急加速有时发抖，慢加速也有时发抖。

故障分析 导致加速发抖的原因除击穿电压过高导致急加速时失火外，多属于保养不当，如燃油滤清器堵塞，燃油压力调节器密封不良而导致急加速时混合气过稀，空气滤清器滤芯堵塞或滤网过密而导致充气系数过低。

燃油滤清器堵塞会造成行驶过程中车速突然降得很低，发动机抖动，熄火，重新起动，可以起动，起动后行驶车速更低，而且很快再次熄火，无法起动。该车故障应不属于燃油滤清器堵塞。

燃油压力调节器密封不良，会造成大负荷时燃油压力较正常时低50kPa左右，进而使大负荷时动力不足，造成急加速时发抖，但不会造成慢加速时发抖。

空气滤清器滤芯堵塞会造成大负荷时动力不足，但影响并不明显，更不会造成慢加速时发抖。空气滤清器滤网过密则会造成车辆没有高速（最高车速只有120km/h左右），而且自动变速器也无法升入超速挡。该车尽管加速有时发抖，但是车辆有高速，自动变速器也可以升入超速挡，所以该故障和空气滤清器滤芯没有关系。

导致击穿电压过高的原因有两条：一是高压阻尼线由于使用时间过久，炭粉出现断格，使高压阻尼线内阻过大，导致加速和高速时失火；另一个是火花塞电极间隙过大。电喷发动机单极火花塞正常的电极间隙为0.9~1.1mm，多极火花塞正常的电极间隙为1.25~1.35mm，火花塞因烧蚀而导致电极间隙过大，使击穿电压过高，会造成急加速和慢加速也有时发抖。

故障诊断 经检查，各缸高压阻尼线电阻正常，而火花塞电极间隙过大，并且有积炭，说明燃烧质量不好。

故障排除 更换所有的火花塞，试车，加速恢复正常，说明故障已被排除。

故障排除后的思考 喷油器堵塞会造成急加速和慢加速有时发抖，同时会造成怠速游车，而高压阻尼线内阻过大或火花塞电极间隙过大均不会造成怠速游车。

案例7 V缸发动机右点火控制单元损坏，发动机动力不足，加速反应迟钝

故障现象 一辆奔驰600SEL型轿车，加速反应迟钝，急速加速时尤为明显，行驶过程中明显感觉动力不足。

故障分析 通过试车，认为这是一起典型的加速不良故障。影响加速性能的因素很多，如机械部分、供油系统、进气系统和电路等。先后更换了燃油泵、汽油滤清器、空气滤清器、火花塞、冷却液温度传感器和三元催化器，清洗了喷油器和油箱，但故障依旧。首先进行常规检查。各缸压力正常，怠速稳定，排气系统也正常，而且仪表盘上的发动机故障指示灯工作正常。综合考虑所更换过的零件，可以暂不考虑机械部分、供油系统及进和排气系统故障。接下来检查各缸点火情况，点火良好，各喷油器工作也良好，且点火顺序（1→12→5→8→3→10→6→7→2→11→4→9）也没问题。

接着检查能够影响发动机加速性能的传感器（空气流量传感器和氧传感器等），均正常，可变气门正时电磁阀、废气再循环电磁阀和炭罐电磁阀等也都正常。按常规情况，应该不会出现发动机加速不良的情况。考虑到该车电子控制部分比较复杂，且装配有电子加速/定速/怠速控制系统，而此故障现象与该系统故障产生的现象非常相似，所以着重检查了该系统。

起动发动机后，逐渐踩下加速踏板，看到两个电子节气门逐渐同步运动，该系统工作也正常。难道是燃油控制系统或点火控制系统有问题？一般来说，如果这两个系统有问题，发动机运转时故障指示灯会亮，但还是用奔驰车专用检测仪通过其圆形38孔诊断连接器对它们进行了检测。检测结果表明，燃油控制系统正常，但点火控制系统有两个故障码，分别为右列气缸点火正时延迟过多和右列气缸爆燃控制不良。为慎重起见，清除故障码后重新试车，结果奔驰车专用检测仪还是读出了这两个故障码。考虑到这两个故障码的含义，无非是右列气缸的爆燃传感器有问题或右点火控制单元有问题，以及右列气缸有零件松旷，产生振动，使爆燃传感器误认为发动机爆燃而向右点火控制单元传送信号，使右点火控制单元一直延迟点火提前角。

首先检查右列各气缸，未发现有连接松旷的零件和螺栓。检查两个爆燃传感器，当接通点火开关时用扳手敲击它们附近的气缸体，都有信号输出，证明它们的工作也是正常的。唯一可能的原因只剩下右点火控制单元了。但因其价格不菲，况且诊断时受到故障指示灯工作正常等因素影响，不敢确定，故拆下仪表盘继续检查。经检查发现，故障指示灯的控制线被一根导线接到了充电警告灯的控制线上，这样故障指示灯就与充电警告灯同步动作，点火开关被接通时亮，发动机起动后熄灭。可能是以前故障指示灯常亮，而修理时维修人员找不到真正的原因，所以这样接线。至此可判断故障原因为右点火控制单元损坏。

故障排除 更换右点火控制单元后，该车加速顺畅，反应敏捷，说明故障已被排除。

案例提示 此种车型有左、右两个点火控制单元，分别配合控制右列气缸（1~6缸）和左列气缸（7~12缸）的点火。右点火控制单元由于损坏而不能正确地控制右列气缸的点火时间，且不能正确地随发动机负荷的改变而改变点火时间，从而导致了加速不良故障的产生。

案例8 曲轴带轮故障导致怠速时出现700~1200r/min间歇性游车

故障现象 一辆别克赛欧轿车起动后出现间歇性700~1200r/min怠速游车（5~6s周期性）。

故障分析 根据经验，当怠速出现700~1200r/min间歇性游车时，最可能的原因是正时带错牙，使曲轴位置传感器发送出的信号与点火正时发生错乱，使得ECM控制的喷油及点火信号与机械正时发生错位，进而导致实际点火提前角发生错误，最终导致该车抖动严重。

故障诊断 对旧的曲轴带轮进行了仔细检查，并拿来新曲轴带轮进行对比，发现该车曲轴带轮存在缺陷。

故障排除 装上正常的曲轴带轮即可排除故障。

案例9 奥迪A6轿车的点火线圈熔丝熔断，发动机怠速抖动，加速时发动机转速响应迟钝，最高车速只能达到40km/h

故障现象 2006款奥迪A6轿车，发动机怠速抖动，加速时发动机转速响应迟钝，行驶无力，最高车速只能达到40km/h，根本无法正常使用。

故障分析 国产2006款奥迪A6L 2.4L豪华轿车的独立点火线圈只有唯一的一路供电电源，即经由熔丝SA12的电源。在熔丝SA12熔断的情况下，点火线圈是如何实现点火的呢？带着此疑问维修人员查阅了大量的资料，最后才明白，原来奥迪的此款发动机控制单元设计得非常人性化，在不影响安全的情况下，如果点火线圈因意外情况而瞬间短路，熔断了SA12熔丝（后来询问车主得知，此车就是在用水清洗发动机后才出现故障的），由发动机控制单元通过接点D102临时向点火线圈提供电源，使发动机处于一种跛行状态，使车辆不至于抛锚。对于发动机控制单元所报的节气门控制单元 J338 故障，是因为发动机控制单元驱动节气门控制单元所用的主电源也是通过 SA12 熔丝提供的，在熔丝熔断不能提供主电源的情况下，发动机控制单元内部提供的电压在供给了点火线圈后，无法再给节气门控制单元 J338 提供足够的驱动电源，导致节气门控制单元 J338 在起动时无法完成基本设置，使发动机控制单元接收到节气门控制单元 J338 的错误运行信息。

故障诊断　检查 SA12 熔丝，发现已经熔断。

故障排除　更换 SA12 熔丝，试车，恢复正常，说明故障已被排除。

案例 10　燃油品质差，造成缓慢持续加速时伴有座车现象，热车后怠速抖动剧烈

故障现象　一辆现代维拉克斯 SUV，行驶中先期缓慢持续加速时伴有座车现象，随后一段时间出现热车后怠速抖动剧烈的现象。

故障分析　因为其是六缸发动机，所以出现怠速抖动时即可判断出一定为某一缸缺火。

故障诊断　经初步检查，油路方面没有任何问题，即为缺缸。根据故障现象分析可能是点火系统故障，因此故障排除过程如下：该车发动机采用了无分电器电子点火系统，该系统主要由曲轴位置传感器（CKP）、动力控制模块（PCM）、点火控制模块（ICM）、点火线圈组件、火花塞以及连接这些部件的线束等组成。PCM 接收 CKP 信号将曲轴位置信号送给ICM，ICM 将点火位置（PIP）信号送给 PCM，当 PCM 将火花输出（SPOUT）信号送给 ICM时，控制点火线圈的接地电路使火花塞跳火。

接上汽车解码器，调取故障码，发现 5 缸和 3 缸失火，2 排氧传感器工作不良，均为偶发性故障。

自检的操作程序如下：

1）在发动机室内找到诊断接连器，将现代轿车专用诊断仪连接到诊断自检输入连接器上，确保诊断仪检测按钮处于放松状态，然后将诊断仪开关置于"ON"位置。

2）选择车辆通信，按年份及车辆信息进入维拉克斯 2006\2007 年款。

3）进入发动机单元确认自诊断信息，调出故障码，发现 5 缸偶发性失火、3 缸偶发性失火、2 排氧传感器工作不良（以上故障码均可消除）。

4）退回上一单元，调出数据流，情况如下：在怠速的情况下，1~6 缸各缸点火正时学习值均正常，1 排和 2 排氧传感器数值正常，工作频率也正常，TWC 后的氧传感器数值也完全正常，波形表现为有细小变化的直线，故可判断三元催化器工作正常。节气门传感器、曲轴位置传感器、爆燃传感器数值均正常。

路试：因为是偶发性故障，路试期间再次遇到该故障，可是当时各传感器数值还是正常的，唯有下游氧传感器波形有颤动。

故障排除　通过观察发现，在故障发生的瞬间，汽车控制单元对某些缸断火断油。通过与客户沟通得知，该车一直加 97 号油。因我国地区性差异，油品参差不齐，97 号油中有些元素影响三元催化器中锰的工作性质（尤其在高温下），故当三元催化器后端的氧传感器数值不正常时，控制单元会针对信号调整点火正时，无法调节时就会断掉该缸供油。因此在从新加注 93 号汽油并更换三元催化器之后，故障排除。

案例 11　1、4 缸次级绕组短路，发动机怠速转速在 300~800r/min 之间游车，有时会自动熄火

故障现象　起动后，发动机在怠速时严重抖动，怠速转速在 300~800r/min 之间游车，有时会自动熄火，发动机故障灯被点亮，尾气有难闻的硫黄气味。

故障分析 尾气有难闻的硫黄气味，说明混合气燃烧得不好，大量的 HC 没有燃烧。4 缸发动机怠速转速在 300~800r/min 之间游车，最大的可能性是两个缸不工作。该发动机是两缸共用一个点火线圈，采用串联点火形式，如果一个点火线圈出现问题，将影响两个缸的工作。

故障诊断

1）检查点火线圈次级绕组的电阻值，分别拔下各缸的高压线，在环境温度为 20℃ 时分别检查点火线圈两个同位缸高压阻尼线插座之间的电阻值，即用欧姆表表笔分别连接点火线圈 1、4 缸之间高压阻尼线插座和 3、4 缸之间高压阻尼线插座，测量其电阻值是否符合厂家规定。最后发现 1、4 缸点火线圈电阻过小，说明 1、4 缸点火线圈次级绕组短路。

2）也可以用红外线测温仪分别检测各个排气歧管的工作温度，如果两个同位缸温度过低，则应更换点火线圈。

故障排除 更换点火线圈，重新试车，怠速运转平稳，说明故障已被排除。

故障提示 有的车连续烧点火线圈。连续烧点火线圈的故障并不多见，但造成连续烧点火线圈的因素较为复杂，具体原因分为五个方面：高压阻尼线断路，导致电阻过大，使点火线圈的负载过重；火花塞电极间隙过大，导致电阻过大，使点火线圈的负载过重；点火线圈自身质量不好，热态时点火线圈存在匝间短路；点火线圈上电容损坏，使点火线圈工作温度过高；如果高压电路正常，则发动机控制单元里面负责该点火线圈的点火晶体管（点火驱动块）击穿。

案例 12　燃烧室积炭过多，每天初次起动时需要起动三次，着车后发动机抖动

故障现象 标志 307 1.6MT 型轿车出现每天初次起动时需要起动三次才能着车，并且点火后自诊断系统提示"排放系统故障"，并伴随发动机抖动的情况，只有关闭发动机再重新起动，才能消除故障提示。

故障分析 这是由于燃油标号过低（低标号汽油烯烃的含量多，容易产生积炭），点火能量不足，造成燃烧室积炭过多，每天初次起动时，前两次起动所喷的油被干燥的积炭吸收，第三次起动时积炭已经饱和，所以可以着车。着车后积炭多点燃烧，造成火花塞着火点与积炭着火点的撞击而引发爆燃，导致发动机抖动。燃烧过程中积炭吸收的汽油不断释放出来，使尾气排放中 HC 明显超标，自诊断系统提示"排放系统故障"。

故障诊断 检查点火线圈、高压阻尼线、火花塞有无短路，火花塞电极是否被污染，电极间隙是否过小。上述故障会造成点火能量不足，进而造成混合气无法完全燃烧，使燃烧室积炭过多。将发光二极管的测针一端接地，另一端在高压阻尼线附近晃动，如果在某高压阻尼线附近晃动时发光二极管闪烁，则说明该高压阻尼线漏电。经检测发现有两个高压阻尼线漏电。

故障排除 彻底清洗燃烧室。考虑到火花塞早就过了使用期限，所以整套更换了高压阻尼线和火花塞，故障被彻底排除。

故障提示 燃油标号越低，辛烷值越低，抗爆性越差，容易发生爆燃。燃油标号越低，油中的杂质越多，清洁度越差。低标号汽油中烯烃的含量多，容易产生积炭，造成喷油器堵塞，正常情况下车辆每行驶 40000km 应清洗一次喷油器，使用低标号汽油时每行驶 10000~20000km 就必须清洗一次喷油器。节气门、旁通空气道进气口堵塞，不略微踩下加速踏板，起动就会困难。EGR 阀也会因积炭过多而卡滞，还会造成燃烧室积炭过多，三元催化器前端被积炭堵塞。当然，低压缩比的发动机也不要使用高标号汽油，如果低压缩比的发动机使用高标号汽油，不仅经济上浪费，而且会使发动机产生依赖性。

案例 13 半轴内侧三销式轴承损坏，发动机在转速为 3000r/min 时剧烈抖动，高速时回火

故障现象 一辆帕萨特轿车的发动机在转速为 3000r/min 时剧烈抖动，高速时回火，调取故障码发现是两个爆燃传感器故障。通常爆燃传感器耐久性较好，不容易发生故障，更不可能是两个爆燃传感器同时发生故障。

故障诊断 分别从电阻、电压和波形三个方面检查爆燃传感器。

（1）电阻值的测试 爆燃传感器为三针插头，用欧姆表测量触点 1 和触点 3、触点 1 和触点 2、触点 2 和触点 3 之间的电阻值为无穷大。爆燃传感器接线端子与传感器外壳的电阻值为无穷大，说明爆燃传感器不存在短路或断路故障。如果电阻值为 0Ω，则说明爆燃传感器短路，应更换。

用检测盒（多孔插座）检查爆燃传感器和控制单元间的线束，导线电阻值为 0.8Ω，线束不存在短路或断路故障。

（2）电压值的测试 拔下爆燃传感器的接线端子，在怠速时用数字万用表检查线束端子和接地线之间的电压，发现有脉冲电压输出，正常。

（3）波形的检查 爆燃发生时，爆燃传感器会发出电压钉状波形，并且爆燃程度越大，爆燃传感器所产生的钉状波形也就越大。用铜锤敲击气缸体，示波器的屏幕上立即出现钉状波形，敲击越重，波形也越大。最常见的爆燃传感器故障是根本不产生信号电压，敲击爆燃传感器周围的缸体，波形还是保持一条水平线。非共振型爆燃传感器的波形如图 2-11 所示。

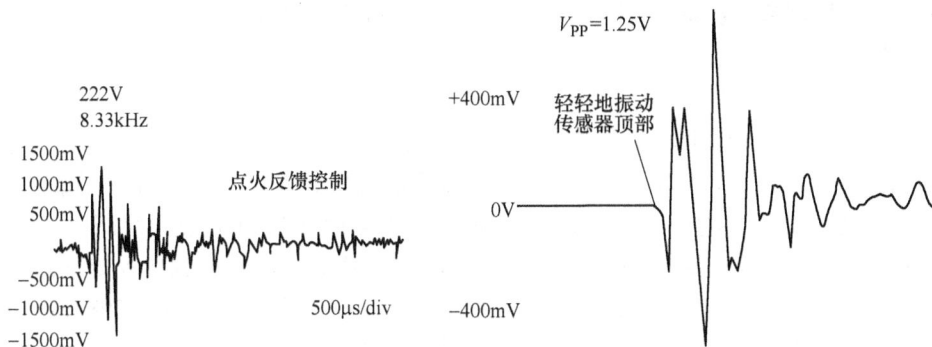

图 2-11 非共振型爆燃传感器的波形

通过从电阻、电压和波形三个方面对爆燃传感器的检查，考虑到半轴内侧三销轴承损坏，使发动机后部支撑变得松旷，在转速为 3000r/min 时会产生剧烈抖动，同时会留下爆燃传感器故障码，于是举升汽车后用手左右旋转并晃动半轴内侧，发现三销轴承确实明显松旷。

故障排除 更换三销式轴承，消除故障码后重新试车，发动机在转速为 3000r/min 时运转平稳，加速性能良好，说明故障已被排除。

故障排除后的思考 半轴两侧的三销式轴承和球笼式万向节只有使用 2 号锂基润滑脂

并添加耐磨添加剂，才能保证轴承润滑的需要。如果误用钙基润滑脂（二者颜色、外观几乎一样），就会造成轴承早期磨损。钙基润滑脂以水为骨架，而水怕高温和高速旋转，所以如果误用钙基润滑脂，就会因润滑脂自身的流失而使轴承陷入干摩擦，导致早期磨损。

案例14　发动机在冷车时正常，热车后突然怠速抖动、加速不良，随后故障又自动消失

故障现象　发动机在冷车时工作正常，热车后怠速时突然发出"突突"声，加速不良，回到怠速时仍然抖动，过一会故障又自动消失。故障出现时调取故障码，显示为混合气过浓，排气管冒黑烟。

故障分析　故障和热车有关，并且出现得很突然，可以排除燃油系统故障的可能性；故障时有时无，则可以排除进气系统传感器故障的可能性；怠速时发出"突突"声，则说明发动机缺缸，故障应集中在点火系统的高压电路；由于故障没有持续性，可以排除高压阻尼线和火花塞的可能性。这样推论下来，有可能是个别缸点火线圈热稳定性不好。

故障诊断　故障出现时用红外线测温仪逐缸检查排气歧管工作温度，发现3缸排气歧管温度接近环境温度，说明故障出现时3缸击穿电压过低，无法点燃混合气或没有火。这样，故障码为混合气过浓就很好解释了。进入3缸的混合气直接进入排气管，氧传感器调节已经到了极限，但排气管还是冒黑烟。故障出现时，检查3缸的点火线圈：将万用表红表笔连接输入电压端，黑表笔连接输出电压端，导通（正常）；将黑表笔连接输入电压端，红表笔连接输出电压端，也导通，说明点火线圈在热车状态下发生短路。

故障排除　更换3缸的点火线圈，消除故障码，试车，长时间热车行驶运行稳定，交付用户使用，一个月后电话回访正常，说明故障已被排除。

案例15　控制单元没有1、4缸点火信号，怠速不稳，加速无力

故障现象　宝来1.8手动舒适型轿车，只行驶了1000多公里就出现怠速不稳、发出"突突"声、加速无力现象。

故障分析　发动机怠速时发出"突突"声，说明缺缸。

故障诊断　用红外线测温仪检测各缸排气歧管的温度，发现1、4缸的排气歧管温度很低。1、4缸是同位缸，共用一个点火线圈，所以应重点检查1、4缸点火线圈。

在检测点火线圈前，要求蓄电池电压必须高于11.5V，发动机曲轴位置传感器和凸轮轴位置传感器工作正常。大众车系检测时需要使用检测盒 V. A. G. 1598/22，万用表 V. A. G. 1526，成套辅助线 V. A. G. 1594，二极管测试笔 V. A. G. 1527。

1）检测点火线圈接地情况。选择万用表的电阻蜂鸣挡，将表笔分别接触端子的接地线针脚和车身搭铁，有蜂鸣响声，说明点火线圈接地良好。

2）选择万用表的电压挡，将表笔分别接触端子的电源针脚和地线针脚，打开点火开关，测量出点火线圈的电源线针脚的电源电压为12.5V，说明电源电压电路正常。

3）检测控制单元对点火的控制是否正常。拔下燃油泵继电器，使点火线圈的信号端子A与车身搭铁端连接发光二极管的测针，起动发动机，发光二极管应闪烁。检测时发现发光二极亮但不闪烁，说明发动机控制单元无1、4缸点火信号，控制单元对点火的控制不正常。

故障排除　更换控制单元，匹配后试车，怠速运转平稳，加速良好，说明故障已被排除。

案例16 冷车时行驶正常，热车后突然熄火，熄火后立即起动时无法起动

故障现象 一辆捷达轿车冷车时行驶正常，热车后有时会突然熄火，熄火后立即起动时无法起动，10min后可正常起动。开始十多天发生一次，后来几天发生一次，再后来一天发生几次，最后熄火后无法起动。

故障分析 对该故障稍加分析，诊断起来并不难。导致行驶中熄火的故障来源分为油路和电路两个部分。油路故障造成的熄火有一个过渡过程，表现为缓慢熄火，座车在前。电路故障则表现为突然熄火。电路方面能导致突然熄火的故障主要集中在点火系统的曲轴位置传感器、继电器、点火模块、点火线圈四个部位。汽车电喷发动机点火系统的某些电器热稳定性不好，会导致行驶中突然熄火，主要出现在行驶里程在100000km以上的汽车上。

故障诊断 该故障诊断的难度是：没熄火时，电阻值、电压值、波形等一切正常，用各种检测仪器都无法查到故障。故障初发的周期是十多天，4S店的故障诊断仪、示波器台数都很少，维修人员不可能为一辆车带着故障诊断仪、示波器、万用表等进行十多天的试车。在行驶中突然熄火的第一时间可用手逐一摸这些电器，格外烫手的那个就是有故障的。

📢 **小·提示**

为了进一步证实故障所在，除继电器外，曲轴位置传感器、点火模块、点火线圈中任何一个烫手，都可用湿毛巾进行物理降温。即在熄火后立即用湿毛巾捂住烫手的电器，注意不要弄湿导线接头。如果物理降温的同时可正常起动，则说明该电器热稳定性不好。

故障排除 更换点火系统热稳定性不好的电器即可排除故障。

【一句话介绍】

1）V6发动机的7X曲轴位置传感器，属于磁电式传感器，负责一缸上止点和点火顺序控制，即转子每个缸压缩行程的上止点有一个缺口，另外一缸的上止点前增加一个缺口，控制单元依此确定各缸压缩行程上止点的准确位置。

2）点火控制模块为低电压电路通断开关，负责按照适当的点火次序持续地触发点火线圈。

3）24X曲轴位置传感器为三导线霍尔式传感器，位于发动机右侧，曲轴端部。24X参照信号直接送给PCM，用于改善发动机的怠速点火控制。在发动机转速为1200r/min时，PCM采用24X参照信号计算发动机转速，负责起动时和发动机转速为1000r/min时的失火控制，不负责点火提前角的控制。

4）6缸发动机的两缸共用一个点火线圈，采用三组点火线圈，每组线圈控制两个同位气缸1/4，2/5，3/6或1/6，2/5，3/4。三个点火线圈分别安装在点火控制模块上，每个线圈组件向由两个同时点火的火花塞供电，每个线圈有一个保险点火电路供电。

5）24X曲轴位置传感器安装在发动机的右前下方，负责发动机转速在1500r/min以下时的运行稳定性和发动机起动以及发动机转速为1000r/min时的失火控制。发动机在转速为1500r/min时抖动，转速超过1500r/min后运转正常，应重点检查24X曲轴位置传感器。

6）三个端子的两缸共用一个点火线圈，端子A为控制信号电压，正常值应为5V；B为接地，选择万用表蜂鸣挡，连接端子B与车身接地端后，应有蜂鸣器声；C为电源。在端子

A 与车身接地端连接发光二极管的测针，起动发动机，发光二极管应闪烁。

7）用万用表欧姆挡检测三个端子的每缸一个点火线圈时，如果 A 为电源，B 为信号电压，C 为接地，则用红表笔连接 A，黑表笔连接 B 时应导通；用红表笔连接 B，黑表笔连接 C 时应导通；用红表笔连接 C，黑表笔连接 A 时应不导通；用红表笔连接 C，黑表笔连接 B 时应不导通。用万用表欧姆挡检测两针式每缸一个点火线圈时，红表笔连接 A，黑表笔连接 B 时应导通；用红表笔连接 B，黑表笔连接 A 时应不导通。

8）继电器是电流过大保护装置，其触点接触不良时会使电阻增大。此时要保持工作顺畅，必须加大电流，而大电流时产生的高温又会导致继电器磁性丢失，触点无法闭合，造成该系统没有电。

9）曲轴位置传感器线束过紧或接触不良，在制动时会导致信号中断，进而造成制动时发动机熄火。

10）霍尔式凸轮轴位置传感器有三个端子：A 为电源回路，并且 A 与车身接地点间的电压应为电源电压；B 为通往控制单元的信号线，并且 B 与车身接地点间的电压在大负荷时应为 4.8V 或更多，在怠速时应为 0.8V 或更少；C 为接地线，选择万用表蜂鸣挡，关闭点火开关，端子 C 与车身接地点之间应导通。

11）巨磁式发动机转速传感器端子为两针式，没有屏蔽线。A 为电源，与车身接地点间的电压为蓄电池电压，B 为信号。

12）检查点火线圈的次级绕组时，选择万用表的电阻挡，量程选择 10kΩ 以上，将万用表的两个表笔分别插入点火线圈高压线插孔的 1 缸和 4 缸之间、2 缸和 3 缸之间测量次级绕组，马自达车系电阻规定值为 4.0~6.0kΩ（20℃），别克车系点火线圈的次级绕组电阻值为 5.0~7.0kΩ，高压点火线电阻值为 7.0kΩ 左右。

13）曲轴位置传感器有三个端子，一根红线为电源线，点火开关位于"ON"位置时应为蓄电池电压。白色线为信号线，黑色线为屏蔽线。端子 1 和端子 2 之间为磁感应线圈，电阻值由厂家规定。端子 1 和端子 3 之间，端子 2 和端子 3 之间的电阻值应为无穷大。

14）用二极管连接别克君威轿车的点火模块端子 C 与车身上可靠接地点以及端子 A 与车身上可靠接地点，分别检测 2 缸、3 缸和 1 缸、4 缸点火线圈的控制信号。起动发动机，如果发光二极管闪烁，则说明发动机控制单元的点火控制功能和点火模块工作正常。将红表笔接到点火模块端子 B，黑表笔连接到车身上可靠接地点，应为 12V 左右的点火电源。

15）凡是没有装爆燃传感器的，一般都是用发动机冷却液温度传感器替代。

16）点火线圈上的四根线分别为电源正极、点火器（点火模块）、火花塞和接地线。

17）如果点火线圈质量不好，热态时点火线圈存在匝间短路，会导致高压火弱或没有高压火，冷态时点火线圈又恢复正常。

18）点火线圈更换过勤，主要与点火线圈自身质量和火花塞质量有关。

19）为了防止电磁干扰，火花塞内都有炭棒，火花塞上都有明显的型号标注，不同型号的火花塞内炭棒的电阻值不一样，如果没有按厂家规定的型号选用火花塞，则使用时易发生电磁干扰而使发动机抖动。

20）通过缸外跳火可判断火花塞是否工作不良。如果怀疑某个缸火花塞无火或工作不良，则拔下该缸高压分线（对于每个缸一个点火线圈的，则拆下该缸的点火线圈），连接一个新的火花塞，在缸外距缸体 6~8mm 处跳火，如果正常，则说明故障在原装的火花塞。注意，缸外跳火时间不得超过 10s，否则会烧坏三元催化器。

21）测试新买的蓄电池电压时，要打开前照灯 15s，消除表面负荷（浮电），然后关闭前照灯，将万用表表笔连接蓄电池正负极，才能准确测出蓄电池电压。

22）发动机加速性能的好坏是由空燃比、点火能量、点火正时、进气和排气是否通畅、燃烧室密封性决定的。

23）曲轴位置传感器与转子的气隙过小，会造成喷油量过少，发动机起动困难。

24）点火线圈次级绕组波形中燃烧线正常值为 1.5ms，燃烧线超过 2ms 说明混合气过浓，少于 0.75ms 说明混合气过稀。混合气过稀比混合气过浓更容易造成混合气燃烧不好。

25）点火线圈次级绕组波形中燃烧后的振荡波形至少不应少于两次振荡，最好是多于三次振荡，正常的振荡表明点火线圈和电容器是好的。如果振荡波形少于两次震荡，则说明点火线圈或电容器工作不良。

26）压电式爆燃传感器拧紧转矩（也是压电陶瓷的预紧力）为（20±5）N·m。拧紧转矩过大，会造成爆燃传感器灵敏度过高，这样就会减小点火提前角，降低燃油效率和发动机有效功率；拧紧转矩过小，则会造成灵敏度过低，急加速时会出现发动机爆鸣声。

27）爆燃传感器的装配面要干净，装配时必须用专用螺栓，不同材料的螺栓振动频率不一样。

28）初始点火提前角是发动机起动时的点火提前角，即由厂家设定的原始点火提前角，由凸轮轴位置传感器负责提供初始点火提前角信号。

29）点火提前角（或称为推迟点火提前角）由控制单元根据爆燃传感器信号进行修正，最大修正量为 15°。

30）点火线圈次级绕组波形中的击穿电压为火花塞实际点火电压。电喷发动机击穿电压通常为 25000～30000V。发动机在怠速和中小负荷时缸压相对较低，击穿电压也相对低一些；在大负荷和急加速时缸压高，击穿电压也相对高一些。在缸内受环境影响，击穿电压会明显降低，怠速时缸内击穿电压通常为 12000V 左右。

31）点火线圈次级绕组波形中的燃烧电压为混合气实际燃烧所需电压，接近理想空燃比时为 10000V。混合气过稀时，燃烧电压就相对低一些；混合气过浓时，燃烧电压就相对高一些。

32）点火线圈次级绕组波形中的燃烧线表明混合气的燃烧质量，燃烧线越平滑，长度越合理，表明燃烧质量越好。

33）爆燃传感器信号中断后，控制单元将点火提前角推迟到 10°或更多，造成发动机功率下降，满负荷时发动机动力不足，尾气排放超出标准，燃油消耗量增加。

34）爆燃传感器接线端子与外壳间的电阻值应为无穷大，如果电阻值为 0Ω，则应更换爆燃传感器。

35）拔下爆燃传感器的接线端子，在怠速时用数字万用表检查接线端子和搭铁间的电压，正常时应有脉冲电压输出。

36）发动机前悬软垫破后，行驶过程中可听到"当当"声，发动机转速稳定在 1500r/min 时，发动机会出现振抖，故障存储器内可能会显示爆燃传感器有故障。

37）点火过迟会使尾气排放超标，发动机动力性下降，怠速抖动，小负荷时加速不良，耗油量增加；点火过早会使发动机过热，NO_x 超标，动力性下降。

38）发动机点火时间越接近爆燃点，输出功率越大，但一旦发生爆燃，发动机输出功率就会急剧降低，而且还会造成机件损伤。

39）发动机转速越高，燃烧速度就越快，点火提前角就应越大。

40）发动机负荷加大，燃烧速度加快，点火提前角就应越大。

41）混合气越稀，汽油分子间隔距离越大，燃烧速度就越慢，点火提前角就应越小。混合气越浓，汽油分子间隔距离越小，燃烧速度就越快，点火提前角就应越大。

42）残余废气量越多，进气阻力越大，新鲜混合气进入燃烧室就越少，残余废气中氧的含量非常低，燃烧速度就会进一步减慢，点火提前角就应越小。

43）进气系统如果没有温控装置，则进气温度越高，混合气就越稀，燃烧速度下降，点火提前角就应越小。

44）进气压力越高，燃烧速度越快，点火提前角就应越大。进气压力低时，燃烧速度慢，点火提前角就应适当减小。

45）燃烧室积炭越多，发动机压缩比就越大。压缩比加大，压缩终了时燃烧室温度升高，燃烧速度加快。发动机压缩比越大，点火提前角就应越大。

46）曲轴位置传感器有三个端子，一根红线为电源线，点火开关位于"ON"位置时应为蓄电池电压；白色线为信号线，通往控制单元；黑色线为接地线。

47）磁电感应式曲轴位置传感器端子 1 和 2 之间为磁感应线圈，电阻值由厂家确定，有的厂家确定的正常值为 $450 \sim 1000\Omega$，有的厂家确定的正常值为 $800 \sim 1000\Omega$。端子 3 为屏蔽线，所以端子 1 和端子 3 之间、端子 2 和端子 3 之间的电阻值应为无穷大。

48）曲轴位置传感器与转子的气隙为 0.80mm，大于 2.30mm 时发动机就会无法起动。气隙过小时，会造成喷油量过少，使发动机起动困难。

49）控制单元根据凸轮轴位置传感器信号来判断发动机 1 缸排气上止点，从而确定喷油顺序，以实现顺序喷油。

50）凸轮轴位置传感器多位于发动机前端，有两个端子，一个为接地线，另一个为通往控制单元的信号线，标准电阻值为 1600Ω 或 2320Ω。

51）关闭点火开关，断开霍尔传感器端子，用辅助线和闪光二极管连接 1 号端子和 2 号端子。起动发动机，发动机工作几秒后，在每个工作循环中闪光二极管应有短暂的闪亮。

52）单缸独立点火线圈的三个端子分别为点火线圈控制信号端子（A）、搭铁端子（B）、电源端子（C）。

53）测量点火线圈线束的地线搭铁情况时应选择万用表的蜂鸣挡，主要是测量点火线圈的端子 B 与车身搭铁的电阻及搭铁状态。搭铁良好时，应该有蜂鸣声，显示的电阻值应该低于 1Ω。

54）检测发动机控制单元能否发出初级绕组的断电信号时，应拔下点火线圈的插头，用试灯的一端接触信号端子 A，另一端搭铁，起动发动机，如果发光二极管闪烁，则说明发动机控制单元的点火控制功能正常。

55）检测单缸独立点火线圈电阻时，端子 A 与端子 B 之间的电阻为 0Ω 或无穷大时不正常，端子 B 与端子 C 之间的电阻为 0Ω 或无穷大时不正常。检测单缸独立点火线圈电阻时，端子 C 与端子 A 之间的电阻为 $0 \sim 9999\Omega$ 时不正常。

56）因 24X 信号在单位时间内的脉冲数比 7X 信号要高，也就是其分辨率较高，故控制单元利用 24X 信号控制发动机在低转速时的急速稳定以及进行起动和转速为 1000r/min 时的失火率检查。24X 信号只能反映曲轴的转速而不能确定曲轴的位置，不负责点火。

57）用 TECH2 检测 24X 传感器转速时，其最高转速只能显示在 1600r/min 左右。当发动机转速高于 1600r/min 时，PCM 利用 7X 传感器产生的 3X 信号来确定发动机转速和曲轴位置。

58）24X 发动机转速传感器端子 A 接由控制单元提供的 12V 左右的蓄电池电压，端子 B 接地，端子 C 输出发动机转速信号。

59）橡胶正时带在车辆每行驶 48000km 后应更换一次，最迟 60000km 更换一次；链条正时带在车辆每行驶 96000km 后应更换一次，最迟 10 万 km 更换一次。10 万 km 更换时应与张紧轮、水泵轮一起更换，以防止正时带老化断裂或张紧轮轴承磨损咬死。如果过长时间不更换，容易造成正时带错牙。

【故障一点通】

1）对于两缸共用一个点火线圈的，当单缸缸压高时，应重点检查该缸的高压阻尼线电阻是否过大，火花塞电极间隙是否合适，绝缘瓷柱是否破裂。如果两个同位缸缸压高，则应重点检查点火线圈是否发生短路。

2）如果 V6 发动机怠速严重抖动，高怠速后运转平稳，则应重点检查 24X 曲轴位置传感器是否发生故障。

3）正时链条磨损引起的异响，现象是怠速响，稍加速就不响。

4）发电机发电量不足，发动机前悬软垫破裂，前驱车半轴内侧三销式万向节松旷，空调压缩机固定螺栓松动，都容易让爆燃传感器误认为爆燃而推迟点火提前角。前悬软垫破裂和万向节松旷还会造成发动机抖动，特别是在不平路面上更加明显，而且高速时还会有回火现象，故障码显示为爆燃传感器故障。

5）冷车起动困难，热车起动正常，急加速时发动机转速漂移，最常见的故障是发动机接地线、变速器接地线、蓄电池接地线或控制单元接地线中有一处接触不良。将接触不良处重新紧固后，即可排除故障。

6）燃烧室积炭过多，每天初次起动时，需要连续起动 2~3 次（刚开始起动的燃油被积炭吸收）才行，严重时会突发性剧烈抖动，甚至带动车身一起抖动。

7）在热车状态下，严禁用冷水冲洗发动机，剧烈的温差变化会导致点火模块损坏（裂开）。

8）发动机个别缸燃烧室短期内就形成积炭的原因是该缸点火能量不足，混合气不能完全燃烧，两缸共用一个点火线圈的应重点检查该缸高压阻尼线是否短路，火花塞是否漏电，电极是否被污染；每缸用一个点火线圈的应重点检查点火线圈是否短路，火花塞是否漏电，电极是否被污染。

9）如果怀疑因混合气过稀而无法起动，可以拆掉空气滤清器滤芯，在发动机起动的同时用化油器清洗剂往进气道喷，如果喷后可以起动，则说明无法起动的原因是混合气过稀。

10）中低速时行驶正常，急加速时座车，高速时动力不足，大部分是因为高压阻尼线断路和火花塞电极烧蚀造成点火系统高压电路的电阻值过高，使点火闭合角过大，因而导致急加速和高速时失火。

11）怠速时发抖，行驶时加油无力，行驶一段时间后发动机故障灯被点亮，故障码为P0300，含义为"发动机间歇性熄火"。这是由于2缸和4缸高压阻尼线短路，导致击穿电压过低，使混合气无法完全燃烧，导致发动机间歇性熄火。

12）如果点火控制模块接地线接触不良，则在坏路上行驶或急加速、急减速时发动机振动较大，会使高压火失火，导致发动机抖动。

13）发动机前悬软垫破裂后，发动机怠速到1500r/min时会出现严重抖动，行驶中可听到"当当"声，此时故障存储器内可能会显示爆燃传感器有故障。

14）六缸发动机2、5缸的次级绕组短路，起动后发动机怠速严重抖动，在任何速度下都抖动得非常厉害，怠速始终在400～600r/min之间游车，在各种工况下都运转不平稳，排气管有"突突"声，急加速提速慢，发动机发闯，有时会自动熄火，尾气有难闻的硫黄气味，但无故障码。

15）点火线圈短路会造成发动机起动困难，加速无力，排气管冒黑烟，同时油耗急剧增加，燃烧室每15天左右就会形成明显的积炭。

16）爆燃传感器为三针插头，用欧姆表测量触点1和触点3、触点1和触点2、触点2和触点3之间的电阻值都应为无穷大。爆燃传感器接线端子与传感器外壳的电阻值也应为无穷大，如果电阻值为0Ω，则应更换爆燃传感器。

17）爆燃传感器失效退出后，控制单元为了防止发生爆燃会将点火提前角推迟10°，行驶中就会出现加速座车、油耗高和排气管冒黑烟的故障。

18）凸轮轴位置传感器失效退出后起动时间会推迟2s，同时爆燃传感器退出控制，点火提前角自动推迟到10°，行驶中会出现加速座车和大负荷时动力不足的现象。

19）缸盖垫或涡轮增压发动机的进气歧管垫密封不良，冷却液进入燃烧室，火花塞电极和氧传感器触头上会有白色结晶体。

20）尾气有难闻的硫黄气味，说明点火能量低，混合气燃烧不好。

21）发电机发电量不足，在发动机转速为1500r/min以下时会对爆燃传感器产生电磁干扰，推迟点火提前角。发动机前悬软垫破裂，会造成发动机在怠速到1500r/min以下时剧烈抖动，留下爆燃传感器故障码。传动轴内侧三销轴承损坏会造成发动机在转速为3000r/min左右时抖动，也会留下爆燃传感器故障码。

22）车辆停放一天就没有电，除了蓄电池自身极板硫化外，可能是车内线束漏电，在蓄电池负极和车身接地点之间连接电流表，然后逐个拔下熔丝，如果拔下某个熔丝后不再放电，说明该熔丝负责的电路有插头松动或接地线不实现象。

23）点火模块接地线接触不良时，在起动和好路上行驶时正常，但在坏路上颠簸时就会出现发动机转速不稳或熄火。

24）蓄电池接地线锈蚀有时还会造成无法起动或行驶中突然熄火，熄火后立即起动时发动机没有反应。

25）电动燃油泵接地线接触不良，起动和怠速正常，但行驶中会出现不定期的动力不足，加速座车，在坏路上颠簸时更加严重。

26）在发动机没有起动时，如果怀疑某根接地线接触不良，可用欧姆表的一根表笔可靠连接接地线，另一根表笔与车身或发动机可靠接地，若存在电阻，则说明接触不良。发动机起动后如果某根接地线接触不良，其温度会烫手。在发动机工作时，如果怀疑某根接地线接触不良，可用手在垂直方向或水平方向轻轻晃动该接地线，模拟行驶中遇到的颠簸、振动状态，如果发动机出现转速不稳或熄火现象，则说明该接地线接触不良。

27）点火系统故障有三大来源：一是高压电路有毛病，二是低压电路有毛病，三是点火正时失调。经常碰到的现象是火花塞没有火花跳出或者火花太弱，因而无法引爆气缸内的油气，使发动机不能起动。

28）汽车上所有低压线束的电阻值必须小于 1.5Ω；检测线束是否断路时，必须将线束拽紧，否则监测数据不准。

29）如果火花塞电极发黑，则说明该缸燃烧不好，应重点检查高压电路的点火线圈、高压线、火花塞有无短路，喷油器有无滴漏，30s 内各个喷油器滴漏是否超过一滴，停止喷油后各个喷油器有无滴漏。

30）在发动机有"突突"声并且个别缸燃烧不好时，可以用示波器检查各缸喷油器的喷油时间。如果喷油时间一致，则说明各缸喷油器电控方面正常，再用正时枪分别连接各缸高压线，检查各缸点火情况。如果某缸光束闪动节奏与其他缸不一致，就说明该缸燃油不好，应重点检查高压电路有无短路，喷油器有无滴漏。喷油器滴漏属于积炭卡滞，是机械故障，与电控系统无关。

31）如果高压阻尼线短路，则在起动发动机后急加速时，高压阻尼线边上有蓝色的火花，动力不足，加速喘振，排气管发出"突突"声，HC 严重超标。

32）燃烧后的振荡波形至少应有两次振荡，最好是多于三次振荡，正常的振荡表明点火线圈和电容器是好的。如果振荡波形少于两次振荡，则说明点火线圈或电容器工作不良。

33）如果次级点火波形中点火闭合角在贴近击穿电压部位有异常峰值，则说明初级绕组有短路处，会造成热车熄火。

34）如果次级点火波形中次级绕组有短路处或点火模块接地线接触不良，也会使该缸实际峰值低于其他各缸峰值，而且前者会造成热车熄火。

35）曲轴位置传感器与转子的气隙过小，会造成喷油量过少，发动机起动困难。

36）如果每次起动时都需要滞后将近2s才能起动，则说明凸轮轴位置传感器失效退出。

37）蓄电池电压正常，有油、有火、有起动的征兆，但无法起动，说明曲轴位置传感器失效退出。

38）凸轮轴位置传感器是可以替代曲轴位置传感器的。曲轴位置传感器失效退出后，汽车没有高速，自动变速器没有超速挡。

39）起动时听到起动机处有"嗒嗒"声，无法起动，表明蓄电池电压过低。

40）冷车时行驶正常，热车后行驶过程中有时会突然熄火，立即起动时却无法起动，但过 15min 左右再次起动，可以起动。此类故障通常是由曲轴位置传感器、点火继电器、点火模块、点火线圈中至少有一个装置热稳定性不好造成的，应分别检查点火模块和点火线圈熄火时的工作温度，检查点火继电器熄火时是否磁性丢失，检查曲轴位置传感器熄火时电阻值是否正常。

41）电喷发动机急加速时抖动的原因通常来自点火系统。

42）初级低压点火系统的波形主要包括初级绕组充电时间、击穿电压、燃烧过程三个部分。初级点火波形中充电时间过长，燃烧过程的时间就短了，混合气就会燃烧不彻底。

43）点火模块接地线接头松动或点火线圈内部短路等故障会造成所有气缸击穿电压过

低，没有（储备）电压。

44）次级点火波形中燃烧线正常值为 1.5ms，如果燃烧线超过 2ms，则说明混合气过浓；如果小于 0.75ms，则说明混合气过稀。

45）热车后熄火，检查可能发生接触不良的接地线，如果某根接地线烫手，就说明该接地线接触不良。

46）发动机烧机油，但看不见排气管冒蓝烟，同时车辆没有高速，自动变速器没有超速挡。空气滤清器堵塞导致进气不畅、充气系数过低，使气缸内真空度过高，曲轴箱内的机油顺着活塞环的间隙被吸入燃烧室，由于量少，所以看不见排气管冒蓝烟。同时由于充气系数过低，导致发动机功率明显下降，致使车辆没有高速，自动变速器没有超速挡。

47）发动机运转至转速为 2000r/min 时有间歇性机油警告灯报警，同时伴有蜂鸣器响。当发动机转速超过 3000r/min 时，机油警告灯停止报警，蜂鸣器也不再响。这是因为发电机发电量不足而对机油压力过高或过低开关造成电磁干扰所致，并非真的机油压力异常。

48）每天初次起动时排气管冒 10min 蓝烟，发动机在怠速时发出 10s 的"突突"声，随后一天之内排气管不再冒蓝烟，怠速时也不再有"突突"声，说明气门油封密封不良。

49）发动机冷却液液位明显降低，补充后再次降低，则应检查机油里是否有冷却液，因为缸盖垫或涡轮增压系统密封不良时，冷却液会进入润滑系统。

50）如果冷车时和中低速和怠速时排气管不冒蓝烟，而热车急加速和大负荷时排气管冒蓝烟，则说明活塞环密封不良。

51）打开空气滤清器盖，内部有黑色油液，说明 PCV 阀堵塞。

52）由于点火线圈短路、高压阻尼线短路、火花塞短路、电极间隙过小或被污染而造成击穿电压过低，怠速时只有 8000V，使混合气不能完全燃烧，会造成怠速不稳，低速行驶时会出现一顿一顿的现象，缓和加速时基本正常，急加速时座车，加速不良。

连续烧点火线圈的原因有：高压阻尼线断路，导致电阻过大，使点火线圈负载过重；火花塞电极间隙过大，导致电阻过大，使点火线圈的负载过重；点火线圈自身质量不好，热态时点火线圈存在匝间短路；点火线圈上电容损坏，使点火线圈工作温度过高；高压电路要是没事，就是发动机控制单元里面负责该点火线圈的点火晶体管（点火驱动块）击穿。

【维修小窍门】

1）测试新买的蓄电池电压时，要打开前照灯 15s，消除表面负荷（浮电），然后关闭前照灯，将万用表表笔连接蓄电池正负极，才能准确测出蓄电池电压。

2）如果转向盘打不动，发动机无法起动，则说明转向盘和点火开关被中控锁死，使劲旋转转向盘后，可正常起动。

3）通常蓄电池使用一段时间之后蓄电池柱头会产生白色结晶粒，这种结晶粒会使蓄电池漏电和起动困难。冷天发动机在临时停车后无法起动，用开水浇后，可将白色结晶粒洗掉，发动机能够正常起动。在柱头上涂一层润滑脂可有效防止产生白色结晶粒，保证发动机在冷天正常起动。

4）不同型号的火花塞不能互换，因为型号不对，火花塞的电阻值就不对，可能会导致电磁干扰。

5）使用示波器检测，发动机爆燃时爆燃传感器会发出电压钉状波形，爆燃程度越大，爆燃传感器所产生的钉状波形也越大。如果用铜锤敲击气缸体，数字式动态示波器的屏幕上会立即出现钉状波形（如果用胶皮锤敲击气缸体，则看不见波形），敲击越重，波形也就越大。最常见的爆燃传感器故障是根本不产生信号电压，敲击爆燃传感器周围的缸体时，波形还是保持一条水平线。

6）蓄电池上的正极柱头直径大，负极柱头直径小。

7）压电式爆燃传感器的螺栓为专用螺栓，如果用其他螺栓代替，则会因为螺栓的材料不同而使振动频率不同，信号就可能失真，所以必须用专用螺栓。

8）爆燃传感器的螺栓转矩为（20±5）N·m，过紧时会造成传感器过于敏感，明明是正常振动，传感器却误认为是爆燃，推迟点火提前角，造成发动机动力下降；过松时传感器会感受不到振动频率，导致发动机爆燃。

9）在发动机工作时，将闪光二极管负极搭铁，使正极在高压阻尼线之间连续晃动，如果此时闪光二极管连续闪，同时有"啪啪"声，则说明高压阻尼线短路。

10）如果气门油封密封不良，则每天初次起动时，在刚起动时发动机"突突"十几秒钟（火花塞电极被机油浸湿），排气管冒十多分钟蓝烟，随后一天之内正常，第二天初次起动时故障依旧。如果车辆长时间停放，则会起动困难。

11）如果点火线圈表面温度大于95℃，则说明点火线圈内部短路，必须更换点火线圈。如果点火模块过热处大于100℃，则说明点火模块内部短路，必须更换。

12）点火线圈或点火模块过冷，在起动时表面温度和环境温度相等，则说明内部断路，必须更换点火线圈或点火模块。

13）发动机起动时有异常响声，如果怀疑是正时带，可用水淋在正时带上或在正时带摩擦面上涂抹肥皂，如果声音恢复正常，则说明是正时带的噪声。

第三章 发动机怠速控制系统故障分析

第一节　怠速控制系统的组成、作用及常见故障

一、发动机怠速控制系统的组成及作用

1. 怠速控制的方式

　　怠速控制的方式按车型可分为旁通式（见图3-1）和直动式两种。旁通式怠速控制方式控制旁通空气道的空气流量，通过控制单元控制怠速阀的开度大小来实现怠速控制。

a)

旁通空气道

b)

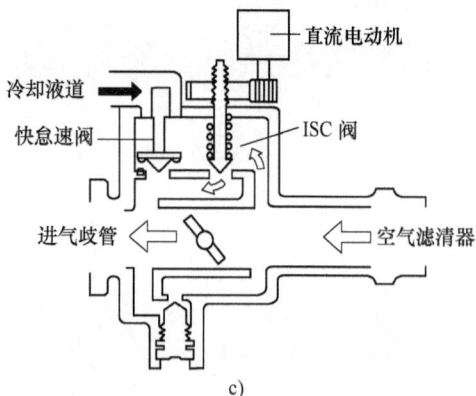

c)

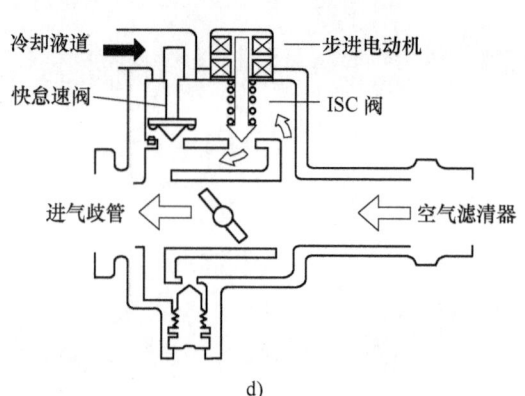

d)

图3-1　旁通式怠速控制方式

a）旁通式怠速旁通孔　b）旁通空气道　c）直流电动机控制的旁通空气道　d）步进电动机控制的旁通空气道

直动式怠速控制方式（见图3-2）直接控制节气门开度，通过控制单元控制节气门驱动电动机来实现。前者节气门位置传感器为四根线，后者至少为七根线。

控制怠速控制系统的传感器和开关有冷却液温度传感器、节气门位置传感器、曲轴位置传感器、起动开关信号、空调开关信号、动力转向开关信号、空挡开关信号、车速传感器、发电机负荷信号。冷却液温度传感器信号用以检测冷却液温度的高低，节气门位置传感器信号用以检测发动机是否处于怠速运行状态，

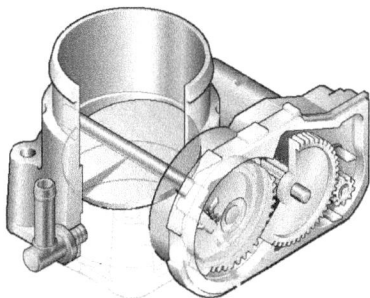

图3-2 直动式怠速控制方式

曲轴位置传感器信号用以检测发动机转速的大小，起动开关信号用以检测发动机是否处于起动工况，空调开关信号用以检测空调压缩机是否处于工作状态，动力转向开关信号用以检测机械泵液压助力转向系统是否起作用，空挡开关信号用以检测变速器是否有载荷加在发动机上，车速传感器信号用以检测车速，发电机负荷信号用以检测怠速时发电量是否充足。

怠速控制系统的执行器是怠速空气控制阀，负责控制怠速、急加速、发动机最高转速、汽车最高车速时进气量的大小。

2. 怠速控制的具体内容

起动控制：发动机熄火时，怠速控制系统开启，以备下一次起动。

暖机过程控制：为了缩短暖机时间，40℃以下时发动机怠速转速保持在1500r/min，70℃以下时发动机怠速转速保持在1100r/min，70℃以后恢复到正常怠速转速。

负荷变化控制：为了防止发动机过载熄火，控制单元会令怠速控制系统开启，负荷加大后发动机转速不但不下降反而会略有上升。

怠速发电量不足控制：怠速发电量不足时，为了防止消耗蓄电池的电，怠速控制系统开启，发动机提高转速，以满足怠速发电量的需要。

急加速和大负荷控制：怠速控制系统和炭罐电磁阀完全开启，以保证充气系数。

断油控制：发动机达到最高转速，汽车达到最高车速，怠速控制系统和炭罐电磁阀关闭，以防止超过最高转速。

限制供油控制：发动机怠速时的转速超过2000r/min时，车辆制动或滑行时车辆停止供油，待转速降到1500r/min时，为防止熄火，怠速系统开启，恢复供油。发动机达到最高转速、汽车达到最高车速时，怠速步进电动机关闭，以防止转速过高。怠速控制系统如图3-3所示。

二、发动机怠速控制系统常见故障

1. 交流发电机怠速发电量不足导致电磁干扰

怠速发电量不足会导致交流发电机非线性信号失真，产生的电磁干扰会影响喷油器，导致怠速时发动机有轻微抖动，起步后恢复正常。

2. 发动机转速在1500r/min以下时动力不足

发电机非线性信号失真有时会影响爆燃传感器，使爆燃传感器错误地发出爆燃信号，导

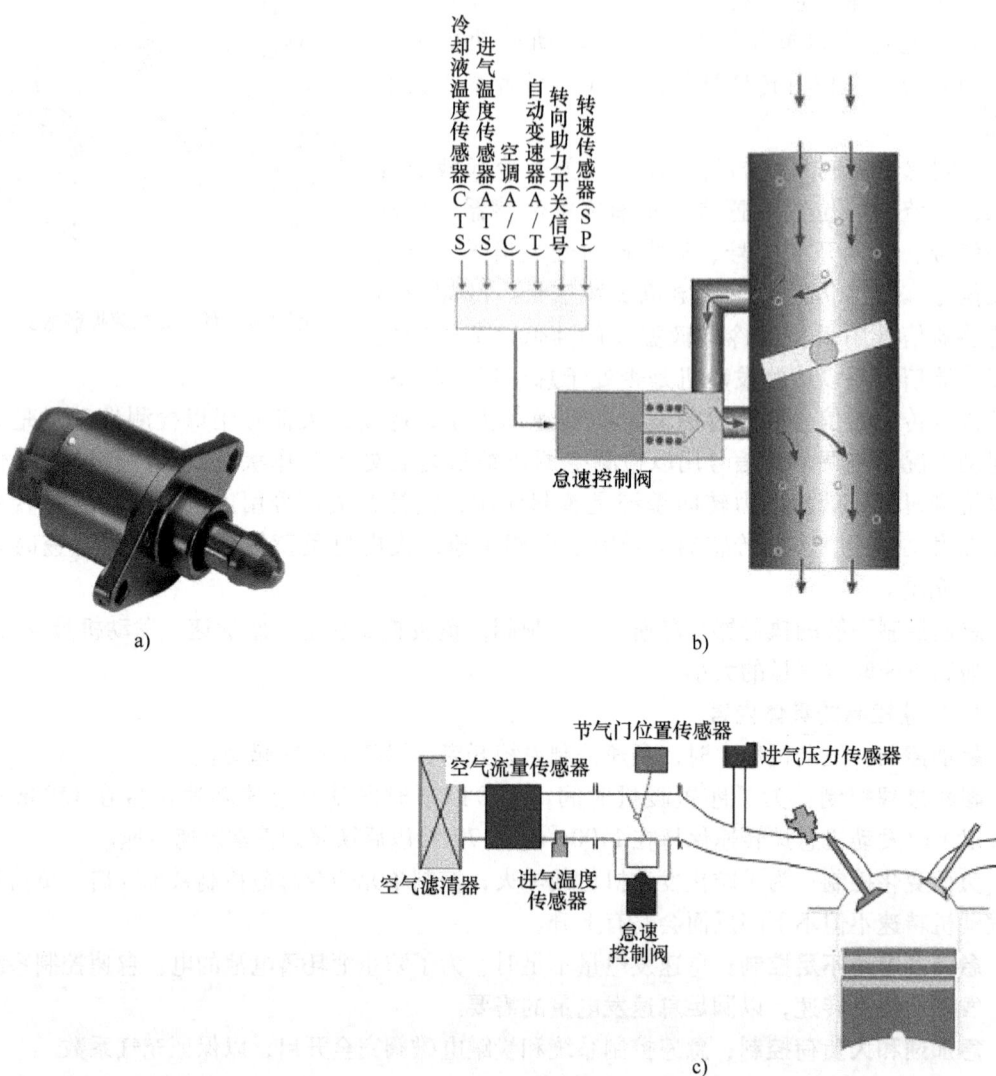

图3-3　怠速控制系统

a）怠速步进电动机　b）怠速控制系统的作用　c）怠速控制系统的组成

致发动机点火提前角推迟得过多，造成发动机在怠速和小负荷时明显功率不足，引发怠速抖动和小负荷时加速不良。

3. 每天初次踩加速踏板时感觉发沉

1）如果怠速步进电动机和怠速控制阀过脏卡滞，则每天初次踩加速踏板时会感觉发沉，严重时需要略踩下加速踏板才能完成起动。

2）行驶中完全放松加速踏板，发动机停止喷油，发动机转速降到1500r/min时应起动步进电动机恢复喷油，而由于直通式怠速控制系统的节气门因积炭过多而卡滞以及旁通式怠速控制系统的怠速控制阀因过脏而卡滞造成步进电动机起动不及时，使发动机过载熄火，严重时会造成汽车低速行驶时熄火。

小·提示

怠速控制系统负荷变化控制是否正常的简易检测方法：在发动机怠速状态下如果使用空调、自动变速器挂挡或助力转向打方向，发动机怠速转速应略有上升，若发动机转速下降超过50r/min，则应检查怠速控制系统。

4. 怠速不稳

造成怠速不稳的原因有怠速步进电动机过脏或者喷油器堵塞。导致喷油器早期堵塞的主要原因是燃油标号过低，低标号燃油中烯烃的含量高。

5. 怠速步进电动机机件磨损时的失效保护

当控制单元控制的步进电动机步进数达不到控制效果时，控制单元会根据曲轴转速传感器的信号反馈进行控制。

6. 配置电子节气门的发动机出现怠速不稳时应清洗节气门

（1）为什么必须定期清洗电子节气门　配置有电子节气门的车辆怠速不稳，绝大多数是由电子节气门污染造成的。电子节气门一旦被灰尘严重污染，就会导致发动机怠速不稳、车辆加速不良、加速踏板发沉、燃油消耗量增加、尾气排放超标，严重时还会出现怠速熄火，但中高速时运转平稳。电子节气门一般在车辆行驶每40000km后清洗一次。

（2）电子节气门初始化的通用方法

1）清洗前先断开蓄电池负极。

2）清洗后连接好蓄电池负极。

3）对于本田车系，将点火开关打开30s，然后关闭15s，即可完成电子节气门的初始化。

4）对于三菱车系，将点火开关打开1s，然后关闭15s，即可完成电子节气门的初始化。

5）对于克莱斯勒车系，将点火开关打到"ON"位置，接通电源，但不起动，点火开关在"ON"位置应至少保持10s，PGM将利用这段时间进行和完成电子节气门的自适应。

6）对于丰田车系，关闭点火开关，拔下发动机舱内熔丝盒中的EFI和ETCS熔丝，1min后装上即可完成电子节气门的初始化。

7）对于雪铁龙车系，将点火开关置于"M"位置并保持30s（注意，不得踩加速踏板），断开点火开关15s，即可完成电子节气门的初始化。

（3）进气系统外漏的检测方法　进气系统外漏主要集中在真空软管、皱纹管与节气门之间的连接处。用真空表检查发动机进气系统怠速时的真空度，当怠速时进气道的真空度在17.8kPa以下时，应重点检查进气系统有无外漏。

小·提示

发动机前悬软垫破裂时，会造成1500r/min怠速时发动机抖动，严重时会影响爆燃传感器，致使小负荷时动力不足。

7. V缸发动机两侧空气流量传感器端子接错

此时有可能造成发动机怠速发抖，尾气呛人，一侧排气管烧红，如果不及时重新安装，则有可能造成三元催化器烧蚀。

8. 使用空气流量传感器的发动机进气系统密封不良

使用空气流量传感器的发动机冷车时怠速稳定，热车后（温控风扇开始旋转）怠速抖动，说明有未计量的空气进入进气软管，导致混合气过稀。读取氧传感器数据流，此时输出电压只有 0.03V，最大可能是进气系统发生泄漏，应重点检查真空软管的进气歧管一侧的接头是否有裂口，皱纹管节气门一侧卡子是否卡紧。

9. 发动机怠速时严重抖动，高怠速后运转平稳

应重点检查 24X 曲轴位置传感器是否发生故障。24X 曲轴位置传感器负责发动机在转速为 1200r/min 以下时运转平稳。

第二节　发动机怠速控制系统典型案例分析

怠速游车是指发动机在怠速时转速变化规律在 100r/min 以上，是一种有规律的怠速转速忽高忽低的故障。发动机缺缸、正时带错位、氧传感器自适应值严重超标、进气压力传感器真空软管堵塞、发动机进气系统内漏或外漏等故障导致怠速转速偏离正常值，控制单元根据氧传感器反馈的信号不断调节怠速步进电动机、怠速空气阀或节气门的开度，使怠速转速回到正常值。回到正常怠速的瞬间，系统退出控制，于是怠速转速再次偏离额定转速，控制单元再次进行调节，于是就出现有规律的怠速转速忽高忽低的故障。

案例 1　发动机缺缸造成怠速游车

故障现象　一辆马自达 6 轿车的四缸发动机怠速转速出现 500～800r/min 间的怠速游车。

故障分析　经检查发现，该发动机有一个缸缺缸，导致怠速转速降至 500r/min，随后怠速控制系统开启怠速步进电动机，使怠速转速升至四缸发动机正常怠速转速的下限 800r/min，怠速控制系统退出，怠速转速再次降至 500r/min，怠速控制系统再次开启怠速步进电动机，如此反复，于是就出现 500～800r/min 间的怠速游车。

故障诊断　该发动机为每个缸一个点火线圈，点火线圈短路、断路或火花塞故障都可能造成缺缸。

（1）缸外跳火检测　采用缸外跳火的方法判断火花塞是否工作不良。如果怀疑某个缸火花塞无火或工作不良，则拆下该缸的点火线圈，连接一个新的火花塞，在缸外距缸体 6～8mm 处跳火。如果跳火正常，则说明故障在原装的火花塞。为保护三元催化器，跳火时间不得超过 10s。

经检测，缸外跳火为红火，说明该缸点火线圈短路。

（2）单缸独立点火线圈的检测　单缸独立点火线圈的结构如图 3-4 所示。

1）检测点火线圈的前提条件。检测点火线圈时，要求蓄电池电压必须高于 11.5V，发动机曲轴位置传感器和凸轮轴位置传感器工作正常。

2）检测点火线圈的电源电压。从点火线圈上拔下插头，打开点火开关，用万用表电压挡测量电源端子 C 与车身接地间的电源电压，正常值应为高于 11.5V 的蓄电池电压。如果电源电压过低或为零，应检查点火线圈到电源间的电路有无断路，并且应逐段进行检测，导线电阻值应小于 1.5Ω。

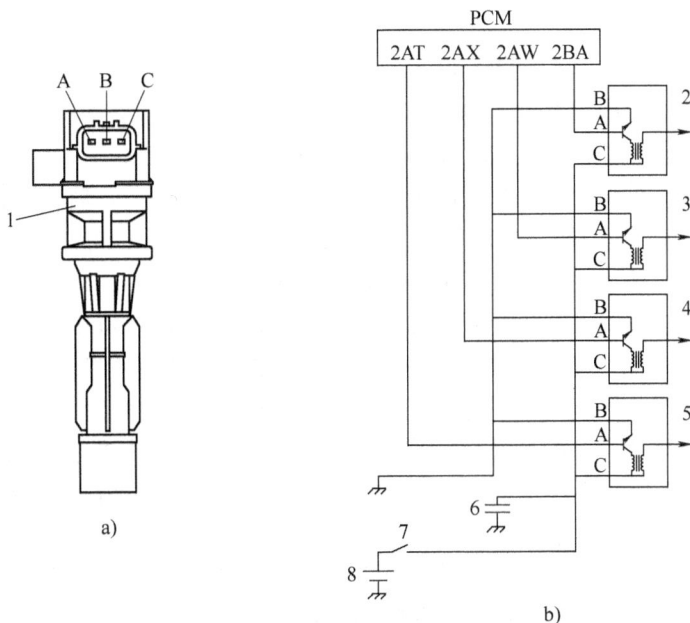

图3-4　单缸独立点火线圈的结构

a）点火线圈外观　b）点火线圈电器系统的连接

1—点火线圈　2—1缸点火线圈　3—2缸点火线圈　4—3缸点火线圈

5—4缸点火线圈　6—冷却器及信号放大器　7—点火开关　8—蓄电池

A—点火线圈控制信号端子　B—接地端子　C—电源端子

3）检测发动机控制单元对点火线圈的控制功能

①拔下中央电路板上的燃油继电器，使燃油泵停止工作。

②从点火线圈上拔下插头，打开点火开关，用万用表电压挡测量点火线圈控制信号端子 A 与车身接地间的电压，正常值约为5V。如果检测电压过低或为零，则应检查点火线圈到控制单元间的电路有无断路。如果检测电压过高，则应对发动机控制单元进行相关检测，如有必要应进行更换。

③测量点火线圈线束的地线接地情况。选择万用表的蜂鸣挡，测量点火线圈的端子 B 与车身接地间的电阻及接地状态。当接地良好时，应该有蜂鸣声，显示的电阻值应该低于1Ω。如果接地不良，则应该检查相关线束。

④检测发动机控制单元能否发出初级绕组的断电信号。拔下点火线圈的插头，用试灯的一端接触信号端子 A，另一端接地，起动发动机。如果发光二极管闪烁，则说明发动机控制单元的点火控制功能正常，检测完毕，关闭点火开关。如果发光二极管不闪烁，则检查发动机控制单元到点火线圈的电路和发动机控制单元。如果电源正常，发光二极管又能正常闪烁，则需要继续检测点火线圈的电阻，如果不符合要求，则应更换点火线圈。

4）检测点火线圈的电阻。用万用表欧姆挡检测三端子式每缸一个点火线圈，如果 A 为电源，B 为信号电压，C 为接地，则用红表笔连接 A，黑表笔连接 B 时应导通；用红表笔连接 B，黑表笔连接 C 时应导通；用红表笔连接 C，黑表笔连接 A 时应不导通；用红表笔连接 C，黑表笔连接 B 时应不导通。但检测时发现2缸点火线圈实际检测为导通，说明2缸点火线圈短路。

故障排除 更换 2 缸点火线圈，试车，发动机怠速运转平稳，说明故障已被排除。

案例警示 两缸共用一个点火线圈的某根高压阻尼线短路也会造成缺缸。

案例 2 点火线圈短路导致出现 300～800r/min 间的怠速游车

故障现象 发动机起动后怠速时严重抖动，在任何转速下都抖动得非常厉害，排气管有"突突"声。急加速时提速慢，发动机发闯，出现 300～800r/min 间怠速游车，有时会自动熄火，发动机故障灯被点亮，尾气有难闻的硫黄气味。

故障分析 四缸发动机有两个缸缺缸时就会出现 500～800r/min 间的怠速游车。如果四缸发动机缺两个缸时转速降到 300r/min 左右，控制单元会通过不断调节怠速步进电动机、怠速空气阀或节气门的开度进行调节。这时在发动机转速表上就显示为怠速转速在 300～800r/min 间有规律地变化。如果是直动式怠速控制系统（怠速步进电动机装在节气门上），在怠速时可以看见节气门不停地变换开启角度，说明怠速步进电动机在不断调节，从低怠速不停地调整到标准怠速转速下限。

对于同时缺两个缸，最常见的是某个点火线圈短路或断路。两缸共用一个点火线圈，采用串联点火形式，如果一个点火线圈出现问题，将影响两个缸的工作。

故障检测

1）最快捷有效的方法是检查点火线圈次级绕组的电阻值。用万用表的电阻挡，量程选择在 10kΩ 以上，分别拔下各缸的高压线，在环境温度为 20℃ 时用万用表的两个表笔分别检查点火线圈两个同步缸高压阻尼线插座之间的电阻值。用欧姆表表笔分别连接点火线圈 1、4 缸之间高压阻尼线插座和 2、3 缸之间高压阻尼线插座，如果同步缸间电阻值明显超出厂家规定值，则应更换点火线圈组件。

2）用红外线测温仪分别检测各个排气歧管的工作温度，哪个排气歧管的温度低，就说明哪个缸燃烧不好。如果两个同位缸温度过低，则应更换点火线圈。

3）用红外线测温仪检测点火线圈外壳的温度。点火线圈过热：如果点火线圈表面温度大于 95℃，则说明点火线圈内部短路，会造成高压火弱，还可能造成热车时突然熄火，但不会造成缺缸。点火线圈过冷：起动时点火线圈表面温度和环境温度相等，说明点火线圈内部断路。点火线圈过热或过冷都必须更换。

4）两个同步缸共用一个点火线圈时电阻值的检测。

拔下点火线圈的插头，用万用表红表笔接 A，黑表笔接 B，电阻值为 0Ω 或无穷大时不正常；用红表笔接 B，黑表笔接 C，电阻值为 0Ω 或无穷大时不正常；用红表笔接 C，黑表笔接 A，电阻值为 0～9999Ω 时不正常。经检测发现，2/4 缸初级绕组短路。

故障排除 更换 2/4 缸点火线圈即可将故障排除。

故障排除后的思考 装有 OBD Ⅱ 系统的发动机在起动和转速为 1000r/min 时，失火率达到 2%～3% 时控制单元会自动关闭该缸的喷油器和火花塞（每两个同位缸可以关闭一个），但在大负荷时会重新开启。所以，装有 OBD Ⅱ 系统的发动机在怠速和小负荷时缺缸，大负荷时不缺缸，说明该缸有失火现象。

案例 3 正时带差一个齿造成怠速游车

故障现象 发动机在 700～1300r/min 之间怠速游车，尾气排放超标，耗油量增加，动力性下降，加速座车。

故障分析　调取故障码，显示为凸轮轴位置传感器对地断路或短路（或对正极短路）。凸轮轴位置传感器有两个端子，一个为接地线，另一个为通往控制单元的信号线。不同的车型，其凸轮轴位置传感器的电阻值略有不同，但大多数凸轮轴位置传感器标准电阻值为 $1600 \sim 2500\Omega$。经检查发现，传感器和线束电阻均正常。诊断故障时，查询故障码要和维修经验相结合。按常理检修时，应先检查控制单元至凸轮轴位置传感器之间线束的电阻值是否在 1.5Ω 之内，再检查凸轮轴位置传感器的电阻值。但是，该故障码通常是由正时带齿错位造成的，因为凸轮轴位置传感器通常只负责初始点火提前角，如果凸轮轴位置传感器失效退出，发动机起动后控制单元在点火提前信号方面改用曲轴位置传感器信号，发动机可以起动，只是起动时间向后推迟 1.5s 左右。凸轮轴位置传感器既不负责怠速稳定，也不负责加速控制，所以，尾气排放超标、动力性下降、加速座车、耗油量增加与凸轮轴位置传感器应该没有关系。另外，曲轴位置传感器主要负责提供点火提前信号和发动机转速信号，对尾气排放、动力性及耗油量的影响并不是很大。凸轮轴位置传感器主要负责提供点火提前角信号，而点火提前角出现问题（如正时带差一个齿）会影响初始点火提前角，而且正时带差一个齿属于机械故障，自诊断系统不可能直接留下正时带故障码。

如果正时带差一个齿而使点火过迟，则会造成怠速运转不平稳，发动机尾气排放超标，耗油量增加，动力性下降，加速座车。所以，有经验的维修人员在车辆出现加速座车同时又有凸轮轴位置传感器故障码时，通常是先检查正时带是否是好的，如果正时带没有问题，再做其他检查。加速座车是点火正时不正确的典型特征。有些汽车点火正时不正确时并不出现怠速抖动，但所有点火正时不正确的汽车无一例外地存在加速座车的故障现象。

如果正时带差两个齿，气门杆就有可能与活塞顶部相撞，起动后就可以听到气门杆撞击活塞顶的异常响声。

故障诊断　打开正时带罩，经检查发现正时带确实是差一个齿。

故障排除　更换正时带，并按规定调整好正时点后，试车，一切恢复正常，说明故障已被排除。

故障排除后的思考　正时带错齿主要出现在橡胶带的发动机上，原因是使用时间过长，明显超过厂家规定的时间。链条式正时带的发动机通常不会出现正时带错齿。

由于凸轮轴位置传感器负责初始点火提前角（即原始点火提前角），所以凸轮轴位置传感器退出控制后，爆燃传感器也同时退出控制，发动机点火提前角会自动推迟到 $10°$，所以会引起发动机大负荷时动力不足。

案例 4　氧传感器超过自适应值造成怠速游车

故障现象　一辆帕萨特轿车发动机出现 $800 \sim 1000r/min$ 之间的怠速游车，加速无力，有时有闯车现象。

故障分析　许多发动机设计有怠速补偿值。上述现象通常是由怠速补偿值明显高于正常值造成的，用专用诊断仪将怠速补偿值调整到规定范围内即可。

故障诊断　大众车系在怠速时正常的喷油脉宽为 $2 \sim 3ms$，而实际检测为 $3.05ms$，说明尽管上游氧传感器自适应值达到极限，但是喷油脉宽调还是超出上限，使加速时喷油脉宽再次加大的量减少，所以会出现加速无力和有时有闯车的现象。

大众车系的氧传感器自适应值的正常值为 -25%，数据流显示为 $78 \sim 178$，相当于 $-10\% \sim +10\%$。-25% 已经明显超过自适应值，达到自适应值的极限，如果点火正常、喷油器正常，则应检测空气流量传感器。经检测，进气量为 4.58g/s，而正常值为 2.0～4.0g/s，即略微超出规定范围内，并明显高于正常条件下 2.70～2.80g/s。进气量超出上限，造成混合气过浓。

氧传感器自适应值达到极限，输出电压在 0.869～0.960V 之间缓慢变化。氧传感器输入电压始终在上限，也说明混合气过浓。

故障排除　更换空气流量传感器，用专用诊断仪将过高的怠速补偿值调整到规定范围内，消除故障码，故障被排除。

案例警示

1）如果氧传感器输出电压始终在上限，则故障通常在空气流量传感器；如果输出电压始终在下限，则说明故障在氧传感器自身。

2）如果节气门开度超过正常值（如大众车系怠速时节气门开度的正常值为 0°～5°，而实际检测为 6°），则说明被废气返流污染，需要清洗节气门。数据流显示空气流量传感器的进气流量在规定范围内，而节气门开度明显高于正常值，喷油脉宽调整也已经超出上限，说明节气门处和喷油器处过脏，应同时清洗节气门和喷油器。喷油器过脏，会使喷油量减少 1/2，进而使混合气过稀，氧传感器输出信号电压过低，于是控制单元就加大喷油脉宽，直至喷油脉宽调整也超出上限。

3）数据流显示的混合气自适应正常值应为 −10%～+10%。如果混合气自适应值低于 −10% 或达到 25%，则说明热膜式空气流量传感器老化，必须更换。更换空气流量传感器的型号如果和厂家规定不符，则会出现怠速不稳和油耗过高等故障。

4）蓄电池电压过低，会造成发动机控制单元怠速学习值丢失数据，进而造成怠速不稳，需要人工辅助学习才能使怠速恢复正常。

案例 5　进气系统密封不良造成怠速转速从过高向正常值间怠速游车

故障现象　发动机怠速转速在额定怠速转速上限和高于该转速 100～200r/min 间有规律地变化，如四缸发动机怠速转速在 900～1100r/min 间有规律地变化。除此之外还有一种现象为在清洗节气门前怠速没有出现过高，而在清洗节气门后怠速转速明显过高，并且高于转速不止 100～200r/min。

故障分析　使用空气流量传感器的进气系统出现内漏或外漏，如主进气道的节气门、旁通空气道关闭不严会造成内漏；空气流量传感器后边的橡胶软管、节气门体处密封不良或真空软管破裂会造成外漏。进气系统的内漏和外漏导致充气系数增加，从而引发怠速转速高于正常值。怠速控制系统发现怠速转速高于正常值，便会限制怠速时步进电动机的开度，待怠速转速降至怠速转速上限时，系统退出控制，于是在内漏或外漏的作用下，怠速转速再次高于正常值，怠速控制系统为维持目标转速便再次进行干预，如此反复，便出现怠速转速在额定怠速转速上限和高于该转速 100～200r/min 间有规律地变化。

如果怠速转速在 900～1100r/min 间有规律地变化，行驶中放松加速踏板也不熄火，则说明是空气流量传感器后边的橡胶软管、节气门体处密封不良或真空软管破裂造成外漏。使用进气歧管的绝对压力传感器的进气系统出现外漏，会造成混合气过浓。如果漏气较严重，在怠速时会出现自加速，并一直加速到发动机自动断油时为止，所以会出现怠速转速在 1500～2000r/min 间有规律地变化。这是因为怠速控制系统在怠速转速上升到 2000r/min 时会自动断油，当怠速转速降到 1500r/min 时，为了防止转速过低熄火，会重新恢复供油。于是怠速转速就始终在 1500~2000r/min 间有规律地变化。电喷发动机在以下情况会自动进行断油控制：

1）发动机怠速转速达到 2000r/min 时会自动进行断油控制。

2）发动机达到最高转速时会自动进行断油控制，使其控制在发动机最高转速范围内。

3）汽车达到最高车速时会自动进行断油控制，使其控制在最高车速范围内。

4）急减速时会自动进行断油控制。

5）制动时会自动进行断油控制。

怠速转速过高断油、急减速时断油、制动时断油后，待发动机转速降到 1500r/min 时，为了防止转速过低熄火，会重新恢复供油。

故障诊断　每天初次踩加速踏板时感觉发沉，随后一天之内正常；车辆怠速游车，但不会造成怠速抖动；行驶基本正常，但放松加速踏板后熄火。如果出现这一系列故障现象，则说明进气系统出现内漏。这是由于废气返流引发的积炭造成怠速步进电动机、怠速空气阀和节气门卡滞进而导致关闭不严。节气门卡滞，使每天初次踩加速踏板时会略感沉重。

（1）节气门的清洗方法

1）拆下节气门前端的皱纹管。

2）起动发动机，将发动机转速控制在 1200~2000r/min，按动节气门拉索，使节气门处于全开位置，将节气门清洗罐轻轻摇晃几下，使节气门清洗罐的导管伸入进气管对节气门及进气管进行喷射清洗，喷射清洗后等待 10~20min，如果感觉还不够清洁，可再喷射清洗一次。将剩余的节气门清洗剂喷洒在节气门体和回位弹簧上，关闭发动机。用棉布将杂质擦干净，并用压缩空气吹干，或打开节气门停留几分钟，让清洗剂挥发干净。

3）重新起动发动机，怠速运转 3~5min，然后急加速 2~3 次，将最高转速控制在 3000r/min。

（2）清洗节气门后，必须重新进行节气门的匹配　节气门是用来控制进气量的，加速踏板实际控制的就是节气门的开度，控制单元再根据节气门的开度和开启速率调节喷油量（大负荷时增加喷油次数）。节气门脏了以后效率下降，开启角度加大，控制单元会进行一定的调整和匹配。在正常情况下，怠速的自适应调节值为 1.00。随着发动机工况的变化（例如当车辆长期行驶及节气门体变脏），会使空气流经节气门时截面积变小。这时为了稳定怠速，节气门开度就会适当开大。这样怠速的自适应调节值就会相应增加一点，变成大于 1.00，如 1.05、1.10 等，但是调节值最大只能调节到 1.15。如果节气门体继续变脏，就会使怠速时的进气量不够，造成怠速不稳，甚至出现熄火。在这种情况下，只要把节气门体清洗干净，就可以解决熄火的问题。但发动机控制单元中存储的自适应调节值并没有进行修改，仍旧为 1.15，这样节气门开度会依然较大，导致发动机出现怠速过高的现象。

所以清洗节气门以后，要重新对节气门进行初始化设定，恢复原始刚提车状态下的控制程序和参数。如果不进行匹配的话，控制单元长期学习使用中已经设定的起动时的节气门开度，在清洗后节气门开度还设在原来的位置，会造成发动机动力下降、抖动甚至报警。不重新匹配时最直接的表现就是出现怠速高、怠速自提速。

（3）节气门的匹配方法　美国和日本产的发动机清洗节气门后，不需要重新匹配，只需要将蓄电池负极断开 1min，使控制单元失去残存记忆，即可恢复正常。菲亚特系列轿车在完成节气门的清洗或更换后，把点火开关旋转到"ON"位置，停留 10s，关闭点火开关，再重新打开点火开关，并起动发动机，即可完成节气门位置传感器的自适应，怠速转速恢复到正常。大众系列轿车进行节气门匹配时，在采用故障诊断仪执行基本设定、匹配、编码等功能时需要输入通道号。

案例6　进气歧管绝对压力传感器真空通道堵塞导致怠速游车

故障现象　四缸发动机出现500～900r/min怠速游车。

故障分析　D型发动机使用进气歧管绝对压力传感器，通过进气系统真空度的变化来判断进气量。由于大部分发动机的进气歧管绝对压力传感器并没有装在进气道上，而是通过一个真空软管和进气道相通，一旦废气返流造成积炭而堵塞真空软管，进气歧管绝对压力传感器就会因无法同步收到进气系统真空度的变化而对进气量的反馈明显滞后，控制单元就会反复调整怠速步进电动机，使发动机出现500～900r/min怠速游车。进气歧管绝对压力传感器的真空通道堵塞还会造成急加速和急减速滞后。

故障诊断　用故障诊断仪读取数据流，急加速时如果进气歧管绝对压力传感器输出的电压值变化明显滞后，则说明进气歧管绝对压力传感器真空软管被积炭堵塞。

🔧 **相关提示：**

进气歧管绝对压力传感器自身故障，会造成发动机在800～1200r/min之间往复怠速游车。

案例7　控制单元上喷油器接地线端子接触不良导致怠速游车

故障现象　四缸发动机出现200～800r/min怠速游车。

故障分析　如果控制单元上某个传感器或执行器端子接触不良，就会造成该传感器或执行器电阻值过高，使其无法正常工作。如果控制单元上负责控制自动变速器换挡点的节气门位置传感器端子接触不良，就会造成节气门位置传感器电阻过大，输出电压信号过高，自动变速器1挡到2挡的升挡点严重滞后，而且很可能无法升到高速挡。控制单元上喷油器接地线端子接触不良时，由于电阻值过高，使喷油脉宽明显减少，导致怠速转速降至200r/min。怠速控制系统为了维持目标怠速，通过开启怠速步进电动机使怠速转速升至额定怠速转速的下限800r/min，随后怠速控制系统退出，导致怠速转速再次降至200r/min，如此反复，就出现了200～800r/min间的怠速游车。

案例8　EGR阀卡滞在开启部位造成怠速不稳、游车，加速座车

故障现象　一辆LEGEND型本田轿车怠速不稳，忽高忽低，怠速游车严重，而且加速座车。

故障分析　导致怠速不稳的原因较多，如进气系统漏气、缺缸、混合气过稀等。

故障诊断　清洗节气门体及怠速阀，更换火花塞及汽油滤清器滤芯和空气滤清器滤芯，然后检查各缸缸压，发现各缸缸压均正常；检查各个真空管有无漏气，发现有一根真空管在接口处开裂，更换后故障依旧；检查点火正时，正常；最后检查EGR阀。

1）起动发动机，并以怠速（冷车）运转。

2）将手指伸入废气再循环阀，按在膜片上，怠速时应感觉膜片无动作。

3）预热发动机至正常温度，再将发动机转速上升至2000r/min，手指应能感觉到废气再循环阀开启时膜片的动作，但检测时没有感觉，说明EGR阀的柱塞卡住，引起漏气。在转速为1500r/min以下和4500r/min以上时，EGR阀应处于关闭状态，但因为卡滞而始终处于开启状态，所以导致发动机怠速不稳，加速座车。

故障排除　更换 EGR 阀即可排除故障。

> 🔧 **故障提示：**
>
> 　配备 EGR 阀的车，行驶 5 万 km 以后 EGR 阀出问题的会比较多。因为 EGR 阀工作的温度比较高，行驶一定里程后润滑条件变差，引起发卡。

相关故障　一辆本田雅阁 2.2L 轿车，发动机怠速时抖动得厉害，有时甚至熄火，中、高速运行时正常。采用跨接法读取故障码，无故障码显示；检查火花塞及点火电路，未发现问题；清洗节气门体、怠速步进电动机后，怠速依然抖动；测量系统油压也正常，清洗喷油器后，故障没有排除。检查真空管路，未发现漏气现象，用真空表检查活性炭罐系统的真空度，也正常。最后，检查 EGR 位置传感器和 EGR 电磁阀，发现 EGR 位置传感器电阻值正常，而电磁阀卡死在全开的位置。更换电磁阀后试车，故障排除。

案例 9　接错了 EGR 阀的真空管路造成冷车怠速正常，热车抖动，起步熄火

故障现象　一辆 1999 款雅阁型本田轿车冷车怠速正常，热车抖动，起步时熄火，加速回到怠速时熄火，故障灯显示节气门故障。

故障诊断　更换新的节气门位置传感器、怠速步进电动机后，未能解决问题，检查快怠速系统正常。该车配备有 EGR 阀，EGR 阀可能会出问题。拔掉 EGR 阀上的真空控制管后，怠速立即变稳，由此说明故障在 EGR 阀的真空控制部分，而拔掉真空控制管后怠速立即变稳，说明与 EGR 阀本身无关。检查真空管路，发现在前减振座上装有控制 EGR 阀真空管路的电磁阀和真空控制修正阀（VCV），这两个控制阀的真空软管前后端都连接在位于减振器座上的两只接口排在一起的铁真空管上，而此处的真空软管接反了，说明故障在此。经仔细检查后发现，EGR 阀上的真空管和 VCV 阀的真空管接反了。

故障分析　当废气再循环系统正常工作时，由于上气室与下气室之间只有很小的孔相通，这样在工作时真空流通受到很大的阻尼作用，上气室总是比下气室的真空压力大。随着真空度的增大，真空控制膜片连同阀头一起向下运动，使得真空通道减小，到 EGR 阀上的真空通道也随之减小。在怠速时，由于进气管处的真空度特别大，这时 VCV 阀就相当于一个单向阀，关闭了到 EGR 阀上的真空通道，从而阻止了废气再循环。如果真空管被接反后，情况与上面恰好相反。VCV 阀基本上起不到修正作用，这时 EGR 阀的真空控制主要取决于 EGR 控制电磁阀，而 EGR 控制电磁阀受控制单元信号的控制，当控制单元检测到冷却液温度高于 50℃ 时，就发出信号，将此电磁阀接通，此时就有大量的废气参与循环。由于该车的 EGR 阀位于四缸进气歧管处，其废气通道与四缸排气歧管相通，导致发动机热车时怠速不稳。

故障排除　将这两个真空软管调换后即可排除故障。

> 🔧 **故障提示：**
>
> 　早期车型的电控系统功能没有后期车型的全面，相应的真空与机械控制方面的内容和项目就较多。在维修此类车型时，要注意真空管路比较多，很容易插错，插错后就会出现一些奇怪的故障。

相关故障 发生碰撞事故的本田雅阁轿车在进行完全的修复后，有时还会出现上述怠速发抖故障。所以，在完成碰撞车辆的修复工作之前，需要将发动机悬架的全部紧固螺栓拧松，然后将变速挡按照驻车挡、驱动挡、倒车挡、空挡最后再返回到驻车挡的顺序进行切换，并且在每个挡位上都要停留一段时间，然后再彻底拧紧发动机悬架的全部紧固螺栓，并查看怠速发抖故障是否已经彻底排除。

案例 10　高压阻尼线短路导致怠速不稳、加速发抖，并伴有回火现象

故障现象 一辆奔驰 S320 型轿车，发动机怠速不稳、加速发抖，并伴有回火现象，没有故障码显示。

故障分析 造成怠速不稳、加速发抖并伴有回火现象的原因主要有：

1）混合气过稀。此时主要检查空气流量传感器输出信号是否过低以及燃油压力是否过低。

2）点火能量不足。导致点火能量不足的因素主要有：

① 点火线圈中初级绕组或次级绕组短路，造成点火能量不足。奔驰 S320 型轿车的发动机属于两个同位缸共用一个点火线圈，所以任何一个点火线圈短路都会造成两个同位缸点火能量不足。

② 高压阻尼线短路造成点火能量不足，同时由此产生的电磁干扰还会造成喷油器工作不稳定。

③ 火花塞短路或电极被污染造成点火能量不足。

故障诊断 经检查发现，空气流量传感器信号和燃油压力正常，由此排除混合气过稀的可能性。检测点火线圈中初级绕组和次级绕组均没有短路和断路故障，由此排除点火线圈短路造成点火能量不足的可能性。检查高压阻尼线：

（1）断路的检测　拽紧高压阻尼线，用欧姆表表笔连接阻尼线两端，检查其电阻值，结果与厂家规定相符。

（2）短路的检测　起动后，将发光二极管负极接地，使欧姆表正极表笔在高压阻尼线附近晃动，发现分别在两个阻尼线附近晃动时发光二极管闪亮，说明这两根阻尼线漏电（短路）。

故障排除 为了保险起见，另外考虑到高压阻尼线已经早过了维护期，于是更换了全部高压阻尼线，试车，怠速稳定，加速强劲，没有回火现象，说明故障已被排除。

故障排除后的思考 因为高压阻尼线和火花塞故障不在发动机自诊断范围以内，所以没有故障码显示。由于高压阻尼线短路造成点火能量不足，使进入燃烧室的混合气不能充分燃烧，进而使燃烧时间延长，到了下一个进气环节时，缸内残存的 HC 还在燃烧，点燃了新进的混合气，于是就出现了回火现象。

普通的火花塞在车辆每行驶 25000 ~ 30000km 后应更换一次；白金的火花塞，在车辆每行驶 60000km 应更换一次。在更换火花塞的同时，应同步更换高压阻尼线。所以汽车在行驶 80000 ~ 90000km 以上时，如果出现发动机怠速抖动，则应更换掉全部高压阻尼线和火花塞，以保证发动机性能可靠。

另外，火花塞短路或电极被污染也会造成上述故障。火花塞断路会造成大负荷动力不足。运用缸外跳火的方法可判断火花塞是否工作不良。如果怀疑某个缸火花塞无火或工作不良，则拔下该缸高压分线连接一个新的火花塞，在缸外距缸体 6 ~ 8mm 处跳火，如果正常，则说明故障在原装的火花塞。

案例 11　四缸发动机中 3 缸的高压阻尼线断路，怠速不稳，易熄火，加速不良

故障现象　一辆马自达福美来轿车，起动后怠速不稳，而且易熄火，行驶中故障指示灯点亮。车主反映该车加速性能不好，急加速时有座车的感觉，松抬加速踏板时发动机熄火。

故障分析　造成怠速不稳，加速有座车的感觉，松抬加速踏板时发动机熄火的主要原因有两个方面：

1）混合气过稀，此时应主要检查空气流量传感器输出信号是否过低，喷油器是否堵塞，以及燃油压力是否过低。空气流量传感器输出信号过低和燃油压力过低会造成怠速不稳，加速时有座车的感觉，但不会造成松抬加速踏板时发动机熄火。行驶正常，松抬加速踏板时发动机熄火的原因，最常见的是节气门和旁通空气道过脏和喷油器堵塞。

2）点火系统击穿电压过低，点火能量不足，致使混合气不能充分燃烧，造成怠速不稳，加速时有座车的感觉，但也不会造成松抬加速踏板时发动机熄火。所以这可能属于复合型故障。

故障诊断　一般行程超过 80000km 的车出现怠速不稳、加速座车时，应首先检查高压阻尼线和火花塞。该车行程已经在 100000km 以上，所以先拆下四只火花塞，目测第 1、2、4 三个气缸的火花塞电极间隙，虽然因烧蚀已经过大，但外观呈浅铁锈色，证明这三个气缸工作基本正常；第 3 缸的火花塞上有黑色积炭，证明该缸燃烧不好，所以应做进一步检查。用万用表欧姆挡测量第 3 缸的高压阻尼线，正常的电阻是 $10k\Omega$，但第 3 缸阻尼线电阻为 $30k\Omega$，说明已经不能使用了。考虑到该车有松踏加速踏板时熄火的故障，所以拆下节气门前端的皱纹管，结果发现节气门体已经很脏了。随后拆下喷油器，发现喷油器发黑，说明喷油器堵塞。

故障排除　更换所有缸的火花塞。只要选择同一型号的火花塞即可，因为同一型号的火花塞电阻值相同，可以减少电磁干扰。更换第 3 缸的高压阻尼线，电阻值符合厂家规定即可。将节气门完全打开，用节气门清洗剂进行彻底清洗，然后用棉纱擦净。将所有喷油器拆下来，用专用设备进行彻底清洗。随后试车，发动机恢复正常，则故障已被排除。

故障排除后的思考　这辆车并没有任何异常故障，只是疏于保养。

案例 12　怠速步进电动机积炭过多，怠速游车，高速运转时工作正常

故障现象　一辆本田雅阁 CD5 型轿车怠速不稳，发动机在 $1000 \sim 1500r/min$ 之间怠速游车，高速运转时发动机工作正常。

故障分析　导致低怠速向高怠速一侧游车故障的常见原因有：怠速时节气门开启角度过大或进气系统漏气以及快怠速阀故障。

故障诊断　从节气门体后方拆下快怠速进气管，在发动机冷却状态下用嘴向管内吹气，空气不够流通，说明快怠速阀小水管堵塞，造成热车后快怠速阀关闭不上，怠速不稳定。

故障排除　更换怠速阀小水管即可排除故障。

故障排除后的思考　发动机冷车时，快怠速阀打开，实现高怠速，加快发动机热车。但是因为快怠速水管堵塞，冷却液不能循环，导致快怠速阀关闭不上，ECM 从 ECT 传感器得到信号，减少喷油脉宽，发动机转速降低，但是进气量大于怠速发动机侧的进气量，引起空燃比过大，控制单元又试图增加喷油量来改变空燃比，发动机转速又升高，反复循环，导致游车。

案例 13　怠速步进电动机积炭过多，汽车在低速区域行驶时容易熄火

故障现象　汽车在低速区域行驶时容易熄火，一天发生多次，速度达到 20km/h 后行驶就完全正常。

故障分析　发动机只在低速区域容易熄火，说明节气门以及旁通空气道被废气返流污染的可能性较大。

故障诊断　读取怠速时节气门开度的数据流。如果怠速时节气门开度过大，则说明节气门被废气返流污染。节气门只要被废气返流污染，在清洗节气门的同时，就必须清洗旁通空气道，因为它们的工作环境完全相同。在发动机低转速时，节气门开启角度较小，发动机靠怠速步进电动机开启旁通空气道以保证工作平稳。单靠开启角度较小的节气门供气会导致充气系数过低，无法满足发动机工作的需要，于是就出现了频繁的在低速区域行驶时熄火的故障。

故障排除　就车清洗节气门和旁通空气道，然后对节气门位置传感器进行重新匹配。亚洲和美洲车系只需要断开蓄电池负极 90s，即可完成节气门位置传感器匹配。

相关案例警示　发动机低速加速时有迟滞感，排气管有轻微的"突突"声，这是因充气系数过低而使发动机动力不足造成的。发动机中、高速加速时正常，说明发动机低速时进气不畅。低速加速时节气门开启角度有限，怠速步进电动机系统就会参与工作，打开旁通空气道，弥补充气量的不足。如果旁通空气道被废气返流的积炭堵塞或怠速空气阀因卡滞而无法开启，在低速加速时不能及时补充进气量，就会因充气系数过低而有迟滞感。

【一句话介绍】

1）由于发动机负荷变化或其他原因引起电源电压降低时，交流发电机输出电压信号就会向控制单元发出输出电压过低的信号。控制单元可通过开启步进电动机，打开怠速控制阀，适量提高发动机转速，来保证怠速时交流发电机系统的正常供电。

2）当冷却液温度达到 70℃时，发动机转速恢复到正常的怠速转速。如果发动机实际转速与目标转速差大于 20r/min，控制单元会对步进电动机进行再控制。

3）在发动机怠速状态下，如果使用空调、自动变速器挂挡或动力转向打方向，发动机怠速转速应略有上升；若发动机转速下降超过 50r/min，则应检查怠速控制系统。

4）使用低标号汽油容易产生积炭，造成节气门、怠速步进电动机过脏，喷油器堵塞，导致行驶过程中一放松加速踏板就熄火的故障。

5）怠速运转正常是指发动机转速在规定的范围内，并且运转平衡，转速起伏小于 30r/min，无断缸，排气均匀无冲击，尾气排放正常。

6）怠速过低是指怠速转速低于标准值下限 100r/min，严重时怠速灭车。

7）无怠速是指发动机不能在 1000r/min 以下运转。

8）发动机小负荷时少量回油，大负荷时不回油，所以大负荷时的燃油压力较小负荷时高 50~60kPa。

9）如果怠速时喷油脉宽超过 5ms，则应重点检查控制单元上喷油器接地线是否接触不良以及喷油器是否发生堵塞。

10）怠速控制系统的核心传感器是发动机冷却液温度传感器，执行机构为怠速步进电动机。

11) 控制怠速控制系统的传感器有车速传感器、冷却液温度传感器、节气门位置传感器、曲轴位置传感器、空调开关信号、动力转向开关信号、空挡开关信号、电源系统电压信号。

12) 怠速不稳是指怠速转速不稳，有排气冲击，个别缸工作不良或不工作。

13) 怠速游车是指怠速转速变化在 100r/min 以上。

【故障一点通】

1) 行驶过程中放松加速踏板熄火和制动熄火的原因为：汽车急减速或滑行时控制单元会中断供油，当发动机转速降到 1500r/min 时恢复供油。汽车行车制动时控制单元会中断供油，当发动机转速降到 1500r/min 时恢复供油。如果怠速控制系统因被积炭污染而卡滞，在急减速、滑行或行车制动时，发动机转速降到 1500r/min 时就会因无法及时恢复供油而过载熄火。

2) 冷车时怠速稳定，热车后（温控风扇开始旋转）怠速抖动，说明有未计量的空气进入进气软管，导致混合气过稀，最大可能是进气系统发生泄漏，应重点检查真空软管进气歧管一侧的接头是否有裂口，皱纹管节气门一侧的卡子是否卡紧。

3) 如果发动机怠速时抖动，加速时座车，中速运转时平稳（中速时 EGR 阀本来就是开启的），则应重点检查 EGR 阀密封是否良好。

4) 每天初次踩加速踏板时感觉发沉，严重时如果不略微踩下加速踏板就无法起动，行驶时基本正常，但只要放松加速踏板就熄火，说明节气门和旁通空气道处过脏。

5) 奔驰轿车更换空气流量传感器后，当出现起动困难、怠速游车、加速座车故障时，断开蓄电池负极 3min 后重新连接，然后用诊断仪消除空气流量传感器故障码，空气流量传感器即可回到正常模式，起动、怠速和加速就会恢复正常。

6) 每天初次踩加速踏板时没有感觉发沉，但不踩加速踏板时起动困难，稍微踩下加速踏板，当节气门在 1/4 左右开度时发动机能正常起动，则应检查怠速控制阀及附加空气阀工作是否正常。在冷车怠速运转过程中，拔下怠速控制阀线束插头，如果发动机转速没有下降，则说明怠速控制阀工作不正常，应检查怠速控制阀及控制电路。

7) 对于没有清洗过喷油器的车，如果发现喷油器头部发黑（有积炭），出现怠速不稳、费油、加速不灵敏等现象，只要清洗一下喷油器就可以排除故障。

8) 发动机缺一个缸时，会造成在 500 ~ 800r/min 之间的怠速游车。

9) 两缸共用一个点火线圈短路缺两个缸造成的怠速游车：起动后发动机怠速严重抖动，在任何转速下都抖动得非常厉害，排气管有"突突"声；急加速时提速慢，发动机发闷，在 300 ~ 800r/min 之间怠速游车，有时会自动熄火，发动机故障灯被点亮，尾气有难闻的硫黄气味。

10) 氧传感器超过自适应值而造成的怠速游车：发动机出现 800 ~ 1000r/min 之间的怠速游车，加速无力，有时有闯车现象。

11) 进气系统密封不良，造成发动机从过高转速向正常转速怠速游车：发动机怠速转速在额定怠速转速上限和高于该转速 100 ~ 200r/min 间有规律地变化，如四缸发动机怠速转速在 900 ~ 1100r/min 间有规律地变化。

12) 进气歧管绝对压力传感器真空通道堵塞导致的怠速游车。四缸发动机怠速时出现

500～900r/min 怠速游车。一旦因废气返流而造成积炭堵塞真空软管，进气歧管绝对压力传感器因无法同步收到进气系统真空度的变化而对进气量的反馈就会明显滞后，控制单元就会反复调整怠速步进电动机，使发动机转速出现 500～900r/min 怠速游车。进气歧管绝对压力传感器的真空通道堵塞还会造成急加速和急减速滞后。

13）控制单元上喷油器接地线端子接触不良导致喷油器喷油时间明显缩短，四缸发动机出现 200～800r/min 怠速游车。

14）节气门体上的快怠速阀小水管堵塞会造成发动机在 1000～1500r/min 之间怠速游车，而高速运转时工作正常。

15）发动机在 700～1300r/min 之间怠速游车，加速时座车，调取故障码时显示为霍尔传感器故障，通常是正时带错一个牙。

16）上游氧传感器断路会造成冷车正常而热机后会出现怠速游车，发动机转速在 750～1000r/min 之间波动。

17）不论冷车还是热车，起动后怠速都偏高，有时会间歇性熄火。怠速偏高，有时会间歇性熄火的常见故障有进气系统密封不良，氧传感器、空气流量传感器信号错误，以及怠速步进电动机故障。

18）发动机怠速不稳，加速发抖，并伴有回火现象的故障原因主要来自两个方面：

① 由于点火系统高压电路短路而造成点火能量不足。

② 由于进气系统或燃油系统故障（如空气流量传感器信号过低或燃油压力过低）而造成混合气过稀。

19）燃油压力调节器真空软管堵塞，在怠速和中小负荷时燃油压力调节器无法感受到进气系统的真空吸力，没有回油，所以在怠速和中小负荷时混合气过浓，发动机会出现怠速游车。

20）发动机长时间地高速运转，燃烧室内的积炭由于高温会燃烧掉一部分，随排气排出。由于控制单元不能马上适应个别气缸积炭减少的状况，还按照以前的适应值进行喷油和点火，就会使怠速出现变化或不稳。发动机运转一段时间后，控制单元会逐渐学习新的适应值，怠速就会恢复。

21）一辆别克轿车有怠速，车能起动但必须略微踏下加速踏板，当松开加速踏板后，发动机就会熄火。经窥镜和缸压检查发现，2 缸和 4 缸的进气门积炭过多，进气门密封不良，导致缸压过低。

22）一辆别克君威 3.0 轿车，清洗节气门后出现怠速游车，怠速喷油脉宽高达 5～6ms。此时应该进行 ECM/PCM 怠速学习程序操作，并将动力控制模块（PCM）重新编程。

第四章

发动机排放控制系统和 OBDⅡ系统故障分析

第一节 排放控制系统故障分析

一、燃油箱蒸发控制

1. 燃油箱蒸发控制的内容

炭罐（EVAP）除负责收集燃油箱蒸发的 HC 外（汽车排放中，约有25%的 HC 来源于燃油箱蒸发，约有25%的 HC 来源于曲轴箱排放，另有50%的 HC 来源于尾气排放），还负责保证燃油箱内空气和外边的大气平衡。由于电喷发动机的燃油箱盖通常没有空气阀和真空阀，为了保证燃油箱内空气和外边的大气平衡，EVAP 下端装有空气滤清器，空气可由此进入燃油箱。

2. 炭罐电磁阀（CANP）工作条件

当发动机冷却液温度在75℃以上，发动机转速在1500r/min以上时，炭罐电磁阀开启，但每次开启时间不超过90s。当炭罐电磁阀开启时，控制单元根据进气温度传感器的信号对喷油脉宽进行重新调节，以保证理想的空燃比。燃油箱蒸发控制系统如图4-1所示。

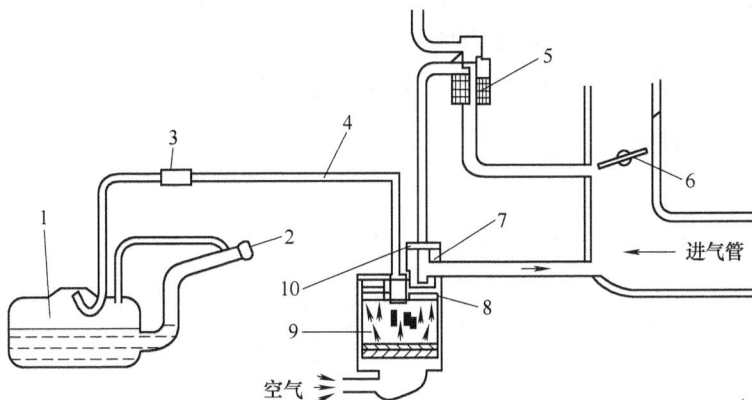

图 4-1 燃油箱蒸发控制系统

1—油箱 2—油箱盖 3—单向阀 4—排气管 5—电磁阀 6—节气门
7—真空控制阀 8—定量排放孔 9—活性炭罐 10—真空室

二、曲轴箱蒸发控制

1. 曲轴箱蒸发控制的作用

1）防止窜入曲轴箱的 HC 和其他污染物通过自然通风进入大气，并将这些具有较强酸性和污染性的气体引入进气道，使之进入气缸后燃烧掉。

2）防止曲轴箱内压力过高而导致发动机漏油。

2. PCV 阀的工作特性

PCV 阀是单向阀，允许曲轴箱气体进入进气系统，不允许进气系统的混合气进入曲轴箱。发动机起动时 PCV 阀开启，并且发动机负荷越大 PCV 阀开启量越大。急速时，真空度最高，PCV 阀在真空吸力的作用下接近关闭；大负荷时，真空度下降，PCV 阀全开。发动机关闭或回火时 PCV 阀也同步关闭。曲轴箱蒸发控制系统如图 4-2 所示。

三、废气再循环

1. 废气再循环（EGR）阀开启的条件和作用

汽油发动机在发动机中小负荷（冷却液温度在 50℃以上，转速为 1500～4500r/min）时将一定量的废气引入燃烧室，以降低燃烧室温度和氧的含量，进而降低 NO_x 的含量。废气再循环阀在急加速和完全放松加速踏板时关闭，如果在急加速时不及时关闭则会造成加速不良，而在放松加速踏板时不及时关闭则会造成在转速为 1500r/min 恢复点火时燃烧质量不好而熄火。

2. 废气再循环率的控制

在废气量不足进气总量的 10% 时，不会影响发动机工况；在废气量不超过 20% 时，不会影响发动机的油耗；在废气量超过 20% 时，会造成发动机工况不稳和油耗增大，尾气中 HC 的含量增加，并导致发动机工作粗暴。废气再循环阀系统如图 4-3 所示。

四、二次空气喷射

1. 二次空气喷射系统的组成

二次空气喷射系统由空气滤清器、发动机控制单元、二次空气泵、二次空气泵继电器、二次空气控制阀和二次空气机械阀等组成，如图 4-4 所示。

2. 二次空气喷射作用

二次空气喷射系统主要是为了降低冷机起动和暖机时 CO 和 HC 的量；加快三元催化器的升温，使其更快进入工作状态；通过向排气管废气中吹进额外的

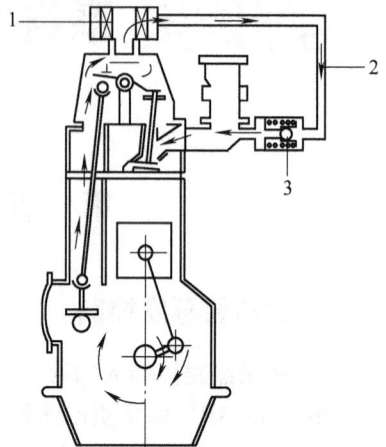

强制通风

图 4-2 曲轴箱蒸发控制系统
1—空气滤清器 2—通气管 3—单向阀

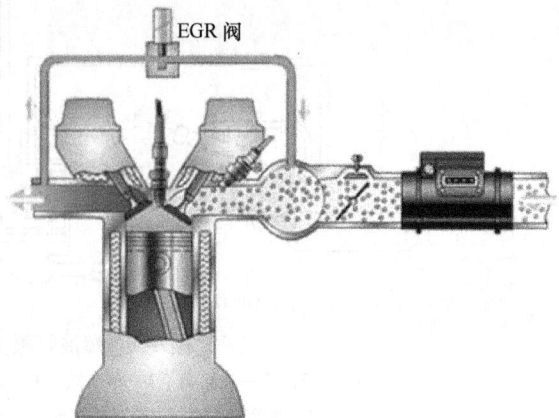

EGR 阀

图 4-3 废气再循环阀系统

空气（二次空气），增加其中氧气的含量，使废气燃烧。这样使废气中未燃烧的有害物质（一氧化碳 CO 以及碳氢化合物 HC）在高温环境下再次燃烧，以完成转化。

五、开闭环控制

1. 上游氧传感器的作用

上游氧传感器持续地向控制单元传递反映排气中氧含量的电压信号，控制单元通过对该电压信号的分析来调整喷油脉宽，保证在闭环期间空燃比接近理想值。

2. 下游氧传感器的作用

下游氧传感器（O_2S）负责检查三元催化器（TWC）的工作状况。

3. 三元催化器的作用和转化条件

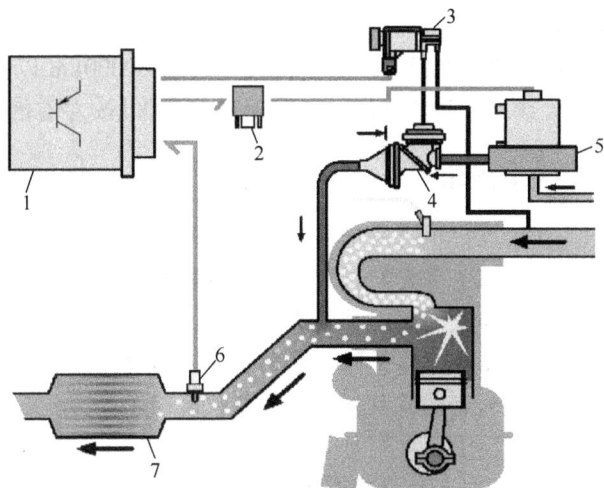

图 4-4 二次空气喷射系统

1—发动机控制单元 2—二次空气泵继电器 3—二次空气控制阀
4—二次空气机械阀 5—二次空气泵 6—上游氧传感器
7—空气滤清器

三元催化器要将 90% 的 CO、HC 和 NO_x 转化为无害物质，必须具备三个条件：

1）越接近理想空燃比转化效果越好。

2）理想的工作温度为 350～900℃，超过 1000℃ 会烧坏三元催化器。

3）有效的触媒面积没有被积炭或冷却液等有害物质覆盖，开闭环控制系统如图 4-5 所示。

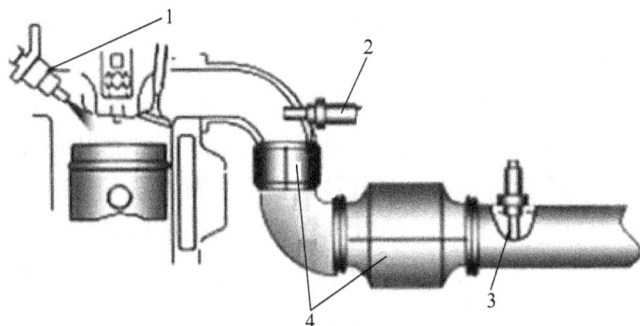

图 4-5 开闭环控制系统

1—喷油嘴 2—空燃比传感器（主氧传感器） 3—氧传感器 4—三元催化器

4. 三元催化器堵塞的原因、危害及处理方法

（1）造成三元催化器堵塞的原因

1）长期低速行驶、燃油标号过低、击穿电压过低、缺缸、失火、混合气过浓等原因造成催化器前端被积炭堵塞。

2）发动机失火，跑长途时催化器前端被烧熔，造成堵塞。

3）行驶中三元催化器拖底，造成三元催化器粉碎，进而造成堵塞。此时用手拍外壳可以听到"哗啦"声。

第一种情况通常发生在行驶里程在80000km以上的车辆上，而后两种原因和行驶里程没有关系，有些甚至是行驶里程只有1000km左右的新车。

小·提示

车辆在过减速隔离墩时必须提前减速，不然在前轮通过后车身进入压缩行程，自动变速器的油底壳和发动机的三元催化器特别容易发生拖底现象。变速器油底壳拖底会造成油滤器进油口被堵塞，控制阀被撞破，或控制阀上的电磁阀后盖上的转速传感器在撞击引发的振动中出现断路故障。催化器拖底有时只是底部一个不起眼的小坑，但用手拍击外壳时就会发现内部的三元催化器已经被震碎了。

（2）三元催化器堵塞的危害

1）急速正常，急速时排气量较少，基本上可以排干净，但车辆会突然没有高速，多数车的最高车速只有120～130km/h；发动机没有最高转速，严重时最高转速只有3000r/min，而且保持不住。如果不及时修理，随着堵塞日益严重，最后会出现发动机不能正常运行，运行几分钟就熄火，熄火后15min内无法起动，15min后可以起动，但运行几分钟再次熄火。

2）4速自动变速器没有超速挡，6速自动变速器有时会出现一升入6挡就立即退回5挡，在5挡和6挡间频繁跳挡。

3）发动机工作温度过高，个别车跑长途时甚至出现活塞烧熔在缸内的现象。

4）三元催化器堵塞，排气管背压高，OBD Ⅱ数据流会显示EGR率超标，留下EGR阀开启量过大的故障码。当EGR率超过20%时，由于燃烧质量急剧下降，油耗会明显上升，而发动机输出功率则明显下降。对于配置有EGR阀的车，因为急加速时EGR阀关闭，而温和加速时EGR阀仍然保持开启，所以急加速基本正常，温和加速时过多的废气进入燃烧室，使燃烧质量下降，造成发动机转速不稳，此时车辆明显前后窜动。

5）读取数据流时会发现电源电压、点火提前角、进气温度、冷却液温度、进气歧管压力信号出现混乱。此时不要盲目做传感器检测，因为根本不可能出现这么大数量的传感器故障。发动机排气不畅，排气管背压高，进气歧管真空度则明显下降；正常情况下急速时进气系统真空度应为57～71kPa，而排气不畅时进气系统真空度则稳定在20多千帕。控制单元连续收到诸如进气歧管压力传感器、冷却液温度传感器的错误信号，而又把它当成正常的，于是诊断系统的判断程序就会出现混乱，数据流里就会出现许多不可思议的错误信息。

（3）三元催化器堵塞的检测方法

1）最简单的方法就是用手直接试排气气流，催化器堵塞后排气气流较其他车明显减弱，所以用手一摸即可做出正确判断。

2）拆下空气滤清器滤芯，如果在急加速时看到进气道废气返流，则说明三元催化器堵塞。

（4）三元催化器堵塞的修理方法

1）如果是催化器前端被积炭堵塞，对于旧的三元催化器则是打开发动机舱盖，将三元催化器清洗罐直接挂在发动机舱盖上，将针头插入进气软管，起动发动机，使之保持2000～2500r/min运转，利用发动机工作时进气系统内的真空度将三元清洗剂逐渐吸入，持续20～

25min，直至罐内清洗剂用完；新三元催化器的清洗方法是使三元催化器清洗剂在罐内直接生成为气态，然后打开空气滤清器盖，拆掉空气滤清器滤芯，使雾状的清洗剂由管路经进气道直接输入，即可将催化器清洗干净，使其恢复正常。

2）如果催化器前端被烧熔或催化器拖底粉碎，都必须换新的催化器。

小·提示

消声器内部隔音板开焊，也会造成排气不畅，在急加速时，如果隔音板开焊则会出现明显的金属撞击声，而催化器堵塞时在急加速时却没有声响。

第二节　OBDⅡ系统故障分析

这一节要特别注意他生性故障。故障码分为自生性和他生性两种。所谓自生性故障码，就是故障码所指示的电器元件和相关电路故障导致的故障码，一目了然，通过直接换件即可排除故障。所谓他生性故障码，就是显示的故障码并非是故障码所指示的电器元件和相关电路故障导致的故障码，如OBDⅡ系统对组合电器的监控，主要是将相关传感器或执行器提供的相关信息或共同信息与某个传感器的信息进行比较，以便判断该传感器信号是否合理。如果参与对比的相关传感器或执行器自身有故障，信号不准确，就会误判与它对比的传感器或执行器信号不合理。所以对于他生性故障，只读取故障码是不行的，应先根据具体工况和各个传感器的作用对故障码进行深层次的分析和判断，要进一步检查相关传感器或执行器及其电路是否正常，进行综合分析、判断，以寻找到真正的故障部位。

一、OBDⅡ系统的作用

OBDⅡ是车载自动诊断系统，负责监控与排放有关的传感器和执行器，一旦发现故障，OBDⅡ故障灯或发动机警告灯会被点亮，同时动力总成控制模块（PCM）将故障信息存入存储器，通过一定的程序可以将故障码从PCM中读出。根据故障码的提示，维修人员能迅速准确地确定故障的性质和部位。OBDⅡ系统还负责监控汽车尾气是否超标，一旦超标，会马上发出警告。

1. OBDⅡ系统对失火的监控

OBDⅡ系统采用高精度曲轴转角测量方法来测定每次气缸点火时曲轴旋转的加速度，以监测发动机各缸的缺火情况。起动时失火率达到2%～3%，为防止烧坏TWC，OBDⅡ系统会断缸；当发动机转速为1000r/min时，失火率达到2%～3%，为防止排放超标，OBDⅡ系统也会中断该缸供油，而在大负荷和急加速时恢复供油。

2. OBDⅡ系统对燃油系统的监控

OBDⅡ系统控制单元通过对短期燃油修正系数和长期燃油修正系数进行监控，来诊断燃油系统工作是否正常。

3. 通过HC流量传感器对蒸发系统进行监控

OBDⅡ系统通过HC流量传感器（VWV）或装有蒸汽控制阀以及上游氧传感器来检查和监控炭罐电磁阀是否发生泄漏或卡滞。

4. OBDⅡ系统对二次空气喷射系统的监控

OBDⅡ系统通过上游氧传感器检查进入闭环控制时二次空气喷射的送气电磁阀是否在进入闭环前按时关闭并且密封良好，以检测二次空气喷射系统工作是否正常。

5. OBDⅡ系统对氧传感器的监控

OBDⅡ系统对氧传感器的监控则是通过对输出电压、工作频率（每10s不得少于8次转化频率）和加热器三个方面进行监控来实现的。

6. OBDⅡ系统对EGR阀的监控

OBDⅡ系统通过EGR阀两侧的压力阀检测EGR阀是否能正常开启和关闭以及EGR率是否正常，如图4-6所示。如果发现EGR率过高，就会迅速减少EGR阀占空比，加大EGR阀的开度；在发现EGR率小于厂家设计时，就会增加EGR阀占空比，减小EGR阀的开度。

7. OBDⅡ系统对点火的监控

OBDⅡ系统点火时，初级电流中断产生的反电动势经IGF（点火反馈信号）端子将信号传送到控制单元（见图4-7），控制单元根据此信号检测是否实际点火。

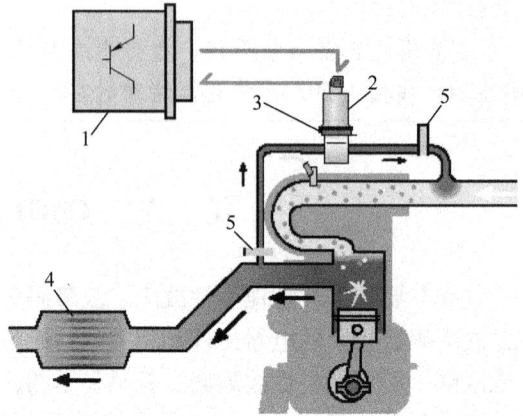

图4-6　OBDⅡ系统对EGR阀的监控
1—发动机控制单元　2—废气再循环阀（电磁）　3—废气再循环阀（机械）　4—尾气净化装置　5—压力阀

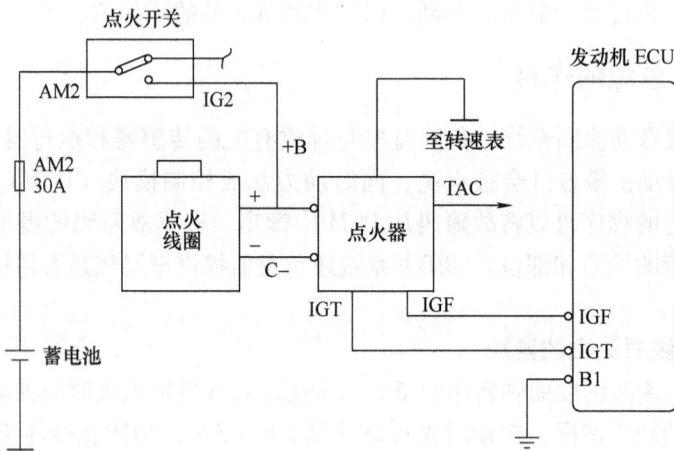

图4-7　OBDⅡ系统对点火的监控

8. OBDⅡ系统对三元催化器工作状况的监控

OBDⅡ系统通过上、下游氧传感器信号的对比对三元催化器的工作状况进行监控，如图4-8所示。

9. OBDⅡ系统对冷却液温度传感器的监控

OBDⅡ系统通过将冷却液温度传感器的信息和进气温度传感器的信息进行比较，将冷却液温度传感器的信息和起动后的时间进行比较，从而得出冷却液温度传感器的信息是否

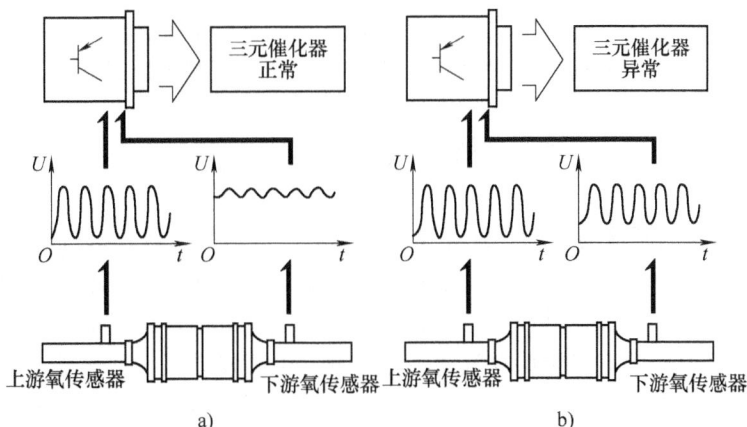

图 4-8 OBDⅡ系统对三元催化器的监控
a）工作正常 b）工作异常

准确。

10. OBDⅡ系统对节气门位置传感器的监控

节气门位置传感器和车速传感器一起负责控制自动变速器的换挡点，如果车速传感器有故障，控制单元收不到正确的车速信号，无法与节气门位置传感器信号进行对比，就可能出现节气门位置传感器信号不合理的现象。

11. OBDⅡ系统对空气流量传感器的监控

OBDⅡ系统通过进气歧管绝对压力传感器、节气门位置传感器和发动机转速传感器的综合信息来验证空气流量传感器的信息是否准确。如果对比中发现空气流量传感器信号过高或过低，就会留下空气流量传感器信号不合理的故障码，同时停止使用空气流量传感器的信号，以进气歧管绝对压力传感器、节气门位置传感器和发动机转速传感器的信号替代。

需要注意的是，进气歧管绝对压感器、节气门位置传感器和发动机转速传感器中只要有一个信号不准确，就可能出现空气流量传感器信号不合理的故障码。

12. OBDⅡ系统对凸轮轴位置传感器的监控

OBDⅡ系统通过曲轴位置传感器对凸轮轴位置传感器进行监控，主要监控凸轮轴位置是否错位。如果正时带位移（错牙）或进气凸轮轴与气门挺柱磨损过大，导致进气系统进气不稳定以及凸轮轴位移、错位。当控制单元发现曲轴位置传感器一缸上止点信号和凸轮轴位置传感器一缸上止点信号在位置上略有差别时，就会点亮故障灯，留下凸轮轴位置传感器短路或断路的故障码。

二、OBDⅡ故障灯故障分析

1. OBDⅡ故障灯 MIL 只是很快地闪烁一下

这说明只是一个瞬间故障，没有必要修理，也不可能储存故障码。

2. OBDⅡ故障灯 MIL 一直亮着

这说明OBDⅡ系统发现一个连续故障，此类故障可能影响驾驶性能和油耗，应及时修理。

3. OBDⅡ故障灯 MIL 连续闪烁

这说明发动机当前时刻存在着比较严重的失火故障，且失火率会导致三元催化器温度过高，有严重损坏三元催化器的紧急故障，应立即降低车速和减少负荷。如果降低车速和减少负荷后 MIL 仍连续闪烁，则应关闭发动机，将汽车拖到就近修理厂进行修理。

第三节 典型案例分析

案例1 炭罐空气滤清器堵塞导致热车起动困难、混合气过稀、排气管放炮

故障现象 标志 307 轿车冷车起动正常，热车熄火后 15min 之内重新起动时，需要连续起动三次以上才能着车，总烧燃油泵熔丝，行驶中排气管放炮，已经崩坏了一个消声器。

故障分析 以上现象表明炭罐空气滤清器堵塞。电喷发动机燃油箱盖上没有空气阀和真空阀，箱内空气与外界空气的平衡完全靠炭罐空气滤清器下边的进气口，如果炭罐空气滤清器堵塞，这唯一的空气通道被关闭，随着箱内燃油的减少，箱内真空度就会同步增大，大气就会把油箱压瘪。油泵泵油时产生的真空和箱内的负压，使油箱底部被吸起，集滤器的进油口大部分被遮住，导致进油量明显降低，造成冷车起动困难、混合气过稀、排气管放炮。

故障诊断 热车熄火后打开油箱盖，然后起动，如果可以正常起动，并且在打开油箱盖时能够听到真空吸气声，加油时汽油反喷，油箱未加满时地上就有燃油，则说明油箱内真空度过高，炭罐空气滤清器堵塞。

故障排除 更换炭罐即可排除故障。

相关故障 当炭罐空气滤清器堵塞，炭罐上真空管脱落时，还会造成混合气过稀，影响怠速稳定，造成加速不良等其他一些故障。

1）有一辆车在炭罐空气滤清器堵塞后继续行驶，结果前后崩坏了三个消声器。还有一辆雷克萨斯轿车，在炭罐空气滤清器堵塞后，从北京跑了一趟上海，结果油箱底部被磨得开始渗油。所以一旦发现炭罐空气滤清器堵塞，必须及时更换。

2）造成热车后进入闭环控制时出现怠速自动加速和自动减速的现象。炭罐空气滤清器堵塞后，外界新鲜空气无法进入炭罐，炭罐电磁阀开启时燃油箱蒸气（没有炭罐进气口的新鲜空气）被吸入进气歧管，由于补充的是浓混合气，所以怠速出现自动加速现象，紧接着上游氧传感器检测到混合气过浓，于是控制单元减少喷油脉宽，怠速又出现自动减速的现象。

3）炭罐与炭罐电池阀间的真空管脱落，使未经空气流量传感器计量的空气进入进气道，由于未给其配置燃油，会造成混合气过稀，使汽车加速不良，没有高速。

案例2 炭罐电磁阀卡滞在开启部位，汽车在行驶中动力不足

故障现象 一辆帕萨特 B5 轿车在夏天每天初次起动时，需要连续起动三次以上才能着车，热车后起动正常；冷车行驶基本正常，热车后发动机动力明显下降，等红灯时有时还会熄火；如果在初次起动前把加速踏板完全踩到底则可以完成起动。

故障分析 起动困难，将加速踏板完全踩到底后（起动时喷油器不喷油）可以完成起动，说明混合气过浓；冷车行驶基本正常，热车后发动机动力明显下降，等红灯时有时还会熄火，说明混合气过稀。

故障诊断 读取数据流，发现冷车怠速时喷油脉宽为 2.5ms，而热车后怠速喷油脉宽仅为 1.6ms，明显低于正常值下限 2.0ms。喷油脉宽过窄无疑是造成发动机动力下降、怠速熄火的直接原因。继续读取数据流，发现上游氧传感器输出电压始终在 0.9V，说明尾气中氧

的含量很少，混合气过浓。空气流量传感器、进气温度传感器、冷却液温度传感器信号均正常，说明故障不在进气系统。燃油箱蒸发控制系统的炭罐电磁阀卡滞在开启部位，或强制通风装置的 PCV 阀卡滞在关闭部位，也会造成混合气过浓，但后者不会造成混合气过稀。用手晃动 PCV 阀可以听到球阀晃动的声音，说明 PCV 阀没有卡滞在关闭部位。

读取故障码，发现有两个，一个是炭罐油气流量不正确，另一个是混合气过稀。数据流还显示上游氧传感器输出电压只有 1.5V 左右。炭罐电磁阀工作条件为：发动机冷却液温度在 75℃ 以上，发动机转速在 1500r/min 以上，每次开启时间不超过 90s。温控风扇开始旋转后，拔下炭罐电磁阀（见图 4-9）通往炭罐上方的真空软管，在怠速时用手指堵住，应感觉不到有真空吸力，在发动机转速为 2000r/min 时应感觉到有真空吸力。如果怠速时有真空吸力，则说明炭罐电磁阀因过脏而卡滞在开启位置；如果在发动机转速为 2000r/min 时没有真空吸力，则说明炭罐电磁阀因过脏而卡滞在关闭位置。出现这两种情况时，都必须更换炭罐电磁阀。反复做了几次加速试验，该阀在怠速和转速为 2000r/min 时始终处于开启状态。在炭罐电磁阀正常开启时，控制单元要根据进气温度传感器信号对喷油脉宽进行重新调节，以保证理想的空燃比，而炭罐电磁阀卡滞在开启位置时控制单元是无法知

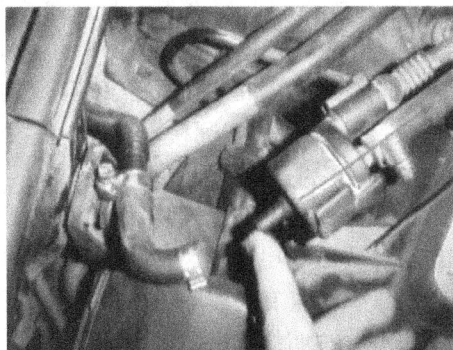

图 4-9　炭罐电磁阀的检测

道的，也就不可能为其重新调节喷油脉宽，热天燃油蒸发量大，每天初次起动时，发动机需要连续起动以将整整一夜积攒下来的过浓混合气从气缸中驱赶出去，所以需要多次起动发动机才能着车。

因为热车重新起动时间隔时间有限，所以从炭罐电磁阀过来的混合气有限，基本可以保证正常起动。但由于喷油脉宽过窄，混合气过稀，所以导致上述故障。

故障排除　更换炭罐电磁阀，发动机起动、怠速、加速均恢复正常，说明故障已被排除。

案例 3　废气再循环（EGR）阀卡滞导致起动困难、怠速不稳、加速发抖

故障现象　不踩加速踏板时起动困难，稍微踩一点加速踏板就比较容易起动，但是起动后一放松加速踏板就熄火，发动机怠速不稳，加速发抖，冷车时故障现象更加严重，发动机故障指示灯有时常亮，而发动机中速运转平稳。

故障分析　配置有废气再循环的发动机怠速时抖动得十分厉害，加速不良，但中速运转平稳（中速时废气再循环阀处于开启状态），这是 EGR 阀密封不良的典型表现。汽油发动机在发动机中小负荷（冷却液温度在 50℃ 以上，转速为 1500 ~ 4500r/min）时将一定量的废气（小于进气总量 20% 的废气）引入燃烧室以降低燃烧室温度和氧的含量，进而降低 NO_x 的含量。常用 EGR 率表示 EGR 的控制量。它用进入气缸的混合气中废气的比例来表示。EGR 率与发动机动力性、经济性和排放性能有关。EGR 阀的工作原理如图 4-10 所示。

EGR 率增加过大（超过 20%）时会使燃烧速度太慢，燃

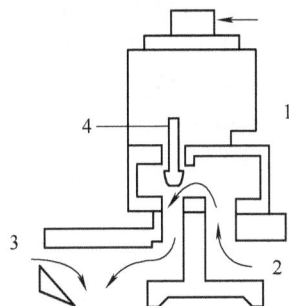

图 4-10　EGR 阀的工作原理
1—EGR 阀　2—废气
3—可燃混合气　4—针阀

烧变得不稳定，失火率增加，造成发动机工况不稳和油耗增大，尾气中 HC 的含量增加，并导致发动机工作粗暴。EGR 率过小，NO_x 排放达不到法规要求，易产生爆燃和发动机过热等现象。因此，EGR 率必须根据发动机工况要求进行控制。根据发动机工况，需要适时调节参与废气循环的废气循环率，以有效减少排气中有害气体 NO_x 的含量。

对于配备 EGR 阀的车，行驶里程在 5 万 km 以后 EGR 阀出问题的会比较多。因为 EGR 阀工作的温度比较高，行驶一定里程后润滑条件变差，会引起发卡。

故障诊断　检查方法：

1）起动发动机，并以怠速（冷车）运转。

2）将手指伸入 EGR 阀，按在膜片上，感觉膜片无动作。

3）预热发动机至正常温度，再将发动机转速上升至 2000r/min，此时手指应能感觉到 EGR 阀开启时膜片的动作。若 EGR 阀的动作与上述规定不符，则说明 EGR 阀有故障，应检修或更换 EGR 阀。实际检查发现，在发动机转速为 2000r/min 时手指没有感觉到 EGR 阀膜片的动作，说明 EGR 阀卡滞。

故障排除　拆卸和安装 EGR 温控真空阀时，对塑料部位均不得使用扳手。安装时，在螺纹部分要涂一层密封剂，并将紧固螺栓拧紧至 20~40N·m 的规定力矩，并重新加注发动机冷却液，检查有无泄漏。更换 EGR 阀后重新试车，发动机可以正常起动，怠速运转平稳，加速良好，说明故障已被排除。

案例 4　油箱加得过满，造成起动困难，加速发闷，急加速时排气管冒黑烟或发动机熄火

故障现象　我国个别车型的汽车加完油后会出现起动正常，加速发闷，急加速时排气管冒黑烟或发动机熄火，使用一段时间后就基本恢复正常。在维修实践中偶尔会遇到起动困难，急加速时排气管冒黑烟，尾气中有较浓的硫黄味（未燃烧的汽油味）。车辆稍停片刻，在炭罐位置下方的地上就会有油印。

故障分析　该故障和加油有关，只要把油箱加满，故障就会出现，所以与点火系统、燃油系统没有关系。在炭罐位置下方有油印，说明燃油以液态的形式进入炭罐。加油时按规定应把油枪插到底，厂家规定的燃油箱的容量是以插到底的油枪能触到液面为准。有时加油站的人员通常会劝说再加点，凑个整，殊不知油加得过满（见图 4-11）后，在行驶中一部分燃油就会晃到 EVAP 内。起动时因 CANP 没有开启，所以 EVAP 内的汽油不会进入进气系统，因此发动机起动正常。行驶中因 CANP 的开启时间和次数受控制单元的控制，而且每次开启时控制单元都要减少喷油脉宽，所以温和地踩加速踏板时 CANP 不开启，排气管并无异常；急加速时，CANP 混合气本身就较浓，再加上 CANP 开启，EVAP 内就会急加速熄火。

我国个别车型的油箱内 HC 蒸发管的高度设置得过低，炭罐在车身的位置设置得也过低，油枪能够着液面时蒸发管的进气口就已经非常接近液面了，行驶中一部分燃油就会晃到 EVAP 内，每次急加速时排气管都冒黑烟圈，严重时只要急加速就熄火。

如果 CANP 因过脏而卡滞在开启位置，热天燃油蒸发量大，车辆停放一夜后整个进气道

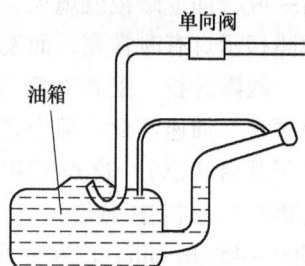

图 4-11　燃油箱液位过高

和发动机燃烧室内都充满了燃油蒸气，所以每天初次起动时，需要连续起动三次以上才能着车，即需要先将进气道和发动机燃烧室内过量的燃油蒸气驱赶出去才能着车。

故障诊断　拆下火花塞检查，可以发现每个火花塞电极都发黑，说明上述故障的根源就是混合气过浓。炭罐电磁阀的工作条件为：发动机冷却液温度在 75℃ 以上，发动机转速在 1500r/min 以上，每次开启时间不超过 90s。发动机冷却液温度在 75℃ 以上时，拔下炭罐电磁阀通往炭罐上方的真空软管，在急速时用手指堵住，应感觉不到有真空吸力，在发动机转速为 2000r/min 时应感觉到有真空吸力。如果急速时有真空吸力，则说明炭罐电磁阀因过脏而卡滞在开启位置；如果在发动机转速为 2000r/min 时没有真空吸力，则说明炭罐电磁阀因过脏而卡滞在关闭位置。

故障排除　插到底的油枪能触到液面后会自动关闭，此时就不要再加油了。个别厂家在燃油箱蒸发系统设计上不合理，应积极改进设计，如把油箱内 HC 蒸发管的高度设置得高一些，使其接近油箱顶部，炭罐的位置必须高于 HC 蒸发管进气口的高度。

炭罐电磁阀无论卡滞在关闭位置还是卡滞在开启位置，都必须更换。

案例 5　发动机排气不畅，引发 EGR 率过高，造成温和加速时车辆前后窜动

故障现象　发动机起动正常，急速运转平稳，汽车没有高速，自动变速器每次升到 6 挡后就立即掉到 5 挡，所以出现 6 挡和 5 挡间的频繁跳挡；急加速时基本正常，温和加速时车辆明显前后窜动；OBDⅡ 故障灯被点亮，并留下 EGR 阀的故障码，即 EGR 流量异常。

故障分析　EGR 阀本身最容易发生的故障是卡滞在开启部位。如果是 EGR 阀卡滞在开启部位，则应表现为急速时车辆严重抖动，急加速时车辆明显窜动，温和加速时平顺，不会造成超速挡间连续跳挡，更不会造成没有高速。发动机排气不畅会造成汽车没有高速，6 速自动变速器会出现 6 挡和 5 挡间的频繁跳挡，但通常排气不畅会造成急加速座车，温和加速时平顺。

故障诊断　发动机工作时用手试排气气流，能明显感觉到排气节流；拆下空气滤清器的滤芯，急加速时可以明显感觉到废气返流，说明发动机排气不畅。由于急加速时听不见金属撞击声，所以初步判断为三元催化器堵塞。举升汽车，检查三元催化器下部的外壳，没有发现碰伤的痕迹；用手敲击其外壳，听不到催化器因拖底震碎的哗啦声；读取氧传感器数据流，发现氧传感器输出电压为 0.1 ~ 0.9V，说明燃烧室严重污染，看来催化器前端已经被积炭覆盖。

故障排除　将三元清洗剂罐挂在打开的发动机舱盖上，将针头插入进气软管，起动发动机，保持以 2000 ~ 2500r/min 的转速运转，利用发动机工作时进气系统内的真空度将三元清洗剂逐渐吸入，持续 20 ~ 25min，直至罐内清洗剂用完。也可以用另一种方法：打开发动机舱盖，将三元催化器清洗罐直接挂在发动机舱盖上；新三元催化器的清洗方法是使三元催化器清洗剂在罐内直接生成为气态，然后打开空气滤清器盖，拆掉空气滤清器滤芯，雾状的清洗剂由管路经进气道直接输入。清洗完后，消除故障码后试车，热车急速运转平稳，急加速时动力强劲，自动变速器超速挡之间没有了频繁跳挡，车辆恢复高速，OBDⅡ 故障灯没有被点亮，EGR 阀的故障码也没有再次出现，则故障已被排除。

故障排除后的思考　发动机排气不畅为什么会造成汽车没有高速，自动变速器在 6 挡和 5 挡间频繁跳挡，温和加速时车辆明显前后窜动，OBDⅡ 故障灯被点亮并留下 EGR 阀故障码,即 EGR 流量异常这一系列故障呢?实际上这一系列故障分别由两个原因引发,即排气不畅和 EGR 率失常。

发动机排气不畅可以造成汽车没有高速,自动变速器在 6 挡和 5 挡间频繁跳挡的故障。

发动机排气不畅会导致废气背压过高,造成 EGR 率过高,OBD II 系统通过 EGR 阀两侧的压差传感器发现 EGR 率过高,就会迅速减少 EGR 阀占空比,减小 EGR 阀的开度。随着 EGR 阀的关闭,当 EGR 率小于厂家设计值时就会增加 EGR 阀占空比,加大 EGR 阀的开度。进入燃烧室废气的不断变化,会引起燃烧质量的不稳定。

EGR 阀开启的条件是发动机冷却液温度在 50℃ 以上,转速为 1500 ~ 4500r/min,而且温和加速时开启,急加速时关闭,于是就出现急加速基本正常,温和加速时车辆明显前后窜动。这是一个由于发动机排气不畅引发 EGR 率失常的复合型故障。

案例 6 排气管内积蓄大量的水,发动机起动困难,排气有臭鸡蛋味

故障现象 发动机开始时起动困难,勉强起动后,排气中有臭鸡蛋味,同时有大量的水从排气管出气口排出;急速不稳定,四缸发动机急速转速在 860 ~ 900r/min 间不断地漂移。

故障分析 发动机长时间低速运动时,排气管内就容易产生大量积水,造成发动机排气不畅,引发起动困难、急速不稳定。排气中有臭鸡蛋味是因为积水造成排气管内温度过低,不利于废气再燃烧,导致 HC 在排气管和 TWC 内转化困难,致使尾气中 HC 大量超标。臭鸡蛋味实际就是没有燃烧的 HC 气味。

故障排除 起动后使车辆高速行驶 20min,或举升汽车,使之起动后大负荷运转 20min,将排气管内的积水排干净,即可将故障排除。

案例 7 雪铁龙轿车加速无力故障的排除

故障现象 一辆 2003 年款的塞纳 2.0 自动挡轿车,搭载 MM6LP 发动机。该车加速时无力,有明显加速滞后的感觉,且有回火现象,有时加速熄火。

故障诊断与分析 发动机冷却液温度在 85℃ 以上,关闭所有的用电设备,自动变速器挂 P 位,关闭点火开关,连接专用诊断仪 PROXIA,打开点火开关读取故障码,显示数据为:智能服务器 BSI 没有故障,发动机控制单元没有故障,自动变速器控制单元故障为 "F 节气门电位器信号故障(隔开的)"。随后在发动机急速时读取数据流,显示数据为:发动机转速为 672r/min,进气压力为 35.8kPa,喷油时间为 3.9ms,上游氧传感器电压在 78 ~ 721mV 间变化,下游氧传感器电压为 429mV 基本不变,节气门电压为 666mV,进气温度为 57℃,冷却液温度为 86℃,蓄电池电压为 14.2V,点火提前角在 0.8° ~ 8.9° 间变化,各参数均无异常。将挡位置于 N 位,将加速踏板急踩到底,观察转速表指针:指针开始上升缓慢,当上升到 2000r/min 以上时,指针上升迅速,可听到回火声,同时观察诊断仪 PROXIA 上的点火提前角在急加速时会急剧减小,出现点火提前角在 -20° 以下的情况。由此可以判断是发动机故障,与自动变速器无关。

由于 F 节气门电位器信号故障(隔开的)来自发动机控制单元,所以可能为电子节气门及其电路故障,经检查电子节气门电位计电阻正常,且与发动机控制单元连线无断路或短路现象。用工作正常的电子节气门替换并试车,无好转。

由于急加速时喷油时间变化基本正常,检查汽油压力,急速时为 350kPa,加速时无明显下降，也正常，则可能为喷油器脏污。清洗喷油器，无效，检查点火系统，拆除火花塞，火花塞电极呈灰白色，无积炭、烧损现象，燃烧良好。

检查进气系统，用清洗剂喷在进气系统各处进行检查，无漏气点。点火、进气、供油及电器系统均找不到故障，分析只可能为发动机控制单元故障或机械故障。

故障排除　综上分析，再结合该车发动机点火提前角急加速时经常到达 −20° 以下的不正常情况来看，发动机控制单元故障的可能性较大。更换发动机控制单元，试车，发动机加速有力，说明故障已被排除。

案例 8　控制单元无 1、4 缸点火信号，发动机怠速时有"突突"声，加速无力

故障现象　宝来 1.8 轿车发动机怠速时有"突突"声，怠速不稳，加速无力。

故障分析　怠速时有"突突"声，说明发动机有缺缸故障。

故障诊断　热机后用红外线测温仪逐缸检测排气歧管的温度，发现 1、4 缸排气歧管的温度很低。检测控制单元对 1、4 缸点火的控制。拔下燃油泵继电器，在控制信号端子与车身搭铁间连接发光二极管，起动发动机，发光二极管应闪烁。经检查发现 1、4 缸信号端子与车身搭铁间二极管均不闪烁，说明发动机控制单元无 1、4 缸点火信号。

故障排除　更换发动机控制单元，恢复正常，故障排除。

【一句话介绍】

1）正常的 NO_x 排放量在怠速时不应超过 100ppm[⊖]，在稳定的道路工况下不应超过 1000ppm。

2）氧传感器的检测方法为：每次都必须迅速将加速踏板完全踩到底，待发动机转速上升到 3000r/min 以上并且不到 4000r/min 时，迅速完全放松加速踏板，如此反复，以在 10s 内氧传感器能完成 8 次工作频率变化为合格。

3）氧传感器加热器损坏，会造成氧传感器调节频率过慢，输出电压过低，导致混合气过浓，在发动机有部分负荷时排气管冒黑烟。

4）氧传感器输出电压，新车通常在 0.3~0.7V 间变动，在燃烧室被积炭轻度污染时在 0.2~0.8V 间变动，在燃烧室被积炭严重污染时在 0.1~0.9V 间变动。

5）如果短期燃油调整显示高于 0% 的正值，则表示混合气较稀；如果短期燃油调整显示低于 0% 的负值，则表示混合气较浓。

6）拆下空气滤清器滤芯，使进气阻力减小，混合气变稀，尾气中 HC 和 CO 的含量就会明显降低，反之则进气阻力越大，混合气越浓；使用空气流量传感器的发动机，拔下进气系统上的一根真空管，使混合气明显变稀，尾气中 HC 和 CO 的含量就会再次大幅度降低。

7）如果尾气测试仪上显示 CO 和 HC 的含量正常，那么 CO_2 的含量就应显示偏高。如果 CO 和 HC 的含量低，测试仪上显示 CO_2 的含量也低，那么最大的可能是排气系统发生了泄漏。

8）用手堵住空气滤清器进气口，会使充气系数降低，混合气变浓，氧传感器输出电压

⊖　$1ppm = 10^{-6}$。

应为 0.7 ~ 0.9V；拔下一根真空软管，混合气变稀，输出电压应为 0.1 ~ 0.3V。

9）三元催化器最害怕使用硫、磷含量高的汽油和机油。烧机油、混合气过浓、冷却液进入排气系统都会造成三元催化器在短期内失效。

10）行驶中因托底、碰撞、振动等使三元催化器陶瓷载体破裂变形，也会降低催化反应作用，而且还可能造成堵塞，引发排气不畅。用手或胶皮锤敲击三元催化器外壳，如果听到陶瓷载体有破裂声，则需更换陶瓷载体。

11）短期燃油修正系数是控制单元根据节气门开度的变化、车速是否处于巡航控制、以及氧传感器输出信号（最主要因素）确定的，短期燃油修正系数在整个闭环控制中是在不断变化的。

12）长期燃油修正系数是控制单元根据短期燃油修正系数的变化对控制单元运行数据结构进行修正确定的，存储在 PCM 存储器中。

13）如果无明显故障，短期燃油修正系数和长期燃油修正系数都显示为中值，表明发动机燃油系统处于最佳状态。如果有上游氧传感器、EVAP 或 CANP 以及 EGR 电磁阀的故障码，长期燃油修正系数为非中值，而短期燃油修正系数则保持中值。

14）OBD Ⅱ 系统对氧传感器的监控，主要是针对工作频率和输出电压两个方面。

15）OBD Ⅱ 系统对燃油蒸发控制的检测是通过 HC 流量传感器（VWV）或装设蒸气控制阀来实现的。监测器还观察上游氧传感器输出电压是否正常变化。

16）OBD Ⅱ 系统采用高精度曲轴转角测量方法来测定每次气缸点火时曲轴旋转的加速度，以监测发动机各缸的缺火情况。

17）发动机起动转速为 200r/min 时，缸内缺火率为 2% ~ 3%，会烧坏 TWC，此时 PCM 模块中断该缸的喷油脉冲信号。发动机转速为 1000r/min 时，缸内缺火率为 2% ~ 3%，会造成排放超标，此时 PCM 模块中断该缸的喷油脉冲信号。

18）OBD Ⅱ 系统点火时初级电流中断产生的反电动势，经 IGF 端子将信号传送到控制单元，控制单元根据此信号检测点火线圈是否实际点火。

19）废气报警灯长亮，表明出现了废气质量变差的故障，排放指标超标 1.5 倍或以上。

20）在行驶状态下废气报警灯闪亮，表明有可能出现造成三元催化器损害的故障，应对三元催化器做专项检查。

21）MIL 灯仅仅指示那些会导致车辆排放水平超过法规所规定的 OBD 限值的故障。故障一旦被确认，在故障被排除之后经过连续三次诊断都没有发现相应故障时，MIL 灯才会被熄灭。

22）使用含铅汽油时，汽油中的铅和积炭会覆盖在 TWC 上；混合气过浓，积炭覆盖触媒层；缸盖垫或涡轮增压的进气歧管垫密封不良，冷却液进入 TWC，都会导致三元催化器损坏，使汽车没有高速。

23）大众车系短期燃油调整可分为 0 ~ 255 级，中间值为 128。在此基线上，不需调整基础喷油脉宽。若短期调整值高于 128，则表明可燃混合气稀了，需加大喷油脉宽。若短期调整值低于 128，则表明可燃混合气浓了，需要减少喷油脉宽。

24）IGF（点火反馈信号）端子将信号传送到控制单元，控制单元根据此信号检测是否实际点火。

25）EGR 率是废气再循环中进入燃烧室的废气占进气总量的比率。

26）用夹子夹注 PCV 阀前端的真空软管，使 PCV 阀关闭，发动机转速应下降，如果发动机转速没有下降，则表明 PCV 阀堵塞。

27）二氧化锆型氧传感器的核心是氧化锆陶瓷材料，在它的表面有两个白金电极，其内侧与大气相通，外侧与尾气相通，由于尾气和空气中氧气含量的差，使两个电极间产生电压。含量差越大，产生电压越高。

28）二氧化钛型氧传感器是高电阻半导体，当表面缺氧时，电阻变小。氧传感器变化电压为 0.1～4.6V，并且当氧传感器变化电压为 0～2.5V 时为混合气过稀，当氧传感器变化电压为 2.5～5V 时为混合气过浓。

29）AIR 系统的主要作用就是在冷起动和暖车期间，定量地向排气管和三元催化转化器内输送新鲜空气，通过废气燃烧和快速对三元催化转化器进行预热，有效地降低起动和暖车期间排放的 HC 和 CO 量。

30）汽车在行驶中进入闭环控制后，三元催化转化器正常时在正常工作温度下出气口温度至少比进气口温度高出 38℃，在怠速时出气口温度比进气口温度也应高出 10℃ 以上。

31）在车辆每行驶 30000km 后应将三元清洗剂罐挂在打开的发动机舱盖上，将针头插入进气软管或与进气系统上任意一根真空管相连接，起动发动机，保持以 2000～2500r/min 的转速运转，利用发动机工作时进气系统内的真空度将三元清洗剂逐渐吸入，每次清洗通常需要持续 20～25min，直至罐内清洗剂用完为止。

32）控制单元上喷油器接地线不实，会造成喷油脉宽减小，导致混合气过稀，四缸发动机会出现 200～800r/min 的怠速游车，同时喷油脉宽会超过 5ms。

33）氧传感器转化频率以在 10s 内转化 8 次以上为合格。如果输出电压为 0V，则说明传感器对地短路；如果输出电压为 1.1V，则说明传感器对正极短路；如果输出电压始终在 0.6～0.7V，则说明空气流量传感器输出电压信号过高。如果输出电压始终在 0.1～0.3V，则说明氧传感器自身损坏。

34）打开空气滤清器上盖，如果猛踩加速踏板时废气会从空气滤清器中冒出，则说明发动机排气不畅。

35）用红外线测温仪检测怠速时三元催化器前后端温差，如果小于 10℃，则为三元催化损坏。

36）前、后氧传感器输出的信号如果一致，则说明三元催化器失效。

37）在尾气中如果 CO、HC 和 NO_x 三项的含量都高，则可能是 TWC 失效；如果只是 NO_x 单项的含量高，则可能是 EGR 系统失效。

38）用胶皮锤敲击三元催化器外壳，如果听到有哗啦的声音，则说明三元催化器内部已经因拖底而粉碎（外壳有时没有明显变形）。

39）在常温下用欧姆表测试，大众车系的氧传感器端子 1 和 2 间的电阻值应为 1～5Ω，如果为无穷大，则说明氧传感器加热元件断路，应更换。

40）打开空气滤清器，里边有黑色油液，说明 PCV 阀堵塞。在发动机工作时，从曲轴箱一侧拔下强制通风软管，用手指堵住，感觉到有真空吸力为正常，如果感觉不到有真空吸力，则说明软管或 PCV 阀堵塞。

41）把 PCV 阀放在耳边摇晃，如果听到里边有响声则为正常，否则说明 PCV 阀发生卡滞。

42）PCV 阀开启量过大会造成混合气过稀，发动机怠速运转不平稳。

43）PCV 阀密封性检测方法为：将强制通风软管从发动机进气系统一侧往曲轴箱一侧用气筒加压，PCV 阀是单向阀，允许曲轴箱气体进入进气系统，不允许进气系统的混合气进入曲轴箱，所以加压后不通为正常，否则必须更换 PCV 阀。

44）曲轴箱强制通风装置堵塞，在一定程度上也会使混合气变浓。

45）如果氧传感器的输出电压在 0.45～5.0V 之间某个数值保持不动，则表明氧传感器断路。氧传感器对地短路时输出电压应为 0.0V，如果输出电压为 1.0V，则表明对正极短路。

46）向一个 EGR 通道吹气，检查 EGR 阀的工作情况。当真空度不大于 7kPa 时，空气应吹不过去；当真空度不小于 23kPa 时，空气可以吹过去。注意：在安装 EGR 阀时，要用新的密封垫并将紧固螺栓拧紧至 15～22N·m 的规定力矩。

47）OBD II 系统对组合电器的监控，主要是确保发现任何故障的详细信息的能力。它可准确提供是哪个方面出现故障，具体哪个传感器故障，是短路故障还是断路故障等信息。

48）如果 PCV 阀卡滞在开度过大的部位，过多的空气由此进入进气系统，使混合气过稀，控制单元会根据上游氧传感器信号给予一定补偿，因此氧传感器信号电压始终很低，而且怠速工作粗暴。

49）如果发生回火，PCV 阀将完全关闭，可阻止回火引入曲轴箱发生的爆炸。

50）举升汽车，打开点火开关，分别用手旋转左右两侧的前轮。单独旋转一侧车轮时如果 ABS 灯亮，则说明该车轮轮速传感器正常；如果 ABS 灯不亮，则说明该车轮轮速传感器不良。

51）模拟电压信号是指在某一范围内连续变化的信号。

52）输出控制电路又称为输出驱动器，由很多晶体管组成，主要控制执行器的电磁线圈、执行器的继电器和数字显示器。

53）自诊断系统通过电压、工作时限、调节反馈和比照对传感器和执行器进行检查。

54）微处理器又称为处理电路，主要由计算芯片和程序芯片组成，是计算器中运算和决策芯片。

55）A/D 转换器负责将传感器的模拟电压信号转换成微处理器能够阅读的数字电压信号。

56）控制单元和传感器完成重新设置后，应当关闭点火开关 30s，再进行其他操作。

57）工作时限是指在一定单位时间内应发生的次数或应达到的状态。

【故障一点通】

1）OBD II 系统对组合传感器进行监控，如节气门位置传感器和车速传感器一起负责控制自动变速器的换挡点。如果车速传感器有故障，控制单元收不到正确的车速信号，无法与节气门位置传感器信号进行对比，就可能出现节气门位置传感器信号不合理，而不是出现车速传感器故障码。所以当出现某某传感器信号不合理，而不是出现传感器短路或断路信号时，应重点检查和它对应的传感器。

2）OBD Ⅱ 系统将进气歧管绝对压力传感器、节气门位置传感器和发动机转速传感器的综合信息与空气流量传感器的信息进行比较，以确定空气流量传感器的信号是否准确。但如果进气歧管绝对压力传感器、节气门位置传感器和发动机转速传感器中有一个传感器因自身有故障而发出错误信息，致使无法与空气流量传感器信号进行对比，就可能出现空气流量传感器信号不合理，而不是出现那个发出错误信息传感器的故障码。

3）如果 OBD Ⅱ 故障灯 MIL 只是很快闪烁一下，则说明是一个瞬间故障，没有必要修理，也不可能储存故障码。

4）如果 OBD Ⅱ 故障灯 MIL 一直亮着，则说明 OBD Ⅱ 系统发现一个连续故障，此类故障可能影响车辆驾驶性能和油耗，应及时修理。

5）如果 OBD Ⅱ 故障灯 MIL 连续闪烁，则说明发动机当前时刻存在着比较严重的失火故障，且失火率会导致三元催化器温度过高，有严重损坏三元催化器的紧急故障，应立即降低车速和减少负荷。在降低车速和减少负荷后，如果 MIL 灯仍连续闪烁，则应关闭发动机，将车拖到就近修理厂进行修理。

6）故障一旦被确认，如果在故障被排除之后经过连续三次诊断都没有发现相应故障，MIL 灯才会被熄灭。

7）混合气越稀，CO 的含量就越低。CO_2 的含量越高，说明 CO 的转化率越好，混合气越接近理论空燃比。

8）燃油压力调节器真空软管堵塞，在怠速和中小负荷时燃油压力调节器无法感受到进气系统的真空吸力，没有回油，所以在怠速和中小负荷时混合气过浓。燃油压力调节器膜片破裂，在小负荷时燃油会被直接吸入进气道，然后流入燃烧室，造成混合气过浓。

9）喷油器滴漏，属于额外供油，会造成混合气过浓。

10）曲轴箱强制通风装置堵塞，在一定程度上也会使混合气变浓。

11）氧传感器前边的排气管泄漏，使氧传感器输出的信号电压持续走低，导致控制单元逐步将喷油脉宽调到最大，造成混合气过浓。

12）使用含铅汽油时，汽油中的铅和积炭覆盖在 TWC 上，使之失效，三个指标都高。汽车长期短距离行驶时，TWC 内积炭过多，积炭覆盖在 TWC 上，使之失效，三个指标都高。

13）标志 307 1.6MT 型轿车出现每天初次起动时需要起动三次才能着车，点火后自诊断系统提示排放系统故障，并伴随发动机抖动的情况，只有关闭发动机再重新起动，才能将故障提示消除。这是由于燃油标号过低，点火能量不足，造成燃烧室积炭过多，使尾气排放超标。

14）氧传感器失效退出后或插头脱落后，控制单元通常是按氧传感器输出的最后一个电压信号进行控制。

15）炭罐内的空气滤清器堵塞时，会使燃油箱内与大气的唯一通道关闭，随着箱内油液液位的降低，油箱内真空度逐渐升高，油箱底在外界大气压力和内部燃油泵真空吸力的双重作用下，油箱底开始贴近燃油泵集滤器。在热车熄火后重新起动时，因燃油泵集滤器部分进口被堵，导致热车后混合气过稀，起动困难。长时间停车后，由于没有燃油泵真空吸力，油箱底会回到原来的位置，所以可正常起动。在热车熄火后重新起动前，打开燃油箱盖，如果可以正常起动，则说明炭罐内的空气滤清器堵塞，换炭罐即可排除故障。

16）氧传感器的加热器损坏，造成工作频率过低，导致冷车起动后怠速稳定，加速顺畅。但是起动后大约1min，进入闭环控制后，发动机怠速时开始发抖，加速不良，踩下加速踏板，发动机失速，有时甚至熄火。待发动机怠速运转几分钟后，排气管温度完全正常后，故障现象渐渐消失。

17）怠速、急加速、大负荷时正常，中小负荷缓加速时明显感觉车速不稳，明明是稳住加速踏板却感觉似乎在不停地加速或减速。EGR阀开启量过大或排气不畅造成背压过高，导致EGR率增加过大，当EGR率超过20%时，会使燃烧速度变慢，燃烧变得不稳定，失火率增加，HC量也会明显增加；EGR率过小，NO_x排放达不到法规要求，易产生爆燃和发动机过热等现象。因此，EGR率必须根据发动机工况要求进行控制。

18）上游氧传感器断路会造成冷车正常，热机后会出现怠速游车，发动机转速在750～1000r/min之间波动。

19）如果怠速时数据流显示节气门开度正常，而数据流显示的进气量却明显超出4g/s，则说明超出上限，会造成混合气过浓，氧传感器自适应值也会因此达到极限，输出电压会在0.85～0.95V之间缓慢变化。此时应更换空气流量传感器。

20）氧传感器自适应值的正常值为78～178，相当于-10%～+10%。如果数据流显示氧传感器自适应值的正常值为-25%，则说明已经明显超过自适应值，达到自适应值调整的极限。此时如果点火正常、喷油器正常，则应重点检测空气流量传感器。

21）PCV阀黏滞在开启较小的位置时，在怠速和行驶中会出现不定期的啸叫声，在打开气门室上机油加注口盖时会明显感觉到有真空吸力。更换PCV阀可排除故障。

22）PCV阀黏滞在开启较大的位置时，中小负荷时没有经过计量的空气由此进入进气道，会造成混合气过稀，特别是怠速时（在正常情况下，怠速时PCV阀的开启量最小），导致怠速工作粗暴。此时，读取氧传感器输出电压信号会发现很低。更换PCV阀可排除故障。

23）燃油标号低于厂家规定，由于油中烯烃的含量高，喷油器、燃烧室和三元催化器内容易形成积炭，造成喷油器和三元催化器堵塞。

24）发动机冷车时怠速抖动严重，热车后怠速仍然有些抖动，急加速时排气管冒黑烟，油耗高、提速慢，加速座车，而中速运行时正常，此时应重点检查EGR阀是否因积炭过多而卡滞在开启部位。

25）尾气排放超标并伴随发动机抖动的情况，只有关闭发动机再重新起动，才能将故障提示消除。这主要和燃油标号过低以及点火能量不足有关，每间隔15000km清洗一次节气门体，每间隔30000km清洗一次进气道、燃烧室和喷油器，即可预防此类故障。

26）三元催化器烧红的原因有两个：点火线圈或高压线短路，造成击穿电压过低，使混合气燃烧质量过差；混合气过浓。

27）炭罐电磁阀在常开位置，热天会造成混合气过浓；车辆停放一天后起动困难，有时一次起动不着车，多次起动着车后，发动机有"突突"声，且伴有呛人的生油气味；若起动着车后立即起步，则车辆发抖，急加速有回火现象，行驶中容易熄火，熄火后起动困难。

28）当炭罐内的空气滤清器堵塞时，热车时打开燃油箱盖，可以听到真空吸气声，加油时会感觉到气阻，加完油后会看见地面有油滴，这是因油箱内负压过高而反喷出来的。

29）厂家设计的 EGR 率都明显低于 20%。如果发动机故障灯亮，有 EGR 阀的故障码，数据流显示 EGR 率超过 20%，则说明发动机排气不畅。

30）使用低标号劣质燃油时容易产生积炭，积炭会造成 EGR 阀卡滞，同时造成节气门处积炭过多，导致冷车起动困难，急速剧烈抖动，行驶中放松加速踏板熄火，加速不良、座车等故障。清洗 EGR 阀、节气门和燃油系统，消除故障码，重新匹配，更换好的燃油，即可排除故障。

31）控制单元进水后，不能继续着车，在水未排出前也不能起动发动机，应将进水的控制单元拆下，清洗，用塑料袋包裹，用真空机将控制单元内部的水分抽干净，重新装好后，方可起动发动机。严禁用热风吹或用烘箱烤，那样会将水分逼进锌板，造成永久损伤。在控制单元进水后继续强行着车或起动发动机，会造成控制单元内部短路。

32）空气流量传感器信号正常，而氧传感器信号不正常，控制单元内就会出现一对矛盾的信息。尽管是氧传感器故障造成错误的调节，但从结果上看，空气流量传感器信号严重超差和氧传感器无法正常调整是一样的。这时控制单元会先考虑核心传感器信号，亮起故障灯，留下空气流量传感器的故障码。

33）发动机在 1500～4500r/min 范围内至少应收到两次大于或等于 3kHz 的爆燃传感器信号，如爆燃传感器固定螺栓紧固力矩过小，控制单元迟迟收不到信息，或燃烧室因积炭过多而密封良好，收到的爆燃信息超过调节程序后，控制单元就会误诊断为爆燃传感器故障。

34）控制单元 A/D 转换器转换错误，温度传感器数据流也可能出现虚假的（高温）信号。

35）日系和美系发动机控制单元匹配不好，会出现急速不稳，加速不良，排气管冒黑烟。断开蓄电池负极 30s，然后重新装好，完成发动机控制单元匹配，故障排除。

36）当控制系统控制单元发生故障时，自动启用备用系统（备用集成电路），按预定的信号控制发动机转入强制运行状态，以防止车辆停驶在路途中。

37）当传感器发生故障时，控制系统自动按控制单元中预先设定的参考信号值进行工作（动力性明显下降），以便发动机继续运转。

38）当喷油器线圈短路时，电路中的电流增加，这就使控制单元中的开关晶体管（或喷油器驱动器）过热，使峰值保持喷油驱动器的"保持"部分被烧坏。由于控制单元中损坏的喷油驱动器不能命令脉冲宽度达到正确的判定性尺度，所以汽车行驶时混合气过浓。

39）发动机控制单元里面的点火驱动块烧坏，会造成连续烧点火线圈。

40）帕萨特 1.8T、AT 型轿车行驶中出现急加速时噪声大，行驶中发动机转速与车速不匹配，提速慢，用 1552 查询发动机、变速器，无故障。重新对发动机控制单元与自动变速器控制单元进行基本设置，故障排除。

41）发动机怠速不稳，加速无力，检查发现1、4缸无点火，拔下继电器盒上燃油泵的熔丝，使燃油泵停止工作，然后拔下点火线圈插头，将闪光二极管分别连接到点火线圈插头的端子4（接地线）和端子3，起动发动机，结果发光二极管不闪烁，说明发动机控制单元的1、4缸点火控制功能失效，无1、4缸点火信号，更换发动机控制单元后正常。

42）发生撞车交通事故后，用气焊整形时必须拆下控制单元，因为控制单元受热后会出现工作不良。

第五章 自动变速器、无级变速器和双离合器变速器故障分析

第一节 自动变速器电控系统故障分析

一、自动变速器的传感器

1. 节气门位置传感器

节气门位置传感器（见图5-1）在变速器内除了负责控制节气门油压和主油压外，还和车速传感器一起控制换挡点。

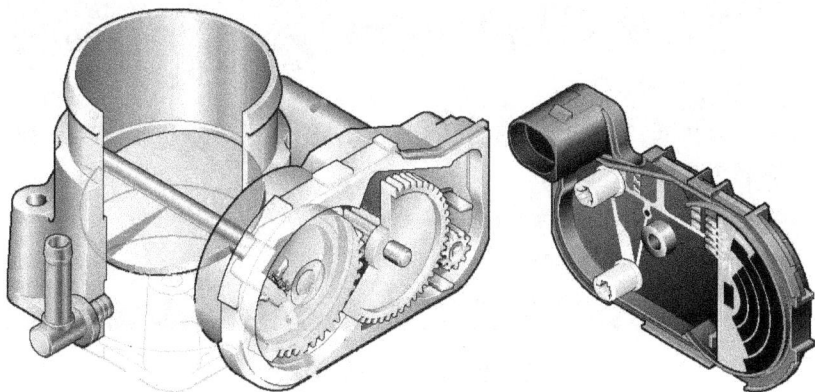

图 5-1　节气门位置传感器

2. 车速传感器

车速传感器（见图5-2）除和节气门位置传感器一起控制换挡点以及和输入轴转速传感器一起监控各挡的传动比是否正确外，还负责电子里程表。如果车速传感器出现故障，变速器控制模块将用涡轮轴转速传感器的信号取代它，车载诊断系统会记录相应的故障码，并点亮故障指示灯。

3. 涡轮轴转速传感器

（1）监控变矩器锁止离合器是否打滑　涡轮轴转速传感器装配在变速器前端内部或外部前端上方中部，如图5-3所示。涡轮轴转速传感器和曲轴位置（发动机转速）传感器一起监控变矩器锁止离合器是否打滑，从诊断仪的数据流中可以监控变矩器进入锁止工况后曲轴转速和涡轮轴转速是否存在明显的转速差。如果存在明显的转速差，变矩器将退出锁止工

况，变速器也没有了超速挡。

（2）和车速传感器一起监控各挡的传动比 涡轮轴转速传感器和车速传感器一起监控各挡的传动比，即监控离合器、制动器是否打滑。如果发现传动比不对，会进入失效保护，变速器控制模块将用输出轴转速传感器的信号取代它，车载诊断系统会记录相应的故障码，并点亮故障指示灯；除手动 1 挡和倒挡外，其余挡位只有一个失效保护挡；没有手动模式，当变速器处于 D 位时不踩加速踏板无法起步，没有高速，起步时有冲击感。

装在变速器内部的涡轮轴转速传感器很少损坏，而装在变速器外部的，由于端子容易进水，一旦进水就会进入失效保护。

4. 变速器转速传感器

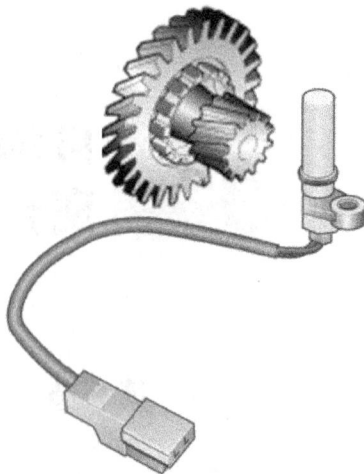

图 5-2　车速传感器

变速器转速传感器（见图 5-4）在换挡的瞬间向发动机控制单元提供换挡点信号，控制单元在换挡瞬间推迟点火提前角，降低发动机输出转

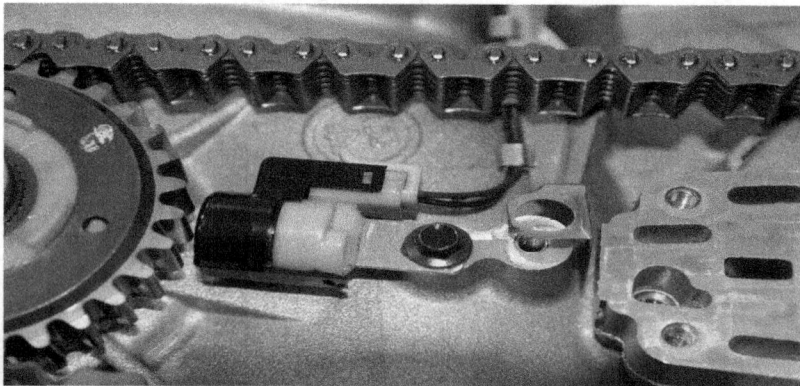

图 5-3　涡轮轴转速传感器

矩，降低变速器油泵油压，防止出现换挡冲击。变速器转速传感器失效后，其所负责的挡位会出现换挡冲击。

5. 主油压传感器

主油压传感器属于选装件，主要配置在法国产的自动变速器上。控制单元给主油压传感器一个 5V 的输入电压，主油压传感器根据主油压变化反馈给变速器控制单元 0.5 ~ 4.5V 的主油压信号，控制单元根据此信号通过主油压电磁阀重新调节主油压。主油压传感器和各种工作油压传感器相配合，可有效监控液压控制系统的密封性和工作状况。主油压传感器的故障率较高。

图 5-4　变速器转速传感器

6. 空挡开关

自动变速器左侧中部的变速器空挡开关（见图 5-5）又称为多挡位开关，包含一组作用如同分压器的电阻器。随换挡摇臂轴旋转的活动触点一旦进水，必须立即用吹风机热风顺线束将其内部吹干，否则会造成发动机起动后不能立即起步。控制单元通过监视空挡开关的电压信号来决定理想的挡位和对节气门油压的电子控制。

空挡开关由于装在变速器外部，所以容易因进水而造成损坏。

7. 制动灯开关

制动灯开关（见图 5-6）装在制动踏板臂上方，需要拆下仪表板才能看见。它除了负责在制动时点亮制动灯外，还负责解除换挡手柄在 P 位上的锁止；负责在制动时解除变矩器的锁止；负责解除巡航控制，并与制动压力传感器一起检查制动主缸内制动压力是否正常。

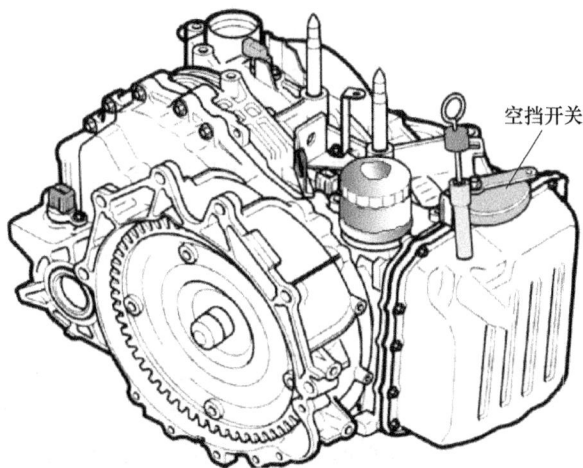

图 5-5　变速器空挡开关

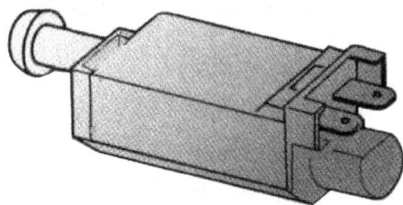

图 5-6　制动灯开关

8. 发动机冷却液温度传感器

它是负温度系数热敏电阻式传感器，装在发动机水套出水口处，即装在节温器上，如图 5-7 所示。发动机冷却液温度传感器主要负责提供发动机冷却液温度的信息，控制单元根据这些信息对变矩器锁止和变速器进入超速挡的时机进行控制。

9. 变速器油温传感器

变速器油温传感器装在控制阀上（见图 5-8），主要对变速器进行高温控制。当变速器油温高于 136 ~ 150℃（不同车系，要求略有差异）时，变矩器立即进入锁止工况，30s 后如果变速器油温仍不下降，变矩器解除锁止工况，变速器升挡点滞后，并退出超速挡。

10. 强制降挡开关

装在加速踏板下方的强制降挡开关（见图 5-9）替代控制阀中的强制降挡阀。

图 5-7　发动机冷却液温度传感器

在将加速踏板踩到底进行超车时，强制降挡开关实行强制降挡，以增大输出转矩，达到强行超车的目的。

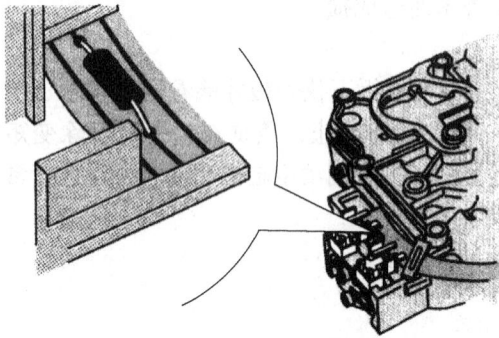

图 5-8　变速器油温传感器　　　　　　图 5-9　强制降挡开关

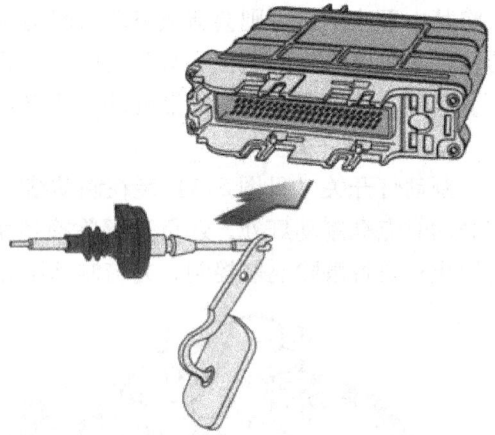

二、自动变速器电控系统的电磁阀

1. 主油压电磁阀

主油压电磁阀（见图 5-10）替代了液压的节气门阀，根据节气门位置传感器信号将一部分主油压通过保压、泄压调节为节气门油压。节气门油压越高，主油压就越高。当主油压过高时，变速器所有的挡都会出现换挡冲击；当主油压过低时，变速器内所有的离合器和制动器都打滑。如果不及时修理，汽车每行驶 10000km，所有的离合器和制动器就会烧蚀一次摩擦片。

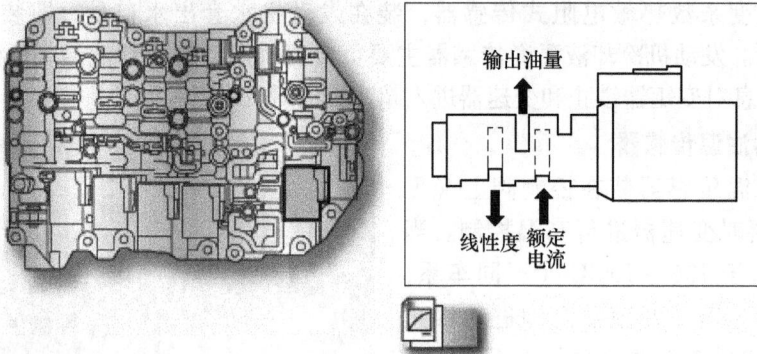

图 5-10　主油压电磁阀

2. 锁止电磁阀

锁止电磁阀（见图 5-11）用于控制变矩器锁止离合器的锁止油压，在制动时负责临时解除变矩器锁止。锁止电磁阀柱塞磨损后，在刚进入锁止工况的 20km/h 车速范围内会出现"嗡嗡"的异常响声，这是因变矩器锁止离合器的锁止力矩不足而引发高频振动时出现的异常响声。

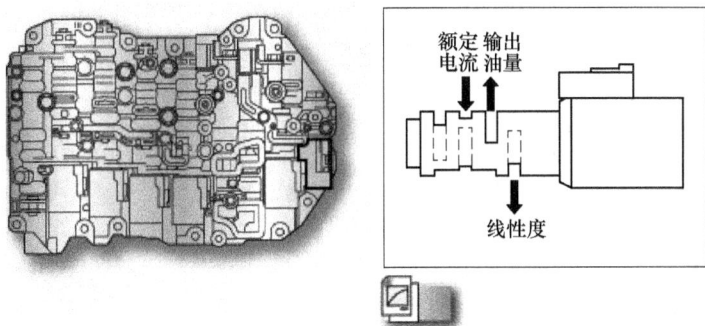

图5-11 锁止电磁阀

3. 换挡电磁阀

换挡电磁阀（见图5-12）根据节气门位置传感器和车速传感器信号，通过换挡阀进行升降挡控制。

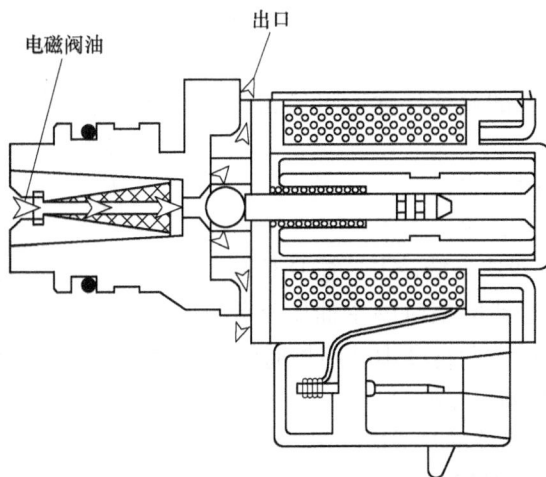

图5-12 换挡电磁阀（断电状态）

4. 脉冲式换挡电磁阀

脉冲式换挡电磁阀（见图5-13）替代了液压蓄能器，在换挡瞬间将一部分变速器油泄入油底壳，使离合器和制动器结合速度放缓，防止换挡冲击。它使换挡过程变得更加柔和。

5. 变速杆锁止电磁阀

变速杆锁止电磁阀（见图5-14）负责在P位锁住变速杆。打开点火开关，踩下制动踏板，发动机在息速状态时才能解除其对P位的锁止。如果这三个条件中缺少一个，就无法解除变速杆锁止电磁阀对P位的锁止。

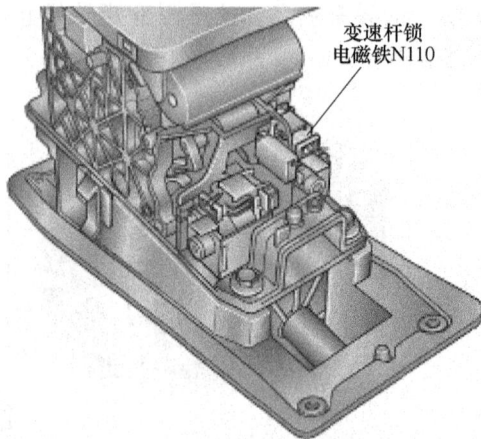

图 5-14 变速杆锁止电磁阀

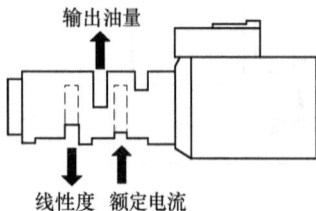

图 5-13 脉冲式换挡电磁阀

三、自动变速器控制单元学习程序的设定

1. 需要进行自动变速器自适应学习的情况

在断电、大修、更换或拆卸电子节气门以及发动机控制单元或自动变速器控制单元（见图 5-15）后，一些车辆的变速器控制单元需要进行自适应学习。

2. 不进行自动变速器的自适应学习可能出现的故障

1）所有前进挡都加速不良。

2）换挡点滞后，换挡冲击。

3）挂 R 位时正常，没有换挡冲击，挂 D 位时

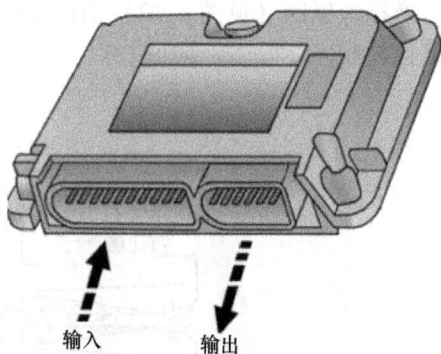

图 5-15 变速器控制单元

却有换挡冲击。自动变速器倒挡时的主油压是前进挡时的 3~4 倍，挂倒挡时和行驶中升降挡时没有换挡冲击，只是挂 D 位时有换挡冲击，这是典型的自动变速器控制单元故障。

同样是不进行自动变速器的自适应学习，但不同公司的变速器故障点并不一致。

3. 通用公司自动变速器再学习程序

通用公司车辆在断开蓄电池负极后，如果出现以下驾驶性问题，则需要重新进行自动变速器再学习程序：

1）换挡质量生硬或变差。

2）怠速不平稳或不稳定。

3）运转时混合气过浓或过稀。

4）燃油经济性差。

通用公司自动变速器再学习程序步骤如下：

1）拉紧驻车制动，使变速杆位于空挡位，起动发动机，热车到发动机工作温度正常（散热器风扇开始旋转）。

2）变速杆位于 N 位，允许怠速运转 1min；选择 D 位，允许怠速运转 1min。

3）在正常的节气门位置（20%～50%）时加速，直到升入最高挡。

4）将节气门微开至中等开度以下进行巡航行驶。

5）减速至汽车停止，允许汽车降挡，正常使用制动器。

6）必要时重复上述动作，直至行驶性能恢复正常。

4. 日产车自动变速器控制单元学习程序和设定步骤

1）起动发动机，使自动变速器挂入空挡，发动机达到正常工作温度，电控风扇开始旋转。

2）将变速杆挂入 N 位，使发动机怠速运转 1min；踩下制动踏板，将变速杆挂入 D 位，使发动机怠速运转 1min。

3）进行路试，缓慢加速，使节气门开度逐渐开到 50%，变速器由低速挡逐步升入高速挡。

4）将车速保持在 60～70km/h 的小负荷状况下运行 3min，然后停车。

5）重复第三步操作，即可完成控制单元学习程序的设定。

5. 大众/奥迪自动变速器控制单元的匹配

配有自动变速器的车辆，在清洗、调整、更换电子节气门体之后，除了与发动机控制单元进行匹配外，也应与自动变速器控制单元进行匹配，只有这样才可实现强制降挡功能。匹配方法如下：

1）连接解码器。

2）打开点火开关。

3）选择"02-自动变速器"。

4）不要接触发动机加速踏板。

5）选择"04-基本设定"。

6）输入通道号"000"并确定。

7）将加速踏板踩到底并保持 3s。

8）退出系统，松开加速踏板。

注意：一些新的大众/奥迪车辆，在进入自动变速器控制系统时，会发现通道不能使用。这里必须在"01-发动机控制系统"中进行设定，其通道号是"063"。

四、自动变速器故障分析

案例 1　变速器油温传感器短路，雪地驾驶灯"*"和运动模式"SPT"指示灯交替闪烁

故障现象　雪铁龙和塞纳轿车仪表盘上的雪地驾驶灯"*"和运动模式"SPT"指示灯交替闪烁，同时在 D 位只有一个失效保护挡——3 挡。

故障分析　雪铁龙和塞纳轿车仪表盘上的雪地驾驶灯"*"和运动模式"SPT"指示灯交替闪烁，是系统出现故障后的自动报警功能。同时，变速器控制单元进入失效保护，在 D 位只有一个失效保护挡——3 挡。AL4 自适应自动变速器控制单元有一个变速器油消耗计数器，控制单元接收到点火正极电源，计数器就立即起动，在给定的时间间隔内，计数器会根据变速器的温度增加一定的单位（磨损）数。计数器具有 32958 单位（磨损）的计数容量，对应于 6000h 的工作时间。在自动变速器油液温度低于 95℃时，当计数器溢出时，变速器控制单元通过仪表板上的运动和雪地模式指示灯的闪烁将故障通知给驾驶人。

法国产 AL4 自动变速器出现运动和雪地模式指示灯闪烁时，多数为主油压调节电磁阀故障。AL4 自动变速器安装有自动变速器油氧化计数器，应检查一下，看是否为这方面的问题。因为根据其工作原理可知：

1）自动变速器油温过高，油液氧化，以及变速器控制单元和仪表盘之间的联系中断或自诊断系统发现有异常时，仪表盘上"∗"和"SPT"指示灯会交替闪烁。

2）变速器控制单元供电不足，在控制单元、换挡电磁阀、主油压电磁阀、锁止电磁阀、变速器油流量调节电磁阀（装在后盖处）、空挡开关、输入轴转速传感器、车速传感器、变速器油压传感器、节气门位置传感器、模拟传感器出现故障时，以及油底壳永久磁铁漏装、变速器控制单元版本不对或不匹配时，仪表盘上"∗"和"SPT"指示灯也会交替闪烁。

故障诊断　如果怠速时"∗"和"SPT"指示灯交替闪烁，则应重点检查变速器控制单元及其电路以及六个换挡电磁阀。如果行驶中"∗"和"SPT"指示灯交替闪烁，则应重点检查变速器控制单元及其电路以及主油压电磁阀、锁止电磁阀和油压传感器。如果"∗"和"SPT"指示灯同时显示但不闪烁，则应重点检查仪表盘及其电路。具体检查方法有：

1）调取故障码，如果查到故障码，则应检查该电器自身和线束的电阻值。如果检查正常，则应查询该传感器或执行器的供电电压。如果输入电压明显超过规定，则说明控制单元有故障。

2）读取变速器油温的数据流，并用红外线测温仪复查验证。

3）检查变速器油的颜色和气味，判断油液是否氧化。

经检测没有故障码，变速器油的颜色也正常，但是在打开点火开关读取数据流时发现，发动机刚起动时变速器油温就超过了 150℃，说明变速器油温传感器短路。

故障排除　拆下变速器油底壳，更换变速器油温传感器，重新试车，如果怠速时"∗"和"SPT"指示灯不再闪烁，则说明故障已被排除。

故障提示　当发现某传感器或执行器有故障码时，首先应检查传感器或执行器自身和线束的电阻值。如果传感器或执行器电阻值过低，则说明有短路现象；如果电阻值过高，则说明有断路现象，必须更换传感器或执行器。所有传感器和执行器线束的电阻值必须小于 1.5Ω，过高时必须更换。变速器油温的数据流显示油温在 150℃左右，而红外线测温仪显示油温正常，说明变速器油温传感器或线束有短路现象，必须更换。变速器油的颜色为褐色，有煳味，说明油液已经氧化，必须更换。

案例 2　主油压电磁阀的插头有污垢，"∗"与"SPT"指示灯同时交替闪烁

故障现象　一辆塞纳车在正常行驶过程中，"∗"与"SPT"指示灯突然同时交替闪烁，发动机噪声增大，车速下降，自动变速器进入失效保护，除手动 1 挡和倒挡正常外，其余挡位均以失效保护挡（3 挡）运行，关闭点火开关后，过一会儿着车，无论挂上哪个挡位，故障都存在。

故障分析　法国产自动变速器在油温过高、蓄电池供电电压不足、变速器油压过高或过低、控制单元及传感器发生故障时，仪表板上的"∗"与"SPT"指示灯会同时交替闪烁，数据流显示变速器油温正常，发动机起动正常，说明蓄电池供电电压正常，故障应在变速器控制单元或传感器，所以应先读取故障码和数据流。

故障诊断 用PROXIA诊断仪读取故障码，发现为主油压电磁阀故障。清除故障码后，读取数据流，数据流显示前进挡急速油压偏高，但偏高幅度并不大。如果是主油压电磁阀泄油滤网堵塞，则会造成主油压明显高于正常值，而不是稍微有些偏高。另外，主油压电磁阀泄油滤网堵塞还会造成每个挡都有换挡冲击，但不会留下故障码，所以可排除滤网堵塞的可能。进一步检查主油压电磁阀的电阻值，如果电阻值偏高，则会造成主油压偏高。但主油压电磁阀的电阻值经检查为正常。考虑到控制单元上主油压电磁阀的插头接触不良也会造成主油压偏高，于是断开变速器控制单元插头进行检查，发现主油压电磁阀的插头有明显的污垢。

故障排除 清除主油压电磁阀插头上的污垢，消除故障码，重新试车，车辆完全恢复正常，说明故障已被排除。

相关提示 对于法国产自动变速器，无论是主油压电磁阀泄油滤网堵塞，造成节气门油压和主油压明显高于正常值，还是控制阀紧固力矩过低，造成主油压明显低于正常值，"*"与"SPR"指示灯都会同时交替闪烁。

案例3 上游氧传感器信号过低，冷车时一切正常，热车后N、D位转换时和1挡换2挡时有换挡冲击

故障现象 冷车时一切正常，在热车后N、D位转化的时候，车子颤动（挂挡冲击）；起步时，在1挡换2挡的时候有换挡冲击；发动机转速过高，正常车速到80km/h时发动机转速应该在2000r/min左右，而该车车速到80km/h时发动机转速达到2800r/min；有时发动机故障灯亮。

故障分析 挂R位时有挂挡冲击，通常是由进气系统密封不良造成急速过高而导致自动变速器急速油压过高引起的。N、D位转化时有挂挡冲击，同时1挡换2挡时也有换挡冲击以及发动机转速过高，通常是由混合气过浓引起的，应重点检查空气流量传感器和氧传感器。

故障诊断 检查氧传感器输出电压，正常值应为0.1~0.9V。如果输出电压始终为0.7~0.9V，则故障可能在空气流量传感器；如果输出电压始终为0.1~0.3V，则故障可能在氧传感器。经检测发现，急速到大负荷时，上游氧传感器的输出电压始终为0.1~0.3V，说明上游氧传感器损坏。在没有进入闭环前，空燃比基本正常，进入闭环后，由于上游氧传感器信号电压持续走低，导致混合气过浓，排气管冒黑烟，油耗高，发动机急速和小负荷时转速过高，进而导致N、D位转化的时候和1挡换2挡的时候有换挡冲击。因为每种车系喷油脉宽的最高数值是不会改变的，如大众车系喷油脉宽为1~6ms，正常急速时为2~3ms，如果上游氧传感器信号电压持续走低，经过短期燃油修正和长期燃油修正后急速喷油脉宽最高可以调整到5ms，所以在急速和小负荷时可以导致发动机转速过高，但是如果再加大负荷，喷油脉宽就只有1ms的调整量了。相反，由于急速喷油脉宽过大，所以中负荷后调整量已经很小，急加速和大负荷时进入开环状态，氧传感器退出控制。所以上游氧传感器信号过低时不会造成高速挡出现换挡冲击。

故障排除 更换上游氧传感器，消除故障码，试车，1挡升2挡时发动机转速恢复正常，N、D位转化的时候和1挡换2挡的时候没有换挡冲击，说明故障已被排除。

相关提示 空气流量传感器信号过高和氧传感器信号过低会导致急速喷油脉宽过大，还会造成 TCS 和 ESP 系统退出控制。

案例 4　上游氧传感器信号过低，冷车时利用手动增减挡开关换挡正常，热车后有换挡冲击

故障现象　一辆配置有手动和自动一体 4F27E 变速器的福克斯轿车，冷车时利用手动增减挡开关换挡正常，热车后有换挡冲击。

故障分析　除高速挡外，多个挡位出现换挡冲击，说明主油压可能过高。4F27E 变速器主油压的高低主要受主油压电磁阀调节出来的节气门油压控制，而福克斯主油压电磁阀开启和关闭的频率除受节气门位置传感器控制外，还受发动机负荷参数控制。发动机负荷参数过高，会造成主油压电磁阀调节出来的节气门油压过高，进而导致主油压过高。发动机负荷参数的高低主要取决于空气流量传感器、发动机转速传感器和上游氧传感器输出信号的高低。如果是空气流量传感器或发动机转速传感器输出信号过高，由于它们从发动机起动时就开始参与工作，所以不会出现冷车时换挡正常、热车后才有换挡冲击的现象，即开环时没有而进入闭环后有，这有可能是上游氧传感器信号电压过低，导致闭环状态下混合气过浓。氧传感器在冷车时不参与控制，热车后才参与控制，所以该故障应可能是氧传感器输出信号过低。

故障诊断　用诊断仪调取故障码，显示为上游的氧传感器加热器损坏。读取数据流，从怠速到大负荷上游氧传感器输出电压始终为 0.1～0.3V，说明因氧传感器有故障而导致混合气过浓、发动机转速过高，进而造成自动变速器主油压过高，引发除高速挡外多个挡位出现换挡冲击。

故障排除　更换上游氧传感器，消除故障码，手动增减挡开关换挡恢复正常。

相关提示　福克斯装有 OBD Ⅱ 系统，可以直接发现氧传感器加热器损坏的故障。氧传感器加热器损坏后会造成输出频率过慢和输出信号过高的故障。对没有配置 OBD Ⅱ 系统的发动机，在氧传感器加热器损坏后，故障码通常显示为空气流量传感器有故障。

案例 5　蓄能器或相关滑阀卡滞，导致无论是冷车还是热车，变速器由 1 挡升 2 挡时都会发生换挡冲击

节气门位置传感器负责控制自动变速器的节气门油压，进而控制主油压，并与车速传感器一起控制变速器的换挡点。如果车速到 50km/h 以上才能升入 2 挡，同时由 1 挡升 2 挡时有换挡冲击，则说明节气门位置传感器输出信号过高。

故障现象　通用公司设计的 4T-60E 和 4T-65E 自动变速器在使用一定年限后在由 1 挡升 2 挡时容易发生换挡冲击。

故障分析　这类故障是由于变速器长期没有换油，油液氧化后变黏，形成油泥、积炭等，造成控制阀内负责由 1 挡升 2 挡时临时转移一部分油，防止换挡冲击的蓄能器或相关滑阀卡滞，导致因升 2 挡时 1～2 挡带式制动器接合过快而出现换挡冲击。

故障排除　针对同样的故障，不同的修理厂维修方法却完全不同，哪种方法更好些呢？现在北京地区对此类故障的修理方法有以下三种：

1）在变速器 1、2 挡伺服装置（见图 5-16）内加一根弹簧，拆下变速器最后端的伺服装置（负责 1、2 挡），在伺服活塞前边增加一根弹簧，使 1、2 挡制动带接合速度放缓，从而消除换挡冲击。

2）清洗自动变速器，使滑阀活动自如。在自动变速器内加注一罐自动变速器清洗剂，在清洗剂中分散剂的作用下，变速器内的漆膜、油泥和积炭变成微小的颗粒漂起来。举升汽车，逐个挡运转，并不断变换车速，20min 后通过加速使油液处于循环流动中，油液滤清器将杂质沾在滤网上。

清洗完成后，打开变速器散热器的回油管，从进油管加注新的自动变速器油，用新油顶旧油。以卡迪拉克轿车为例，规定加注 12L 油，用 14L 左右的新油顶旧油，将旧油全部顶出去，并可保证液位正常。清洗后不仅换挡冲击故障排除了，而且各挡的升降也变得非常柔和了。

3）清洗控制阀，使滑阀活动自如。1挡升2挡时发生换挡冲击，通常是由控制阀内的防止带式制动器换挡冲击的滑阀

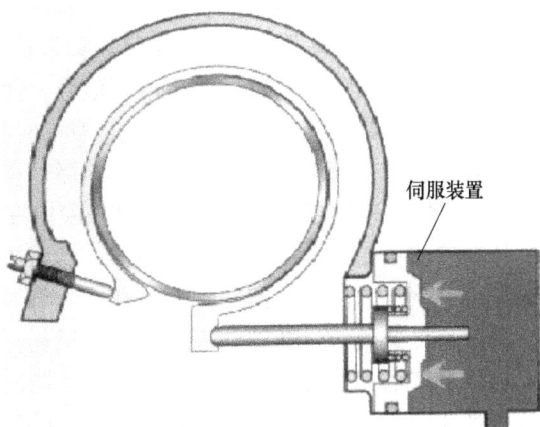

图5-16　伺服装置

（1～2挡调压阀）卡滞所致。所以拆下控制阀，找到卡滞的2挡调压阀，用1200号金相砂纸抛光，然后清洗，用油润滑，重新装配后故障即可排除。

相关提示　自动变速器的清洁非常关键，实际上在自动变速器故障统计中，多数故障和变速器油液有关。

1）规定汽车每行驶48000km换一次油，如果行驶80000km以上还不换油，则会导致出现换挡冲击或缺挡的故障。

2）变速器摩擦片烧蚀后应该彻底清洗变速器、变速器内油道、蓄能器、变速器的散热器、变矩器。如果没有清洗蓄能器，哪个蓄能器的活塞发生卡滞，则该蓄能器负责的D位上的挡位就会发生严重的换挡冲击。变速器摩擦片烧蚀后应该彻底清洗变速器散热器内的变速器油道，如果此处堵塞，则会造成变矩器锁止离合器和变矩器后盖间没有油，使变矩器始终处于锁止工况，造成制动熄火。变速器油液温度过高，会使油液过早氧化。变速器摩擦片烧蚀后应该彻底清洗变矩器，否则会出现换挡冲击或缺挡的故障，而且只要不彻底清洗变矩器，该故障就会反复出现。

3）油位过高，在旋转件的搅拌下会出现大量泡沫，造成行星齿轮机构润滑不良、工作油压下降等故障。油位过低，会造成油泵油压和主油压过低，进而造成一系列与油压过低相关的故障，例如没有倒挡，制动后不能立即行驶，离合器和制动器打滑等故障。

案例6　控制单元的残存记忆导致换挡冲击

故障现象　从N位往R位挂挡或从N位往D位挂挡时有挂挡冲击，而行驶过程中没有换挡冲击，或者汽车在D位行驶过程中有换挡冲击。

故障分析　具有自学习功能的变速器控制单元，新车时会通过学习驾驶人的驾驶习惯、路况条件等，将变速器的换挡等功能设定在最佳工作状态。如果因自学习功能受到干扰而产生错误记忆，就有可能出现换挡延迟等故障。自动变速器的换挡冲击就是由换挡延迟和换挡过快两个原因造成的，所以出现从N位往R位挂挡或从N位往D位挂挡时有挂挡冲击，而行驶过程中没有换挡冲击。

故障排除　可断开蓄电池负极30s，使控制单元失去不良记忆，起步挂挡冲击的故障即可排除。汽车在D位行驶过程中有换挡冲击，可通过强制学习使其恢复正常。学习前检查

发动机怠速转速是否正常，发动机前、后悬软垫是否正常。如果上述检查正常，则断开蓄电池负极 30s，使控制单元失去不良记忆。如果还有换挡冲击，则可起动发动机，连接故障诊断仪，读取节气门位置传感器输出电压信号，使加速踏板保持在厂家规定的角度。例如现代轿车使用的 F4A42 型自动变速器，加速踏板应稳定在节气门位置传感器输出电压为 1.65V 时的位置，如果变速器只是在 2 挡升入 3 挡时有换挡冲击，待变速器由 2 挡升入 3 挡后保持 2s，然后放松加速踏板；再次将加速踏板稳定在节气门位置传感器输出电压为 1.65V 时的位置，待变速器由 2 挡升入 3 挡后保持 2s，然后放松加速踏板，如此反复，直至换挡冲击故障消除。也可将加速踏板迅速踩到底，待变速器由 2 挡升入 3 挡后保持 2s，然后放松加速踏板，再次将加速踏板迅速踩到底……如此反复，直至换挡冲击故障消除。

如果变速器只是在 3 挡升入 4 挡时有换挡冲击，待变速器由 3 挡升入 4 挡后保持 2s，然后放松加速踏板；再次将加速踏板踩下，如此反复，直至换挡冲击故障消除。

案例 7　蓄能器活塞卡滞，D 位上个别挡有换挡冲击

故障现象　D 位上个别挡有换挡冲击。

故障分析　自动变速器没有按期换油，或离合器和制动器烧蚀后没有彻底清洗变速器、变矩器、变速器的散热器，导致控制阀中的换挡阀轻微卡滞，控制阀内单向节流球阀变形，换挡电磁阀轻微卡滞，滑行（手动挡）调压阀卡滞，蓄能器活塞（见图 5-17）卡滞，造成个别挡有换挡冲击。所以，在个别挡有换挡冲击时，维修人员会把修理重点放在控制阀和蓄能器上。

图 5-17　蓄能器活塞

故障排除　先拆下油底壳，然后拆下控制阀，一个人检修控制阀，另一个人检修蓄能器。

1）逐个检查滑阀是否发生卡滞，把卡滞的滑阀用铜棒振出，用 1200 号金相砂纸沿圆弧方向打磨滑阀，然后将阀体立在工作台上，取出里边的弹簧，在干净、干燥（没有润滑）的条件下，以滑阀能靠自身的重量缓缓下滑到另一侧为最佳。

2）如果控制阀内有橡胶或塑料的单向节流球阀，则应换新的。对于塑料球阀，还应检查其所负责密封的铝合金中间隔板上的孔是否发生变形。

3）用电阻值为 100～1000Ω 的导线将蓄电池的正极与换挡电磁阀的端子相连，连续三次使蓄电池的负极在换挡电磁阀的外壳搭铁。如果每次搭铁的瞬间都能听到"咔"的一声，表明换挡电磁阀工作正常，若有一两次听不到"咔"的一声，则表明换挡电磁阀轻微卡滞，必须更换。

4）用手轻轻地按蓄能器活塞，活塞下行应滑动自如，将其按到下侧后松手，活塞应能迅速复位。如果有一个蓄能器活塞发生卡滞，则必须检修所有的蓄能器。因为实践证明，当一个蓄能器活塞发生卡滞时，其余蓄能器内也会有较多的油泥。

经检测发现，有一个蓄能器活塞发生卡滞。拆下蓄能器活塞，清洗、吹干后更换新的密封圈，用自动变速器油润滑后再进行装配。

注意：不同的蓄能器内，活塞背压弹簧的预紧力会有明显的差别，如果彼此间装错则会造成个别挡有严重的换挡冲击。除一组背压弹簧没有颜色外，其余各组背压弹簧分别染有不同的颜色。

案例8　主油压电磁阀滤网堵塞造成所有挡都有换挡冲击

故障现象　有些车使用才一年左右，就出现了正常行驶时每个挡都有换挡冲击的现象。

故障分析　自动变速器每个挡都有换挡冲击，通常是由主油压电磁阀泄油滤网堵塞造成的。主油压电磁阀通过保压、泄压将一部分主油压变为节气门油压。如果电磁阀泄油滤网堵塞，就会造成泄油量明显减少，使节气门油压过高，而节气门油压又负责调解主油压，节气门油压越高，主油压就越高。主油压过高，会使换挡过程中离合器和制动器结合速度过快，从而导致每个挡都有换挡冲击。

故障诊断　先检查自动变速器主油压，如果主油压过高，则检查主油压电磁阀泄油滤网是否堵塞。在给主油压电磁阀连接12V电压后，用嘴吹电磁阀油道，应完全畅通，如果感觉有阻力，则说明电磁阀泄油滤网堵塞。

故障排除　更换主油压电磁阀，也可将主调压阀向外松4圈，即可排除故障。主调压阀调压弹簧和节气门油压共同负责将油泵油压通过保压、泄压变为主油压。节气门油压过高时，可适当降低主调压阀调压弹簧预紧力，使之达到一个新的平衡点，以使主油压趋于正常。

故障排除后的思考　换挡冲击是自动变速器的常见故障。正常情况下，自动变速器换挡时不中断动力传递，前一个挡的退出和后一个挡的进入是同步的。所以自动变速器换挡要较手动变速器更平稳，尤其是使用脉冲式换挡电磁阀替代传统的蓄能器的换挡过程平稳得近似没有感觉。如果在自动变速器起步挂挡或行驶中换挡时感觉到汽车有明显的前后窜动，则表明有换挡冲击故障。行驶中急剧改变车速时（换挡），如果听到类似大锤砸缸的声音，则表明个别挡换挡时有严重的换挡冲击。换挡冲击大主要出现在不常换油的车辆。大多数换挡冲击是由于长期不换油，油液严重氧化，油质过脏，造成动作不良，特别是弹簧比较软的滑阀，会造成换挡阀、换挡电磁阀轻微卡滞，或造成蓄能器活塞严重卡滞等。用免拆清洗的方法可以解决80%的车辆换挡冲击故障。维修人员在遇到换挡冲击故障时，通常是先拆下变速器油底壳，再拆下控制阀，分别检查滑阀和蓄能器是否有卡滞现象，如果有，则清洗，用金相砂纸抛光，蓄能器带密封圈的一律换新的，重新润滑，装好后复查，活动自如即可。对于常见故障，确实有效，但对于一些复杂故障，还需要具体问题具体分析。

（1）造成换挡冲击的原因

1）如果发动机转速过高，则起步挡和变速器由1挡升2挡时会出现换挡冲击。如果上游氧传感器输出电压始终在0.1~0.3V，则冷车时没有换挡冲击，热车后起步挡和变速器由1挡升2挡时都会出现换挡冲击，这是因为冷车时没有进入闭环状态。

2）节气门位置传感器信号过高或主油压电磁阀泄油滤网堵塞（常见的是后者），变速器主油压过高，离合器和制动器结合速度过快，会使所有挡都有换挡冲击。换挡电磁阀泄油滤网堵塞会造成个别挡有换挡冲击。

3）摩擦片烧蚀后没有彻底清洗变矩器或油液严重氧化，换挡阀或换挡电磁阀轻微卡滞，导致前一个挡位退出与后一个挡位进入不同步，所负责的挡位会出现换挡冲击。

4）自动变速器因机械或电子故障而进入失效保护，变速器在手动2挡和D位上只有一个所有换挡电磁阀都不负责的挡（2挡或3挡）。D位起步时，首先起步时间滞后，其次有轻微换挡冲击的感觉。

5）更换后没有重新匹配，控制单元不良的残存记忆导致换挡冲击，主要表现为N位往R位挂挡或从N位往D位挂挡时有挂挡冲击。

（2）起步挡有挂挡冲击的原因

1）挂R位时有挂挡冲击，其余挡没有冲击，这通常是由进气系统密封不良造成怠速过高导致自动变速器怠速油压过高引起的。

2）N、D位转化的时候有挂挡冲击，同时1挡换2挡的时候也有换挡冲击的原因是中低速时发动机转速过高，通常是由混合气过浓引起的。

3）不仅起步挡有挂挡冲击，而且每个挡都有换挡冲击，这是由节气门油压过高导致主油压过高造成的。节气门位置传感器输出信号过高，不仅每个挡都有换挡冲击，而且1挡升2挡时间严重滞后；主油压电磁阀泄油滤网堵塞，换挡点正常，只是每个挡都有换挡冲击。

案例9 蓄能器活塞密封圈泄漏造成同一组离合器连续发生烧蚀

故障现象 D位上离合器和制动器摩擦片（见图5-18）打滑或烧蚀。

图5-18 制动器摩擦片烧蚀

故障分析 当变速器离合器和制动器打滑或烧蚀时，维修人员为什么要检查蓄能器呢？汽车设计的一个主要原则就是等强度设计。一个自动变速器内离合器和制动器的寿命应是基本一致的。如果单独一组离合器或制动器发生烧蚀，而其他的离合器和制动器工作均正常，则表明这组离合器或制动器的工作油路密封不良。由于D位上的离合器和制动器与蓄能器走并联油路，在离合器和制动器工作的同时，一部分油压被临时转移到蓄能器，使离合器和制动器接合速度放慢，以防止换挡冲击。如果蓄能器内活塞密封圈密封不良，蓄能器内的背压油就会进入离合器和制动器的工作油路，使主油压降低，离合器和制动器进入工作状态后始终处于滑磨状态，行驶3000km后就会烧蚀一组摩擦片。

故障诊断　单独一组离合器或制动器发生烧蚀绝大多数是由蓄能器内活塞密封圈密封不良造成的。所以，离合器和制动器打滑或烧蚀后，维修人员要检查蓄能器。用手握住蓄能器活塞，另一只手旋转密封圈，如果能转动，则说明密封圈过度溶胀，已经无法保证密封。

故障排除　更换变速器内所有蓄能器活塞的密封圈，故障即可排除。

故障警示　自动变速器油内有防止橡胶老化、硬化的橡胶膨胀剂，在变速器使用到一定时间后，随着密封圈在橡胶膨胀剂作用下发生膨胀，密封圈和活塞上密封圈槽的间隙就会越来越大，所以变速器大修时应该更换全部橡胶密封件。变速器大修包内有全部密封圈，所以即使没有烧蚀摩擦片，也应在大修时更换全部密封圈。

案例10　大众和标志轿车缺0.5～1L变速器油，制动后不能立即行驶

故障现象　一辆2002年款捷达都市先锋轿车，装备的是大众公司生产的AG4 01M型四前速电子控制自动变速器。用户反映该车有时将变速杆挂在D位正常行驶后，在等交通信号灯制动停车时，再次起步时却无法行驶，此时若将变速杆置于3挡、2挡及R位均无法行驶，但当变速杆置于手动1挡时却能够行驶。

故障分析　大众轿车所有配置有自动变速器的车辆如果少加0.5～1L变速器油，在制动后均会出现不能立即行驶但不熄火，过30s左右又可以正常行驶的故障。这是因为此类变速器内装有变速器油温传感器，当变速器油液液位低于标准时，会造成油泵油压过低，导致主油压过低，自动变速器内离合器和制动器打滑，引起油温过高，控制单元在收到变速器油温传感器油温过高的信号后，进入失效保护，第一项措施便是让变矩器进入锁止工况，过30s后如果变速器油温没有降低的可能，控制单元就会让变矩器解除锁止工况，并让变速器退出超速挡。如果起步时变矩器处于锁止工况，就好像使用手动变速器的汽车离合器处于完全接合的状况，汽车会因过载而无法起步。

故障排除　将大众汽车停在平地上，使发动机保持怠速，让变矩器和散热器里充满油。所有挡位走一遍，使变速杆在每个挡位停留3～5s，以使控制阀内充满油，最后保持在P位。不同的挡位，液位不一致，P位时油液液位最高，又有驻车制动。在变速器油温为35～45℃时，打开溢流阀监测孔，应有少量油流出。

故障警示　大众车系01N、01M和01V自动变速器控制单元在换挡电磁阀N88的针脚接触不良而造成N88电磁阀电阻值过大时，也会出现类似故障。

案例11　通用自动变速器缺0.5～1L变速器油，前进挡正常但没有倒挡

故障现象　通用公司别克车系和凯迪拉克车系使用的4T40E、4T60E、4T65E和5L40E型自动变速器在行驶中突然没有倒挡，但前进挡正常；没有故障码，变速器内倒挡离合器和倒挡制动器完好无损。从新装配，加完油后试车，倒挡又有了，但过了不到两个月后还是没有倒挡。这次没有急着分解变速器，而是逐项检查，发现变速器油液液位低于油尺下限。

故障分析　4T40E、4T60E、4T65E和5L40E型自动变速器均用节气门阀真空调节器（见图5-19）操控节气门阀。

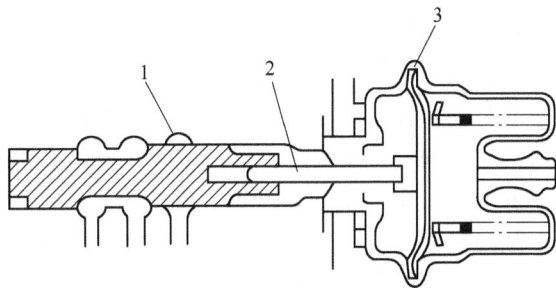

图5-19　节气门阀真空调节器
1—真空节流阀　2—真空膜片杆　3—真空膜片

如果变速器少加 0.5 ~ 1L 变速器油，或因真空调节器膜片破裂而使部分变速器油被吸入燃烧室而导致变速器缺 0.5 ~ 1L 变速器油，就会造成前进挡正常但没有倒挡的故障。这是因为通用车系自动变速器倒挡主油压是前进挡主油压的四倍。

故障诊断 发动机在怠速和小负荷时排气管冒白烟，用手接尾气时发现白烟里有油。拔下真空调节器一侧的软管，发现有油，说明真空调节器膜片破裂，部分变速器油被吸入进气道，然后进入燃烧室，由于无法燃烧而冒白烟。大负荷发动机进气系统真空度低，不能把低于它很多的变速器油吸入进气道，所以排气管不冒白烟。

故障排除 更换新的真空调节器，按规定重新补充自动变速器油，倒挡恢复正常。

相关提示 别克车系新款自动变速器取消了真空调节器，改用主油压电磁阀，由主油压电磁阀根据节气门位置传感器信号将一部分主油压经过不断的保压、泄压，变成节气门油压。这样就没有了因真空调节器膜片破裂而导致变速器油被吸入燃烧室的故障，变速器油也就不会缺失了。

变速器缺油后强行行驶，还会因润滑油压过低而导致行星齿轮机构发生早期磨损。

案例12　通用 4T60/65E 型自动变速器多加 0.5 ~ 1L 变速器油容易造成 3、4 挡离合器烧蚀

故障现象 一辆别克君威轿车大修后不到半年便没有了 3 挡和 4 挡。

故障分析 通用轿车自动变速器油尺有冷态和热态之分。如果变速器油温在 60℃ 以下，油位按热态高度控制，就会多加 0.5 ~ 1L 变速器油，变速器内离合器和行星齿轮机构等旋转件就可以触及油面，行驶中在旋转件的搅动下，特别是在高速行驶中因变速器油温度不断升高而膨胀，使油液液位同步升高，进而使搅动加剧，形成大量泡沫，引发油液沸腾，最后从加油口和冷却器向外溢油，掉在排气管上就冒烟，看上去就像是着火。同时，因为变速器油起泡而导致油泵油压明显降低，使离合器和制动器的主油压和润滑油压低于标准值。高速行驶时离合器负荷很大，因此容易导致装在输入轮毂内侧的 3、4 挡离合器和部分行星齿轮机构烧蚀，使车辆没有 3、4 挡。

故障诊断 检查发现变速器油高于上限，另外油液发黑，有臭味，说明已经有摩擦片烧蚀。分解检查，发现其他离合器、制动器、单向离合器和行星齿轮机构均正常，但 3、4 挡离合器已经烧蚀。

故障排除 彻底清洗自动变速器，包括油道、蓄能器、变矩器和散热器，更换新的 3、4 挡离合器，在装配前用新的变速器油将其泡透，装配后严格按规定加好变速器油，试车，3、4 挡恢复正常，说明故障已被排除。

故障排除后的思考 自动变速器油加得过多，有时还会导致离合器和制动器的工作油压过高。例如一辆 2003 款的别克君威轿车，搭载 2.5L V6 电喷发动机和 4T65E 型自动变速器。该车在行驶过程中，变速器自动换挡时有较大的冲击感。经检查发现变速器油位过高，按规定将油位降到规定高度后，重新试车，换挡平稳，故障消失。

案例13　散热器水道堵塞，冷车时变速器可进入超速挡，热车后不能进入超速挡

故障现象 起步后开始时变速器可进入超速挡，行驶一段时间热车后不能进入超速挡。

故障分析 自动变速器无法进入超速挡的原因有：锁止离合器打滑，变速器内超速挡的离合器或制动器打滑，控制超速挡的换挡阀卡滞，变速器油温传感器短路，变速器油温过高，冷却液温度传感器断路等。

故障诊断　如果是超速挡的离合器或制动器打滑，那么在冷车时变速器不可能进入超速挡。超速挡的离合器、制动器或锁止离合器打滑会造成油液变成黑色，但该变速器油液颜色正常。换挡阀卡滞在冷车时变速器也不可能进入超速挡。冷却液温度传感器断路会造成混合气过浓，排气管冒黑烟，油耗高，但该车排气管不冒黑烟，油耗也正常。如果变速器油温传感器短路，那么在冷车时变速器不可能进入超速挡。最后剩下的就是变速器油温过高了。经检查，发动机散热器和变速器散热器的进水口和出水口温差都明显超过了30℃，说明发动机和变速器散热器水道堵塞。经询问，用户反映原来发动机温度一直很正常，但前些日子更换了冷却液后一上坡发动机温度就过高。拆下节温器，发现覆盖了一层白色粉尘，到此故障诊断清楚了，都是冷却液惹的祸。亚洲产的冷却液里的添加剂中含有胺，美洲产的冷却液里的添加剂中含有氮，二者混合使用会产生氮胺化合物，在冷却液内会出现大量白灰膏状沉淀物，于是发动机散热器和变速器散热器水道都被严重地堵塞，造成发动机和变速器工作温度过高。当变速器工作温度超过138℃时，变矩器会退出锁止工况，变速器就会退出超速挡。在更换冷却液时，很难将原有的冷却液放干净，所以需要注意不同地域的冷却液颜色不同，在更换冷却液时除了参考厂家说明书外，还应观察冷却液颜色。值得注意的是，经常有人误将亚洲产的冷却液和美洲产的冷却液混用，却误认为冷却液质量有问题。

故障排除　彻底清洗发动机和变速器的冷却系统，然后重新加注冷却液，试车，热车后变速器也能顺利进入超速挡，说明故障已被排除。

案例14　发动机转速上升很快，但车速上升缓慢

故障现象　起步时踩下加速踏板，发动机转速很快升高但车速升高缓慢。行驶中踩下加速踏板加速时，发动机转速升高但车速没有很快提高。平路行驶时基本正常，但上坡时无力，且发动机转速很高。

故障分析与排除　造成车速不能和发动机转速同步上升的直接原因是自动变速器打滑，这是自动变速器最常见的故障之一。虽然自动变速器打滑往往都伴有离合器或制动器摩擦片严重磨损甚至烧焦等现象，但是如果只是简单地更换磨损的摩擦片而没有找出打滑的真正原因，则会使维修后的自动变速器使用一段时间后又出现打滑的现象。此时不要急于拆卸分解，应先做各种检查、测试和分析，以找出造成打滑和车速上升缓慢的真正原因。

（1）变速器拖底　汽车拖底时直接损坏的就是变速器油底壳，但除直接撞击损坏变速器油底壳外还有剧烈震动对电器带来的损坏。拖底后会有以下三种结果：

1）轻微拖底，变速器油底壳变形后，油滤器进油口被堵塞，使油泵供油量明显不足，油泵油压、主油压明显降低，离合器制动器打滑，最高车速通常只有110km/h左右。拆下油底壳，用锤子敲平后即可排除故障。

2）拖底带来的震动使换挡电磁阀或车速传感器震坏，变速器进入失效保护，除手动1挡和倒挡正常外，其余挡位上只有一个所有电磁阀都不工作的失效保护挡。

3）拖底严重时液压控制阀被撞坏，车辆无法行驶。

（2）变速器油液位过低或油液滤清器被堵塞　使液压泵供油量明显不足，液压泵油压、主油压明显降低，离合器制动器打滑，最高车速通常只有110km/h左右。举升汽车，急加速时用手摸变速器油底壳，可以感觉高频振动。

（3）变速器油油位过高　变速器油的油位过高时，运转中会被行星排剧烈搅动后产生大量气泡，使油泵油压、主油压明显降低，离合器制动器打滑，车速受到一定影响，而且还

破坏润滑作用，造成行星齿轮机构出现干摩擦，导致早期磨损。

（4）油泵磨损过严重　变速器油液滤清器破裂，使杂质进入油泵，导致其磨损严重，不仅影响车速，而且如果不及时更换，每行驶 10000km 就会使所有的离合器和制动器烧蚀一次。

（5）离合器或制动器发生烧蚀　离合器和制动器烧蚀后变速器油变成黑色，气味发臭，用手捻时发现有微小颗粒。若自动变速器升至某一挡位时发动机转速突然升高，但车速没有相应地提高，即说明该挡位有离合器或制动器打滑。打滑时发动机的转速越容易升高，说明打滑越严重，应立即进行修理，如果延迟修理将增加维修成本。维修时不仅要更换摩擦片，而且要彻底清洗变速器油道、蓄能器、散热器和变矩器，否则会发生变速器换挡冲击等一系列他生故障。造成离合器和制动器烧蚀的原因如下：

1）最常见的是蓄能器活塞密封圈密封不良，所以离合器和制动器烧蚀后必须更换所有蓄能器活塞的密封圈。

2）离合器进油口两侧的密封圈密封不良，大修时除了铸铁密封圈可继续使用外，其余必须全部更换。

3）离合器或制动器活塞密封圈密封不良。由于这种故障较少发生，所以容易被忽略。

（6）单向离合器打滑

1）液力变矩器内支撑导轮的单向离合器打滑，会造成车速在 50km/h 以下时加不起车速，50km/h 以上时加速性能良好。更换液力变矩器总成即可排除故障。

2）变速器内单向离合器打滑。以 1 挡单向离合器打滑为例，由于单向离合器通常处于辅助地位，所以表现为挡位不稳定，一会有 1 挡爬行，一会又没有 1 挡爬行，出门时还有 1 挡爬行，等完红灯后，松开制动踏板却不走车。

案例 15　变速器内单向离合器装反造成缺挡

故障现象　汽车行驶中踩着加速踏板时没有异常响声，放松加速踏板时会发出"嗡嗡"的异常响声；有的变速器不影响换挡，而另一些变速器却造成缺挡。

故障分析　放松加速踏板时有"嗡嗡"的异常响声，说明变速器内单向离合器不能和它所负责锁止的行星齿轮机构一起反转，也就是说自动变速器里单向离合器发生卡滞或者在装配时装错了方向。

1）自动变速器里单向离合器卡滞时不影响换挡，但在发动机制动（行驶中猛地放松加速踏板）时因为和所固定的行星齿轮机构发生运动干涉，会发出"嗡嗡"的异常响声。踩着加速踏板时，变速器里的单向离合器在工作的挡位上处于锁止状态，放松加速踏板时应和它所负责锁止的行星齿轮机构一起反转。排除传动比的因素，由于发动机制动时传动系统与发动机的转速差会通过行星齿轮的反转消耗掉，如果单向离合器卡滞，无法随其反转，就会因与反转的行星齿轮机构发生运动干涉而发出"嗡嗡"的异常响声。在发动机制动时能听到单向离合器发出的"嗡嗡"异常响声，而踩下加速踏板时"嗡嗡"的异常响声立即终止，猛地放松加速踏板时又能听到，就可以诊断为负责该挡锁止的单向离合器发生卡滞或装反。对于单向离合器卡滞的故障，在未分解前，除了采用急剧改变节气门开度的方法外，目前还没有其他的诊断方法。

2）自动变速器在装配过程中有许多陷阱，例如所有的单向离合器都有特定的装配方向，一旦装反，单向离合器应负责的工作不再负责，相反还会锁住其他挡位的旋转路线。前驱的辛普森式变速器的 1 挡单向离合器如果装反了，除了手动 1 挡和倒挡外，其余各挡都变成了空挡。辛普森式变速器的超速挡单向离合器如果装反了，它所负责的 1 挡、2 挡、3 挡和倒挡都有，但 4 挡时单向离合器却锁住了 4 挡制动器的传递路线，制动器要旋转，它却不让旋转，机械装置的单向离合器的锁止力矩大于制动器的摩擦力矩，导致每行驶 2000 ~ 3000km 就烧蚀一组超速挡制动器的摩擦片。由于人们潜在的自我保护意识，在维修中最难找的故障就是自己设置的故障。这种故障唯一的诊断方法和单向离合器卡滞的诊断方法一样，就是在它工作的挡位上于行驶过程中猛地放松加速踏板时能听到"嗡嗡"的异常响声，踩下加速踏板时"嗡嗡"的异常响声立即终止。辛普森式变速器的超速挡单向离合器如果装反了，在它所负责的 1 挡、2 挡、3 挡和倒挡行驶中猛地收加速踏板时就能听到"嗡嗡"的异常响声。

故障排除　单向离合器卡滞时必须更换，而且还需要检查它周边的离合器、制动器是否烧蚀。单向离合器装反时，应将其拆下来重新按正确的方向装配，如果修理不及时，则会造成某个离合器或制动器连续发生烧蚀，每行驶 1000km 左右就烧蚀一次。

故障警示　单向离合器可拆可不拆时，一律不拆，必须拆的一定要先做好标记然后再拆。

【一句话介绍】

1）涡轮轴转速传感器与发动机转速传感器一起监控变矩器锁止离合器是否打滑，与车速传感器一起监控变速器各挡的离合器和制动器是否打滑。

2）节气门油压控制方式先后经历了三代，即拉索凸轮式、真空调节器式和主油压电磁阀三代。

3）部分新款自动变速器用脉冲式换挡电磁阀替代传统的蓄能器，不仅基本上消除了换挡冲击，没有了蓄能器活塞卡滞出现的换挡冲击，也没有了蓄能器活塞密封圈泄漏造成的每行驶 3000km 就使同一组摩擦片发生一次烧蚀，而且使换挡更加柔和，换挡过程几乎没有感觉。

4）变速器油温传感器负责监控自动变速器油底壳的油温，并直接反映自动变速器的油温。

5）自动变速器散热器进、出油管的温度差反映了散热器是否堵塞，正常温差为 30℃，如果温差小于 30℃，则说明散热器冷却液管堵塞；如果温差大于 30℃，则说明散热器内变速器油管堵塞。

6）自动变速器油如果有焦煳味，则说明油液氧化，必须立即换油；如果有臭味，则说明离合器或制动器摩擦片剥落，必须及时更换摩擦片，并彻底清洗变速器、油道、蓄能器、散热器和变矩器。

7）自动变速器齿轮泵的主动轮有特定的装配方向，一旦装错方向就会造成异常响声和早期磨损。

8）对于可调试带式制动器，制动带与制动鼓的间隙应调整到旋转制动鼓时有虚蹭并且没有发涩的感觉为合适。

9）变速器进入失效保护后，除手动 1 挡和倒挡正常外，其余挡位只有所有电磁阀都不工作的那一个挡。如果该变速器失效保护挡为 3 挡，那么挂手动 2 挡或挂 D 位时均只有一个

3挡。

10）大众自动变速器安装控制阀时，应将手控阀推到里端，在N位连接。

11）使用自动变速器的汽车在中高速行驶中踩制动踏板时变矩器解除锁止，发动机负荷变小，所以发动机转速先是上升，紧跟着制动效果出现，转速又立即下降。

12）行驶中松抬加速踏板时听到"嗡嗡"的异常响声，踩下加速踏板时异常响声立即停止。这种现象在哪个挡位出现，就说明负责该挡锁止的单向离合器卡滞或装反。单向离合器卡滞不会造成变速器缺挡，装反则会造成变速器缺挡。

13）行驶中听到"嗡嗡"的异常响声，踩下制动踏板后异常响声立即停止，抬起制动踏板后异常响声又立即出现，说明变矩器锁止离合器锁止力矩不足，应重点检查锁止电磁阀柱塞是否发生磨损，如果属实，则必须更换电磁阀柱塞。

14）行驶中放松加速踏板时如果没有发动机制动的感觉，则说明负责该挡固定的制动器打滑，必须更换制动器。

15）行驶中在某个挡位发动机转速上升很快，车速上升很慢，说明该挡的离合器和制动器可能打滑了。

16）自动变速器在维修过程中不准使用掉毛的布，也不准使用锂基或钙基润滑脂，需要粘部件时可使用凡士林。

17）紧固控制阀螺钉时，应从外侧向内按厂家规定的转矩对角拧紧。

18）部分片式制动器卡环有倒角，变速器壳上卡环槽也有倒角，这种卡环有特定的装配方向，即倒角朝外，朝向油泵方向，一旦装错方向，卡环因无法装配到位，将挡住活塞，使该制动器无法参与工作。

【故障一点通】

1）如果车速到50km/h以上才能升入2挡，同时每个挡位都有换挡冲击，则说明节气门位置传感器输出信号过高。

2）自动变速器1挡升2挡时有换挡冲击，如果同时存在怠速高，则应先查怠速高的原因，因为换挡冲击可能是由怠速高造成的。

3）自动变速器每个挡都有换挡冲击时，应先查主油压电磁阀泄油滤网是否堵塞。

4）蓄能器活塞卡滞会造成所负责的挡位都发生严重的换挡冲击。

5）蓄能器活塞上密封圈密封不良会造成其所负责挡位的离合器或制动器的摩擦片每行驶3000km就烧蚀一次。

6）自动变速器空挡开关进水后会造成每天初次起动正常，但挂挡不走车（类似手动变速器跳挡），过20s左右可正常起步，随后一天之内工作正常。此时必须尽快用吹风机热风将自动变速器空挡开关烘干，如果不及时修理将造成空挡开关内部腐蚀报废。

7）当大众自动变速器散热器冷却液道或散热器内变速器油道堵塞，以及变速器油温传感器短路造成变速器油温过高或出现虚假的油温过高信号时，变矩器会立即进入锁止工况，进入锁止工况30s后如果油温不下降，变矩器便退出锁止工况，并且不进入超速挡，而且还会造成升挡点滞后。此时，发动机转速为2000r/min时才能勉强升入2挡，转速为3000r/min时才能勉强升入3挡。

8）自动变速器由 1 挡升 2 挡时有换挡冲击，除了 1 挡和 2 挡的换挡阀轻微卡滞的原因外，其他各种原因造成的发动机怠速转速过高也会造成由 1 挡升 2 挡时有换挡冲击。

9）在刚进入锁止工况的头 20km/h 车速范围内有"嗡嗡"的异常响声，提速或减速离开这一车速范围后异响声立即停止。在响声出现时，稳定住车速，将制动踏板行程踩下 40%，如果异响声立即停止而放松制动踏板后异响声又立即出现，则说明变矩器锁止力矩不足，应重点检查锁止电磁阀的密封性。

10）当自动变速器里缺 0.5 ~ 1L 油时，通用车系会出现前进挡正常而没有倒挡的故障，大众车系会出现制动后不能立即行驶的故障。举升汽车，在急加速时用手摸变速器油底壳，如果感觉颤动，则说明变速器里缺油。

11）自动变速器内 1 挡单向离合器打滑，有时会出现起步时不给油而无法起步的现象。

12）如果 ATF 散热器堵塞，则在高速路上行驶时，ATF 油温可以达到 140℃，随后变速器退出超速挡，变矩器解除锁止工况，于是行驶时会出现失速现象。此时没有故障码，数据流显示变速器油温过高。

13）汽车行驶中若自动变速器升至某一挡位时发动机转速突然升高，但车速没有相应地提高，即说明负责该挡位的离合器或制动器打滑。打滑时发动机的转速越容易升高，说明打滑越严重。

14）若自动变速器在变速杆位于 D 位时的 1 挡有打滑，而在变速杆位于 L 位的 1 挡不打滑，则为 1 挡单向离合器打滑。本田雅阁轿车自动变速器有时会遇到一会有 1 挡一会又没有 1 挡的故障。车开得好好的，等了一会交通信号灯，再加速时突然没有 1 挡了，行驶了一会，1 挡又有了，但不知什么时候 1 挡又没有了。雅阁轿车 1 挡单向离合器刚开始打滑时用手力是无法检查出来的，必须把 1 挡单向离合器夹在专用夹套内，用搬把加上杠杆力旋转才能发现其是否打滑。

15）自动变速器内有摩擦片剥落时没有清洗变矩器，造成液力变矩器内过脏。自动变速器的两个进油孔中，一个在阀体上，有滤清器保护，另一个在变矩器内的输入轴前端，无滤清器保护。如果变矩器内过脏，输入轴上的润滑油路有可能被堵塞，导致前排行星齿轮润滑不良，造成早期磨损。

16）发动机冷却液温度传感器断路或接地线接触不良，数据流会显示发动机工作温度过低，自动变速器的变矩器无法进入锁止工况，致使变速器工作温度过高，油液氧化严重，导致控制阀内部分滑阀轻微卡滞，会出现所有挡都有挂挡冲击，挂挡瞬间在油底壳处可以听到"咕咕"的声音。更换冷却液温度传感器和变速器油，并在换油前先加注专用清洗剂进行清洗，即可排除故障。

17）自动变速器挂挡后需要等 3s 以上才能起步，问题很可能出在变速器油，如果油液严重氧化，更换变速器油即可排除故障。

18）控制单元上节气门位置传感器接地线不实，会造成节气门位置传感器输出电压过高，使用自动变速器的汽车就会出现由 1 挡升 2 挡时严重滞后，没有 3 挡和 4 挡。

19）通用车系的自动变速器如果少加了 0.5 ~ 1L 油，会造成前进挡正常而没有倒挡。油少后造成油泵油压降低，进而导致主油压降低。由于通用车系自动变速器倒挡主油压是前进挡的 4 倍，所以油泵油压降低后无法满足倒挡主油压的需要，但可以满足前进挡主油压的需要。

20）大众和标志车系的自动变速器如果少加了 0.5 ~ 1L 油，会造成行驶基本正常，但制动后在 D 位不能立即行驶，需要等 30s 以上或踩加速踏板才能重新起步，但制动后在手动 1 挡可以立即起步。

21）行驶中自动变速器正常油温为 95 ~ 105℃，过高会造成升挡点滞后，变矩器退出锁止工况，变速器退出超速挡。引起油温过高的原因有：锁止电磁阀磨损，造成锁止力矩不足，进而使变矩器锁止离合器打滑，变矩器前端温度最高；变速器内离合器或制动器打滑，变速器油液变成黑色（脱落摩擦片的颜色），气味发臭（脱落摩擦材料的气味）；自动变速器散热器冷却液道或油道堵塞，用红外线测温仪检查散热器进水口比出水口温度高出 30℃，说明散热器内变速器油道堵塞（变速器内摩擦片烧蚀后没有清洗变速器在散热器内的油道），如果温度明显低于 30℃，说明散热器内冷却液道堵塞（大部分是由于亚洲产和美洲产冷却液混合所致）；自动变速器油温传感器或电路短路，数据流会显示变速器油温超过 150℃。

22）自动变速器内油液液位过高，行星齿轮机构在接触到油液后会产生大量气泡，部分油液会顺着油尺孔喷出，将严重影响行星齿轮传动机构的润滑效果，从而导致传动机构过早磨损。

23）发动机怠速运转时，将变速杆由 P 位或 N 位换入其他驱动位置时发动机熄火，原因可能是发动机怠速转速过低。在行驶过程中踩制动踏板停车时发动机熄火，原因可能是发动机节气门、旁通空气道过脏，喷油器堵塞，造成制动后怠速转速过低，使发动机过载熄火。另外，变速器阀体中锁止继动阀卡滞在工作一侧，制动时变矩器不能及时解除锁止，也会使发动机过载熄火。

24）自动变速器散热器堵塞，行驶中油温会上升到 140℃ 以上，变矩器退出锁止工况，变速器退出超速挡，发动机出现失速现象，即发动机转速上升很快但车速上升很慢。遇到特殊情况踩制动踏板后再加速，发动机转速上升，而车速却提不起来。

25）主油压电磁阀泄油滤网堵塞会造成主油压过高，导致节气门油压和主油压过高，离合器和制动器结合速度过快，造成每个挡都有换挡冲击。

26）主油压电磁阀密封不良，会造成主油压过低，离合器和制动器在结合后始终处于打滑状态。

27）自动变速器换挡电磁阀密封不良，会造成换挡油压过低，无法驱动换挡阀，导致该电磁阀负责的挡和两个电磁阀共同负责的挡都没有了。

28）车速传感器接地线不实会造成变速器升挡困难，升挡点错乱，跳挡。

29）2 号车速传感器波形杂乱，会造成一会升挡一会降挡，并伴有换挡冲击。

30）汽车发动机冷却液过热报警时，用红外线测温仪测量变速器散热器进油管的温度，如果此处温度正常，则故障在发动机；如果此处温度过高，则故障在变速器系统。

31）冷车和热车时一样，N、D 位转化的时候有挂挡冲击，同时 1 挡换 2 挡的时候也有换挡冲击，此时应重点检查发动机转速是否过高以及是什么原因造成的发动机转速过高。

32）液力变矩器锁止力矩不足，必须及时修理，如果不及时修理，就会造成变矩器锁止离合器烧蚀，导致变矩器报废。液力变矩器锁止力矩不足，还会导致变速器输入动力不足，造成总是烧蚀同一组高速挡离合器，并且每行驶 3000km 左右就烧蚀一组摩擦片。

33）自动变速器机械系统的问题基本都是由装配错误引起的，主要是装反、漏装、装配不良等。每一款自动变速器都有几个装配容易出错的情况，如单向离合器、离合器缓冲盘制动器卡环装错方向，蓄能器活塞回位弹簧、控制阀内的单向节流球阀装错了位置，油泵齿轮装反会造成油泵齿轮磨损、异响等。

34）一些关键部件的紧固力矩是非常重要的，如本田雅阁轿车侧盖内三个惰轮安装得过紧会造成异响，控制阀与变速器壳体的连接螺栓安装得过紧会造成滑阀卡滞。

35）自动变速器的放气阀卡滞后，在高速行驶过程中大量变速器油从变速器壳体上部通气孔喷出，同时大量泡沫的出现会导致变速器内出现离合器和制动器打滑的现象，有的变速器还会出现行星齿轮发生早期磨损，使用油尺的还有可能将油尺喷出。

【维修小窍门】

1）摩擦片烧蚀后，若只更换摩擦片而没有清洗变矩器，则可能会出现换挡冲击，此时不要盲目更换控制阀，可高速行驶，利用控制阀上的油滤器将摩擦片脱落的粉末全部粘住，即可消除换挡冲击的故障。

2）配置有 2 挡带式制动器的变速器，无论是什么原因造成的变速器由 1 挡升 2 挡时有换挡冲击，都可以在 2 挡带式制动器伺服装置内附加一个小弹簧，使其结合速度放慢，即可消除由 1 挡升 2 挡时的换挡冲击。

3）主油压电磁阀泄油滤网堵塞，造成节气门油压和主油压过高，每个挡都有换挡冲击，拆下控制阀，将主调压阀向外松四圈，降低调压弹簧预紧力，抵消主油压电磁阀因泄油滤网堵塞而增加的节气门油压，即可消除每个挡都有换挡冲击的故障。

4）大众和法国车系行车制动后不能立即行驶，往往是变速器里缺 0.5 ~ 1L 变速器油，补充油后，故障便可自行排除。

5）汽车行驶正常，踩制动踏板时熄火，通常是由于锁止继动阀卡滞在工作端。拆下控制阀，将靠近油底壳一侧阀体上直径最大、长度最长的阀（锁止继动阀）拆下，用金相砂纸抛光，然后清洗，加新的变速器油润滑后装入，用手指推动，如果活动自如，即可排除故障。

第二节　无级变速器故障分析

一、无级变速器机械和液压控制系统的组成和工作原理

1. 无级变速器的组成

1）无级变速器由电控系统、液压控制系统、传动装置、速比调节装置和安全缓冲装置等组成。解体的无级变速器如图 5-20 所示。

2）电控系统由传感器、继电器、控制单元和执行器（电磁阀）组成。控制单元和大部分传感器装在变速器内，如图 5-21 所示。

图5-20　解体的无级变速器

1—行星齿轮机构　2—前进挡离合器　3—倒挡制动器　4—链轮　5—锥形盘

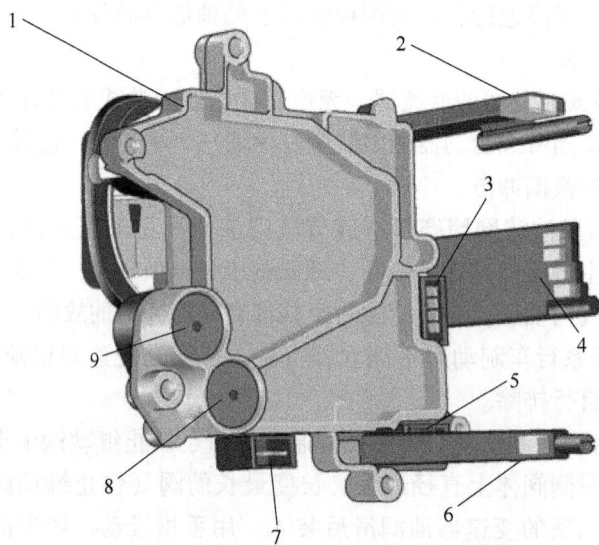

图5-21　无级变速器电子控制系统的组成

1—控制单元 J217　2—输出轴转速传感器 G195、G196　3—N215 电磁阀插接器　4—多功能开关 N215
5—N216 电磁阀插接器　6—输入轴转速传感器 G182　7—N88 电磁阀插接器
8—接触压力传感器 G194　9—离合器压力传感器 G193

3）主阀体和控制阀。主阀体通常由螺栓固定在飞轮壳上，控制阀则装在变速器内控制单元旁边。

2. 无级变速器液压控制系统

（1）液压控制单元的主要功能　液压控制单元由手动换挡阀、九个液压阀和三个电磁控制阀组成。液压控制单元和电子控制单元直接插接在一起。液压控制单元应完成下述功能：

1）为前进挡离合器/倒挡制动器提供工作油压。

2）调节离合器压力。

3）冷却离合器。

4）为接触压力控制提供液压油。

5）传动控制。

6）为飞溅润滑油罩盖供油。

（2）离合器和制动器压力 离合器和制动器压力与发动机扭矩成正比，与系统压力无关。当变速杆位于P、N位时，手动换挡阀切断供油，前进挡离合器和倒挡制动器的油路都与油底壳相通，离合器的压力也会随车速的变化而变化。

3. 无级变速器完成前进挡和倒挡转换以及速比转换的方法

1）无级变速器前端是行星齿轮机构，由太阳轮、行星齿轮和齿圈组成。其中，太阳轮通过内花键与输入轴相连，齿圈与前进挡离合器相连。另外，还有一组前进挡离合器和一组倒挡制动器。无级变速器主动齿轮与中间主动齿轮的啮合与分离是靠起步离合器完成的。

> **小·提示**
>
> 前进挡时前进挡离合器将行星齿轮机构的太阳轮和行星架连接在一起形成直接挡输出，发动机曲轴和变速器输入轴同步旋转。倒挡时倒挡制动器固定行星架，太阳轮输入齿圈输出形成倒挡输出，变速器输入轴转速明显低于发动机曲轴的转速。无级变速器前进挡和倒挡间的转换由变速器内离合器和制动器完成。

2）无级变速器的速比变换（见图5-22）由两个可变直径的锥形盘和一根长度不变的锥形带完成。

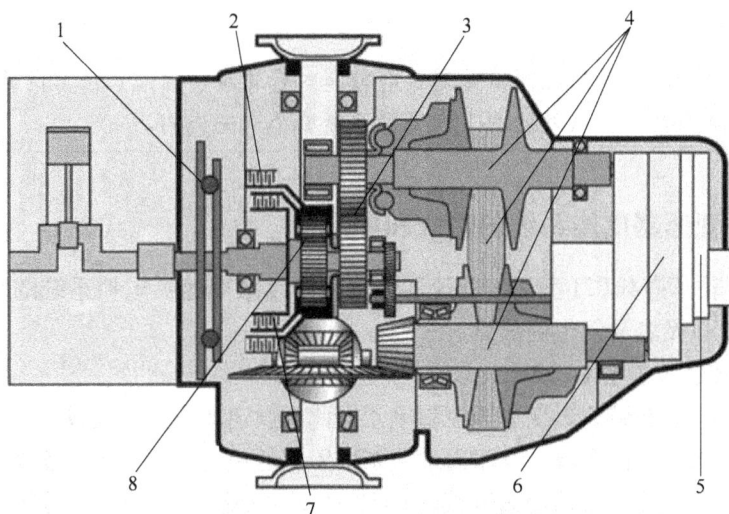

图 5-22 无级变速器前进挡和倒挡转换机构与速比变换机构
1—飞轮减振装置 2—倒挡制动器 3—辅助减速齿轮 4—速比变换器 5—电子控制系统
6—液压控制系统 7—前进挡离合器 8—行星齿轮机构

起步时，主动锥形盘液压缸内没有液压油，所以直径小，从动锥形盘液压缸内充满了液压油，所以直径大，从而保证驱动桥能够有足够的转矩来保证汽车有较高的加速度。随着车速的增加，主动轮的液压缸内液压油压力逐渐增大，使锥形盘向锥形带移动，锥形盘逐渐变大，从动轮的液压缸内液压油压力同步减小，锥形盘直径逐渐变小，CVT 的传动比下降，使得汽车能够以更高的速度行驶，如图 5-23 所示。

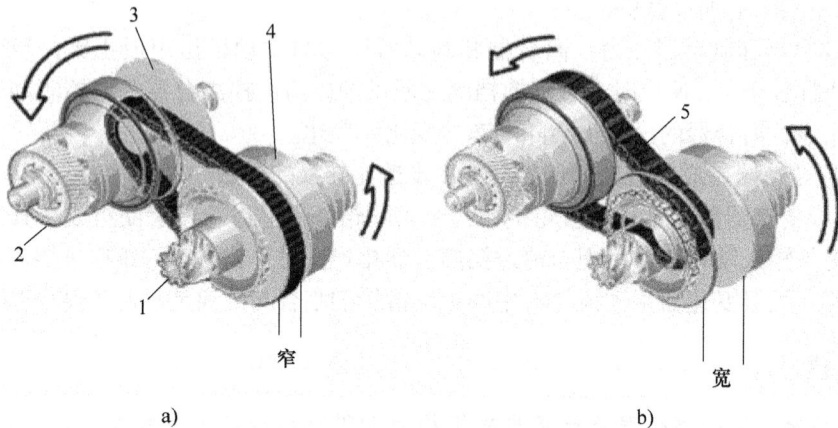

图 5-23　无级变速器速比变换器的基本组成和原理

a）低速（传动比大）　b）高速（传动比小）

1—动力输出　2—动力输入　3—主动链轮装置　4—从动链轮装置　5—传动链条

控制单元根据传感器和模式开关的信息，通过对带轮活动面施加不同的油液压力来改变传动比。所以使用无级变速器的车辆踩加速踏板时传动比下降，松加速踏板时传动比加大。

小·提示

无级变速器的变速是靠控制单元通过电磁阀对带轮活动面施加压力的逐渐加大，使主动轮工作半径逐渐加大、从动轮的工作半径逐渐减小来完成的。

二、无级变速器电控系统的组成和原理

以奥迪 A6 轿车搭载 01J 型无级变速器为例介绍无级变速器电控系统的组成、作用、原理和失效保护，以及容易发生的故障。

1. 输入轴转速传感器 G182

它用以检测主动轮转速，变速器控制单元据此与设定转速进行比较，计算出主、从动轮缸油压控制电磁阀的控制电流，从而通过控制减压阀的位置来控制和实现速比的变化，以适应行驶的需要。变速器输入轴转速传感器 G182 监测主动链轮处的实际转速。电子控制单元会根据实际值与设定值进行比较（确定是否打滑），并计算出压力调节电磁阀 N216 的控制电流，这样 N216 就会产生液压换挡阀的控制压力，该压力与控制电流几乎是成正比的。控制单元通过检查来自变速器输入轴转速传感器 G182 和变速器输出轴转速传感器 G195 及发动机转速信号来实现对换挡的监控。

2. 输出轴转速传感器 G195/G196

输出轴转速传感器负责检测从动轮转速，变速器控制单元据此与输入轴转速信号对照，控制主动轮缸与从动轮缸的工作油压。

3. 换挡压力调节电磁阀 N216

液压控制单元中的输导控制阀（VSTV）向换挡压力调节电磁阀 N216 提供一个约 500kPa 的常压。车辆行驶中通过控制电磁阀 N216 的电流来控制调节电磁阀的工作压力。当控制压力保持在 180～220kPa 时，变速器速比保持不变；当控制压力高于 220kPa 时，从动链轮油压上升，主动链轮油压同步下降，变速器朝着减速增扭的方向转化，速比逐渐增大，车速逐渐降低；当控制压力低于 180kPa 时，主动链轮油压上升，从动链轮油压同步下降，变速器朝着超速挡方向转化，速比逐渐减少，车速逐渐增高。

4. 接触压力传感器 G194

接触压力控制接触压力传感器 G194，压力缸中合适的油压最终产生锥面链轮与链条之间的接触压力。在爬坡和大负荷时，钢带需要更大的侧压力，以防止打滑。巡航时节气门开度小，若接触压力过高，则会降低传动效率；相反，若接触压力过低，则传动链会打滑，这将损坏传动链和链轮。转矩传感器的作用就是根据要求建立起尽可能精确、安全的接触压力。

5. 变速器油温传感器 G93 以及变速器 1 号和 2 号液压传感器

变速器油温传感器装在变速器控制单元上，油温过高时延迟速比转换，使提速变慢。

1 号变速器液压传感器主要用于传递离合器和制动器的工作压力，负责控制离合器控制阀。2 号变速器液压传感器主要用于传递离合器和制动器的接触压力，控制减压阀和仪表板上提供挡位信息的变速挡位指示灯。

6. 压力调节电磁阀 N215

根据变速器控制单元 J217 计算的控制电流值，压力调节电磁阀 N215 就会调节出一个控制压力，该压力的大小就会决定离合器控制阀 KSV 的位置，通过控制离合器控制阀的位置进而控制离合器和制动器的工作油压。压力调节电磁阀 N215 是通过不断地保压、泄压而把油泵油压降为倒挡制动器的工作油压。离合器控制阀 KSV 根据 N215 的触发信号（电流的大小）产生离合器或制动器的控制压力，高控制压力产生高离合器压力，离合器压力通过安全阀 SIV 传递到手动阀 HS，手动阀的位置改变就会将扭矩传递到前进挡离合器（D 位）或倒挡制动器（R 位）。由于变速器没有按期更换油液，造成压力调节电磁阀 N215 泄油滤网部分堵塞，在连续挂 R 位时泄油量不够，由于倒挡工作油压本来就明显高于前进挡工作油压，致使倒挡制动器的工作油压过高，于是便出现第二次再挂倒挡时便开始冲击。离合器和制动器压力调节电磁阀卡滞后会出现换挡冲击和加速不良的故障

7. 离合器和制动器工作压力传感器 G193

它用于监测液压控制系统中离合器或制动器的实际压力，并将实际离合器压力与变速器控制单元计算出的额定压力不断进行比较（实际压力与额定压力通过模糊理论被持续监控），若两者差值超过一定范围，便会进行修正，这样便形成前进挡离合器和倒挡制动器压力。G193 压力传感器用于监测前进挡离合器和倒挡制动器真实压力。无级变速器中的离合器和制动器在工作中受油温、油的质量（氧化和清洁的程度）、离合器和制动器的工作间隙、打滑的程度等因素的影响，其摩擦因数随之不断发生变化。G193 正是把这些真实信息

再反馈给控制单元 J217，并再次修正 N215 电磁阀的工作电流，以便实现较为合适的离合器或制动器压力，以满足不同工作状态下的要求，同时输出扭矩的变化由压力传感器 G194 实时监控。所以在更换控制单元或更换控制阀时需要重新匹配，否则新控制单元里没有诸如油温、油质、摩擦片无工作间隙、打滑程度等关系到摩擦因数变化的信息，这样就无法确定和修正 N215 电磁阀的工作电流，也就无法建立合适的离合器或制动器压力。在更换控制单元或更换控制阀后会出现因工作压力过大而在挂倒挡时出现明显的换挡冲击，挂前进挡时也会出现轻微的挂挡冲击。此时，读取 N215 电磁阀的工作电流时就会发现，N215 工作电流为控制单元的参考电流 0.295A，而且随着发动机负荷的变化，其工作电流始终稳定在 0.295A，根本没有随实际压力与额定压力间的变化而进行随机调整。所以在更换控制单元或更换控制阀时，需要重新做前进和倒车的自适应匹配。

1）清除残存记忆：在变速器油温为 60～90℃ 时，熄火，连接 VAS5052，打开点火开关，选择 02—10—00 清除记忆值，并使点火开关在打开位置停留 5s。

2）前进挡的自适应：挂前进挡行驶数米后温和地制动（如果使用紧急制动，自适应过程就会被中断），停车后选择 02—08—10，反复几次，直到 5052 第 2 区显示 "ADP. OK"，前进挡自适应完成。

3）倒车挡的自适应：挂倒挡行驶数米后温和地制动，停车后选择 02—08—11，反复几次，直到 5052 第 2 区显示 "ADP. OK"，倒车挡的自适应完成。

小·提示

整个自适应过程不许起动发动机，G193 和 G194 压力偏差的自适应必须在无压力状态下进行。

8. 控制离合器冷却阀和安全阀的 N88 电磁阀

它用于控制离合器冷却阀和安全阀。当离合器和制动器工作温度超过 95℃ 时，控制离合器冷却阀进入工作状态，以达到冷却润滑的作用。

9. 空挡开关

霍尔传感器的空挡开关（多功能开关）没有机械磨损，信号不受电磁干扰，这使其可靠性进一步提高。传感器为控制单元的集成部件，若某个传感器损坏，则必须更换无级变速器控制单元。

三、无级变速器案例分析

案例 1 第一次挂 R 位时接合非常平顺，第二次再挂时便出现换挡冲击

故障现象 每次重新起动发动机后，第一次挂 R 位时接合非常平顺，第二次再挂时便出现换挡冲击，如果反复操作，换挡冲击力就会越来越大，有时会使发动机熄火。变速器在前进挡上运行一会儿，停车后再挂 R 位，第一次还是非常柔和，接下来再操作又出现换挡冲击。总之，只要是连续挂 R 位就会出现换挡冲击。

故障分析 此故障应属于 R 位压力控制问题。无级变速器前进挡离合器和倒挡制动器的压力由电子调节控制，主要是控制单元通过接收发动机转速（通过 CAN 与发动机控制单元通位）、变速器输入转速（主动传动链轮转速由 G182 传感器提供）、加速踏板位置（通过

CAN与发动机控制单元通信得知加速踏板所处的位置)、发动机输出扭矩(通过监测链轮与传动链条之间的接触压力计算出,由压力传感器G194提供)、制动力(通过CAN由ABS控制单元提供)及变速器油温(通过G93油温度传感器计算出)等参数逻辑分析后,计算出前进挡离合器或倒挡制动器的额定压力,并且由此确定出压力调节电磁阀N215的控制电流。这样,不同的控制电流便产生不同的离合器或制动器的控制压力,因此离合器或制动器传递发动机的扭矩也相应地随着控制电流的变化而变化。压力传感器G193监测液压控制系统中离合器或制动器的实际压力,并将实际离合器压力与变速器控制单元计算出的额定压力不断地进行比较(实际压力与额定压力通过模糊理论被持续监控),若两者差值超过一定范围,便会进行修正,这样便形成前进挡离合器和倒挡制动器压力。

压力调节电磁阀N215通过不断地保压、泄压把液压泵油压降为倒挡制动器的工作油压。由于变速器没有按期更换油,造成压力调节电磁阀N215泄油滤网部分堵塞,在连续挂R位时泄油量不够,由于倒挡工作油压本来就明显高于前进挡工作油压,致使倒挡制动器的工作油压过高,于是便出现第二次再挂倒挡时便开始冲击。

故障诊断 拆下压力调节电磁阀N215,用嘴吹,发现出气明显不畅。

故障排除 彻底清洗变速器,更换压力调节电磁阀N215,重新加注新的无级变速器油,试车,故障排除。

案例2 油液液位过低或油泵磨损,挂入倒挡时车辆不能行驶

故障现象 汽车挂前进挡时可正常行驶,挂R位时无法起步。

故障分析 无级变速器前进挡和倒挡的转换是靠前进挡离合器和倒挡制动器完成的。如果无级变速器内油液液位过低或油泵磨损,导致油泵油压低于正常值,这时由于倒挡制动器的工作油压明显大于前进挡离合器的工作油压,所以会出现前进挡正常而挂入倒挡时车辆不能行驶。

故障排除 检查油液液位,如果液位过低,维修时只需要按规定重新补充油液即可排除故障。如果油液液位正常,则应该检查油滤器是否堵塞。如果油滤器没有堵塞,应进一步检查油泵是否发生磨损。目前无级变速器油泵发生早期磨损的都是齿轮泵,齿轮泵齿隙必须小于0.30mm,如果达到或超过0.30mm,则说明油泵磨损超限,必须更换油泵。

案例3 挂R位时正常,挂D位时有换挡冲击

故障现象 一辆奥迪A6轿车,挂R位时正常,挂D位时有换挡冲击,蓄能器活塞或起步离合器减压阀卡滞。

故障分析 无级变速器中负责防止挂D位时出现换挡冲击的安全缓冲装置包括蓄能器和起步离合器减压阀。蓄能器负责挂D位时临时向蓄能器内转移一部分油,使前进挡离合器结合速度放缓,以有效防止换挡冲击。起步离合器减压阀则负责在挂D位的瞬间将蓄能器背压油泄入油底壳,保证蓄能器起到缓冲作用。如果蓄能器活塞卡滞或起步离合器减压阀卡滞,均会造成前进挡离合器结合速度过快,挂D位时有换挡冲击。

故障排除 维修时只需要将卡滞的蓄能器活塞或起步离合器减压阀清洗干净,重新润滑装配后,检查其如果活动正常,则说明故障已被排除。

案例4 油泵驱动环损坏,挂任何挡位都有异常响声,急加速时发动机转速上升很快,车速上升很慢

故障现象 一辆奥迪A6轿车搭载01J型无级变速器,发动机起动后,无论在任何挡位都会从变速器中部发出异响，并且行车中急加速时发动机转速上升很快，车速上升很慢。

故障分析 如果每个挡位都有异响，这种响声很有可能是油泵产生的，因为在 P 位和 N 位时只有输入轴带动油泵旋转。急加速时发动机转速上升快，车速上升慢，说明变速器金属传动链发生打滑，而造成打滑的直接原因是锥形盘液压缸内工作压力不足，这又可能是由油泵发生早期磨损造成的。

故障诊断 拆下变速器的后尾壳、阀体和油泵，经检查，发现油泵驱动环损坏，主动齿轮内部的衬套严重磨损而产生大量的金属屑。好在发现得早，金属传动链还没有发生早期磨损。

故障排除 对变速器进行彻底清洗并更换油泵即可将故障排除。

案例 5　油泵、链条发生磨损，车速为 70km/h 以下时车辆抖动

故障现象 一辆奥迪 A6 轿车搭载 01J 型无级变速器，该车在车速为 70km/h 以下时抖动。

故障分析 造成车辆抖动的原因比较复杂，如发动机前悬软垫破损时会造成发动机在转速为 1500r/min 以下时明显抖动，前驱半轴里端的三销轴承损坏会造成发动机在转速为 3000r/min 左右时明显抖动。但该车抖动和这两个速度区域无关，那么会不会和油泵的压力有关呢？无级变速器金属传动链是否打滑主要取决于工作压力是否足够，如果工作压力不足，那么汽车以中低速行驶时，由于行驶阻力相对较大，就有可能发生打滑，而在中高速后随着车速升高，行驶阻力相对减小，打滑现象就会明显变轻，甚至消失。

故障诊断 对变速器进行解体检查，发现被动锥轮的两个锥面和链条已有不同程度的磨损，且被磨损的部位主要是被动锥轮的下锥面。它们为什么会被磨损呢？根据无级变速器传动系统的结构特点，可以判定是由于锥面和链条间的压力不够，有可能是油泵已经发生早期磨损。用塞尺检查油泵的齿轮间隙和端部间隙，均已经明显超过规定。

故障排除 更换油泵、锥轮和链条后，故障排除。

案例 6　离合器进油口密封圈密封不良，挂 R 位可以正常起步，挂 D 位需要等 3s 才能起步

故障现象 一辆奥迪 A6 轿车搭载 01J 型无级变速器，大修后出现了变速器挂 D 位时反应慢，挂 D 位时为了加快反应速度而踩加速踏板时会有换挡冲击现象。

故障分析 因为倒挡油压明显高于前进挡油压，所以倒挡正常，说明油泵没有问题，问题应集中在离合器，可能是离合器摩擦片烧蚀或者离合器进油口密封圈密封不良。

故障诊断 由于变速器刚刚大修过，油液又没有改变颜色，所以可以排除摩擦片烧蚀的可能性。大修时必须更换离合器进油口两侧的特氟龙密封圈，但检查时发现使用的仍然是已经明显膨胀了的旧的特氟龙密封圈，维修人员在大修时没有更换特氟龙密封圈。

故障排除 清洗变速器，更换新的特氟龙密封圈，加油后试车，挂 D 位时反应迅速，说明故障已被排除。

故障提示 自动变速器和无级变速器大修时，离合器进油口两侧的特氟龙密封圈都必须更换。

【一句话介绍】

1）早期奥迪 A6 轿车搭载 01J 型无级变速器的油泵使用的是齿轮泵，容易发生早期磨损，造成传动链条打滑，现已经改用叶片泵，所以油泵已经很少发生故障了。

2）压力缸中合适的油压最终产生锥面链轮与链条之间的接触压力。若接触压力过高，则会降低传动效率；若接触压力过低，则传动链会打滑，这将损坏传动链和链轮。转矩传感器的目的就是根据要求建立起尽可能精确、安全的接触压力。

3）当调节电磁阀 N216 的换挡压力为 0.18～0.22MPa 时，减压阀 UV 处于关闭状态。当控制压力低于 0.18MPa 时，速比变换器朝着增速的方向进行变速。当调节压力高于 0.22MPa 时，速比变换器朝着减速的方向变速。

4）CVT 的液压控制系统也像自动变速器的液压控制系统一样，负责系统油压的控制、油路的转换控制、用油元件的供油以及冷却控制等。

【故障一点通】

1）一辆奥迪 A6 轿车搭载 01J 型无级变速器，发动机起动后，无论在任何挡位都会从变速器中部发出异响，并且行车过程中急加速时有打滑现象。这多是由于油泵主动齿轮内部的衬套严重磨损而出现的异响，并导致锥形盘油缸内工作压力不足，致使钢带的侧压力和接触压力不足，在急加速时出现打滑现象。清洗变速器，更换油泵后即可以排除故障。

2）一辆奥迪 A6 轿车搭载 01J 型无级变速器，该车在车速为 10、30、50、70km/h 时抖动。油泵的齿轮磨损，造成钢带的侧压力和接触压力不足，在出现异响后又没有及时更换油泵，致使锥轮的下锥面发生磨损。清洗变速器并更换链轮和油泵后，即可以排除故障。

3）一辆奥迪 A6 轿车搭载 01J 型无级变速器，其压力控制电磁阀 N215 负责控制离合器和制动器的工作油压。N215 泄油滤网部分堵塞后，在连续挂 R 位时泄油量不够，由于倒挡工作油压本来就明显高于前进挡工作油压，致使倒挡制动器的工作油压过高，于是第二次再挂倒挡时便出现换挡冲击。

4）一辆奥迪 A6 轿车搭载 01J 型无级变速器，D 位结合时间长。如果离合器结合时间过长，就有可能是离合器密封件发生问题，应重点检查离合器进油口两侧的特氟龙密封圈，该处每次大修时必须进行更换。如果检查结果正常，则应进一步检查离合器活塞内外圈的密封圈。

5）01J 型无级变速器前进挡离合器正常的工作间隙是 1.5mm，磨损极限为 2.5mm，超过 2.5mm 后，在挂前进挡时离合器打滑，车辆不能爬行，必须踩加速踏板加大离合器工作压力才能起步。更换离合器摩擦片，做完变速器控制单元自适应后即可排除故障。

6）如果 01J 型无级变速器挂倒挡时有挂挡冲击，则应重点检查变速器在散热器上的外部过滤器是否发生堵塞。油滤器堵塞后，会使倒挡制动器的工作油压过高，挂倒挡时有挂挡冲击。彻底清洗散热器并更换油滤器，即可排除故障。

7）01J 型无级变速器的变速器油过脏，会导致离合器和制动器压力控制电磁阀 G193 卡滞，出现挂挡冲击和加速不良的故障。

第三节　双离合器变速器故障分析

一、双离合器变速器机械和液压控制系统的组成和工作原理

1. 双离合器变速器的组成

双离合器变速器主要由多片湿式双离合器、三轴式齿轮变速器、自动换挡机构、电子控

制电液执行机构组成（见图5-24），其中最具创意的核心部分是湿式双离合器和三轴式齿轮变速器。

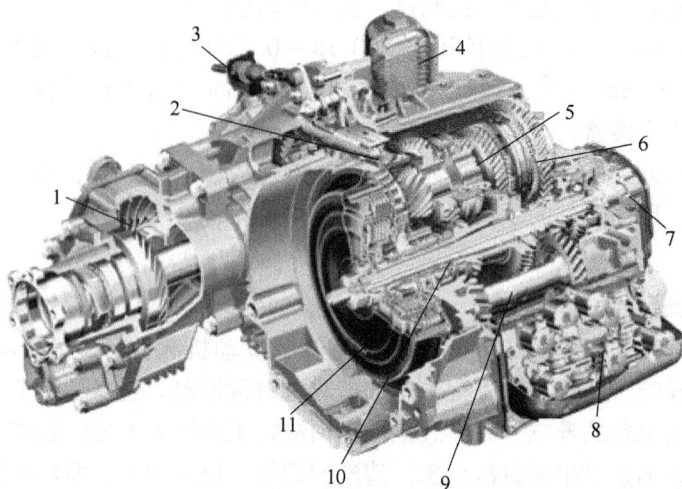

图 5-24　双离合器变速器解剖图

1—减速器　2—P 位驻车　3—换挡手柄　4—ATF 散热器　5—输出轴 1

6—同步器齿轮变速机构　7—油泵　8—电液控制单元　9—输出轴 2

10—输入轴　11—双离合器

2. 六速 DSG 双离合器变速器如何进行换挡

六速 DSG 双离合器变速器采用了两个离合器和六个前进挡以及一个倒挡的传统齿轮变速器结构作为动力的传输部件，变速器内部装有两根同轴心的输入轴。直径较大的离合器通过直径较小的传动轴连接了 1 挡、3 挡、5 挡及倒挡齿轮，而直径较小的离合器通过外面直径较大的传动轴连接 2 挡、4 挡及 6 挡齿轮。1 挡起步时直径较大的离合器接合，通过直径较小的输入轴将动力传输到 1 挡齿轮组，再输出到差速器。此时，直径较小的离合器仍处于分离状态，随着车速的上升，变速器预先挂入 2 挡齿轮，到了 2 挡车速时，直径较大的离合器退出，直径较小的离合器同步进入，整个换挡过程没有中断动力传递。随着车速的继续上升，变速器又会预挂入 3 挡齿轮，到了 3 挡车速时，直径较小的离合器退出，直径较大的离合器同步进入，变速器升到 3 挡。随后如果车速下降，变速器会预挂入 2 挡齿轮，降到了 2 挡车速时，直径较大的离合器退出，直径较小的离合器同步进入，变速器降到 2 挡。

二、双离合器变速器电控系统的组成和工作原理

以大众车系 02E 型六速湿式双离合器变速器为例，介绍双离合器变速器电控系统的组成、作用、工作原理、失效保护以及容易发生的故障。

02E 型变速器中有五个速度传感器，分别为变速器输出速度传感器 G195 和 G196、变速器输入轴传感器 G501 和 G502 以及变速器输入速度传感器 G182。

1. 变速器输入速度传感器 G182 信号的作用

变速器输入速度信号是用于计算多片式离合器打滑率的变化参量。为此，控制单元还需

要来自 G501 或 G502 的信号。利用离合器打滑的信息，控制单元能进一步精确地调节离合器的接合与断开。

2. 变速器输出速度传感器 G195 和 G196 信号的作用

控制单元利用这两个传感器信号的相互偏移量，确定车辆的行驶方向。若这两个传感器失效，控制单元会利用车速传感器的车速和行驶方向信号来替代。

3. 变速器油温传感器

变速器油温传感器为 G509 和 G93。其中，G93 负责监控变速器油底壳油温（即变速器油温）；G509 负责监控变速器电液控制单元的工作油温，并根据油温变化调节离合器冷却油的流量，并采取其他相应措施保护变速器。如果双离合器中有一个离合器打滑，当电液控制单元油温超过 138℃ 时，减小发动机输出扭矩；当油温超过 145℃（离合器严重打滑）时，停止向离合器供油，两个离合器处于断开位置。离合器油流出口的油温高时，G509 就会给变速器控制单元高温信号，控制单元进入过载保护，D 位上只有一个失效保护挡。此时应立即更换双离合器（两个离合器必须成对更换）。

4. 换挡拨叉位置传感器 G487、G488、G489、G490

变速器四个换挡拨叉上各有一个换挡拨叉位置传感器，当换挡到位并且自锁装置（挡位锁止）钢球入位时，换挡拨叉位置传感器给变速器控制单元信号，控制单元停止给换挡电磁阀供电，拨叉油缸内油压不再上升，换挡结合套停止前进，齿轮保持在全齿啮合位置。

5. 压力传感器 G193、G194

压力传感器 G193 负责监控直径较大的离合器的工作压力，压力传感器 G194 负责监控直径较小的离合器的工作压力。控制单元利用这两个传感器信号来识别作用于离合器 K1 和离合器 K2 的液压油压力。当直径较大的离合器的工作压力过高或 G193 传感器失效时，变速器只有 2 挡。当直径小的离合器的工作压力过高或 G194 传感器失效时，变速器只有 1 挡和 3 挡。

6. 安全压力控制阀 N233 和 N371

安全压力控制阀是调节阀，负责离合器工作油压过高时的安全切断。安全压力控制阀使变速器的两个离合器工作油路的油压分别进行控制，即 N233（安全阀 1）控制直径较大的离合器的工作油压，N371（安全阀 2）控制直径较小的离合器的工作油压。

1）当 N233 失效时，变速器只能以 2 挡行驶。

2）当 N371 失效时，变速器只能以 1 挡和 3 挡行驶。

7. DSG 变速器电控系统执行器

1）主油压电磁阀 N217：通过它将变速器油泵油压调节成离合器的工作油压。

2）冷却油电磁阀 N218：通过液压滑阀控制离合器冷却油的流量。

3）离合器电磁阀 N215 和 N216：通过它将变速器油泵油压调节成离合器的工作油压。

4）安全压力控制阀：负责离合器工作油压过高时安全切断。

5）N88、N89、N90 和 N91 换挡电磁阀，多路转换器选择阀为 N92 电磁阀。换挡电磁阀 N88 控制 1 挡和 5 挡的选挡油压。换挡电磁阀 N89 控制 3 挡和空挡的选挡油压。换挡电磁阀 N90 控制 2 挡和 6 挡的选挡油压。换挡电磁阀 N91 控制 4 挡和倒车挡的选挡油压。

多路转换器选择阀 N92 未动作时（闭合状态），2 挡、4 挡、6 挡和空挡能被选择；当

N92 电磁阀动作时（断开状态），1 挡、3 挡、5 挡和倒挡能被选择。

三、双离合器变速器案例分析

案例 1　离合器出油口温度传感器 G509 短路，变速器仪表板全线飘红

故障现象　一辆 2009 款一汽大众迈腾 2.0 TSI 轿车，装有双离合器变速器。据用户反映，该车起步时偶尔会出现加油时发动机空转不走车的现象，在等待交通信号灯之后起步时有时故障会出现，有时在正常行驶中加速时出现，故障出现得没有规律，并且出现故障时仪表上的挡位指示灯全部变红且闪烁（见图 5-25），变速器在 D 位上只有一个失效保护挡，即只有 3 挡。

故障分析　奥迪车系的自动变速器仪表板全线飘红的原因是空调排水管堵塞，致使其改路，而大众车系（包括奥迪车系）

图 5-25　双离合器变速器仪表板全线飘红

自动变速控制单元全部位于副驾驶的脚底板处，水流进控制单元后致使内部电器短路，控制单元在进入失效保护的同时，仪表上也全线飘红。

故障诊断　首先使用故障诊断仪 VAS5052 进入网关检查，各控制单元均无故障码存储。结合该车的故障现象，鉴于发动机响应性良好的事实，可以初步判断发动机工作正常。因为该车行驶里程很短，如果假定变速器机械传动部分无异常，则发动机失速的原因可以基本归结为变速器离合器进行了保护性切断或离合器本身有机械故障。变速器电控系统通过数据流 02-08-64 组 1 区提供了对离合器切断数据的监控。读取离合器切断动力传递次数为 52 次，而正常值应为 0，这显然说明离合器进行了保护性切断。根据 DSG 变速器的控制原理，离合器油路的切断一般由以下三方面原因引起：

1）安全压力控制电磁阀 N233 控制直径较大的离合器的工作油压，N371 控制直径较小的离合器的工作油压。油压过高时安全切断，N233 失效，变速器只能以 2 挡行驶；N371 失效，变速器只能以 1 挡和 3 挡行驶。

2）控制单元通过两个输入轴转速传感器 G501 和 G502 的信号，并利用离合器打滑的信息，能进一步精确地调节离合器的接合与断开。

3）变速器油温度传感器 G509 直接测量离合器油流出口的油温，根据油温变化调节离合器冷却油的流量（湿式离合器最大冷却油量为 20L/min，最大冷却油压是 $2 \times 10^5 Pa$），并采取其他相应措施保护变速器。当油温超过 138℃ 时，减小发动机输出扭矩；当油温超过 145℃ 时，停止向离合器供油，使两个离合器处于断开位置，变速器只有一个失效保护挡 2 挡。变速器油温度传感器是负温度系数热敏电阻，短路后数据流会显示 150℃ 以上的高温。所以，发动机起动后读取数据流，如果刚起动时离合器油流出口的油温就超过 150℃，则说明 G509 短路，应更换变速器油温度传感器 G509（见图 5-26）。

如果是离合器打滑烧蚀，应立即更换双离合器（两个离合器必须成对更换）。更换时必须借助专用工具重新更换压盘的密封圈，如图 5-27 所示。

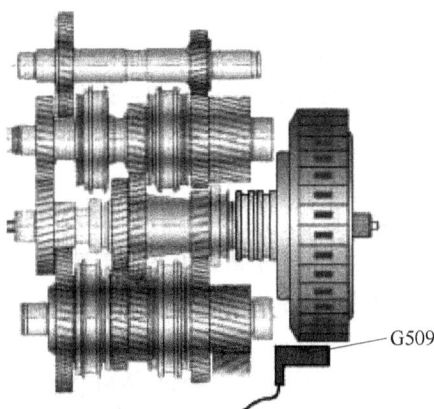

图 5-26　变速器油温度传感器 G509

图 5-27　重新更换压盘的密封圈

　　装配前一定要先调整后离合器进油口两侧密封圈的接口位置，接口必须远离进油口，上下两侧密封圈接口也必须错开 30°角。

　　故障排除　更换变速器油温度传感器 G509 后，反复路试，监控变速器油底壳温度传感器 G93、离合器出油口温度传感器 G509、控制单元温度传感器 G510 这三个油温度传感器数值基本趋向一致，说明故障已被排除。

　　案例 2　前排乘客没有系安全带，挂挡不走车

　　故障现象　迈腾轿车变速器挂挡后不走车。

　　故障分析　该车配置有电子驻车系统，由于凡是配置电子驻车系统的车辆起步前前排人员必须先系好安全带，如果前排乘客没有系好安全带，控制单元会进入保护程序，电子驻车系统不能自动解除，于是就出现挂挡后不走车的现象。

　　故障排除　前排乘客系好安全带后，保护程序自动解除，车辆可正常起步行驶。

【一句话介绍】

　　1）双离合器变速器油位的检查方法为：起动发动机，保持怠速，踩下制动踏板，挂所有挡位，在每个挡位停留 3s，让控制阀内充满油。将变速杆置入 P 位，空挡离合器不工作，油液液位最高。当变速器油温达到 35～45℃时，拆下 VAS6262 的快速接头，以有少许的变速器油流出为合适。

　　2）双离合器变速器换油时的注意事项：车辆每行驶 60000km 应换一次油，必须加 DSG 专用油，同时更换变速器油滤清器滤芯，并以 20N·m 的力矩拧紧壳体；打开变速器前晃动几下，设计容量为 6.5L，添加 5.2L 左右的 DSG 油即可，拧紧放油螺栓，更换新的密封垫，拧紧力矩为 45N·m。

　　3）变速器油温度传感器 G509 直接测量离合器油流出口的油温，根据油温变化调节离合器冷却油的流量（湿式离合器最大冷却油量为 20L/min，最大冷却油压是 2×10^5Pa），并采取其他相应措施保护变速器。当油温超过 138℃时，减小发动机输出扭矩；当油温超过 145℃时，停止向离合器供油，使两个离合器处于断开位置，变速器只有一个失效保护挡 2 挡。G93 为变速器油底壳温度传感器，G510 为控制单元温度传感器，两者都装在电液控制单元上。

4）输入轴的轴向位移量应为 0.04～0.05mm，否则需要更换止推垫。

5）换挡拨叉位置传感器 G487 监控 1 挡和 3 挡，G488 监控 2 挡和 4 挡，G489 监控 6 挡和倒挡，G490 监控 5 挡和 N 位。如果 G488 损坏，则车辆只能以 1 挡和 3 挡行驶。如果 G487 损坏，则车辆只能在 2 挡行驶。

6）压力传感器 G193 负责监控直径较大的离合器的工作压力，压力传感器 G194 负责监控直径较小的离合器的工作压力。当直径大的离合器的工作压力过高或 G193 传感器失效时，变速器只有 2 挡。当直径较小的离合器的工作压力过高或 G194 传感器失效时，变速器只有 1 挡和 3 挡。

7）安全压力控制电磁阀 N233 控制直径较大的离合器的工作油压，N371 控制直径较小的离合器的工作油压。N233 失效后，变速器只能以 2 挡行驶；N371 失效后，变速器只能以 1 挡和 3 挡行驶。

8）开关式电磁阀 N88、N89、N90、N91 为换挡电磁阀，其中 N88 电磁阀控制 1 挡和 5 挡的换挡，N89 电磁阀控制 3 挡和 N 位的换挡，N90 电磁阀控制 2 挡和 6 挡的换挡，N91 电磁阀控制 4 挡和 R 位的换挡。N92 为多路转换器选择电磁阀，当 N92 电磁阀未动作（没通电）时（闭合状态），负责 2 挡、4 挡、6 挡和空挡被选择；当 N92 电磁阀动作时（断开状态），负责 1 挡、3 挡、5 挡和倒挡被选择。N92 处于失效保护时，电磁阀始终处于空闲位置，无法被油压激活，会出现换挡错误，甚至车辆有熄火的危险。

9）脉冲式（占空比）电磁阀的调节范围包括：

① 主油压电磁阀 N217：通过它将变速器油泵油压调节成离合器的工作油压。主油压电磁阀短路或断路后会进入失效保护，控制系统将以最大油压工作，油耗上升，换挡噪声变大。

② 冷却油电磁阀 N218：通过液压滑阀控制离合器冷却油的流量。控制单元通过采集变速器油温度传感器 G509 信号来控制此电磁阀。若 N218 出现故障，控制系统将以最大流量对多片式离合器进行冷却。

③ 离合器电磁阀 N215 在挂 1 挡、3 挡、5 挡、倒挡前向直径较大的离合器提供油压；离合器电磁阀 N216 在挂 2 挡、4 挡、6 挡前向直径较小的离合器提供油压。N215 和 N216 还能在离合器结合的瞬间卸掉一部分油，以防止因结合速度过快而出现换挡冲击。失效影响：相应的变速器挡位无法实现，N215 失效只有 2 挡，N216 失效只有 1 挡和 3 挡，组合仪表上会有故障显示，控制单元根据当前的工作情况连续地调节主油压。

④ N233 负责直径较大的离合器，N371 负责直径较小的离合器。两者均为安全压力控制电磁阀。当负责控制大离合器工作油压的压力传感器 G193 显示大离合器工作压力过高时，N233 负责将直径较大的离合器工作油路安全切断。当负责控制直径较小的离合器工作油压的压力传感器 G194 显示其工作压力过高时，N371 负责将直径较大的离合器工作油路安全切断。

10）控制单元通过两个输入轴转速传感器 G501 和 G502 的信号，并利用离合器打滑的信息，能进一步精确地调节离合器的接合与断开。

11）两个输出轴转速传感器 G195 和 G196 信号的作用：控制单元用其确定车速和行驶方向，控制单元利用两个传感器信号的相互偏移量确定车辆的行驶方向。

12）六速双离合器变速器中直径较大的离合器控制直径较小的输入轴，负责 1 挡、3 挡、5 挡、倒挡；直径较小的离合器控制直径较大的输入轴，负责 2 挡、4 挡、6 挡。

13）离合器保护措施有：高温过载保护；保护性安全切断，即大、小离合器工作油压过高或工作温度过高时安全切断，读取离合器切断动力传递次数为 XX 次，正常值应为 0；微量打滑控制；离合器冷却控制。

14）控制单元在以下情况下进行过载保护：

① 控制单元监控到变速器内离合器打滑。

② 发动机动力不能完全输送到变速器输入轴。

③ 离合器工作油温过高时。

【故障一点通】

1）监控离合器油流出口油温的 G509 短路，就会给变速器控制单元超过 150℃的高温信号，控制单元进入过载保护，仪表板全面飘红，D 位上只有一个失效保护的 3 挡。

2）松开制动踏板并将变速杆移至 R 位、D 位和 S 位，如果车辆无法驱动，重新踏下制动踏板再松开，车辆即可驱动行驶。

3）配置有双离合器变速器的车辆在变速器挂挡后不走车，应检查前排乘客是否系好安全带，因为配置有双离合器变速器的车辆大都配置有电子驻车系统。

4）在变速器油温处于 -10℃以下时，仅在 P 位才能起动。

5）如果变速杆位于 N 位的时间超过 2s，控制单元将向变速杆锁止电磁阀 N376 供电，将锁销推入锁孔内，只有在踩下制动踏板时锁销才能自动松开。

第六章 电控悬架系统和电控转向系统故障分析

第一节　电控悬架系统故障分析

一、电控悬架系统的组成和工作原理

电控悬架传感器监视的汽车参数有高度、速度、转向角、制动力、惯性力等，因此对应的电控悬架系统传感器就有垂直高度加速度传感器、车速传感器、转向盘转角传感器、制动压力传感器、惯性力传感器等，如图6-1所示。

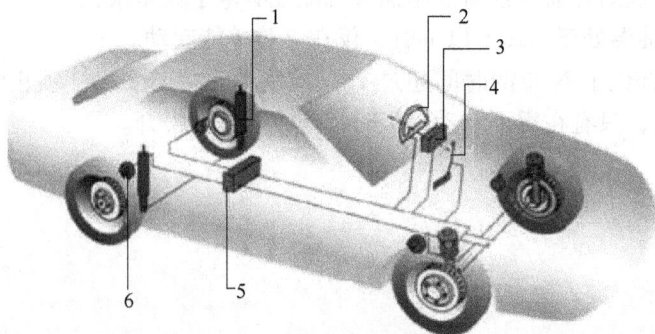

图6-1　电控悬架系统

1—连续变化实时阻尼器　2—转向盘转角度传感器　3—车速传感器　4—制动压力开关
5—车身控制单元　6—垂直高度加速度传感器

1. 车身高度、硬度传感器

四个空气悬架上端装配有车身高度、硬度传感器，当车身高度和硬度升到或降到控制单元设定的标准时，电控空气悬架停止充气或泄气工作。空气悬架系统的充气过程主要取决于车辆的工作状态，如车身高度、车速、制动、转向、车门开关状态等。在每次起动发动机后，悬架控制单元便会依据车身高度及车门状态进行预充气。此时，空气悬架气囊的闭路电磁阀通电开启，当车身达到规定高度后，在气泵停止运转的同时，闭路电磁阀随即断电关闭，封住气囊管路。

通常在空气悬架储气罐压力低于760kPa时，电动空气泵开始向储气罐供给压缩空气。在储气罐压力高于960kPa后2s内，空气泵停止供气。

2. 垂直高度加速度传感器

车身下方的四个角上（车轮内侧）各有一个垂直高度加速度传感器（见图6-2），即由

四个车身垂直加速度传感器和四个阻尼器比例阀组成，负责根据路况调整减振器的高度和阻尼力。行驶中根据汽车的运动状况及传感器信号，电子控制单元计算出每个车轮悬架阻尼器的最优阻尼系数，然后对阻尼器比例阀进行相应的调节，自动调整车高，抑制车辆的变化等，使汽车的悬架系统能提供更好的汽车舒适性、安全性和稳定性。为此，应让汽车车轮的动载振幅和车身垂直加速度尽可能的小。该传感器短路或断路后，车身高度会降到最低点，以提醒驾驶人注意。慢速通过颠簸的路面时，底盘自动升高，以提高通过性能。

3. 车速传感器

装在差速器壳上或变速器输出轴上的车速传感器（见图6-3），负责根据车速控制车身高度和减振器的阻尼力，使其在高速时形成抓地效果。高速行驶时，车身高度自动降低，从而提高贴地性能，确保良好的高速行驶稳定性，同时降低风阻和油耗。当车速达到120km/h并维持10s以上时，车身会主动降低15mm，以保持车身稳定和减小风阻。

图6-2　垂直高度加速度传感器

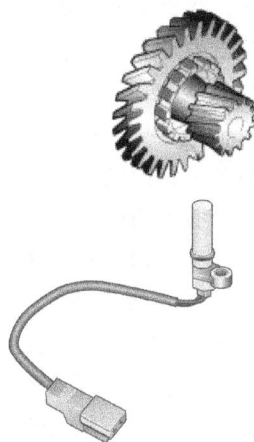

图6-3　车速传感器

4. 制动压力开关

装在制动主缸下方或ABS液压调节器内的制动压力开关（见图6-4），负责高速制动时增加前悬架的阻尼力，避免汽车重心前移。

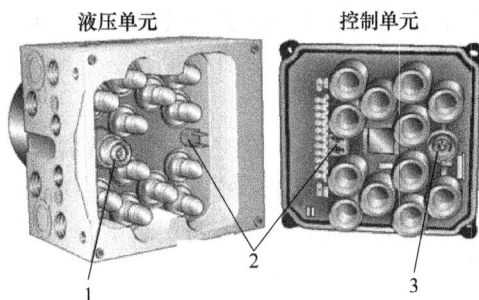

液压单元　　　控制单元

图6-4　ABS液压调节器内的制动压力开关

1—G201制动压力传感器　2—液压泵供电插头　3—制动压力传感器弹簧插头

5. 转向盘转角传感器

装在转向柱上的转向盘转角传感器（见图6-5），负责高速行驶过程中转向时增加外侧悬架的阻尼力，避免车身侧倾。当车速达到30km/h以上时，在快速转向且转向盘转角超过45°时，悬架转换成硬态，减少侧倾和侧向角振动。自适应阻尼控制系统应在汽车每行驶30000km后换一次油，第二次换油时最好同时更换液压胶管。

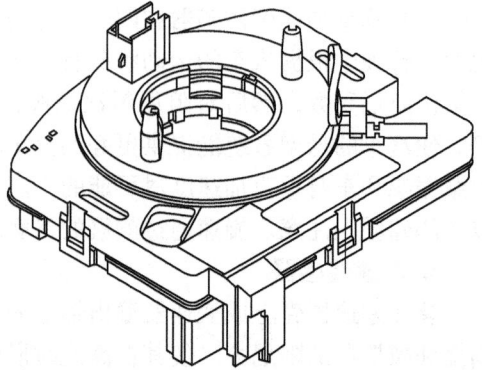

图6-5　转向盘转角传感器

6. 惯性力传感器

惯性力传感器属于选装件，用来监测某一确定方向的加速力，即监测垂直方向、侧面方向和前后方向的惯性力。它起到监测汽车运动的作用，例如制动或加速。它将有关信号传递至控制单元，当汽车制动或者突然加速时，电控系统会调整整个悬架的刚度，以增大缓冲程度，减少冲击力对车身的影响。

7. 声呐传感器

声呐传感器是一种比较新的技术，它通过发射与接收声波来监测路面的不平整程度，并将信号传递至车身控制单元用以调节悬架，以适应这些路面。声呐传感器装在汽车前下方，用以探测车辆前端路面。它能使控制单元在汽车整体被冲击前预知并做出调整，不像一般悬架系统那样在冲击到来时才做出反应。

8. 节气门位置传感器

装在节气门上的节气门位置传感器负责报告发动机的负荷信息。

9. 空气压缩机上的温度传感器

装在氮气空气压缩机上的温度传感器，在压缩机的温度达到130℃时，临时中断压缩机的工作，以防止因温度过高而发生烧蚀。

10. 自动水平调整器

某些配置好的空气动力悬架在前后轮安装了四个自动水平调整器，使车身结构更为柔软、平顺和舒适，上下坡和过桥时都能够自动保持车身的水平，以保证驾驶人良好的视野。另外，空气悬架系统还能自动保持车身水平高度，无论是空载还是满载，车身高度都能恒定不变。这样在任何载荷情况下，悬架系统的弹簧行程都保持一定，从而使减振特性基本不会受到影响。因此，即便是在满载的情况下，车身也很容易受到控制。

11. 升降电磁阀

它由二位二通电磁阀组成，用于控制气囊的充放气。根据车型的需求，可将其集成在供气空压机模块内。如果有一个电磁阀短路，每次行驶约10min后，液晶仪表板上的一个"RIDE CONCTROL"指示灯便点亮，而且后部车身严重下降，保险杠就会磕碰到地面。

12. 车身控制单元

根据功能的选择，车身控制单元有空气悬架高度控制单元和集成减振阻尼控制的控制单元。车身控制单元的输入信息包括：

1）传感器的信息（高度及加速度）。

2）CAN总线上输入的信息，如车速和发动机信息，ABS及ESP的状态，制动和车门信息。

3）操纵命令信息，如高度的选择及阻尼模式的选择。

4）控制单元还负责监控发动机温度及储气罐压力。

控制单元除了对高度和阻尼进行控制外，还通过 CAN 总线实现系统故障在线诊断。

13. 氮气储气罐

储气罐受车辆空间限制，一般是 5L 容量，需承受 1.1~1.6MPa 的气压。为了确保任何时间都能及时供应压缩空气，储气罐是必需的。

电控空气悬架在起步和急加速时可有效抑制驾驶人和乘客后仰。在行驶中，驾驶人可根据需要通过选择开关直接选择悬架的硬度和高度，即高位、舒适、自动、动态四种工作模式，如图 6-6 所示。

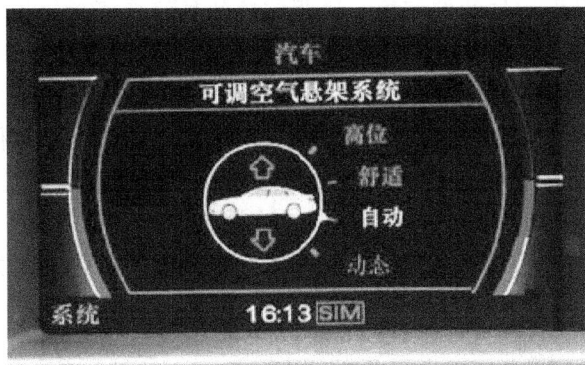

图 6-6　电控空气悬架手动调节模式

14. 车门开关

装配在车门上的车门开关在打开车门时使电控悬架停止工作，以保持车身的正常高度。

15. LRC 开关

LRC 开关为运动模式开关，按下此开关进入运动模式后，车身下降。

16. 维修模式

后备箱内部设置有手动空气悬架作用开关（维修模式）。该开关主要为检修保养底盘作业或长时间停车所用。按照车型配置的不同，开关有切断电控组件主电源或接地线之分。因此，在充气工况时，要确保开关处于"ON"挡，否则气泵及相关电路不能工作；在诸如更换轮胎的悬空作业时，就要将开关置于"OFF"挡，否则车身会严重倾斜，发生悬垂的空气悬架极容易损坏。

二、电控悬架的主要作用

1）随行驶需要在 15~20ms 内可完成硬、正常、软和舒适四个不同数值的阻尼变换。

2）在坏路上行驶时可自动增加悬架刚度和车身离地面高度，以增加汽车的通过性和道路适应性。

3）在好路上行驶时可自动降低车身高度，并可使悬架变得柔和，以增加乘坐的舒适性。

4）在上陡坡时可自动提高轿车后部的高度，使汽车在复杂的道路上行驶时驾驶人能够始终保持良好的视野。

5）自适应阻尼悬架系统通过压缩空气的调控获得最佳阻尼力效果。

6）自适应阻尼悬架系统通过磁性液流的控制获得最佳阻尼力效果。

7）当车速超过 130km/h 后紧急制动时，后悬架应转换成硬态，以防止制动时重心往前轮转移。

8）当车速达到 30km/h 以上时，急加速时悬架应转换成硬态，形成抓地效果。

三、轮胎异常磨损的原因分析

许多有经验的维修人员在没有四轮定位仪的情况下，通过对轮胎异常磨损部位的观察，即可以做出定性分析，并可以据此对相关的故障进行排除。但如果要对四轮定位进行精确的调整，则需要利用四轮定位仪做出定量分析。

1. 轮胎胎冠一侧发生偏磨损

轮胎胎冠的一侧发生均匀的偏磨损，说明该轮的外倾角不对。如果轮胎外边一侧偏磨损，则说明外倾角过大；如果轮胎内侧偏磨损，则说明出现严重的负外倾角。

2. 轮胎胎肩处发生锯齿形磨损

轮胎胎肩处发生锯齿形磨损，说明前束值明显超标。如果外边一侧的轮胎胎肩处发生锯齿形磨损，则说明前束值过大，已经明显超标；如果内侧轮胎胎肩处发生锯齿形磨损，则说明反前束。只有前束值误差超过 15mm 以上，才会造成轮胎胎肩处发生锯齿形磨损。

前束值和外倾角不匹配时，主要是调前束值。如果前束值误差过大，行驶中侧滑量加大，长途行驶时会由于滑磨而造成高温，容易发生爆胎。

3. 胎冠处出现块状磨损

如果轮胎胎冠处出现块状磨损，则说明该轮的静平衡不好。静平衡不好的轮胎在行驶中频繁地径向跳动，在车轮每一次落地时轮胎胎冠都会和地面发生剧烈摩擦，久而久之就会出现块状磨损。

前轮驱动轿车轮胎的静平衡不好时，其后轮比前轮在胎冠处更容易发生块状磨损，这是因为汽车重心在前边，后轮承载轻，行驶中压不住，更容易出现频繁跳动。

在转向轮的轮胎胎冠处出现块状磨损后，如果使其静平衡则会更糟，这样在中高速行驶中容易出现转向器摆振，严重的还会造成制动踏板反弹（顶脚）。

4. 胎冠中部磨损较多

如果轮胎胎冠中部磨损较多，则说明该轮的气压长期过高。

5. 胎冠两侧磨损较多

如果轮胎胎冠两侧磨损较多，则说明该轮的气压长期过低。轮胎气压过低会造成油耗增加，车辆在湿滑路面上行驶时容易出现滑水现象。

6. 单个轮胎畸形磨损

如果单个轮胎畸形磨损，则有可能是该侧悬架变形。如果轮胎畸形磨损发生在前轮，在做 20°转角差测试时，若数值和厂家规定不符，则说明前轮有一侧悬架变形。举升汽车，看两侧下摆臂，如果哪一侧下摆臂和横拉杆不平行，就说明该侧的悬架已经变形。单侧前悬架变形会造成两侧主销后倾角或两侧前轮外倾角不一致，造成行驶跑偏。

四、电控悬架案例分析

案例 1　垂直高度加速度传感器短路，车身高度总是停留在最高位置，不能降低

故障现象　一辆宝马轿车，车身高度总是停留在最高位置，不能降低。由于电控悬架升得越高也就越硬，所以乘坐舒适性变差。

故障分析　车身高度总是停留在最高位置，不能降低，通常是高度传感器失效，使控制单元进入失效保护。

故障诊断　在四个车轮内侧各有一个垂直高度加速度传感器，其中任何一个传感器断路或短路，控制单元都会进入应急保护状态，将车身高度停留在最高位置。逐一检测垂直高度加速度传感器，发现左后垂直高度加速度传感器电阻值过低或输出电压为0V，正常时随着车身高度的变化，输出电压应在0~5V之间变动。

故障排除　更换短路的左后高度加速度传感器，消除故障码，重新匹配后试车，车身高度可以自动调节，说明故障已被排除。

案例2　左前空气泵泄漏导致车身过低或不平

故障现象　悬架过低，起动后悬架一直保持在最低位置，无法升起至正常高度；车身不平，左前侧车轮处偏低。

故障分析　车身是否水平是由安装在前轮两侧及后平衡杆上的三个水平位置传感器进行监测的。这三个传感器向控制单元提供信号，从而实现了控制单元对系统的实时监控。在正常情况下，水平位置传感器的信号电压为2.3~2.7V，无论信号电压是高于还是低于此范围，车身的水平状态都会出现异常。起动后悬架一直保持在最低位置，这通常是由系统内部的气体泄漏以及垂直高度加速度传感器退出或空气泵退出造成的。所不同的是后两项会留下故障码，而空气悬架出现气体泄漏则不会留下故障码。该车没有故障码，说明空气悬架出现气体泄漏的可能性较大。

故障诊断　举升汽车，在左前侧电控悬架的减振器上可能发生泄漏的部位刷上肥皂水，经检测发现左前空气减振器处有气泡，进一步分解检查，发现原有O形密封圈已经过度膨胀。

故障排除　空气悬架系统主要利用减振器内的空气量及压力改变来实现不同的状态，而经常出现泄漏的组件是减振器和空气泵。减振器的泄漏无法修补，只能靠更换新件来解决问题。但需要注意的是：在更换减振器后，要先对储气罐进行储压（气压不能低于1.4MPa），然后才可使用车身控制按钮提升车身高度。如果空气泵自身泄漏，则需要修理。更换左前空气泵O形密封圈后，重新对悬架系统进行水平设置，检测车身高度，恢复水平，说明故障已被排除。

小·提示

在更换减振器、空气泵及控制单元之后，要重新对悬架系统进行水平设置，只有这样控制单元才能正常地对车身进行水平控制。

案例3　后部空气悬架泄漏，行驶10min后车身尾部严重下降

故障现象　一台林肯大陆高级轿车，每次行驶约10min后，液晶仪表板上悬架故障指示灯就会被点亮，而且后部车身严重下降。此时需将点火开关关闭，重新运转发动机，直到后部车身升起才可继续行驶，否则后保险杠就会磕碰到地面。

故障分析　导致车身尾部或整个车身严重下降的原因通常是：当悬架空气泵工作温度超过130℃时，为防止空气泵烧蚀，控制单元令其退出控制。在空气悬架储气罐压力低于

760kPa 时，电动空气泵开始向储气罐供给压缩空气。储气罐压力高于 960kPa 后 2s 内，空气泵停止供气。车辆行驶仅 10min，空气泵温度就超过 130℃，说明后部空气悬架有漏气处，导致空气泵连续工作而致使温度过高。当空气悬架泄漏较明显时，泄漏一侧的悬架会不停地进行高度调节，即悬架不停地升高、降低。当泄漏不明显时，需要在行驶一段时间后泄漏一侧的悬架才会严重下降。

故障诊断　在电控悬架的减振器上连接好气压表，通过空气压缩机向每个减振器输送 0.5MPa 的氮气气压，15min 后检查减振器内的氮气气压是否下降，如果没有下降，则说明减振器密封良好，否则必须更换减振器。

故障排除　经检测，找到密封不良的左后侧减振器，更换后即可将故障排除。

案例 4　空气泵烧蚀，车身高度总是停留在最低位置不再升高

故障现象　一辆奥迪 A8 轿车，由于电控悬架的空气泵经常退出控制，使汽车无法根据路况和行驶条件的变化变更车身的高度和硬度。于是去修理厂进行修理，修理后空气泵不再退出控制，但使用一段时间后车身高度总是停留在最低位置，不再升高，并且没有故障码。

故障分析　车身高度总是停留在最低位置，不再升高，说明空气泵不再工作。导致空气泵不工作的原因有：

① 空气泵上温度传感器短路，数据流显示空气泵温度超过 130℃，控制单元会令其退出控制。

② 悬架控制单元 A/D 转换器转换错误，数据流显示空气泵温度超过 130℃，控制单元会退出控制。

③ 空气泵上的温度传感器失效退出后，控制单元进入失效保护，设定一个假定的温度值，空气泵工作不再受温度控制。汽车在坏路上行驶时，空气泵连续进行工作，就可能导致高温烧蚀。

故障诊断　经检查发现，因为人为断开空气泵上的温度传感器端子，造成控制单元进入失效保护，导致空气泵高温烧蚀。那么为什么要断开空气泵上的温度传感器端子呢？原来车身控制单元 A/D 转换器转换错误，导致空气悬架经常保持在最低位置，维修人员检测空气泵上的温度传感器正常，由于没有查到故障原因，于是人为断开空气泵上的温度传感器端子，这样悬架就可以进行高度自行调节了，结果却导致空气泵高温烧蚀。

故障排除　更换空气泵和车身控制单元后即可将故障排除。

故障警示　原本只是车身控制单元 A/D 转换器转换错误，更换车身控制单元即可排除故障，但是维修人员检测空气泵上的温度传感器正常后没有做进一步的检测，而是错误地断开空气泵上的温度传感器端子，致使车辆在坏路上行驶时空气泵由于连续工作而烧蚀。

【一句话介绍】

1）空气弹簧多为铝合金壳体，内侧装有惰性空气——氮气。空气弹簧缓冲和减振均好于液压式减振器。空气弹簧压缩行程较大时，可根据路况和车速在 15～20ms 内完成自动调节车身高度和硬度，可完成硬、正常、软和舒适四种硬度的选择。

2）配置电控空气悬架的车辆，车身越高，悬架越硬。

3）对于可调式电控悬架系统，驾驶人可根据需要通过选择开关直接选择悬架的硬度和高度，即高位、舒适、自动、动态四种工作模式。

4）电磁减振器内磁性液流油液就是在碳氢化合物合成油液中悬浮有微小粒子的液体，当施加磁场后，可以在0.5～1.0ms内从矿物质油液黏稠度改变为果冻状的黏稠度，根据电磁阀提供的电流不同，减振阻尼力矩也就不相同。

5）在充气工况时，要确保维修模式开关处于"ON"挡，否则气泵及相关电路不能工作；在更换轮胎作业时，要将开关置于"OFF"挡。

【故障一点通】

1）空气弹簧最常见的故障是密封不良。检测时注入300kPa的压缩空气，10min后如果气压保持不变，则说明密封良好，可继续使用；如果气压保持不住，则需要更换空气弹簧或更换O形密封圈。

2）在怀疑空气弹簧密封不良时，输入压缩空气，在气囊胶皮上涂抹肥皂水，如果发现气囊胶皮表面冒出细微的气泡，则更换该气囊总成及闭路电磁阀，故障可以彻底排除。

3）后备箱内部设置有手动空气悬架作用开关（维修模式），在用两柱举升器举升汽车前，应将模式开关定在维修模式。在吊起、顶起、拖或举起电控空气悬架系统时，如果模式开关在举升后仍停留在自动模式，车身会严重倾斜，发生悬垂的空气悬架极易损坏。

4）电控液压悬架蓄能器是用于在悬架硬度和高度转换过程中缓和冲击的，蓄能器活塞卡滞退出后，会使车辆在悬架硬度和高度转换过程中失去缓冲作用。在行车过程中，当后轮轧井盖或过一个小坑时，后减振器就会跳动，好像装了弹簧一样，有时能连续跳十多米远。

5）悬架上部磨损滑柱磨损后会产生噪声，还可能产生转向拉力和记忆转向，导致行驶跑偏，维修时必须更换空气悬架总成。

6）轮胎的噪声多出现在车速为40～50km/h的范围内。如果前轮胎和后轮胎的花纹、品牌、外径尺寸不同，低速行驶过程中就会出现有节奏的"咯噔"声。

第二节　四轮定位的原理、作用和检测方法

四轮定位包括主销后倾角、主销内倾角、前轮外倾角、转向轮20°转角差（转向轮20°时的前束值）、后轮外倾角、后轮前束七个部分。

一、前轮定位的原理和作用

1. 主销的确定

转向轮围绕谁进行旋转，前轴的轴荷通过谁传给车轮，谁就是主销。

2. 主销后倾角的原理和作用

（1）主销后倾角的原理　主销轴线在纵向平面内与通过前轮中心垂线的夹角称为主销后倾角，如图6-7所示。

由于汽车转向轮始终围绕着主销旋转，并且前轴轴荷是通过主销传给车轮的，所以前轴的重心就在主销轴线和它的延长线上。由于主销轴线的延长线与轮胎和地面的实际接触点之间又保持有一定的距离，所以汽车转弯时转向轮便产生

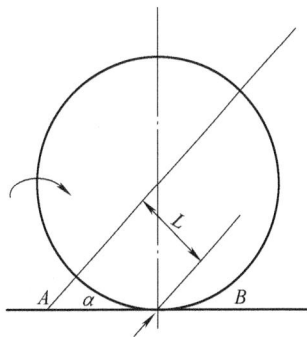

图6-7　主销后倾角

了离心力。这种离心力会引起地面对转向轮的侧向反作用力，这个侧向反作用力正好与车轮偏转方向相反。这个侧向反作用力作用在轮胎与地面的实际接触点上。在汽车转向时，不仅要克服轮胎与地面间的摩擦阻力，同时也需克服这个侧向反作用力。同样，在汽车行驶过程中由于种种非人为因素造成转向轮产生转向力时，只有这种转向力必须大于主销后倾角带来的侧向反作用力，车轮才能真正实现偏转。

（2）主销后倾角的作用

1）打完转向后转向盘不能自动回正，将两侧主销后倾角加大1°，即可帮助转向盘自动回正。

2）转向盘在车速为80km/h左右摆振时，将两侧主销后倾角加大1°，可有效遏制转向盘摆振。

3）对于由于行驶系统原因造成的转向沉重，将两侧主销后倾角加大1°，可使转向明显变轻。

4）如果两侧主销后倾角不一致，车辆会往后倾角小的一侧跑偏。所以当车辆在行驶过程中向右侧跑偏时，将左侧前轮外倾角加大30′，可保证直线行驶的稳定性。

3. 主销内倾角的原理和作用

主销在前轴或悬架上安装时，上端略微向内倾斜一个角度，这个角度称为主销内倾角。

（1）零主销偏移和负主销偏移　传统的后轮驱动的汽车主销内倾角通常为6°～8°，而20世纪70年代以后开发的前轮驱动的汽车，无论是麦弗逊式悬架还是烛式悬架，主销内倾角通常都为10°30′～12°30′。

1）零主销偏移：主销内倾角在10°30′左右的是零主销偏移，即主销轴线的延长线和车轮与地面接触部位的中心线相交。零主销偏移设计在转向时最轻。

2）负主销偏移：主销内倾角超过12°的为负主销偏移。所谓负主销偏移，是指主销轴线的延长线超过轮胎中心线。零主销偏移和负主销偏移的麦弗逊式悬架如图6-8所示。负主销偏移的汽车由于轮胎向内侧滑动增多，使转向轮胎的磨损略有增加。负主销偏移的车辆在转向到止端时，需要驾驶人稍加帮助转向盘才能回正。

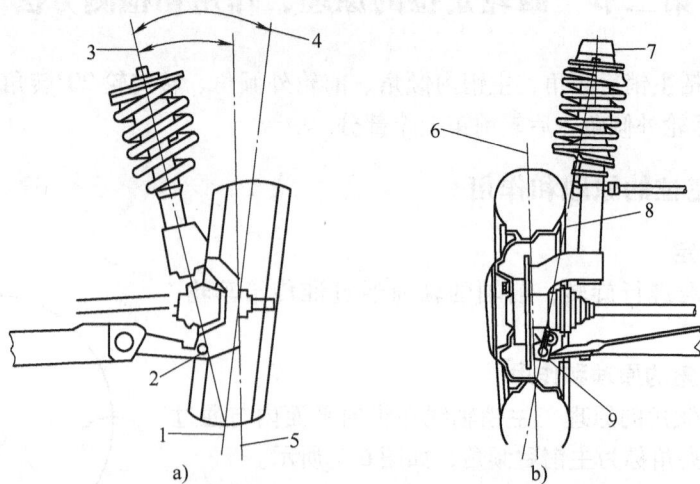

图6-8　零主销偏移和负主销偏移的麦弗逊式悬架

a）零主销偏移的麦弗逊式悬架　b）负主销偏移的麦弗逊式悬架

1—车轮外倾　2—下球销　3、8—转向轴线倾斜角　4—总角　5、6—车轮中心线（垂直线）　7—滑柱上支座　9—球销

（2）主销内倾角的作用

1）主销内倾角保证汽车直线行驶的稳定性。

2）主销内倾角帮助车轮自动回正。

3）主销内倾角使转向轻便。

小·提示

所有车辆的主销内倾角都无法进行调整，内倾角变形时只能通过更换转向节进行修理。

4. 前轮外倾角的原理和作用

（1）前轮外倾角的概念　汽车转向轮上端略微向外倾斜，车轮所处的平面和纵向垂直平面的夹角称为前轮外倾角。

（2）前轮驱动的汽车外倾角的特点　前轮驱动的汽车大都用麦弗逊式悬架和烛式悬架，而这两种悬架的车轮在升张行程时（行驶中悬架向上举升时）会出现车轮外倾。为了防止这种不良倾向出现，将麦弗逊式悬架和烛式悬架的汽车设计为前轮内倾角。前轮内倾角通常为很小的内倾角，如帕萨特 B5 轿车前轮内倾角为 $-0°28' \pm 25'$；后轮外倾角与前束值和前轮的方向相同（如果前轮是内倾，则后轮也是内倾），但倾角数值大 1 倍。

（3）前轮外倾角和主销内倾角的关系　前轮外倾角和主销内倾角之和为包容角，一方增大多少，另一方就相应减少多少，如图 6-9 所示。

（4）前轮外倾角的作用

1）后驱车外倾角的作用为承载后使车轮垂直于路面，前驱车外倾角的作用为在举升行程时使车轮垂直于路面。

2）当两侧前轮外倾角不一致时，哪侧外倾角大，车辆就往哪侧跑偏。维修人员在修理行驶跑偏的车辆时，经常有意地将跑偏方向相反一侧的前轮外倾角放大 30'。

图 6-9　前轮外倾角和主销内倾角之和为包容角

5. 前轮前束的原理和作用

（1）前束的概念　前束分为正前束和反前束两种。正前束是指车轮后部距离大于前部的距离。反前束是指车轮后部距离小于前部的距离。

（2）前束和外倾角的关系　前轮前束必须和前轮外倾角相匹配，前轮外倾角越大，前束值就越大。尽管制造厂商在出厂时已调整好前束，但随着行驶里程的增加，行驶系统各部分的活动关节出现松动后前束值也会随之发生变化。特别是后轮驱动汽车的前束值明显大于前轮驱动汽车的前束值，磨损后变形也比较明显。

（3）前束的作用

1）为了抵消前轮外倾角造成的车轮向两边（后驱）或向内侧（前驱）滚开的趋势，并

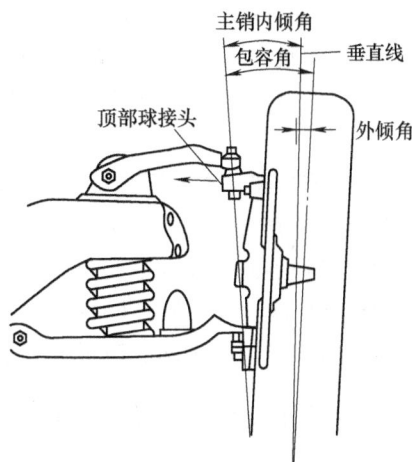

最大限度地消除车轮的滑移，于是设计了前轮前束，给车轮一个与外倾角反向滚动的趋势，与其相互抵消，达到直线行驶的目的。

2）汽车在侧滑板上侧滑超标时，说明车轮外倾角与车轮前束不匹配，跑长途时容易发生爆胎。适当调整前轮前束值，可消除侧滑量。

3）前束值严重超差会造成转向略感沉重，还可能造成中速行驶时在 5km 的范围内转向盘摆振。

6. 转向轮 20°转角差和 20°前束值的原理和作用

（1）转向轮 20°转角差的原理　车辆转弯时，内侧的车轮被迫沿着比外侧车轮要小的弧线行进。如果设计两则转向臂互相平等，那么转弯时两前轮也将保持平行，必然引起轮胎滑移。如果设计成前轴、梯形臂、横拉杆构成的转向梯形，则可使汽车在转向时两前轮产生不同的转向角。通常内侧车轮转向角要比外侧车轮转向角要大 1°~3°，两前轮沿着各自的弧线滚动，同时前后四个车轮又绕着同一圆心滚动，从而尽可能地消除了转向时轮胎的滑动。转向梯形使内侧车轮转向角大于外侧车轮转向角，于是就有了前轮 20°转角差的设计。

（2）转向轮 20°前束值的原理　转向轮 20°前束值是指外侧前轮转向角为 20°时的前轮前束值，是从转向轮 20°转角差衍生来的。转向轮 20°转角差在规定的范围内，那么转向轮 20°前束值也就在规定的范围内。

（3）转向轮 20°转角差的作用

1）防止和减少转向时车轮侧滑。转向梯形和差速器相比较，在减少转向时车轮侧滑的方面更加有效。前轮驱动汽车既有转向梯形又有差速器，对防止和减少转向时车轮侧滑最为有效。

2）检查前悬架是否变形。前轮 20°转角差如果不符合厂家规定，则说明有一侧的前悬架发生变形。举升汽车，看汽车悬架哪一侧下摆臂和横拉杆不平行，就说明哪一侧下摆臂变形。梯形臂受强烈冲击而发生变形后，在坏路上或以中高速行驶时行驶中会出现跳动转向，并且会造成该侧单个轮胎畸形磨损，转向时转向轮会出现横向滑移和行驶跑偏。

注意：汽车悬架同轴两侧应成对更换。

二、后轮定位的原理和作用

1. 后轮定位的作用

车辆的几何中心线是恰好穿过前后轮中央的假想线。推力线是与后轮前束中心线呈 90°角并向前延伸的线。

推力线如果和汽车前后轮几何中心线平行，汽车行驶时前后轮车辙印就会完全重合，再加上主销后倾和主销内倾角设计得合理，两侧的主销后倾角和前轮外倾角一致，前驱轿车两侧前束调整得一样，轮胎的带束层和帘线层平整，在笔直的公路上，即使双手离开转向盘，车辆仍可以保持直线行驶。后轮定位就是为了推力线能和汽车前后轮几何中心线平行，保证汽车行驶时前后轮车辙印的重合，进而保证汽车直线行驶的稳定性。

设置后轮前束的目的就是先调后轮前束，然后以推力线为定位基础调整前轮前束，进而保证推力线能和汽车前后轮几何中心线平行。

2. 后轮外倾角的原理

前轮驱动的轿车后轮通常为负外倾角，即空载时后轮向内倾斜，承载后或做举升运动时垂直于路面。

前轮驱动轿车通常前后轮都是负外倾角，但后轮的负外倾角通常比前轮的负外倾角要大1倍左右。后轮外倾角的主要作用是改善汽车转向时的稳定性，使转向变得更轻便，是为了减少后轮在行驶中的侧滑，以最大限度地延长后轮轮胎的使用寿命。

3. 后轮前束的原理

前轮驱动汽车通常为很小的后轮反前束。前轮驱动汽车行驶中的驱动力使后轮心轴受向后的力，后轮的前端距离略大于后端距离。

和后轮外倾角一样，前轮驱动汽车后轮的反前束值比前轮的反前束值大1倍左右。后轮前束主要是为了减少后轮在行驶中的侧滑，以最大限度地延长后轮轮胎的使用寿命。汽车受到猛烈冲击或悬架衬套磨损松旷，都会使推力线发生偏移。推力线偏离几何中心线后，不仅造成行驶跑偏倾向，也加重了汽车转向时轮胎的侧滑。设置后轮定位可削弱后轴偏向，减轻在正常行驶和转向时的负面影响。

保持正确的后轮外倾角和后轮前束是非常重要的。如果出现行驶跑偏，后轮产生畸形磨损，特别是出现后轮胎冠偏磨损（后轮外倾角不对）、后轮胎肩处出现锯齿形磨损（后轮前束严重超差）以及后轮悬架发生早期磨损时都应做四轮定位。

4. 四轮定位的调整

（1）四轮定位调整前的准备工作

1）做四轮定位前应将所有轮胎的气压都调整到厂家规定范围内的同一数值。

2）车身的正常高度要符合厂家规定。

3）行驶系统（轮毂轴承、横拉杆接头、下摆臂接头）不得有过度松旷。

4）将前轮放置在转角盘上，使轮毂中心对准转角盘零度角，将后轮放在后滑板上。

5）左右跑道间最大高度误差不超过1mm，前后轮之间的对角间最大高度误差不超过2mm。

6）激光都是以垂直直线输出的，所以测量范围较窄，需要人工计算推力线。

7）调节两个较低位置的接触销，将其卡在轮辋的边缘，并将可调整的夹紧臂放在轮胎胎冠的第一道槽内。

8）调整好车轮中心，即消除车轮轮辋端跳动对测量精度的影响。

9）开始测量四轮定位角。

（2）四轮定位的调整顺序　后轮外倾角→后轮前束值→主销后倾角→前轮外倾角→前轮前束值。

5. 车轮定位角的调整

1）麦弗逊式前减振器下端定位盘上有纵向调整孔，将其向后移动可加大主销后倾角。

2）麦弗逊式前减振器下端定位盘上有横向调整孔，将其向内侧移动可加大前轮后倾角。

3）双摆臂悬架的上下摆臂轴内端有偏心凸轮或调整垫片，两凸轮同角度旋转或增减相同数量的垫片可调整车轮外倾角，单独调整一侧可调整主销后倾角。

4）用下控制臂上的偏心凸轮可调整车轮外倾角。

5）在前桥两个钢板弹簧托的后端边缘处各垫一块长度和钢板弹簧宽度相等的铁片，每垫高1mm，主销后倾角加大20′。

6）除个别轿车通过凸轮来调整前束外，绝大部分汽车都是通过旋转横拉杆来调整前轮前束值的。

7）调整前束时两侧横拉杆必须等量地进行调节，否则会造成行驶跑偏。

8）车轮定位调整顺序为后轮外倾角、后轮前束值、主销后倾角、前轮外倾角、前轮前束值。

9）对于半独立悬架，在后轮心轴凸缘内端上侧增加调整垫片厚度，可加大后轮外倾角。

10）对于半独立悬架，在后轮心轴凸缘内端后侧增加调整垫片厚度，可加大后轮前束值。

【一句话介绍】

1）车轮端向跳动量过大通常是由纵向跳动造成的。

2）当转向轮不能自动回位时，只有通过加大主销后倾角的调整才能排除故障。

3）如果轮胎出现偏磨损，则说明外倾角的调整不合适。对于装有轮胎智能控制系统的汽车，如果轮胎气压不足，车速到90km/h时ABS灯会被点亮。

4）汽车低速摆振时应调转向盘的自由行程。转向盘的自由行程是汽车在直线行驶位置上的转向盘空行程。轿车转向盘自由行程必须小于或等于10°，左右各不得超过5°，在转向盘上表现为小于或等于37mm。

5）富康轿车转向轮不能自动复位的原因是前轮外倾角为负主销偏移。

6）轮胎花纹使用极限是1.6mm。如果轮胎的胎肩处出现锯齿形磨损，则说明前轮前束值和前轮外倾角不匹配。

7）因转向轮引起的转向器摆振，都可以通过加大主销后倾角来排除。

8）转向轮动平衡不好会引起行驶中转向轮横向摆动，转向轮静平衡不好会引起行驶中转向轮纵向摆动，二者都可能导致转向盘在车速为80km/h以上时出现摆振。车速在80km/h左右的转向盘摆振通常都和转向轮有关。

9）齿轮齿条式转向器齿条发生的弯曲必须小于或等于0.30mm。新的循环球转向器螺杆、螺母和循环球的工作间隙应小于或等于0.02mm，旧的工作间隙应小于或等于0.08mm。

10）车身高度是否正常是由减振器和弹性元件决定的。当车身高度过低时，双手用力向下按保险杠，如果回弹超过1.5次，则说明减振器失效；如果回弹次数正常，则说明弹性元件失效。

11）当两侧主销后倾角不一致时，汽车会向主销后倾角小的一侧跑偏。当两侧前轮外倾角不一致时，汽车会向前轮外倾角大的一侧跑偏。

12）转向梯形使内侧车轮转角大于外侧车轮转角。如果前轮20°转角差不符合厂家规定，则说明有一侧前悬架发生变形。举升汽车，汽车悬架哪一侧下摆臂和横拉杆不平行，就说明哪一侧下摆臂变形。

13）用皮尺测量轿车两侧前后轮中心距，如果误差超过5mm，则说明后悬架发生变形，进而说明推力线偏离几何中心线，不仅造成跑偏倾向，也加重了汽车转向时轮胎的侧滑。

14）齿轮齿条式转向器使用两根横拉杆，调前束时，两根横拉杆调整量必须相等，否则会造成两前轮前束不一样。

【故障一点通】

1）汽车一侧前悬架变形会造成行驶跑偏。

2）汽车一侧后悬架因猛烈撞击马路牙而变形，会造成在中速的某个特定速度区域内（约10km速度区域内）紧急制动时会出现后轮甩尾。

3）汽车后悬架会因前、后轮出现车辙印不一致而造成行驶跑偏。

4）当后驱车转向略感沉重时，将两侧主销后倾角各加大1°可使转向轻便。

5）加大主销后倾角可以有效地扼制转向轮引发的转向器摆振。

6）前束值和外倾角不匹配，会加大行驶中的车轮侧滑量。侧滑量超标，跑长途时容易发生爆胎。调整前束值可明显减少车轮的侧滑量。

7）轮胎的帘布层和带束层不平整会造成轮胎锥形，造成行驶跑偏。所以在修理行驶跑偏的车辆时，维修人员经常进行两前轮换位。

第三节　电控转向系统故障分析

一、电控液压助力转向系统的组成和工作原理

1. 电控液压助力转向系统的组成

电控液压助力转向系统由转向盘转角传感器、控制单元、直流电动机、液压泵（转子式）、控制阀（分配阀和扭力杆）、动力缸、齿轮和齿条等组成。

电控液压助力转向系统按使用液压泵的不同分为机械泵（见图6-10）和电子泵两种。

2. 机械泵的局限性

1）机械泵由曲轴传动带驱动，低速行驶时机械泵的转速只有1000多转，低速时转向的辅助动力略显不足。

2）转向盘转到止端时液压压力最高，如果停留时间过长，液压系统压力会无穷大，所以转到止端停留时间不得超过5s，否则发动机会因过载而熄火，还有可能使高压油管崩破。

3. 电子泵的优点

1）低速行驶时电子泵的转速是3000r/min，和机械泵相比在低速时可提供更大的辅助动力，所以低速时转向较轻。

2）电子泵（见图6-11）完全独立于发动机，即使发动机熄火，也不会影响转向助力。

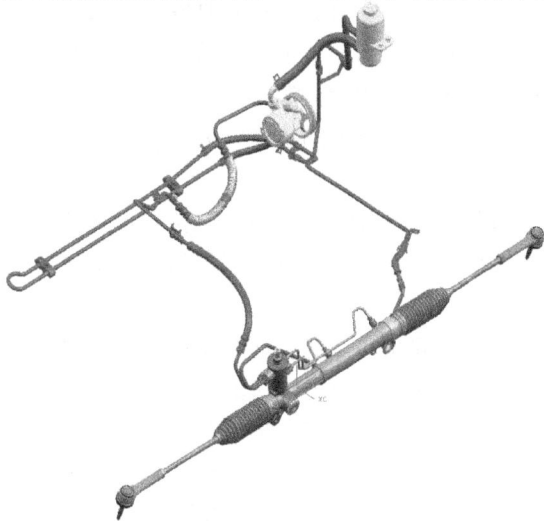

图6-10　机械泵电控液压助力转向系统

电子泵随动性较好，高速行驶时其转速就会降到 800r/min 左右。当转向盘的旋转角速度超过了某个设定值时，助力转向紧急模式便被激活，电子泵会瞬间把转速提高到接近 5000r/min，助力会瞬间扩大，转向阻力突然降低。

3）省油。它只在需要转向助力时才工作，其余时间进入休眠状态，和机械泵相比，平均每百公里省 0.1~0.2L 油。

4）电子泵在转向盘快转到止端时液压压力最高，转到止端后压力反而下降，转向盘转到止端后即使停留时间较长也不会造成发动机熄火或液压系统泄漏。所以电子泵好于机械泵。

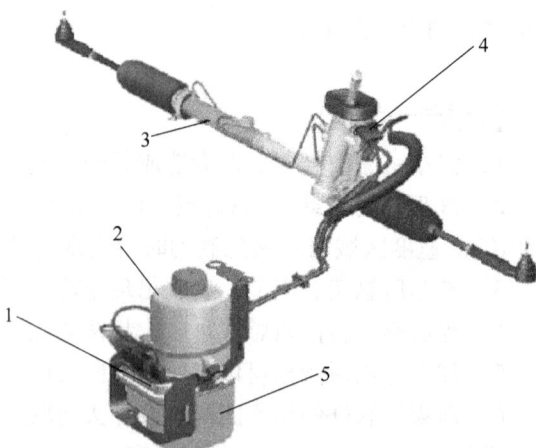

图 6-11 　电子泵电控液压助力转向系统
1—助力转向控制单元　2—储油罐　3—转向传动装置
4—转向角速度传感器　5—带电动机的齿轮泵

4. 电控液压助力转向液压泵压力开关的检测

电控液压助力转向系统的电子液压泵压力开关属于易损件，其线束容易发生断路或脱落，开关损坏或线束断路后会造成转向变得异常沉重。

首先检查液压泵压力开关、插头、线束状态是否完好，线束是否干涉或紧绷。如果外围检查正常，则选择万用表蜂鸣档，检测电子液压泵压力开关是否导通。断开电子液压泵开关插头，使红色表笔连接开关端子，黑色表笔连接车身搭铁点，检查开关是否导通。确认表笔连接好后，打开点火开关，左右转动转向盘到两侧止端，然后回到直线行驶位置。经检查开关导通，说明液压泵开关和线束正常。

二、电动助力转向系统（EPS）的组成和工作原理

1. EPS 的特点

EPS 独立于发动机，不需要发动机提供动力源，不消耗发动机的功率，取消了液压控制系统，节省了空间，减少了故障出现的概率。大部分车辆采用双齿轮电动助力转向系统。电动助力转向系统的助力源来自直流电动机，直流电动机的能源来自蓄电池，即只需要在转向器上安装一个直流电动机直接驱动辅助转向器即可实现助力转向。

2. EPS 的组成

EPS 由转向盘转角传感器、转向盘转矩传感器、车速传感器、直流电动机、转向控制单元、辅助转向器、电磁离合器等组成，如图 6-12 所示。

3. EPS 的工作原理

在汽车起步和低速转向时把电流传给电动机，实施助力控制，车速越低，转向盘转矩越大，控制单元给直流电动机的电流越大，助力比越大，转向越轻便。转向盘转矩传感器的功能是通过磁芯位置的变化来反映加在转向杆上转矩的大小和方向，并且将转矩大小转化为电压值信号，送给控制单元。该电压值信号是控制转向助力大小的一个重要决定因素。

与此同时，控制单元根据转向盘转角传感器提供的旋转信号控制电动机的旋转方向（正转或反转），使电动机旋转的角度和方向与驾驶人意愿相符。当转向盘处于中间位置

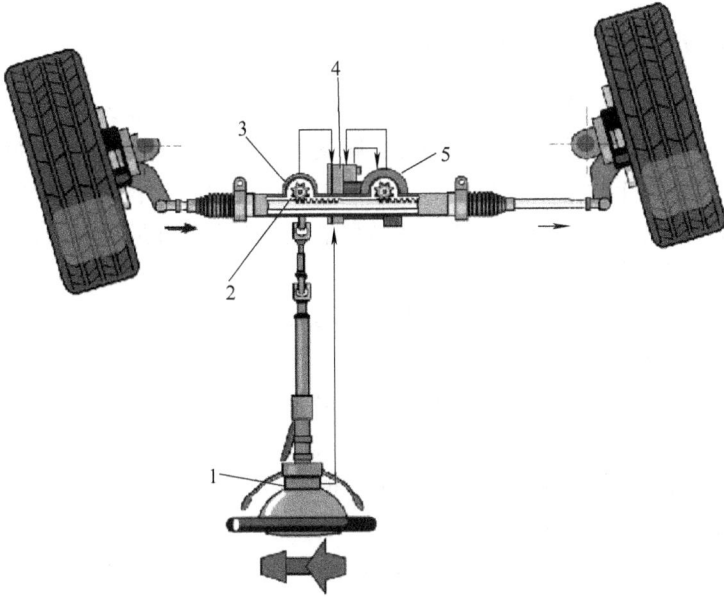

图 6-12　EPS 的组成

1—转向盘转角传感器　2—原装传感器　3—转向盘转矩传感器　4—转向控制单元　5—辅助转向器

时，使电动机处于阻尼控制，电动机处于待机状态时不消耗电能。将转向盘打到止端时，停留时间不得超过 5s，否则电流过大，有可能烧坏直流电动机。当车速达到 42~44km/h 时，电控系统退出，以保证有适当的路感。特别是在高速行驶时，路感信息对驾驶人尤为重要。

EPS 控制单元的作用是根据转向盘转矩传感器信号和车速传感器信号进行逻辑分析与计算后，发出指令，控制助力辅助电动机的电流，进而控制转向助力比的大小。EPS 控制单元内部大致由输入电路、计算机、输出电路与输出监视电路、电源电路构成。输入电路是把各传感器发出的信号转换成计算机处理信号的电路。计算机用于计算输入电路的信号，向输出电路发出控制信号。输出电路是把计算机发出的控制信号转换成可以使促动器工作的信号的电路。电源电路是向输入电路、计算机、输出电路与输出监视电路供给电源的电路。此外，流向电动机的输出电流，通过输出电路直接进行控制。EPS 控制单元主体的发热量很大，所以转向盘转到止端时的停留时间不要超过 5s。

助力电动机是固定磁场的直流电动机，由固定在磁铁壳内的磁铁、与蜗杆做成一体的电枢、换向器等组成。助力电动机的作用是根据电子控制单元的指令输出适当的辅助转矩，是EPS 的动力源，也是 EPS 的关键部件。改变通电电流的方向，助力电动机的转动方向也随之改变。改变电流的大小，则改变转向助力的助力比。

电磁离合器本文采用干式单片电磁离合器，通过电流流过电磁线圈时产生的吸力实现转矩的传递，因此可以通过控制电磁线圈的电流实现传递转向助力。此外，由于其主要作用是传递助力转矩，所以在工作过程中其接合与分离正确与否将直接影响车辆行驶的安全性，即需要对离合器的工作状态进行实时监测，一旦出现异常，系统要能通过其他方式保证助力的切断。

三、电动助力转向系统常见故障

EPS 的常见故障为在车速不到 24km/h 行驶时，实施转向比较困难（转向重）。电动助力转向系统工作时，受车辆行驶的道路条件、频繁的转向、环境温度、车辆的振动、高压洗车、车辆涉水以及外界干扰等诸多因素的影响，工作情况复杂。长时间使用后，电动助力转向系统各部件都可能会出现各种情况的机械故障，电路短路/断路，电子元器件老化、接触不良以及过热烧坏等异常情况，类型复杂、繁多。

上述助力转向失效，通常是在停车后重新起动汽车时才会出现。

1. 辅助电动机可能出现的故障

电动机失效退出后在低速转向时转向盘会变得非常沉重，出现此类情况的原因主要有以下几点：

1）电动机与控制单元间的接线出现断路或短路。

2）电动机电刷与换向器接触不良。

3）电动机电枢与定子磁极卡死，转子转不动。

4）电动机电枢绕组开路。

5）因为高压洗车或车辆涉水而使电枢绕组受潮发热，而且散热不好，导致电枢绕组有部分线圈元件短路。

6）电动机长时间过载运行，引起电动机壳体发热以至于烧坏，特别是转向盘转到止端后停留时间过长，使电动机控制电流过大。

2. 电磁离合器的检测

在不转向时，只需要对电磁离合器提供 0.3A 的电流，就可以保证离合器正常地结合；传递最大助力转矩时，需要对电磁离合器提供 0.82A 的电流。在电路出现短路或断路时，离合器电路电流将远远超过 0.82A 或接近 0A，因此可以通过实时监测离合器电路的电流来判断其是否正常。

3. 故障的诊断与故障码的消除

当控制单元中某一电路超出规定范围的信号时，自诊断系统就判定该电路及相关的传感器或执行器发生故障，并控制故障指示灯闪烁。目前常用的故障码指示有两种：一是以闪烁次数和时间长短表示不同的故障，如三菱、现代、克莱斯勒、宝马等；二是不同颜色的几盏灯（一般为红灯、绿灯）闪烁表示不同故障，如本田、日产等。同时将故障信息以故障码的形式存储到控制单元内部的存储器中，然后控制单元控制系统采取相应的安全防范措施。故障信息一旦被存储，即使故障已经排除且故障指示灯熄灭，仍将储存在存储器中。消除故障码的方法有两种：一是将熔丝盒中的熔丝拔下 10s 以上，二是将蓄电池接地线拆下 10s 以上。

四、电动助力转向系统的重新设定

1. 需要对电控转向系统进行重新设定的情况

更换或断开转向盘转角传感器和转向盘转矩传感器，拆装安全气囊的时钟弹簧后或断开蓄电池后，控制单元存储器上转向角中心点会丢失，需要对电控转向系统进行重新设定，否则电控转向系统会点亮故障灯，电控转向系统退出控制，使转向变得格外沉重。车辆行驶中读取数据流，转向盘左、右转向各 540°角，均正常，但转向回正后，转向盘不在 0°角，说明电控转向系统需要进行重新设定。

2. 电控转向系统的重新设定

1）将转向盘左转到止端停留 3s，然后将转向盘向右转到止端停留 3s，再将转向盘回正到直线行驶位置，路试，待车速超过 20km/h 后，电子转向故障灯自动熄灭，即完成电控转向系统的重新设定。

2）在交通不繁忙的道路上，以大于 20km/h 的车速匀速直线行驶 5min 以上，使控制单元识别转向角的改变点，并记忆它作为转向角中心点。

> **小·提示**
>
> 上述两种方法均可获得转向盘偏摆角传感器零点，使电控转向系统恢复正常。

3. 奥迪电控助力转向供电控制单元的基本设置

奥迪 A6L 轿车电动转向柱不能上下和前后调节，控制单元中存储有故障码 4814。此故障可能是供电控制单元 J519 未进行基本设置或者基本设置操作不规范所致，也有可能是由不正确的断电操作引起的。电控助力转向供电控制单元的基本设置是对转向控制单元 J519 正确地进行基本设置，而不是对选择更换转向柱调整开关 E167 的基本设置。其基本设置方法如下：

1）先断开点火开关，然后断开供电控制单元 J519 的所有插头，5min 后重新连接所有插头。

2）用 VAS5052 进入故障导航菜单，选择相应的车型和年款等，进行车辆系统测试。

3）车辆系统测试时，在读取故障存储器后，转入设定步骤。

4）选择 09——供电控制单元 J519，对其重新编码 1121019（旧编码也是 1121019）。

5）对其进行基本设置。需要注意的是，应选择更换车载电源控制单元 J519 的基本设置。

6）基本设置完成，退出系统。

重新匹配后转向柱便可以进行上下、前后调节。

五、电控液压助力转向系统案例分析

案例 1　低速转向时车辆前部有"呜呜"的异常响声

故障现象　一辆配置有机械泵电控液压助力转向系统的奥迪轿车，在低速转向时车辆前部有"呜呜"的异常响声，车速提高后异常响声终止，降到低速转向时异常响声重新出现。

故障分析　机械泵电控液压助力转向系统在转到止端停留时压力无穷大，此时才会出现"呜呜"的异常响声，而在转向过程中不应有异常响声。电控液压助力转向系统如果缺少液压油，在熄火的瞬间发动机会出现振抖，但转向过程中不会出现异常响声，所以故障应不在电控液压助力转向系统。空调系统制冷剂过多或膨胀阀出口孔过大，使进入蒸发器的制冷剂过多，无法完全汽化，会出现"呜呜"的异常响声。

故障诊断　通过观测孔观察制冷剂，在完全放松加速踏板后在观测孔处仍然看不见气泡，说明制冷剂过多。

故障排除　放出原有的制冷剂，抽真空后按规定重新加注制冷剂，即可将故障排除。

案例 2　电控液压助力转向系统的电子液压泵压力开关的检测

故障现象　一辆马自达 6 轿车在中速转向时突然变得非常沉重。

故障分析　马自达6使用的是电控液压助力转向系统,如果是该系统发生故障,通常表现为停车的瞬间转向盘抖动,或一侧转向重而另一侧转向正常。但该车不具备上述特征,故障来得很突然,有可能是在电控方面。电控液压助力转向系统的电子液压泵开关属于易损件,其线束容易发生断路或脱落,开关损坏或线束断路后会造成转向变得异常沉重。

故障诊断　首先检查液压泵压力开关、插头、线束状态是否完好,线束是否干涉、紧绷。如果上述检查均正常,则用万用表检查压力开关通断是否正常。选择万用表蜂鸣档,断开电子液压泵开关插头,使红色表笔连接开关端子,黑色表笔连接车身搭铁点,检查电子液压泵开关是否导通。确认连接好表笔后,打开点火开关,左右转动转向盘到两侧止端,然后回到直线行驶位置。经检查开关不导通,说明液压泵开关和线束出现故障。断开液压泵开关线束两头的端子,拽进后用欧姆表测两侧端子的电阻,如果电阻值正常,则说明故障在液压泵开关。

也可以用诊断仪读取数据流。例如大众车系,用5052诊断仪查看01-08-055数据流第2位数据状况。转向盘在直线行驶位置的数据流应为0,转动转向盘到止端时的数据流应为1,否则为不正常,必须更换液压泵压力开关。

故障排除　更换液压泵开关后,动力转向恢复正常,故障排除。

【一句话介绍】

1)装载有机械泵电控液压助力转向系统的车辆在转向盘打到止端时停留时间不得超过5s,否则会因系统压力过高而造成发动机过载熄火,或造成橡胶的液压回油管破裂。

2)装载有电动助力转向系统的车辆,在转向盘打到止端时停留时间不得超过3s,否则会因电流过大而造成辅助电动机烧蚀。

3)装载有电子泵电控液压助力转向系统的车辆,在转向盘快打到止端时系统压力达到最高点,并且打到止端后压力开始下降,所以装载有电子泵电控液压助力转向系统的车辆,在转向盘打到止端后停留不会造成故障。

4)电动助力转向系统在转向到达极限位置时,助力电流达到最大值,此时电动机和控制器容易发热,所以应注意避免打满转向,在需要打满时,要尽量控制在3s以内,否则会使电流过大,引起元器件损坏。

5)电动助力转向系统根据转向盘转角传感器信号决定直流电动机正转还是反转,并根据转矩和车速信号控制转向的助力比。转矩越大,车速越低,控制单元给直流电动机的电流越大,助力比越大。

6)装载有电控液压助力转向系统的车辆在中速及高速行驶时转向变轻,应重点检查控制单元和电磁阀。

7)电控液压助力转向系统的主要传感器有转向盘转角传感器、转向器转速传感器、转向器转矩传感器和车速传感器。

8)电动助力转向系统的主要传感器有转向器转角传感器、转向盘转矩传感器和车速传感器。

9)使用电控液压助力转向系统的轿车在行驶过程中转向时突然变得特别沉,通常是由动力转向传感器进水所致。电控液压助力转向突然变沉时,应重点检查液压泵开关是否短路或断路。

10）主动转向系统的转向干预只适用于转向过多时，而对不足的转向则无法实施转向干预。

11）电控液压转向系统在低速转弯和停车时提供较大的辅助动力，在高速行驶时将辅助动力限制在正常范围内。

12）电动助力转向系统独立于发动机，取消了液压控制系统，采用双齿轮电动助力转向系统，通过在转向器上安装一个电动机直接驱动转向齿轮来实现助力转向。

13）检测动力转向液压泵的压力正常，在压力控制阀和截流阀全闭的情况下，测量怠速时的液压泵卸荷压力，其值应为7200～7800kPa。若卸荷压力过低，则应检查流量控制阀与液压泵总成是否正常。

14）电控助力转向系统的所有插接器必须接触良好。插接器应避免潮湿、高温，要保证其有良好的导电性。

15）更换或拆检转向盘、转向柱、转向系统传感器、控制单元等部件后，应用诊断仪或手工对转向的电控系统进行初始化设定。

【故障一点通】

1）点火系统失火和节气门处积炭过多会导致电控液压助力转向系统的转向盘在制动时发生振动（发动机失火造成动力不足）。

2）怠速过高同样会引发电控液压助力转向系统的转向盘振动故障。这是因为怠速过高导致发动机在怠速时无法处于软模式。

3）本田发动机更换正时带后，如果平衡轴的正时相位不当，也会出现怠速和加速时转向盘振动的现象，不过此时振动将更为严重。

4）电控液压助力转向系统液位过低或有空气，转动转向盘时会有噪声。

5）电控液压助力转向系统大角度转向时转向盘抖动，说明高压回油油管质量不好，有可能是油管内壁橡胶脱落，造成油道堵塞，应更换高压回油管，也有可能是液压系统有空气或有水。

6）行车转向时，转动转向盘时感到沉重费力。检查转向盘的转动力矩，其值大于30N·m，然后检查储油罐是否缺油，动力转向液压泵驱动带是否打滑，同时应确认系统内有无空气。检查动力转向液压泵的压力：在压力控制阀和截流阀全开的情况下测量怠速时的静态油压，油压值应等于或略小于1500kPa，否则应检查动力转向器与动力转向液压泵之间的进油和回油管路及软管是否堵塞、老化或变形。若油管正常，则说明转向器转阀故障。

7）电动助力转向系统消除故障码的方法：一是将熔丝盒中的熔丝拔下10s以上，二是将蓄电池接地线拆下10s以上。

8）当前轮转到最大转向角时，车辆出现冲击或振动。检查齿条导向螺塞的调整是否正确，并视情况予以调整。若经调整无效，则应检查动力转向液压泵驱动带是否打滑，不行则更换动力转向器。

9）转向时，动力转向液压泵发出"吱吱"声。此噪声是由动力转向液压泵驱动带打滑所致，此时应调整驱动带张紧力或更换驱动带。

10）当液压助力转向有些重时，应检查动力转向液压泵的压力。在压力控制阀和截流阀全开的情况下测量怠速时的静态油压，油压值应等于或略小于1500kPa，否则应检查动力转向储油罐是否缺油,动力转向液压泵驱动带是否打滑,同时应确认系统内无空气。

11)控制单元主要是将相关传感器或执行器提供的相关信息或共同信息与某个传感器的信息进行比较,以便判断该传感器信号是否合理,即将发动机信号作为故障诊断的辅助信号。发动机转速与车速存在一定的比例关系,发动机转速越高则车速也就越高,而且车速信号和发动机信号同时出故障的概率很低。

12)更换转向器后助力转向灯常亮。上海大众POLO使用的动力转向器有单齿轮机构和双齿轮机构两种。两种机构不同的转向器所匹配的传感器不同。如果单齿轮机构转向器错用了双齿轮机构转向器的动力转向传感器,则助力转向灯就会常亮。

13)现在的轿车大都是前轮驱动,前轮毂轴承受力较大,损坏的概率较高。如果在每次向同一个方向转向时都能听到一声短暂的"咔"声,则说明该侧前轮轮毂轴承损坏或新换的前轮轮毂轴承尺寸不对。

14)电控液压助力转向时突然变得异常沉重,通常是由动力转向的传感器进水短路所致(能看见水珠)。

15)电控液压助力转向系统液位过低或系统内有空气时,转动转向盘时会有噪声。

16)转向杆上挠性万向节缺乏润滑,在转向时会发出"嘀嗒"的噪声。

17)电控液压助力转向系统在车辆每行驶50000km后必须更换回油管。回油管老化(橡胶失去弹性)后,内壁容易脱落,会堵塞油道,所以更换助力转向油时应将回油管一起换掉。

18)液压助力转向的助力转向油与自动变速器油是同一种油,在车辆每行驶48000km后应更换一次。其检查方法简单,油量只要在油壶的标准刻度范围内就可以。

19)电控液压助力转向没有助力,车速在24km/h以下时转向沉重,可能的故障为:

① 系统熔丝烧断,此时应更换熔丝(10A、25A)。

② 继电器触点烧蚀,此时应更换继电器。

③ 控制单元、电动机或传感器损坏,应更换损坏件。

20)读取故障码为转向盘转角传感器初始化未完成以及电动机旋转角度传感器故障,系统进入失效保护状态,动力转向系统停止工作,低速时转向特别沉重。检查转向盘转角传感器电阻,电阻正常;拔下转角传感器插头,发现有进水的痕迹,出现电腐蚀现象。插头进水会使传感器信号发生短路,电动转向控制单元因接收不到角度传感器信号而使电动助力转向系统进入保护状态,转向助力停止工作。清除插头内的水分和铜锈,对转向盘转角传感器重新匹配,然后清除故障码,即可排除故障。

21)电控液压助力转向系统的转向器安装在车辆的最底部,在大雨天或浸水的路面上行驶或高压洗车时可能使转向机的插头进水而使系统无法正常工作。电气接插件的防水问题应得到足够的重视。尽管厂家已经做了防水处理,但是当其完全浸入水中时仍有进水的可能,所以在检修时一定要做好电控液压助力转向系统所有传感器、控制单元和执行器插头的防水处理。

第七章 制动防滑控制系统故障分析

第一节 制动防抱死系统故障分析

一、制动防抱死系统简介

1. 制动防抱死系统的组成

制动防抱死系统（ABS）由控制单元、电动液压泵、蓄能器、压力控制开关、缓冲器、安全阀、二位二通电磁阀、轮速传感器和报警装置等组成，如图7-1所示。

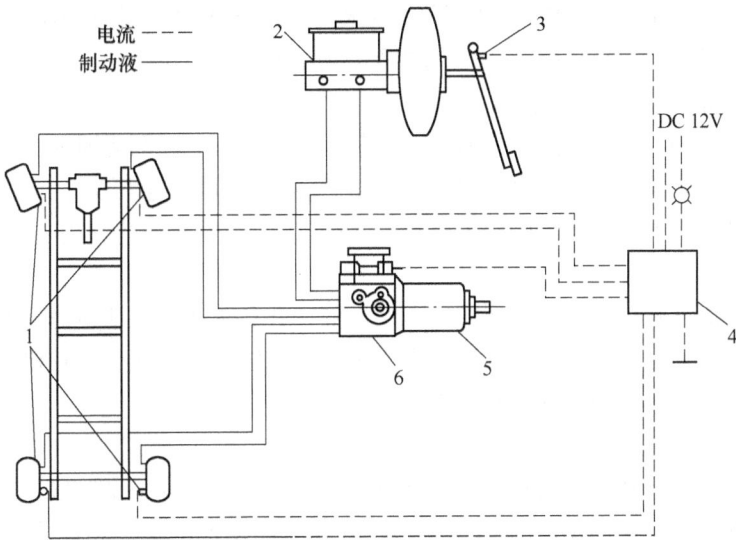

图7-1 ABS的组成和布置

1—轮速传感器 2—制动主缸 3—制动灯开关 4—电子控制器 5—电动机 6—制动压力调节器

2. 制动防抱死系统的作用

1）防止制动时车轮抱死，使制动的滑移率控制在15%～20%的最佳制动效能范围内，但ABS并不能明显降低制动距离。

2）在制动时车轮不抱死，车轮就可以保持一定的抗侧滑能力；前轮不抱死，在遇到紧急情况时（如前方有人时），就可以一边紧急制动一边转向。有了ABS，制动过程中前轮不会抱死，所以能够在制动过程中完成转向，如图7-2所示。后轮不抱死，就可以保证制动时后轮不甩尾。但需要注意，即使有了 ABS，在制动过程中转向也会导致严重的跑偏和侧滑，所以在制动过程中不到万不得已不要转向。

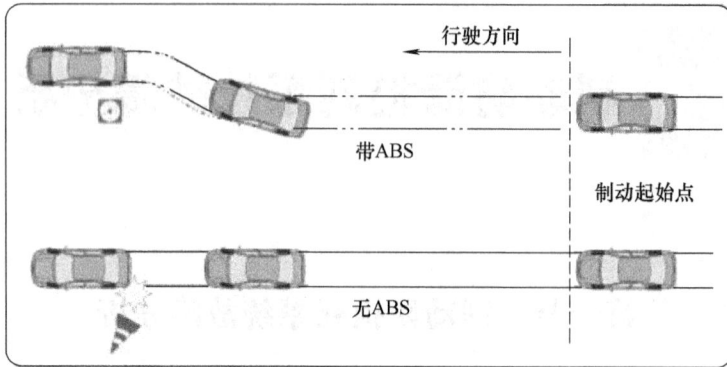

图 7-2　制动时转向

3. 电动液压泵的工作特性

电动液压泵是独立于 ABS 的控制单元，它只受命于 ABS 压力控制开关和制动踏板行程开关。当蓄能器内压力下降到 14MPa 以下或制动踏板行程到达 40% 以及 ABS 开始工作时（在 ABS 工作过程中电动液压泵必须常开），电动液压泵便起动。即使 ABS 控制单元出现故障或控制单元接线有问题，只要 ABS 没有报警，它也能正常工作。

4. 蓄能器的结构特点和作用

分体式 ABS 的蓄能器分为上下两腔，上腔充满氮气，下腔与电动液压泵出液口相通，电动液压泵将制动液泵入下腔，使隔膜上移，氮气被压缩而产生压力，反过来推动隔膜下移。在正常情况下，下腔制动液的压力保持在 14～18MPa 的压力范围内。整体 ABS 里没有氮气。

蓄能器负责接受来自电动液压泵的高压制动液，并负责在轮缸泄压时向制动主缸工作腔提供高压制动液，其压力必须明显大于带助力装置的主缸的制动压力，使制动踏板能够在泄压阶段略有反弹，以保持踏板的正常高度。

5. 制动防抱死系统的工作原理

没有防抱死的常规制动系统在紧急制动时，轮胎的拖印分为三个阶段：第一阶段为轮胎的压痕，第二阶段为很轻的轮胎拖印，第三阶段为重的轮胎拖印。ABS 在第二阶段开始降低油压，所以不会出现重的轮胎拖印，等降到第一阶段时又开始增加油压，再到第二阶段时又开始降低油压……如此反复，使车辆始终处于半滚动半滑动的临界抱死状态，以有效克服紧急制动时由车轮抱死产生的车辆跑偏现象，防止车身失控等情况的发生，所以不会出现重的轮胎拖印，而是从很轻的轮胎拖印到轮胎压痕，再到很轻的拖印……如此反复。

二、液压制动系统案例分析

案例 1　行驶中四个车轮制动拖滞

故障现象　一辆 2004 年产的别克 GL 轿车，行驶里程为 3.2 万 km。在原地踩制动踏板时感觉正常，行驶一段时间后感觉车辆行驶困难，用手摸四个车轮制动器感觉烫手。

故障分析　四个车轮制动器烫手，说明行驶中四个车轮均存在制动拖滞的现象。任何一种汽车只要是四个车轮制动拖滞，就说明故障在制动主缸。其原因有以下两个：

1）制动踏板没有自由行程。制动踏板没有自由行程致使主缸活塞前移，工作皮碗堵住了回油孔，连续制动后活塞后边的制动液不断向前边补充，而结束制动后多余的制动液无法返回储液罐，致使四个车轮制动器始终处于半工作状态，从而导致车辆制动拖滞、行驶困难、制动器温度过高。如果是跑长途，盘式制动器还会造成制动抱死。鼓式制动器制动踏板没有自由行程时，只会造成制动拖滞和工作温度过高，严重时制动鼓会发红，但不会造成制动抱死，因为鼓式制动器工作间隙明显大于盘式制动器，而且多是局部接触。盘式制动器因为工作间隙小，制动块和制动盘整体接触，如果制动踏板没有自由行程，跑长途时会发生制动抱死。

2）制动主缸活塞回位弹簧过软，致使制动解除后主缸活塞回位速度明显慢于正常情况，也同样会造成四个车轮制动拖滞和制动器温度过高，即使是盘式制动器也不会发生制动抱死。

故障诊断　用手轻轻按制动踏板，感觉这辆别克 GL 轿车制动踏板有自由行程，举升汽车，发现四个车轮均存在制动拖滞的现象，用手几乎转不动车轮，而制动踏板即使没有自由行程，用手旋转车轮也不会有明显拖滞的感觉。以上检测结果说明，四轮制动拖滞与制动踏板有自由行程无关，故障应在制动主缸内部。松开制动主缸与助力器之间的连接螺栓，四个车轮可以转动，说明故障为制动主缸活塞回位弹簧过软。

故障排除　更换真空助力器和制动主缸总成即可将故障排除。

故障排除后的思考　只有在制动踏板和离合器踏板有自由行程时，制动主缸活塞才能完全复位，工作缸多余的制动液才能返回储液罐，否则制动器和离合器均会处于半工作状态。制动踏板没有自由行程会造成四个车轮制动拖滞，离合器踏板没有自由行程会造成离合器打滑。

案例 2　行驶中制动时第一脚有踏空的感觉

故障现象　在行驶中踩制动踏板时第一脚有踏空的感觉，连续三次踩制动踏板，才将车停住，但制动效果明显较差。

故障分析　踩制动踏板时只有四个车轮制动器都处于抱死状态，才能感觉到踏板发硬。以下几种情况会造成踩制动踏板时第一脚有踏空的感觉：

1）液压系统有空气。由于制动液是不可以压缩的，而空气是可以压缩的，所以液压系统有空气时，第一脚有踏空的感觉。连续三次踩制动踏板后，由于不断有新的制动液补充到工作缸（轮缸），所以会使制动踏板达到正常高度，并可以实现有效制动（制动力矩不降低）。在制动踏板达到最高点后用力踩踏板时会有反弹的感觉。通过排气可恢复正常。

2）有一个或多个制动器工作间隙过大，多见于鼓式制动器。例如前盘后鼓的车，后轮有一个鼓式制动器工作间隙过大，踩制动踏板时第一脚就会有踏空的感觉，连续三次踩制动踏板，制动踏板达到正常高度，可以实现有效制动（制动力矩不降低），此时用力踩制动踏板，制动踏板又高又硬。通过调整间隙可恢复正常。

3）制动主缸皮碗密封不良。紧急制动时制踏板高度基本正常，可以实现有效制动，这是因为紧急制动时，制动主缸工作腔内的制动液还没来得及泄漏就已经完成了制动。温和制动时有踏空的感觉，没有有效制动。更换制动主缸可恢复正常。

4）浮钳型盘式制动器外侧制动器的固定销锈蚀后，踩制动踏板时第一脚有踏空的感觉，连续三次踩制动踏板才能将车停住，但制动力矩明显较差。这是由于固定销锈蚀造成外侧制动块回位慢，导致外侧制动块发生早期磨损。

故障诊断　对于盘式制动器，制动盘两侧的制动器施加在制动盘两侧摩擦表面上的压力越大，夹得越紧，则制动力矩越大。也就是说浮钳型盘式制动器单靠内侧轮缸的制动力矩是无法实现有效制动的。只有制动盘两侧制动器都夹紧了，制动时踏板高度才能实现又高又硬，也才可以实现有效制动。在外侧制动器的固定销锈蚀后，其在制动时移动速度过慢，连续三次踩制动踏板才使其移动到位。于是就出现踩制动踏板时第一脚有踏空的感觉，连续三次踩制动踏板才将车停住，但制动效果明显变差。

故障排除　外侧制动器的固定销必须使用2号通用锂基润滑脂润滑，如果误用钙基润滑脂润滑，由于钙基润滑脂以水为骨架和胶溶剂，怕高温，高温使其失去水后，钙基润滑脂会很快流失，而盘式制动器工作温度明显高于鼓式制动器，所以钙基润滑脂流失后，就会发生锈蚀，致使上述故障发生。维修时只有固定销没有发生变形，磨去锈迹，在装配孔中塞满2号通用锂基润滑脂进行润滑，即可使制动器恢复正常。

故障排除后的思考　外侧制动器的固定销（见图7-3）锈蚀，还会造成解除制动后外侧制动器回位过慢，导致制动拖滞，使制动器工作温度过高而烫手，正常时应是常温，并且会使外侧制动器磨损速度明显快于内侧制动器，造成内侧摩擦片很厚，外侧摩擦片很薄。

钙基润滑脂不怕水，只能用于底盘容易接触到水且没有高温、没有高速旋转、没有重负荷的部位。

案例3　行驶正常，制动熄火

故障现象　汽车无论是冷车还是热车行驶都正常，但只要制动就熄火。

故障分析　行驶正常，制动熄火，说明故障在底盘。

故障诊断　根据是否配置有自动变速器做不同的诊断。

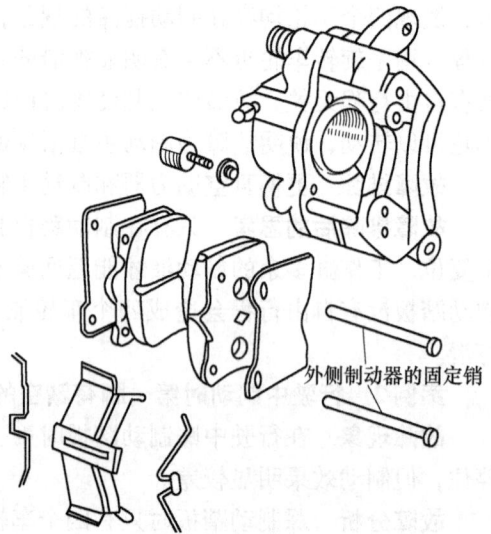

图7-3　浮钳型盘式制动器外侧制动器的固定销

外侧制动器的固定销

1）配置有自动变速器的汽车在制动时变矩器如果不能及时解除锁止，就会造成行驶正常，但只要制动就熄火的故障。变矩器不能及时解除锁止的原因是控制阀中的锁止继动阀卡滞在工作端。锁止继动阀卡滞在工作端会出现起动正常，但挂驱动挡时如果不踩加速踏板，发动机转速就会急剧下降，甚至熄火；在等红灯时车辆会有往前窜动的感觉。但这两种现象都没有，可以排除锁止继动阀卡滞在工作端的可能性。

2）对于使用真空助力制动系统并且在发动机进气系统取真空的汽车，如果真空管道上的单向阀失效，制动时助力器的空气大量进入发动机进气系统，使混合气过稀而熄火。经检测该车单向阀失效。

故障排除　真空管道上单向阀失效时，更换新的单向阀，发动机不再熄火，故障排除。

如果是锁止继动阀卡滞在工作端，则拆下锁止继动阀用金相砂纸抛光，然后用自动变速器油润滑，重新装配后，检查其只要滑动自如即可。

故障排除后的思考　锁止继动阀或其他滑阀、电磁阀发生卡滞的原因有以下两个：

1）长期不换油，造成自动变速器油严重氧化、发黏，导致滑阀、电磁阀发生卡滞。就车清洗后，再换油即可排除故障，不要分解变速器进行修理。

2）变速器内摩擦片烧蚀过，没有彻底清洗变矩器，导致滑阀、电磁阀发生卡滞。只有在清洗、抛光、润滑滑阀和更换电磁阀的同时彻底清洗变矩器，才能真正排除故障。

案例 4　制动踏板力矩明显增大，但制动力矩却明显降低

故障现象　制动踏板又高又硬，踏板力矩明显增大，但制动力矩明显下降，制动效果极差，制动距离似乎成倍地被放大，感觉刹不住车。

故障分析　轿车制动踏板又高又硬，说明制动系统密封良好，制动主缸、轮缸工作正常，制动器工作间隙也不大，但制动力矩为什么会明显降低呢？原因就一个，即真空助力器出了问题，不起助力作用了。真空助力器可以把制动力矩提高三倍，一旦失效，制动力矩就降低 2/3，而驾驶人即使用尽全力踩制动踏板也不可能成倍地放大制动力矩。真空助力器的故障主要出在三个方面：

1）制动主缸和真空室间有两个密封圈，但密封圈密封不良都是由长期不更换制动液所致。制动液中的橡胶膨胀剂使密封圈过度膨胀，进而使密封圈和活塞上的密封圈槽间产生间隙。尽管两道密封圈，但工作条件相同，两个密封圈和槽之间都产生间隙，制动液进入真空室后真空和大气之间的大皮碗随即变形，助力器不起助力作用。

2）电子真空泵烧蚀或端子进水导致接触不良。

3）电子真空泵熔丝烧蚀。

故障诊断　经检查发现，电子真空泵转子和轴承由于缺乏润滑而发生烧蚀，又连带着造成真空泵熔丝烧蚀。

故障排除　更换新的电子真空泵和熔丝，并在转子和轴承上用 2 号通用锂基润滑脂做好润滑，试车，制动踏板力矩明显降低，制动力矩恢复正常，说明故障已被排除。

故障提示　这是一起因润滑不当而引发的故障，提示我们一定要按厂家规定定期进行车辆保养。电子真空泵转子和轴承属于高速旋转件，必须使用锂基润滑脂润滑，如果使用市面上最为常见的钙基润滑脂润滑，当转速超过 1500r/min 后，钙基润滑脂里的水分就会很快流失，转子和轴承失去润滑保护，也就会发生烧蚀。

案例 5　行驶中制动踏板高度突然降得很低，而且红色常规制动灯被点亮

故障现象　行驶中踩制动踏板时发现制动踏板高度突然降得很低，保留行程几乎就快没有了，制动距离也明显加大了。再看仪表板，发现红色的常规制动警告灯也被点亮。

故障分析　ABS 灯不亮，红色的常规制动警告灯被点亮，说明有一条制动管路发生泄漏，或储液罐内制动液液位过低。制动踏板高度突然降得很低，说明双管路中有一条管路发生泄漏。汽车上使用的都是双管路各自独立密封的制动管路，当有一条管路发生泄漏后，制动踏板的保留行程将丧失 3/5。如果储液罐和制动主缸内没有制动液，制动踏板的保留行程将完全丧失。根据该车的情况，检查重点应放在通往轮缸的四根制动软管上。

故障诊断　举升汽车，一个人反复踩制动踏板，另一个人逐个检查通往轮缸的四根制动软管，经检查发现左后轮制动软管接口处密封不良。

故障排除 更换左后轮制动软管，放气，在制动踏板达到正常高度后试车，一切正常，说明故障已被排除。

故障提示 更换的制动软管长度必须合适，如果过长则容易发生运动干涉，使制动软管某个部位磨漏，而过短又可能会被拽断。

如果液罐内制动液液位不断降低却找不到泄漏点，则应从真空助力器上拆下制动主缸。如果制动主缸和真空室间如果有制动液，则说明制动主缸和真空室间的那两个密封圈过度膨胀，使密封圈和活塞上的密封圈槽间产生间隙，制动液就会不断地进入助力器的真空气室。

三、制动防抱死系统故障分析

案例1 ABS灯报警系统退出控制，有 V64 液压泵故障码

故障现象 打开点火开关后 ABS 灯常亮不熄（见图 7-4），调故障码为 V64 液压泵故障。

故障分析 此种情况多是由 ABS 液压泵线路焊点脱焊使接触不良造成的。

故障排除 一般只要将 ABS 液压调节器拆下，用钢锯锯开用玻璃胶密封的盖，将 ABS 液压泵线路焊点重新焊接，然后用玻璃胶将盖密封好，即可排除故障，不用更换 ABS 泵总成。

图 7-4 ABS 灯常亮不熄

故障提示 ABS 液压泵线路焊点脱焊，属于 ABS 液压调节器内的常见故障。

案例2 在大角度转弯或在颠簸的路面上低速行驶过程中轻踩制动踏板时 ABS 提前起动

故障现象 在正常情况下，ABS 在车速超过 25 km/h 时才会参与控制。一辆本田雅阁轿车在平坦路面直线行驶制动时一切正常，ABS 故障灯（见图 7-5）不亮，但车辆在进行大角度转弯或在颠簸路面上低速行驶过程中轻踩制动踏板时，偶尔会出现 ABS 过早起动的现象，并留有左前轮轮速传感器短路、断路的故障码。

故障分析 车辆直线行驶，车速在 40km/h 以下时 ABS 故障灯不亮，说明所有车轮的轮速传感器没有短路、断路的故障。有轮速传感器短路、断路的故障码，而实际轮速传感器没有短路、断路。此时应重点检查：轮速传感器线束是否断路，轮毂轴承是否松旷，传感器触头是否吸附过多的铁粉，传感器

图 7-5 ABS 故障灯

转子是否装配到位（更换球笼式万向节时，必须检查传感器转子是否装配到位）。

故障诊断 轮速传感器线束是否断路的检查方法有两种：一种是逐段用手摸线束，发软处为断路处；另一种是将线束拽紧，然后测两端端子的电阻。经过检测证明，线束没有断路。用手抓住轮胎内侧上方，用力向外侧晃动轮胎时感觉不到间隙，说明轮毂轴承没有松旷。在试车时车速超过 60km/h，但 ABS 故障灯没有点亮，说明传感器触头没有吸附过多铁粉。最后怀疑左前车轮轮速传感器气隙过大，拆下左前转向节检查，发现左前车轮轴承有移位现象。

故障排除 将轴承用压床压回原位后，装车试车，ABS 恢复正常。

【一句话介绍】

1）制动防抱死系统（ABS）通过增压、保压和泄压的不断循环使制动时车轮的滑移率控制在15%～20%的最佳制动效能范围内，保证汽车的制动过程方向稳定性，有效防止制动过程中产生的侧滑和跑偏。

2）电子制动力分配（EBD）系统（见图7-6），在制动的第一时间让制动力大的车轮（旋转速度下降得快）提前进入保压和泄压，在ABS动作之前就可以平衡每一个轮的有效地面抓地力，可以防止出现甩尾和侧滑，并缩短汽车制动距离。

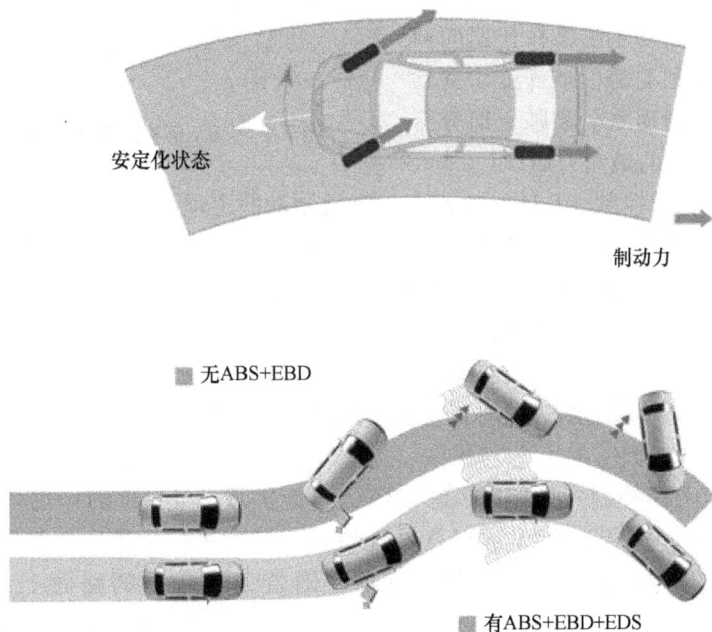

图7-6　EBD系统可有效防止出现甩尾和侧滑

3）EBD系统在直线行驶制动时平衡前、后车轮的制动力矩，在转弯制动时平衡左、右两侧车轮的制动力矩。EBD系统是ABS的补充，如果ABS突然失灵，EBD系统仍然能保证制动的直线性。

4）紧急制动辅助装置（EBA）一旦监测到踩制动踏板的速度陡增，就会释放出ABS蓄能器内储存的18MPa的制动液压力，通过蓄能器在ABS泄压程序的工作通道进入制动主缸的两个工作腔，由于更早地施加了最大的制动力，能在几毫秒内启动全部制动力；达到提前制动和加大制动力矩的作用。在紧急制动情况下迅速踩下制动踏板时EBA可明显加大制动力矩，如图7-7所示。

5）EBA是否进入工作状态只与踩制动踏板的速度有关，和其他没有关系。在制动踏板没有踩

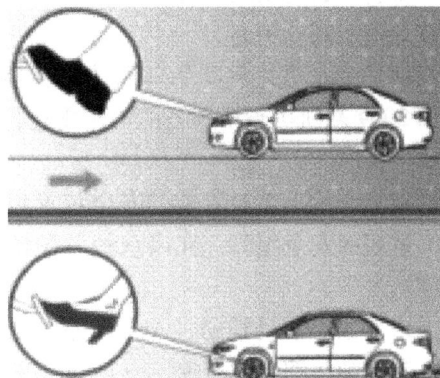

图7-7　在紧急制动情况下迅速踩下制动踏板时EBA可明显加大制动力矩

到底时就实现可靠制动，可显著缩短制动距离，如图 7-8 所示。

6）紧急制动辅助装置（BAS）一旦监测到踩制动踏板的速度陡增，就会提前开启真空泵至助力器真空气室间的电磁阀，并将电磁阀开到最大角度，使真空气室内的真空度提前到达，并明显大于常规制动时的真空度，使助力比成倍增大。在制动踏板推杆还未到位时，助力器内的大气已经推动膜片和制动主缸推杆快速向前移动，而不是依赖制动踏板推杆推动制动主缸活塞，于是在制动踏板刚踩下部分行程时就已经达到制动的最大力矩。

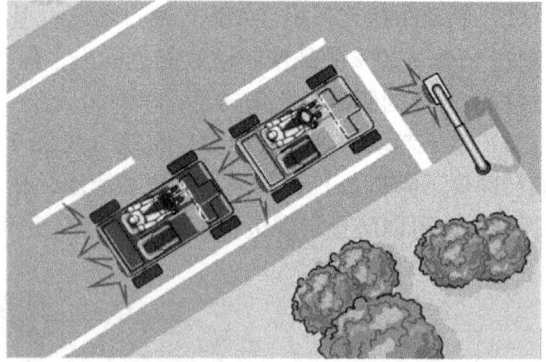

图 7-8 EBA 可有效避免和减少追尾事故

7）下坡行车辅助控制（DAC）系统与发动机制动的道理相同，为了避免制动系统负荷过大，减轻驾驶人负担，在分动器位于 L 位置，车速为 5～25km/h 并打开 DAC 开关的条件下，不踩加速踏板和制动踏板，下山辅助控制系统可以自动把车速控制在适当水平。下山辅助控制系统工作时停车灯会自动点亮。

8）制动优先系统（BOS），即同时踩下加速踏板和制动踏板时，制动将优先起作用，发动机的动力传输立即被切断。此时无论将加速踏板踩多深，供油系统都会把油降到最小，发动机随之降至怠速状态。

9）发动机阻力矩控制（MASR）是 ABS 的功能扩展。MASR 的作用是借助 ABS 传感器对滑移率的识别，并借助 CAN 数据总线自动降低发动机阻力矩，达到降低滑移率的目的，以保证车辆的行驶稳定性。另外，车辆在附着条件较差的路面上起步或加速时，MASR 可以自动降低发动机扭矩，防止驱动轮的滑转，改善车辆的起步和加速性能及行驶稳定性。

10）扩展的电子稳定制动系统（ESBS）能够增加车辆的稳定性，减少打滑的危险，能够通过在紧急情况下稳定车辆并且防止打滑来有效避免严重事故。

11）后桥全减速（HVV）可以在车辆前轮已经进入 ABS 工作状态而后轮却未开始动作时，将后轮的制动压力升高，使后轮也迅速进入 ABS 工作状态，提供迅速有效的制动效能，且有效缩短制动距离。

12）泊车雷达在避免车辆转弯和停车入位时遭受刮擦磕碰方面具有良好的警示作用。例如 2009 款凯美瑞所装备的泊车雷达，拥有前二后四共六个探测器，探测覆盖面广，能有效减少盲区。

13）车辆上各种智能的安全装置相互有着密不可分的关联，将它们整合在一起可以发挥出重要的安全保障，在出众的驾驶性和安全性之间找到了完美的结合，提高了安全配置标准。

14）紧急制动辅助（AFU）系统在紧急制动急减速时能够自动点亮危险警告灯。AFU 与踩制动踏板的速度有关，一旦紧急减速，加速度达到 8m/s^2 时，紧急制动灯会自动亮起发出警告。

15）理想制动力分配曲线（I 曲线）是制动踏板力增长到使前、后车轮制动器同时抱死时，前、后制动器制动力的理想分配曲线。

16）绝对安全距离是在前车突然停止时保证后车不发生碰撞的车距。

17）相对安全距离是前、后车以相同的减速度制动而不发生碰撞的距离。

18）即使在附着力分离的路面上，ABS 也可以保证制动的稳定性。但在制动前，必须保证车轮垂直向前，如果无极其特殊情况，不要转向，这样才能有效避免侧滑。在冰雪路面上必须采取紧急制动。

19）洗车时严禁用水清洗 ABS 的液压调节器，否则会造成内部短路，制动时会出现不规则的增压、保压和泄压（制动时车轮跳动），随后 ABS 退出控制。

20）在车速为 60km/h 时，将制动踏板一脚踩到底，感觉前轮制动器有没有一松一紧的感觉和"咯嗒、咯嗒"的响声。如果都有，则 ABS 启动；如没有，则应立即检修。

21）马自达 ABS 归零：自诊断过程中不可踩制动踏板，否则自诊断失效。跨接自诊断端子，打开点火开关，ABS 故障灯灭后，在 10s 内将制动踏板连续下踩 10 次以上，ABS 故障灯亮起 2～3s 后熄灭，表示完成 ABS 归零。

22）即使有了 ABS，制动时也必须保持车轮垂直向前，否则同样可能发生制动跑偏。

23）在冰雪路面上，配置 ABS 的车辆只有使用紧急制动才能不发生制动跑偏和侧滑。如果在附着力极差的路面上缓和制动，ABS 还没有进入工作状况就已经发生制动跑偏和侧滑了。

【故障一点通】

看仪表盘上的故障灯是否被点亮，即可分析是否是电路故障。看仪表盘上的哪个故障灯被点亮，即可分析故障的大致方向。看仪表盘上的故障灯什么亮法，在什么车速时亮，不同亮法、不同车速时点亮就会有不同的故障。下面列举 ABS、ASR、ESP 和常规制动故障灯的一些亮法与故障的关系。

1）ABS 故障灯报警，故障码为 V64（液压泵故障）。此种情况多由 ABS 液压泵线路因焊点脱焊而使接触不良造成的，一般只要将玻璃胶割开，将控制单元板拆下，在后面打开一小口，重新焊接即可，基本不用更换 ABS 泵总成。

2）蓄能器内压力过低报警。蓄能器内制动液正常压力为 14～18MPa，如果压力降到 14MPa，压力控制开关可通过接通继电器地线起动电动液压泵。如果蓄能器、电动液压泵或继电器不良，蓄能器内制动液压力下降到 7.23MPa 以下时，控制单元会发出报警信号，ABS 灯被点亮，ABS 退出控制，汽车恢复到常规制动状态，20s 后红色常规制动指示灯也被点亮。

3）通过 ABS 故障灯亮时的车速来查找故障点。

① 在车速为 10km/h 时，ABS 控制单元检测各个轮速传感器是否有信号输出。直线行驶过程中在车速为 35～40km/h 时，ABS 控制单元检测同一制动管路上两个轮速传感器信号是否一致。所以在车速为 10～40km/h 时 ABS 故障灯亮，说明轮速传感器短路或断路，应更换短路或断路的轮速传感器。

② 当轮速传感器的信号发生器和转子的气隙过大时，行驶中车速到 15km/h 时 ABS 故障灯就会被点亮，随后就一直亮着。

③ 车速为 60km/h 时 ABS 故障灯亮，说明某个轮速传感器吸附了过多的铁粉。

④ 车速为90km/h时ABS故障灯亮，说明某个车轮气压过低或轮胎直径过大（第一代轮胎智能监视系统）。此时应参考油箱盖旁边的铁贴，检查轮胎和轮辋的规格是否符合厂家规定。

4）驻车制动拖滞报警。起步后车速达到4km/h以上时还未松开驻车制动，红色常规制动指示灯会被点亮。行驶时未松开驻车制动后柄或驻车制动拉索调整不当，驻车制动开关闭合接地，红色常规制动指示灯常亮不熄，直到松开驻车制动。

5）常规制动灯（红色）常亮有三种可能：制动储液罐内液位过低，液压系统发生泄漏，制动灯开关坏（后者制动踏板高度正常）。

6）ABS故障灯和常规制动故障灯同时报警。如果这两种故障灯同时报警，故障存储器内没有故障码，用检测盒检测线束，线束也正常，则故障应在控制单元内部，更换控制单元即可排除故障。

7）ABS控制单元在车辆以40km/h的车速直线行驶时检查同一制动管路里两个轮速传感器信号是否一致，如果不一致将点亮ABS故障灯，并留下故障码。需要注意的是，有时前驱车左后轮轮速传感器信号不对，控制单元却会误认为同一制动管路的右前轮轮速传感器信号不对。二通道的ABS只有两个前轮轮速传感器，所以车辆在以40km/h的车速直线行驶时，控制单元检查两个前轮轮速传感器信号是否一致，如果不一致将点亮ABS故障灯，并留下故障码。有时明明是左前轮轮速传感器信号不对，故障码却显示右前轮轮速传感器断路或短路。所以四通道的ABS在检查中发现故障码显示的轮速传感器电阻正常后，应进一步检查同一制动管路上另一个轮速传感器是否断路或短路。二通道的ABS在检查中发现故障码显示的轮速传感器电阻正常后，应进一步检查另一个前轮轮速传感器是否断路或短路。

8）快踩制动踏板有制动，慢踩制动踏板没有制动。在车速为30km/h左右时缓慢踩下制动踏板，车辆仍然向前行驶，明显感觉制动效果不良；如果快速踩下制动踏板，则车辆可以停住，但是制动踏板位置较低。使发动机原地怠速工作，缓慢踩下制动踏板，踏板会不断下降；快速踩下制动踏板，踏板在较低的位置时才会感觉有制动力；保持施加踏板力，制动踏板会下降，踏板感觉柔软。这些说明制动主缸皮碗密封不良。更换制动主缸即可排除故障。

9）踩制动踏板时第一脚到底，连续踩三脚，制动踏板可以升到正常高度，此时用力向下踩，感觉制动踏板反弹，说明液压系统有空气，排完气后可恢复正常。

10）前盘后鼓的车踩制动踏板时第一脚到底，连续踩三脚，踏板可以升到正常高度，此时用力向下踩，感觉制动踏板很硬，说明有一个鼓式制动器工作间隙过大。

11）踩制动踏板时第一脚到底，连续踩制动踏板，制动踏板位置不升高，说明储液罐内没有制动液或有一条制动管路的橡胶软管破裂。

12）新款的奔驰和部分美国通用汽车后轮的制动压力靠蓄能器提供，如果蓄能器内压力过低，两后轮就没有制动。

13）磁电感应式轮速传感器除检查电阻之外，还应检查磁性是否丢失。

14）洗车时严禁用水清洗ABS的液压调节器，否则会造成内部短路，制动时会出现不规则的增压、保压和泄压（制动时车轮跳动），随后ABS退出控制。

15）急加速时TCS灯与TCS OFF灯同时亮，车顿挫一下后速度下降，车轮与地面打滑，牵引力系统进入控制工作,限制喷油,强行降低转速,使车辆减速以恢复轮胎的摩擦力,防止车辆失控。

第二节 牵引控制和电控行驶平稳系统故障分析

一、牵引控制系统和电控行驶平稳系统的组成和工作原理

为了保证行驶的安全性,轿车配置有五大主动安全系统,即制动防抱死系统(ABS)、制动力平衡(EBD)系统、制动力辅助(EBA)系统、驱动防滑装置(ASR)、电控行驶平稳(ESP)系统,如图7-9所示。

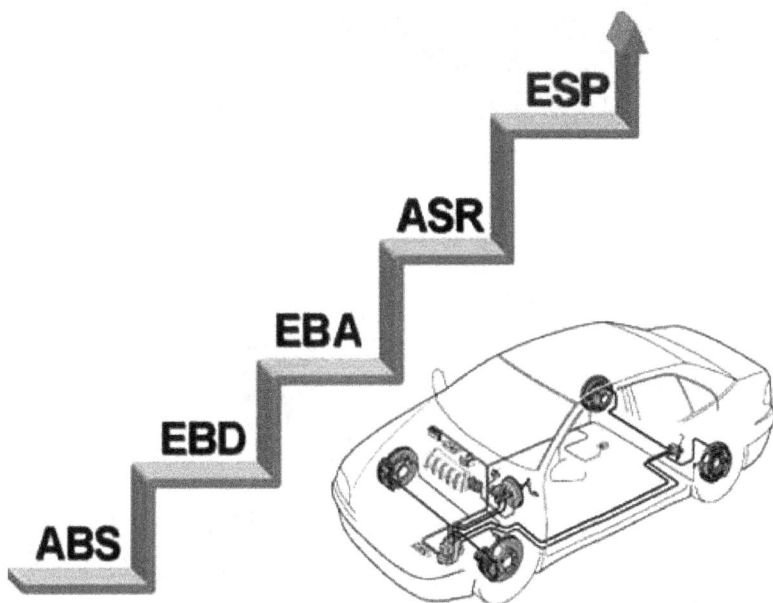

图 7-9 汽车五大主动安全系统

电控行驶平稳系统能够探测到车辆的倾斜角度以及车轮附着力情况,并在危险时自动进行发动机输出控制和ABS的制动力控制,以保证车子在高速转向和紧急避让时能保持行驶的稳定性。它是加速防滑控制和循迹控制系统的进一步延伸,能确保车子在转弯时仍能拥有最佳的循迹性,以确保行车的稳定性。

1. 电控行驶平稳(ESP)系统的组成

ESP系统是当前汽车防滑装置的最高形式,主要由液压调节器和控制单元、横向偏摆率传感器、横向加速度传感器、转向盘转角传感器、轮速传感器、故障灯等组成,如图7-10所示。

电控行驶平稳系统传感器的主要作用如下:

1)轮速传感器用来跟踪每一车轮的运动状态(滑移率)。

2)转向盘转角传感器用来传感转向盘的转角,在紧急避让和转向时提醒系统进入工作状态。

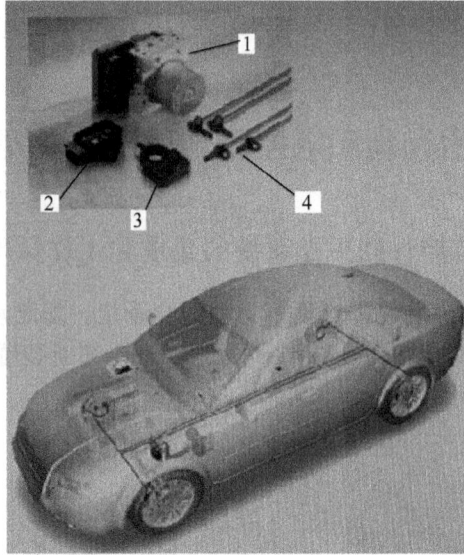

a)

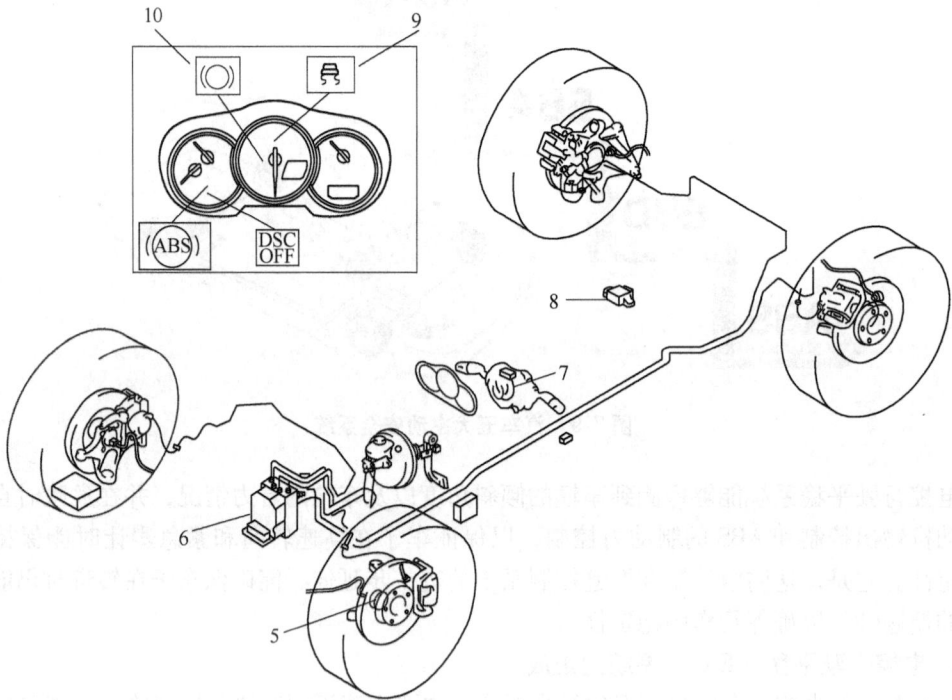

b)

图 7-10　博世 ESP 系统的组成和布置

a）ESP 系统的组成　b）ESP 系统的布置

1、6—液压调节器和控制单元　2、8—横向偏摆率传感器和横向加速度传感器　3、7—转向盘转角传感器

4、5—轮速传感器　9—牵引力控制故障灯　10—常规制动故障灯

3）横向偏摆率传感器用来记录汽车转向行驶时偏摆角度（侧滑的方向）是过足转向还

是不足转向。

　　4）横向加速度传感器用来检测转向行驶时横向滑移的距离。

　　5）车轮位移传感器（选装件）用来测量车轮和车身相对位置的变化。

　　电控行驶平稳系统中使用频率最高的有博世 ESP 系统和日本电装 DSC 系统（见图7-11）等。尽管不同公司的电控行驶平稳系统名称不同，但传感器的作用和工作原理基本相同，都是为了最大限度地减少紧急避让和转向时车辆的侧滑。

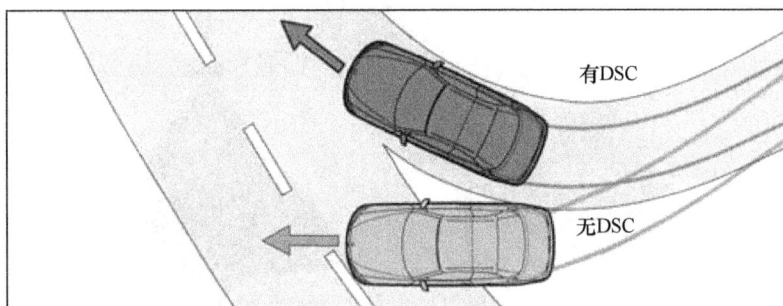

图7-11　日本电装 DSC 系统

2. 电控行驶平稳系统的工作原理

　　汽车转向时 ESP 系统的控制单元将横向加速度传感器测量的横向滑移数据、横向偏摆率传感器测量的汽车实际轨迹和驾驶要求偏离的角度数据与控制单元已存储的标准技术数据相比较，使汽车在因转向而出现横向滑移或侧翻的可能性时，通过脉冲制动某一个前轮或后轮，必要时还可以同时增加或减少发动机的输出扭矩，使车辆按照预期的路线保持正确的行驶轨迹，以保证汽车在转向或在曲形路面上行驶时有良好的横向稳定性。

　　电子稳定控制程序通过对驾驶人预想的行车路线和车辆的响应，然后对某个车轮或某一侧车轮或两个后轮实施制动。为了控制横摆或横向滑移的趋势，制动力要加在能对抗横摆或横向滑移运动的车轮上，并同时降低发动机的输出功率。ESP 系统与发动机控制单元进行通信，控制发动机的输出扭矩。在极端情况下，为了保持车辆不失控，ESP 系统能使发动机在转向的瞬间输出扭矩降为零，从而保证车辆以合适的车速并按照驾驶人预想的行车路线实行转向。ESP 系统对过度转向（汽车在转向时出现向内侧跑偏的特性）或不足转向（汽车转向时偏离圆形运转轨迹，向外侧跑偏的特性）特别敏感。例如汽车在较滑的路面上向左转弯的转向角过大时，会向相反方向（即向右侧甩尾），轮速传感器感觉到车轮滑动，ESP 系统就会迅速制动左前轮，使其降低驱动力，恢复附着力，产生一种相反的转矩，从而使汽车车轮保持在正常的运转轨迹上。

　　没有装 ESP 系统的汽车在冰雪覆盖的道路上行驶，特别是下坡车速超过 40km/h 时，车辆基本失去控制，车头和车尾会不停地甩动。装有 ESP 系统的汽车在冰雪覆盖的道路上，车速即使达到 70km/h，车辆也基本受驾驶人控制，尽管仍需要不停地来回转向，但此时转向明显变重，路感加强，不会存在侧滑的危险。

二、TCS 系统和 ESP 系统退出的原因

　　牵引力控制（TCS）系统与 ASR 系统的功能基本一样，所不同的是 ASR 主要用于大众

和其他德系车辆上。它们的主要作用就是通过驱动轮短暂制动（车速在 40km/h 以下）和适当限制发动机输出扭矩，防止车轮打滑。它与 ESP 系统的共同点是主要靠制动和限制发动机的输出扭矩来进行控制。如果制动压力和喷油脉宽失控，TCS 系统和 ESP 系统将退出控制。

图 7-12　ASR 系统显著提高汽车在湿滑路上的爬坡能力和方向的稳定性

1. 制动压力传感器调节不当

当制动踏板行程为 40% 时，制动主缸内压力应为 100～200kPa，制动压力开关通常装在制动主缸下方（见图 7-13）或装在 ABS 液压调节器内。

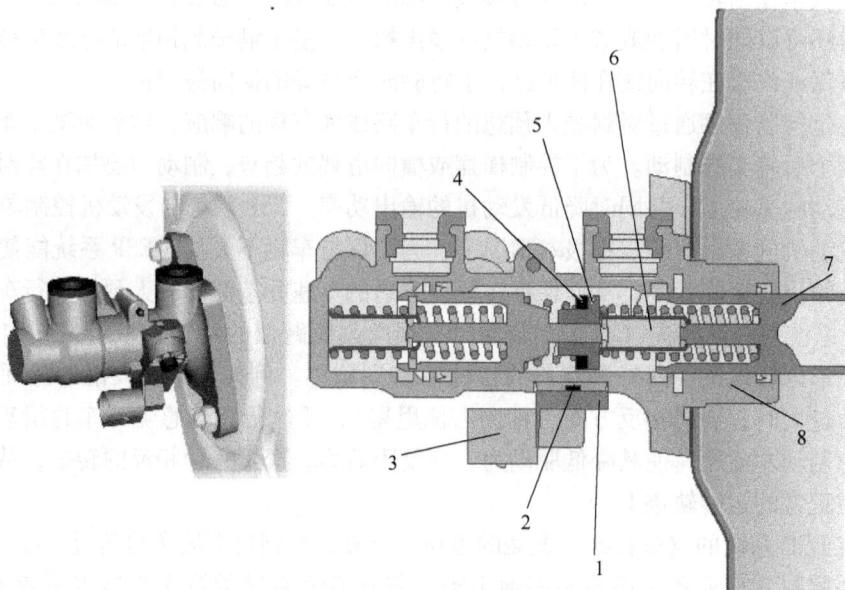

图 7-13　制动主缸下方的制动压力开关

1—分析电路　2—制动压力传感器　3—制动灯开关　4—线圈　5—活塞　6—推杆　7—推杆活塞　8—制动主缸

当制动踏板行程为 40% 时，如果制动主缸内压力小于 100 kPa 或大于 200kPa，ASR 故障灯和 ESP 故障灯将点亮（见图 7-14），系统将退出控制。维修时需要重新调整（旋转）

制动压力传感器，直到制动压力在规定范围内。

图 7-14　ASR 故障灯和 ESP 故障灯被点亮

2. 发动机负荷过大

发动机负荷过大，TCS 系统和 ESP 系统将退出控制。数据流里的发动机负荷是指曲轴每旋转一圈的喷油脉宽。发动机负荷过大时，应重点检查空气流量传感器输出电压信号是否过高或氧传感器输出电压信号是否过低。以大众车系为例，如果怠速时空气流量超过4.5g/s（别克车系以 4 ~ 6g/s 为正常），则应更换空气流量传感器；如果加速时氧传感器输出电压信号始终在 0.1 ~ 0.3V，则应更换氧传感器。

3. 传感器没有进行零点归位

在车辆受到猛烈碰撞、拆装或更换过转向盘转角传感器、横向偏摆率传感器和横向加速度传感器（见图 7-15）后，必须使传感器重新进行零点归位。否则，电控行驶平稳系统将退出控制，控制单元将进入失效保护，在到达可参加控制的车速时，会点亮电控行驶平稳系统和 ABS 故障灯（见图 7-16）；ABS 还可能短暂制动，车辆会出现加速不良，转弯时会出现转弯过度或转向不足。转向盘转角传感器没有进行零点归位，还会造成助力系统退出，转向变得特别沉重。出现上述情况时，对转向盘转角传感器、横向偏摆率传感器和横向加速度传感器重新进行零点归位，可恢复正常。

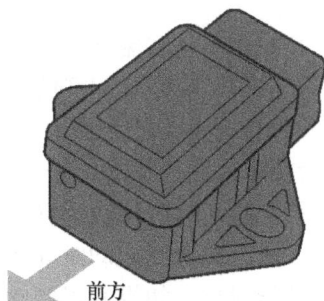

图 7-15　横向偏摆率传感器和横向加速度传感器

图 7-16　ABS 故障灯被点亮

下面以丰田车系为例进行介绍。

（1）消除横向偏摆率传感器和横向加速度传感器错误的零点记忆

1）将变速杆置于 P 位。

2）使车辆处于直线行驶方向，打开点火开关。

3）使用 SST 连接线，在 8s 内将 DLC3 端子短接和断开四次以上。

4）检查 VSC OFF 指示灯点亮，如果指示的零点已经消除，即可关闭点火开关。

（2）横向偏摆率传感器归零

1）使车辆处于直线行驶方向，将变速杆置于 P 位。

2）使 DLC3 中 TS 和 CG 端子不连接。

3）打开点火开关。

4）检查 VSC OFF 指示灯，在点火开关打开后，大约 15s 后熄灭。

5）在确认 VSC OFF 指示灯保持熄灭 2s 后，关闭点火开关，完成横向偏摆率传感器归零。

（3）横向加速度传感器归零

1）使车辆处于直线行驶方向，将变速杆置于 P 位。

2）使用 SST 连接 DLC3 端子中的 TS 和 CG 端子。

3）打开点火开关。

4）随后检查 VSC 指示灯亮 4s，然后以 0.13s 的频率快速闪烁。

5）在确认 VSC OFF 指示灯亮 2s 后，关闭点火开关，取下 SST 连接线，完成横向加速度传感器归零。试车，一切正常，说明故障已被排除。

三、五大主动安全系统的特点

1. ABS 的特点

ABS 指导防抱死装置，其核心传感器是四个轮速传感器。ABS 的作用是防止在制动过程中车轮发生制动抱死。

1）参与控制的前提条件是制动力矩足以使车轮抱死，也就是常规的制动系统工作正常。

2）在制动前四个车轮必须保持垂直向前，否则在高速制动时容易发生跑偏。

3）在冰雪湿滑的路面上必须采取紧急制动，否则在制动过程中 ABS 还没有参与控制车辆就已经发生跑偏和侧滑了。

2. EBD 系统的特点

EBD 系统的核心传感器是四个轮速传感器，它们的作用是在制动过程中实现四个车轮制动力矩平衡。参与控制的前提条件是 ABS 必须正常。EBD 系统与 ABS 的最大区别是：

1）四通道的 ABS 在制动过程中依据轮速传感器的信号各自进行独立控制，而 EBD 系统则是同组车轮一同控制。在直线行驶制动时对前后轮车速进行对比，由于取消了比例阀和感载比例阀，所以后车轮制动力矩明显大于前轮，所以制动时后轮转速慢，EBD 系统让转速慢的后轮（制动力矩大）先进入保压和泄压环节，依此来达到制动时前后轮制动力矩的平衡。EBD 系统在转弯制动时对左右两侧车轮车速进行对比，如果发现制动时某侧车轮转速慢，EBD 系统让转速较慢一侧的车轮（制动力矩大）先进入保压和泄压环节，依此来达到制动时左右两侧车轮动力矩的平衡。

2）EBD 系统先于 ABS 参与控制，在制动后的第一时间就根据制动力矩的不同，在前后轮或左右轮刚出现转速差时，就让制动力大的一组车轮提前进入保压、泄压。在 ABS 进入控制前，EBD 系统已经完成四个车轮制动力矩的平衡。

3）即使两侧车轮路面附着力不同，EBD 系统也可以平衡每一个车轮的有效抓地力，防止出现甩尾、侧滑、制动跑偏，并缩短制动距离。

4）EBD 系统是 ABS 的补充。如果 ABS 突然失灵，EBD 系统仍然能保证四个车轮制动力的平衡，如直线制动时车轮的直线性、转弯制动时两侧车轮制动力的平衡性。

5）EBD 系统在电器系统出现短路或断路故障时，将启动失效保护模式，系统退出控制，同时 ABS 故障灯变亮，ABS 退出控制，常规制动红色故障灯也会同时亮起，但不退出控制。

3. EBA 系统的特点

EBA 系统的作用是在紧急制动时加大制动力矩，其核心传感器是制动踏板感载开关。

1）配置有 EBA 系统的车辆在紧急制动时，在制动踏板还没有踩到底时车就稳稳地停住了，而正常情况下制动踏板踩到底时制动力矩才能达到最大，随后经过一段滑移距离才能实现有效制动。

2）EBA 系统为什么可以提前制动而又能明显加大制动力矩呢？当踩制动踏板的速度达到 850m/s 时，ABS 蓄能器内压力为 18MPa 的制动液顺着 ABS 泄压环节油路进入制动主缸的两个工作腔。由于制动主缸内原有制动液的压力只有 8MPa，所以制动力矩被成倍地放大了。同时，由于蓄能器内制动液的加入，所以制动主缸内制动液明显增多，在蓄能器内制动液的推动下（而不是在制动踏板的推动下），制动主缸活塞快速向前移动，车轮实现提前制动，制动踏板还没有踩到底车就稳稳地停住了。

3）配置有 EBA 系统的车辆在 100km/h 的速度下开始紧急制动，制动距离可以缩短 45%，能有效防止追尾事故。

制动力辅助系统除了 EBA 系统以外还有 BAS 系统，区别是 EBA 系统主要用于前驱车，BAS 系统主要用于后驱车。在紧急制动时，EBA 系统靠的是蓄能器内高压制动液实现提前制动和加大制动力矩。BAS 系统在紧急制动时靠的是加大真空助力器内的真空度，继而加大助力比，实现提前制动和加大制动力矩。

4. TCS 系统的特点

TCS 系统的核心传感器是驱动轮上的轮速传感器。其主要作用是：

1）防止驱动轮打滑，提高汽车行驶的稳定性、加速性和爬坡能力。

2）没有 ASR 系统的汽车在加速时驱动轮容易打滑，后驱车就可能甩尾，前驱车容易方向失控，导致车辆向一侧偏移。有了 ASR 系统，汽车在加速时就能够减轻这种现象，使车辆沿着正确的路线行驶。

3）在汽车起步和低速（车速在 40km/h 以下）加速时，借助 ABS 对驱动轮进行短暂制动，使汽车的牵引力小于或等于附着力，减轻车轮的打滑。

4）在汽车高速行驶时发现驱动车轮打滑，通过发动机控制单元命令 [推迟点火提前，适当关闭电子节气门，减少喷油量，断缸（如六缸机临时关闭三个喷油器）降低发动机输出转矩，通过升挡增大负荷降速] 使发动机输出的有效功率瞬间下降，进而使汽车的牵引力小于或等于附着力，避免或减少车轮的打滑。

5. ESP 系统的特点

ESP 系统的核心传感器是横向偏摆率传感器和横向加速度传感器。

（1）ESP 系统的主要作用　使车辆紧急避让障碍物，或在车辆转弯出现转向不足或转向过度时，能通过横向偏摆率传感器信号得知车辆侧滑的方向，并通过横向加速度率传感器信号得知车辆侧滑的距离，然后通过反向制动和限制发动机输出扭矩来帮助车辆克服偏离理想轨迹的倾向。

（2）ESP系统退出控制的原因

1）发动机负荷过高，即曲轴每旋转一圈的喷油脉宽过大，最大可能是空气流量传感器信号过高。更换空气流量传感器，消除故障码即可排除故障。

2）制动压力不在规定范围内，当制动踏板行程达到40%时制动主缸内制动液压力应为100～200kPa。维修时需要重新调整（旋转）制动压力传感器，直到压力在规定范围内。

3）更换转向盘转角传感器后没有归零。

4）受撞击后横向偏摆率传感器和横向加速度传感器的零点记忆失准。

如果为前两个原因导致ESP系统退出，打开点火开关后ESP指示灯就会常亮不熄。

（3）ESP系统使用中需要注意的事项

1）ESP警告灯连续闪烁，说明车轮已经发生横向滑移，系统正在进行控制，此时如果急加速，ESP系统将会退出控制。

2）如果误换了一条直径略大的轮胎，行驶中ESP警告灯（K155）会间歇点亮，没有故障码，但ESP系统已经进入失效保护，汽车没有最高车速，自动变速器没有超速挡。

3）ASR和ESP按钮。为了从深雪、松软的路面困境中驶出，可以主动让车轮打滑以摆脱被陷状态。在带防滑链或车辆处于功率测试状态下行驶，按下ASR和ESP按钮，使ESP系统退出控制。通过再次按下ASR和ESP按钮，ESP系统可以重新被激活；重新起动发动机，ESP系统也以被激活。当ESP系统正在工作状态或超过一定车速时，ESP系统将无法关闭。在按钮出现故障后，ESP系统无法关闭，仪表板上有ESP警告灯进行警报显示。按钮故障无法通过自诊断发现。

4）在冰雪路面，ESP系统的有效控制车速在70km/h以下。在冰雪路面上车速超过70km/h时，ESP系统虽然可以减少紧急避让和转弯时的侧滑，但仍然会出现较为明显的侧滑。

博世ESP系统和日本电装DSC系统最大的区别是DSC系统增加了一套当车速在40km/h以下时单个车轮驱动防滑的电子差速器锁。

（4）ESPⅡ系统的附加作用　ESPⅡ系统目前只在宝马新五系和新款雷克萨斯上配置。由于ESP系统在对轿车的行驶状态进行干涉时，只是通过对单个车轮施加制动来调节轿车的行驶稳定性。这时，由于脉冲制动力引起的轿车车身振动乘员能够感觉到，所以使舒适性和动力性有所下降。ESPⅡ系统能够识别转向轮与地面之间的附着系数。汽车在路面两侧附着系数不同的对开路面上制动时，会有朝着路面附着系数较大一侧转动的趋势，即出现所谓的制动器拉动现象。在这种情况下，ESPⅡ系统能够通过电动转向系统的助力电动机将转向轮朝着路面附着系数较小的一侧做一些适当的转向转动，以平衡制动器拉动的趋势，最大限度地保证两侧车轮在附着力相差明显的路面制动时车辆的稳定性。

所谓ESPⅡ控制，就是在紧急避让和转弯时主动转向系统和EPS系统联合进行控制，并且主动转向系统的反向转向在前。如果通过反向转向就可以使车辆回到理想的轨迹上来，ESP系统就可以不参与控制。相反，如果侧滑力矩较大，单靠主动转向系统无法使车辆回到理想的轨迹上来，ESP系统将参与控制，不过还是动转向系统参与控制在前，ESP系统参与控制在后，二者合作能最大限度地保证车辆在紧急避让和快速转弯时，特别是在湿滑路面上转弯时的稳定性。

四、TCS 系统和 ESP 系统典型案例分析

案例 1　低速试车时侧滑故障灯偶尔闪亮

故障现象　一辆车身前部发生过碰撞事故的奔腾轿车，在维修结束后低速试车时，侧滑故障灯偶尔闪亮，中高速时侧滑灯不亮。用诊断仪检测后，显示转向盘转角传感器电路故障（DTC-C1956）。在更换新的转向盘转角传感器后，用诊断仪检测，无故障码，但上路试车后，故障依旧。

故障分析　虽然用专用控制单元检测到故障码，但是故障灯点亮的时机并不确定，并且当车辆在静态下时故障灯从来不亮，说明故障点应集中在：传感器的电路在之前发生的车辆事故中破损，产生信号失真；传感器本身有问题，但考虑到刚换过，传感器本身问题的可能性不大；传感器的支架位移造成气隙过大。

故障诊断　对转向盘转角传感器电路进行检测，检查结果显示电路并无异常，所以准备把原先的转向盘转角传感器装回去。检查转向盘转角传感器的支架，在认真观察后，发现支架的中心位置与转向柱的中心位置有偏差。

故障排除　在对转向盘转角传感器支架进行校正后，重新安装好转向盘转角传感器，再次试车，故障排除。维修到这里，我们就明白了为什么该车在中高速时故障灯不亮而在低速时偶尔亮了。该车在之前的事故中，转向盘转角传感器支架变形，与转向柱的中心位置产生偏差。当车辆以在中、高速行驶时，转向盘转动的角度很小，即使传感器传输的数据有失真，失真的程度也不足以引起侧滑故障灯点亮。在低速行驶时，尤其是在城市的道路上行驶时，转动转向盘的角度会很大，所以传输的数据失真程度会很大。当控制单元检测到异常的数据后，侧滑故障灯开始点亮。

> **小·提示**
>
> 当出现与位置和速度相关的故障码时，常常重点检查传感器和相关连接线束，却经常忽略对传感器的间隙进行测量，而往往就是这些小间隙经常会引起大问题。

案例 2　车速为 10km/h 时 ABS 故障灯亮

故障现象　一辆 2003 款飞度轿车，在进行前部事故维修后试车，每当车速达到 10km/h 时，ABS 故障灯就会被点亮。用本田车专用控制单元检测仪 HDS 进行故障码检测，显示为左前轮轮速传感器信号不良。检查了相关线束并更换了 ABS 传感器后，ABS 故障灯依然在报警并显示同一故障。

故障分析　利用自诊断系统对轮速传感器进行检测：每当车速达到 10km/h 时，就用自诊断系统检测每个轮速传感器是否有信号输出，如果某个轮速传感器没有信号输出，ABS 故障灯就会被点亮，并会留下某轮轮速传感器信号不良的故障码；当车速达到 30～40km/h 时，自诊断系统检测同一个制动管路里的两个轮速传感器（前驱车为对角两轮，后驱车为同轴两轮）在车辆直线行驶时输出信号是否一致，如果不一致，ABS 故障灯就会被点亮，并会留下低车轮轮速传感器信号不良的故障码。

导致 ABS 故障灯点亮的原因较多，主要表现在以下几方面：

1）在好路上直线行驶时 ABS 故障灯不亮，转弯和颠簸时 ABS 故障灯亮，则可能是轮

毂轴承预紧力过小，造成轮速传感器气隙变化。轮毂轴承松动会造成轮速传感器气隙不稳定，有时还会出现制动拖痕。不用举升汽车，用双手抓住车轮上方内侧，用力向外侧晃动，如果感觉到有旷量，则说明轮毂轴承预紧力过小。轿车轮毂轴承的正常轴向间隙通常应在 0.05mm，旋转轮毂时应非常轻松，延轴向拉动轮毂时以感觉不到有间隙为合适。

2）当轮速传感器线束断路时，常用的检测方法有两种：

① 用手逐段摸轮速传感器线束，发软处为断路点。传感器线束导线由于很细，如果没用卡子固定好，行驶中不断地摇晃就有可能造成线束断路。同时，由于轮速传感器线束外皮很粗，在外皮挤压下，在好路上行驶时线束可以正常输送信号，转弯和颠簸时则会出现信号中断。

② 将线束拽进后用欧姆表测量电阻值，可顺利检查出线束断路故障。

3）磁电感应式轮速传感器触头表面吸附过多的铁粉，行驶中吸附的带有磁性的铁粉被拉长，使传感器无法感受转子的变化，磁场无法被切割，传感器没有输出信号，于是出现断路故障。此时应用化油器清洗剂将传感器触头清洗干净，如果触发转子上有很多泥垢，也应清洗干净，并用棉丝擦干，按 10N·m 的力矩重新紧固即可排除故障。

在 ABS 故障灯亮时，起初以为是前部事故造成的 ABS 线束破损或传感器损坏而引起的信号不良。然后，对 ABS 左前轮速传感器线束至 ABS 控制单元的 25P 插头进行测量，测量结果显示相关线束导通良好，无断路或短路情况。既然线路正常，于是根据经验，将左前轮的 ABS 传感器进行更换。试车后，ABS 故障灯依然点亮，用 HDS 检测后，显示左前轮速脉冲信号不良。

故障诊断 为进一步了解左前轮 ABS 的信号传输情况，利用 HDS 观察左前轮的轮速信号，发现没有轮速信号输出。既然线路和传感器都是好的，难道是信号触发装置有问题？在将车辆举升后，仔细观察，这才看出问题。这辆飞度轿车的 ABS 脉冲信号发生器与其他传统的 ABS 脉冲信号发生器在结构上完全不同。传统的 ABS 脉冲信号发生器是轴承座上的齿环通过过盈配合的传感器，以期间的空气间隙差生成车速信号，而这辆飞度轿车的 ABS 脉冲信号发生器是经塑封压制的磁片制成的，类似轴承防尘挡圈，安装在前轮轴承上。它具有双重作用：第一，给 ABS 提供轮速传感磁码信号；第二，保护轴承，起防尘作用。由于维修人员疏忽，不了解飞度轿车 ABS 信号的触发方式和结构，误将有磁码脉冲信号发生器的一面装在了另一端面，导致左前轮速传感器无法拾取磁码脉冲信号，引起 ABS 功能失效。将左前轮轴承压出，重新正确安装，修复后，清除故障码，路试，行驶不到 10km，该车 ABS 故障灯又再次报警。

用 HDS 控制单元调取故障码，仍显示左前轮脉冲信号不良。再次举升车辆，着车，挂挡，使驱动前轮转动，读取 ABS 数据流。从数据流上看，左前轮速传感器有磁码信号输出，且与右前轮速传感器信号数据相当。既然左前轮速传感器有信号输出，那为什么车辆行驶一段路后 ABS 故障灯又亮了呢？为了找到故障根源，将左前轮转向节再次拆下，对轴承进行检查，发现磁码信号发生器在经过二次装配后，左前脉冲信号发生器已发生轻微变形。变形的磁码信号发生器在低速旋转时，干扰杂波信号较小，但高速旋转时干扰杂波信号就相对较强。刚才在车间用 HDS 检测时，车轮是低速运转的，杂波信号强度没有超出正常值，从 HDS 上看不出有什么信号误差，ABS 故障灯不亮。当车轮高速运转时，杂波引起的电压信号波形波动较大，在一定的时间范围内超出了 ABS 给定的正确信号值，ECU 将其存储为故障码并点亮 ABS 故障灯。

故障排除　更换一个左前轮轴承，清码故障码后路试，一切正常，说明故障已被排除。

故障排除后的思考　在汽车低速行驶过程中 ABS 故障灯亮，除轮速传感器故障外，电动液压泵继电器或液压调压器内电磁阀电路不良也会在汽车低速区域出现 ABS 故障灯亮，诊断时应注意区分。

维修 ABS 故障时，有些车型的 ABS 信号发生装置比较特殊，要在先了解其结构后再进行故障的诊断和维护。注意观察车轮轮速传感器的数据流及波形情况，尤其是在低速和高速阶段产生杂波的情况，对故障的诊断是十分有用的。空气间隙的测量往往是解决故障的关键所在。很多故障都是在维修过程中造成的，因此，注重平时的维修工艺很重要。

> **维修提示：**
>
> 　汽车在中、低速行驶时 ABS 故障灯不亮，而在高速行驶时 ABS 故障灯被点亮。造成该故障的常见原因是后轮旋转的速度比前轮旋转的速度过大。应参考油箱盖旁边的铁贴，检查轮胎和轮辋的规格是否符合厂家规定。

案例 3　常规制动灯和电子节气门 EPC 灯同时点亮，自动变速器变速杆无法从 P 位移出

故障现象　打开点火开关后常规制动灯和电子节气门控制系统的 EPC 灯常亮不熄，自动变速器变速杆无法从 P 位移出。

故障分析　常规制动灯常亮有三种可能：制动储液罐内液位过低；液压系统发生泄漏；制动灯开关损坏。前两种故障会造成制动踏板高度明显降低，后一种故障对制动踏板高度没有影响。另外，制动灯开关损坏通常表现为制动灯常亮或不亮，前两种故障均为制动灯常亮。该车制动踏板高度正常，说明是制动灯开关损坏。在制动灯开关损坏后，发动机控制单元误认为制动失效，会同时点亮电子节气门控制系统的 EPC 灯并出现故障码。对于自动挡的车来说，制动灯开关损坏会导致变速杆挡位无法移动，这是因为自动变速器换挡锁止电磁阀 N110 需要制动信号和发动机怠速信号。

故障诊断　如果是制动灯不亮，则用螺钉旋具短接制动灯开关的两个接线端，此时制动灯亮，说明制动灯开关断路。如果制动灯常亮，则需调取故障码。

故障排除　更换制动灯开关。

故障现象　汽车无论是冷车还是热车行驶都正常，但只要制动就熄火，说明故障在底盘。对于配置有自动变速器的汽车，应重点检查在制动时变矩器能否及时解除锁止，如果不能及时解除锁止，就会造成行驶正常但只要制动就熄火的故障。另外，对于使用真空助力制动系统并且在发动机进气系统取真空的汽车，如果真空管道上的单向阀失效，制动时助力器的空气会大量进入发动机进气系统，使混合气过稀而熄火。

案例 4　冷车时 ESP 灯和 ASR 灯不亮，热车后 ESP 灯和 ASR 灯被点亮

故障现象　一辆迈腾轿车在冷车时 ESP 灯和 ASR 灯不亮，热车后 ESP 灯和 ASR 灯被点亮，车辆怠速高，中、低速时基本正常，急加速和大负荷时动力不足。

故障分析 应检查进气系统是否发生严重泄漏。如果进气系统泄漏，冷车时氧传感器没有参与控制，而热车后氧传感器参与控制，喷油脉宽明显加大，发动机负荷（曲轴每旋转一圈的喷油时间）过大时 ESP 和 ASR 就会退出控制。由于使用空气流量传感器的进气系统密封不良会导致混合气过稀，所以车辆在急加速和大负荷时动力不足。

故障诊断 读取故障码，显示发动机负荷过高，证明以上分析正确。首先检查进气道上真空软管接头有无破裂，然后在发动机怠速运转时往进气道上喷检漏剂，在喷到某个部位后如果发动机转度降低，就说明该处密封不良。经检查发现节气门体接口上漏装了一个密封圈。

故障排除 补装密封圈后消除故障码，试车，怠速转速恢复正常，ESP 灯和 ASR 灯不再被点亮，急加速和大负荷时动力强劲，说明故障已被排除。

相关案例 空气流量传感器信号过高，发动机起动后 ESP 灯和 ASR 灯就会被点亮；上游氧传感器加热器损坏、老化或触头被积炭覆盖，导致输出信号过低，冷车时 ESP 灯和 ASR 灯不亮，热车后 ESP 灯和 ASR 灯也会被点亮，而且也会留有相同的"发动机负荷过高"的故障码。

案例 5 有轮速传感器故障码，但更换轮速传感器后故障码依旧

故障现象 2002 款宝马 520i，底盘型号为 E39，起动发动机后，DSC 车身稳定系统故障灯点亮，ABS、ASR 和 DSC 系统退出控制。用诊断仪器检测故障码为右前 ABS 轮速传感器故障。清除故障码后再次起动，故障灯仍然亮起，故障码依旧。维修人员已更换过右前 ABS 轮速传感器。

故障分析 轮速传感器断路或短路后 ABS 故障灯和 DSC 故障灯确实会同时被点亮，但是在更换过右前 ABS 轮速传感器后为什么故障码仍然依旧呢？首先，有轮速传感器故障码并不一定是轮速传感器自身的故障。传感器线束断路、传感器和转子间气隙过大或传感器触头吸附过多铁粉，均会留下传感器断路或短路的故障码。另外，自诊断系统判断轮速传感器是否发生断路或短路故障时，主要是依据当车速为 10km/h 时所有轮速传感器是否有信号输出以及在直线行驶过程中车速为 35~40km/h 时同一制动管路的两个轮速传感器信号是否一致来进行判断的。

故障诊断 试车，当车速达到 10km/h 时 ABS 故障灯和 DSC 故障灯没有被点亮，当车速还没有达到 40km/h 时 ABS 故障灯和 DSC 故障灯同时被点亮，说明同一制动管路的两个轮速传感器信号不一致。由于已更换过右前轮 ABS 轮速传感器，所以这次重点检查左后轮 ABS 轮速传感器。因为自诊断系统是通过同一制动管路的两个轮速传感器信号是否一致来进行判断的，在极个别情况下，左后轮 ABS 轮速传感器断路或短路以及触头吸附过多的铁粉却会出现右前轮 ABS 轮速传感器断路或短路的故障码。经过对左后轮 ABS 轮速传感器电阻进行检测，发现左后轮 ABS 轮速传感器断路。

故障排除 更换左后轮 ABS 轮速传感器，清除故障码后重新试车，发现故障已被排除。

【一句话介绍】

1）制动盘上的湿度传感器（见图 7-17）负责监测制动盘是否有水，并且通过自动地轻微制动将制动盘表面的水滴蒸发掉，以保持正常的制动力矩。

2）不足转向：转弯半径变大。

3）过足转向：转弯半径变小。

4）中性转向：转弯半径不变。

5）主动安全性：汽车本身能否防止或者减少道路交通事故发生的性能，主要取决于汽车的总体尺寸、制动性、行驶稳定性、操纵性、信息性以及驾驶人的工作条件。

图 7-17　制动盘上的湿度传感器

6）被动安全性：交通事故发生后，汽车本身减轻人员伤害和货物损失的能力。

7）制动滑移率：制动过程中车轮运动成分所占的比例。

8）驱动滑移率：驱动过程中车轮运动成分所占的比例。

9）附着率：地面制动力与地面法向反作用力之比。

10）汽车转向时车轮出现横向滑移，此时 ESP 通过反向车轮制动和降低发动机输出功率来避免横向滑移。

11）行驶时未松开驻车制动或驻车制动拉索调整不当，驻车制动开关闭合接地，红色常规制动指示灯会常亮不熄，直到松开驻车制动。

12）装有 ESP 电控行驶平稳系统的汽车在冰雪覆盖的道路上车速即使达到 70km/h，车辆也基本受驾驶人控制，尽管仍需要不停地来回转向，但此时转向明显变重，路感加强，不会存在侧滑的危险。

13）ASR 故障灯和 ESP 故障灯在行驶中连续闪，说明在行驶中出现了加速打滑或横向滑移。ESP 系统或 ASR 系统进入调整状态时，故障灯会出现连续闪，以提醒驾驶人道路条件不好，不要加速行驶。

14）即使配置了 ABS，如果制动时转向轮不是垂直向前，高速时紧急制动或在冰雪路面上紧急制动以及两侧车轮不同时制动，也一样会出现严重的侧滑和制动跑偏。由于在冰雪路面上转向轮不是垂直向前，所以紧急制动时还可能出现原地掉头。

15）五大主动安全系统：制动防抱死系统、制动力平衡系统、制动力辅助系统、牵引力控制系统、电子行驶平稳系统。

【故障一点通】

1）试车车速在 15～40km/h 时 ABS 故障灯和 ESP 故障灯亮起，说明轮速传感器断路或短路；车速在 15～40km/h 时 ABS 故障灯没有被点亮，说明轮速传感器没有断路或短路。轮速传感器断路或短路后 ABS、ASR 和 ESP 退出控制，只有常规制动保持正常。

2）电子驻车解除的条件：系好安全带；踩下制动踏板，挂入前进挡或倒挡，然后踩下加速踏板。如果副驾驶一侧没有系好安全带，电子驻车无法解除。

3）打开点火开关后 ESP 故障灯和 TCS 故障灯常亮不灭，调取故障码，显示为发动机负荷过高，此时应首先检查空气流量传感器信号是否过高。如果信号过高，则更换空气流量传感器；如果信号不高，则应进一步检查上游氧传感器信号是否过低，若过低，则更换上游氧传感器即可排除故障。由于上游氧传感器信号过低而导致的 ESP 故障灯和 TCS 故障灯常亮不灭，通常发生在热车以后，在刚打开点火开关时不会出现 ESP 故障灯和 TCS 的故障灯常亮。

4）在低速行驶中连续几次制动后，如果制动灯开关损坏或制动踏板行程达到 40% 时制动主缸内制动液压力不在 100～200kPa 范围内，则打开点火开关后 ESP 故障灯和 TCS 故障灯也会常亮不灭，ESP 和 TCS 退出控制。重新调整制动压力开关，如果不行，则更换制动压力开关即可排除故障。

5）冷车时 ESP 故障灯和 ASR 故障灯不亮，热车后被点亮，车辆怠速高，中、低速时基本正常，急加速和大负荷时动力不足，此时应检查进气系统是否发生严重泄漏。如果进气系统泄漏，冷车时氧传感器没有参与控制，而热车后氧传感器参与控制，喷油脉宽明显加大，发动机负荷（曲轴每旋转一圈的喷油时间）过大时 ESP 和 ASR 就会退出控制，由于进气系统密封不良而导致混合气过稀，所以急加速和大负荷时动力不足。

6）打开点火开关后 TCS 故障灯和 ESP 故障灯被点亮后不熄灭，故障码显示为发动机负荷过高，此时应重点检查空气流量传感器输出信号是否过高，如果过高，则更换空气流量传感器。

7）ABS 故障灯亮，打开发动机舱盖，举升汽车，松开驻车制动，起动汽车，当车速达到 6km/h 时应能听到 ABS 液压泵工作的声音，否则应检查是否有 ABS 液压泵的故障码。

8）车辆在行驶过程中出现加速打滑或横向滑移，ESP 系统或 ASR 系统进入调整状态时故障灯会出现连续闪烁，以提醒驾驶人道路条件不好，不要加速行驶。

9）当轮速传感器发生故障时，ABS 故障灯和 ESP 故障灯会同时亮起。如果试车车速在 10～40km/h 时 ABS 故障灯亮起，则说明轮速传感器自身断路或短路；如果试车车速在 10～40km/h 时 ABS 故障灯没有被点亮，则应重点检查传感器线束是否断路，轮速传感器触头是否吸附过多的铁粉，轮毂轴承预紧力是否过低。

10）制动液氧化后会使沸点明显降低，并且制动液流动速度降低，ABS 故障灯、ASR 故障灯和 ESP 故障灯会同时亮起。

11）储液罐液位过低时，常规制动灯（红色）ABS 故障灯会亮起，尽管 ABS 自身没有出现故障，但会因制动压力不够而退出控制（制动压力必须达到能使车轮拖滞并有制动抱死倾向时，ABS、ESP 和 ASR 才会参与工作）。

12）在静态检查结束后，ABS 故障灯不熄灭，故障来源可能是：控制单元的电压低于 10V；控制单元内部可能存在故障；当点火开关置于点火位置时 ABS 故障灯和常规制动故障灯同时被点亮，故障存储器内没有故障码，线束和端子都没有问题，故障则可能在控制单元内部；ABS 的继电器或熔丝不良；液压调节器内电磁阀电路不良；轮速传感器导线断裂。

13）低速时进行动态检测，当车速达到 6km/h 左右时，ABS 自诊断装置对系统进行一次自检，此时能听到轻微的机械声（液压泵工作声），这是正常自检的特征。如果系统内有故障，ABS 故障灯会再次被点亮。

14）在普通路面上，车辆急加速时（无特定转速或时速）TCS 灯与 TCS OFF 灯同时亮，车顿挫一下后速度下降，这时加速无效且车辆抖动，只能在停车后熄火，再次着车后症状才能消除，但急加速后依然出现此问题，而车辆缓慢加速时则无此症状。这是牵引力控制系统（TCS）在起作用。当急加速时，车轮与地面打滑，牵引力控制系统工作，限制喷油，强行降低转速，使车辆减速以恢复轮胎的摩擦力，防止失控。

第八章 车身电器故障分析

第一节 空调系统故障分析

一、空调系统的组成和作用

1. 空调系统的组成

汽车空调系统主要分为膨胀阀制冷系统和孔管制冷系统两种。这两种系统的组成部分基本一致，主要由空调压缩机、电磁离合器、冷凝器、储液罐、膨胀阀、蒸发器及控制系统组成，如图8-1所示。

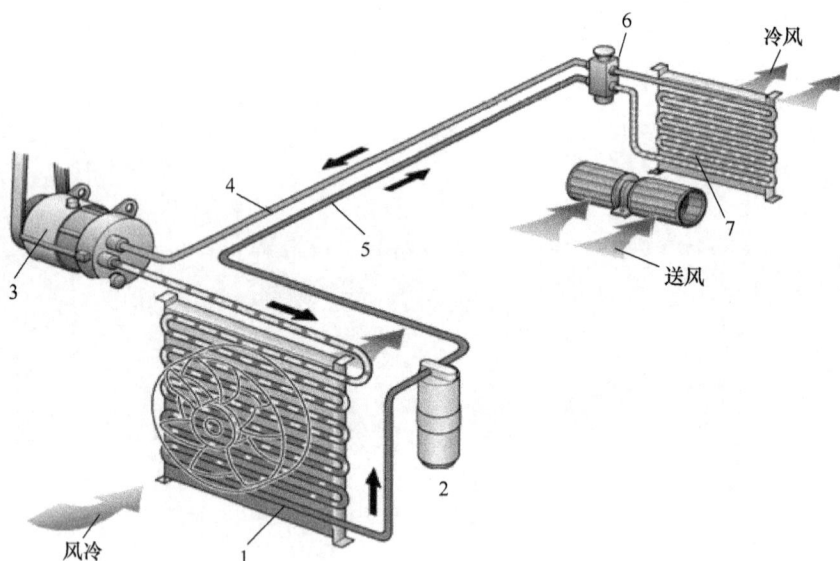

图8-1 汽车空调系统的组成和布置

1—冷凝器 2—储液罐 3—空调压缩机 4—低压管 5—高压管 6—膨胀阀 7—蒸发器

2. 空调系统的作用

（1）空调压缩机和电磁离合器的作用 空调压缩机的作用是加压，压力提高后会使制冷剂容易雾化，同时维持制冷剂在系统中循环流动。空调压缩机前端装有电磁离合器（见

图 8-2)，控制压缩机开启和关闭。

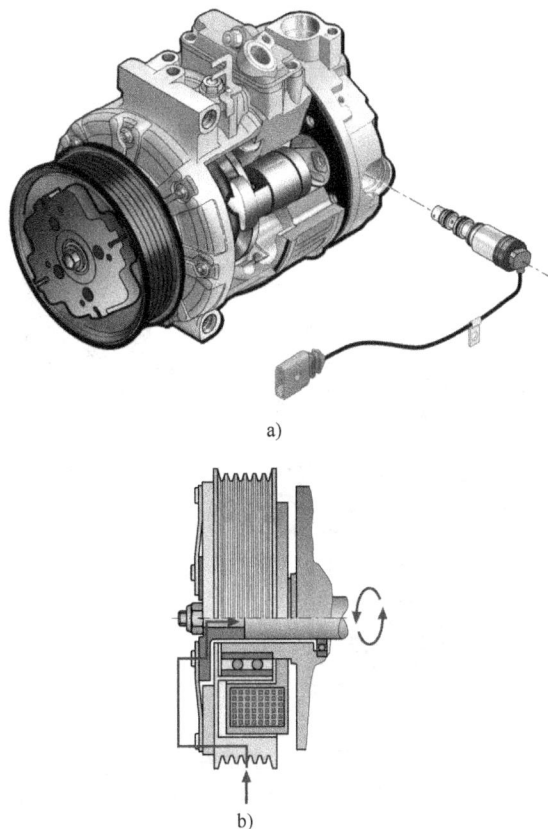

a)

b)

图 8-2　空调压缩机和电磁离合器
a) 空调压缩机　b) 电磁离合器

　　(2) 冷凝器的作用　冷凝器（见图 8-3）装在发动机散热器的前方，其作用是将空调压缩机输出的气态制冷剂通过风冷降低 10℃，将气态冷凝为液态。

　　(3) 储液罐的作用　储液罐（见图 8-4）负责暂时储存制冷剂，使制冷剂的流量和制冷剂负荷相适应。另外，它还具有吸湿、过滤和检查制冷剂的量是否合适三项功能。

　　(4) 压力开关的作用　在储液罐上配置有高压开关、中压开关和低压开关（见图 8-5）。当系统

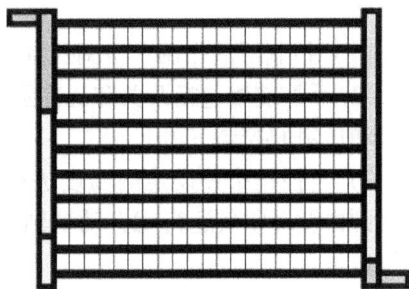

图 8-3　冷凝器

压力大于 3.2MPa 或小于 0.2MPa 时，控制单元为了保护空调系统，切断电磁离合器，使空调压缩机停止工作。当系统压力大于 1.6MPa 时，蒸发器前端的风机开启，系统开始制冷。

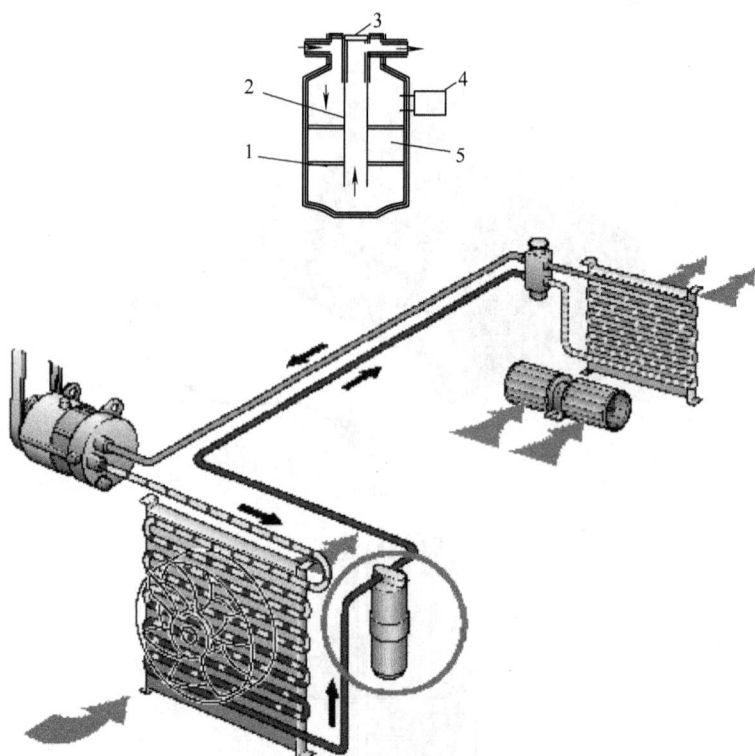

图8-4　储液罐
1—过滤网　2—输液管　3—观察镜　4—压力开关　5—干燥剂

（5）膨胀阀的作用　膨胀阀也可以用节流阀（见图8-6）代替。膨胀阀装在蒸发器的入口处，作用是降低制冷剂压力和控制制冷剂进入蒸发器的流量。

（6）蒸发器的作用　蒸发器即热交换器（见图8-7），安装在驾驶室仪表台的后边，负责制冷。

（7）控制器的作用　空调控制器分为手控和自控两种。

1）手控装置包括开关和制冷强度调节钮。手动控制包括电磁离合器的控制、鼓风机的控制和风扇的控制三项。

2）自控是指按设定的温度进行自动调节。空调控制器如图8-8所示。如果按下除霜挡，则内循环空气运行就自动切断；如果汽车要迅速取暖或制冷，则可以选择内循环空气运行。

（8）通风系统的作用　通风系统的作用是保持车内空气的新鲜，将车外新鲜空气引入车内，把车内污浊的空气排出车外。

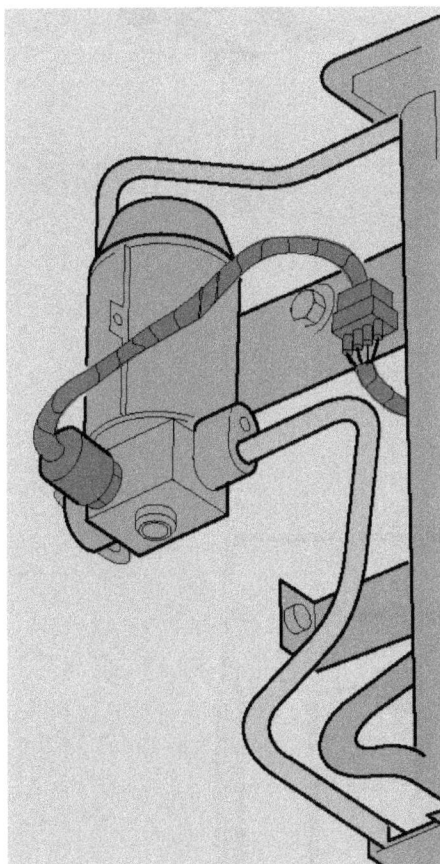

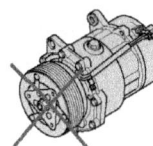

$p>3.2\mathrm{MPa}$

208_058

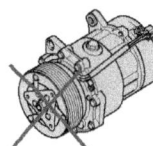

$p<0.2\mathrm{MPa}$

208_059

$p>1.6\mathrm{MPa}$

208_060

图 8-5　空调系统的高压开关、中压开关和低压开关

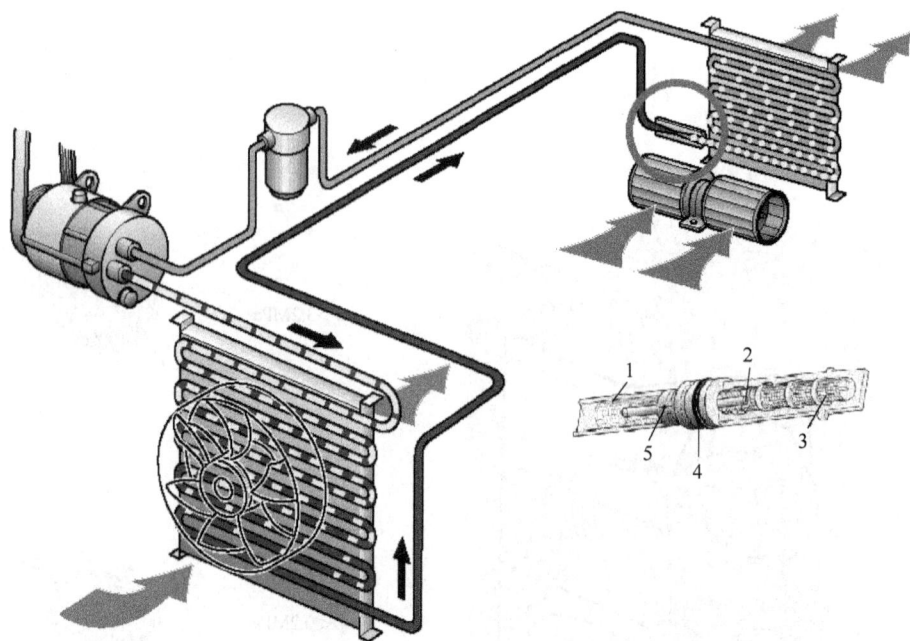

a)

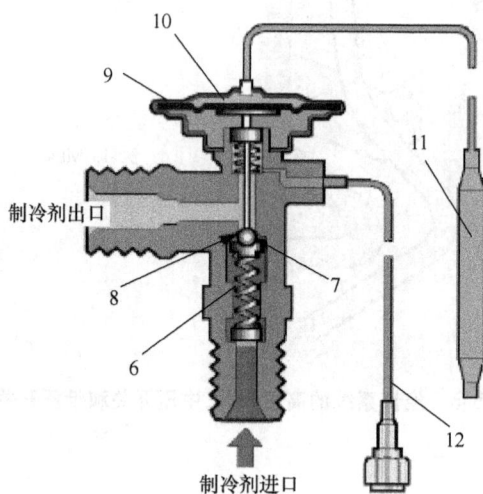

制冷剂出口

制冷剂进口

b)

图 8-6　节流阀和膨胀

a）节流阀　b）膨胀阀

1—制冷剂雾化过滤器　2—标定孔　3—灰尘过滤器　4—分离高、低压的密封圈　5—箭头指向蒸发器
6—弹簧　7—球阀　8—测量小孔　9—膜片　10—制冷剂　11—感温包　12—压力补偿器

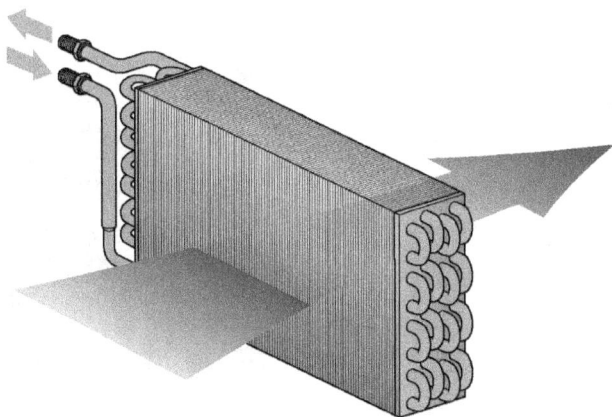

图 8-7　蒸发器

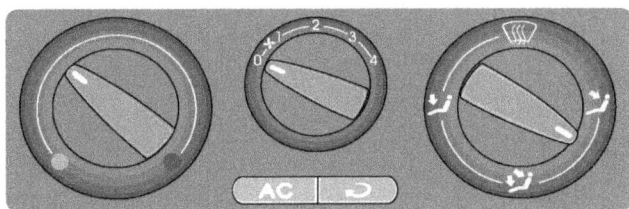

a)

b)

图 8-8　空调控制器

a）手动空调控制　b）全自动空调控制器

（9）暖风系统的作用　在冷天，暖风系统（见图 8-9）可以把车内的空气或车外准备进入车内的空气加热，提高车内的温度。

二、空调系统的工作原理

（1）压缩过程　空调压缩机将来自蒸发器的低温、低压气态制冷剂通过加压变成高温、高压气态制冷剂并排入冷凝器。

（2）放热过程　冷凝器将来自压缩机的高温、高压、过热气态制冷剂降温冷凝为液态，变成中温、高压液态制冷剂，放出大量的热。

（3）节流过程　中温、高压制冷剂经过膨胀阀毛细管或孔管后体积急剧变大，压力和温度急剧下降，以雾状（细小的液滴）变成低温、低压气液两相态制冷剂排入蒸发器。

（4）吸热制冷过程 雾状制冷剂液体进入蒸发器，因为此时制冷剂沸点远低于蒸发器内温度，所以制冷剂液体蒸发成气体，并且在蒸发过程中大量吸收周围的热量，在完成制冷过程后将制冷剂变成低温、低压气态制冷剂，然后输送到空调压缩机，如图8-10所示。

上述过程周而复始，形成空调系统良性工作循环。

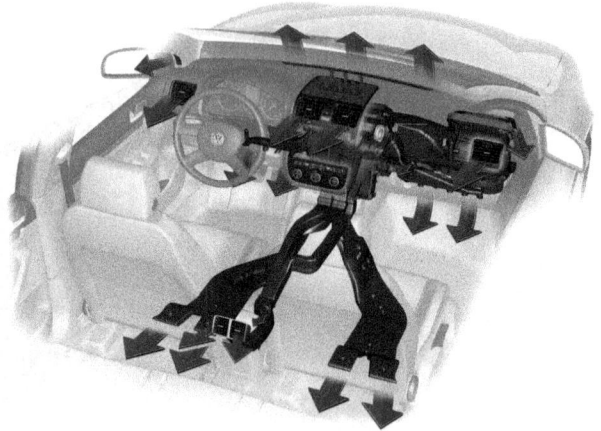

图8-9 暖风系统

三、自动空调系统

1. 自动空调系统的作用

可以对车内空气的温度、湿度、清洁度、风量和风向等进行自动调节，给乘客提供一个良好的乘车环境，保证在各种外界气候和条件下使乘客都处于一个舒适的空气环境中，而且还能进行故障检测。计算机控制的空调系统可以实现以下功能：

（1）汽车空调自动调节功能 包括车内温度和湿度自动调节、回风和送风模式自动控制以及运转方式和换气量控制等控制功能。控制单元将根据驾驶人或乘客通过空调显

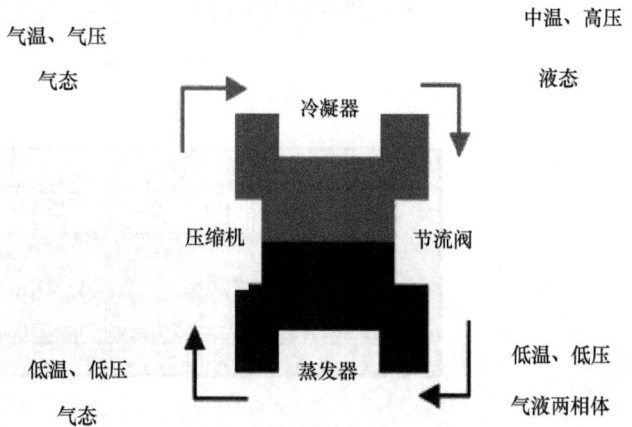

图8-10 空调系统的工作原理

示控制面板上的按钮进行的设定，使空调系统自动运行，并根据各种传感器输入的信号，对送风温度和送风速度及时地进行调整，使车内的空气环境保持在最佳状态。控制单元还可以根据气候变化，通过选择送风口来改变车内的温度分布。

（2）经济运行控制功能 当车外温度与设定的车内温度较为接近时，控制单元可以缩短制冷压缩机的工作时间，甚至在不起动压缩机的情况下，就能使车内温度保持设定状态，达到节能的目的。

（3）全面的显示功能 通过安置在汽车仪表盘上的空调显示控制面板，可以随时显示当时的设置温度、车内温度、车外温度、送风速度、回风和送风口状态以及空调系统运行方式等信息，使驾驶人能够及时全面地了解空调系统的工作状态。

（4）故障检测和安全功能 控制单元通过自诊断系统可以对系统的状态进行检测，并

对故障情况进行判断，当系统中出现故障时，使系统传入相应的故障安全状态，防止故障进一步扩大。

2. 自动空调系统的组成

自动空调系统由以下四个部分组成：

1）传感器部分。其中与空调有关的输入信号传感器和开关主要有空调压力开关、冷却液温度传感器、车内温度传感器、环境温度传感器（见图8-11）、蒸发器温度传感器、日光辐射传感器、冷却液温控开关、后空调开关和车速传感器等。空调控制单元正是根据这些传感器和开关提供的车内温度、车外温度、蒸发器温度、阳光强度、空气质量的信号对空调系统进行自动控制。

2）控制中枢。自动空调系统既受发动机、变速器控制单元控制，又受空调控制单元控制，形成一个全自动空调系统的控制中枢。

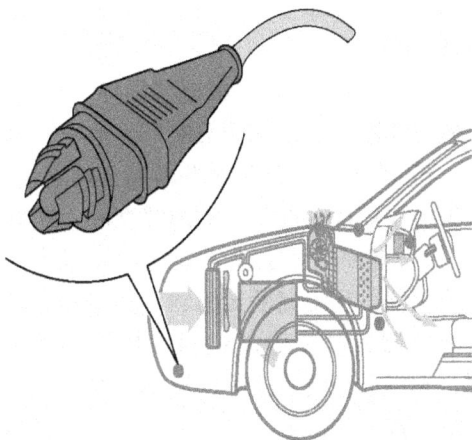

图8-11 环境温度传感器

3）控制部件。控制单元对传感器和开关的信号进行分析、比较、计算后，向空调压缩机电磁离合器继电器，冷凝器风扇继电器，前、后鼓风机功率晶体管，再循环控制电动机，空调模式控制电动机，控制混合空气阀的反馈电动机，控制多个空气分送阀的电磁阀、真空罐或电动机，控制循环空气阀的真空罐或电动机发出指令，接通所需电路伺服电动机使之旋转，按功能选择键的输入指令打开出风口风门，调节出风口温度，按输入的预设温度控制温度风门位置。

4）自检报警部分。

3. 自动空调温度传感器的输入信号

1）室内温度传感器、环境温度传感器、阳光辐射温度传感器、蒸发器出口温度传感器和发动机冷却液温度传感器输入的信号。控制单元根据这些传感器信号，计算出吹入客舱内空气所需的温度，选择所需的空气量，然后控制空气混合入口、水阀、进出气口转换板等，在驾驶人设定的温度范围内自动调节客舱内的温度，使其达到最佳，并自动控制空调的开启和关闭。

2）只要有一扇门未关，车门半开开关就将信号传给空调控制单元，这时如果车内温度高于环境温度，空调控制单元就会开启抽风的电动机，将客舱内的热空气吹出。

4. 空调压力保护系统停止工作的情况

（1）某些空调系统装有温度保护系统和空调压力保护系统

1）当发动机冷却液温度超过120℃时，为了保护发动机，温度保护系统会使空调停止工作。

2）空调压缩机内制冷剂温度过高，温度开关会切断压缩机电磁离合器的电路。

3）蒸发器温过低，低于设定值时空调放大器会切断压缩机电磁离合器的电路。

4）当空调压缩机转速和发动机转速的差值超过设定值时，空调放大器将做出压缩机已经锁止的判断，会切断压缩机电磁离合器的电路。

5）冷却液温度传感器断路或接地线接触不良，信号失准时，散热风扇不转，导致空调散热不良，也会进入失效保护，让空调停止工作。

6）空调压缩机输出口压力（空调系统高压超过3.2MPa）或蒸发器至空调压缩机输入口压力（空调系统低压低于0.2MPa）超标过多时会进入失效保护，切断电磁离合器，关闭空调。

7）空调的熔丝、继电器损坏，空调放大器没有供电，压缩机电磁离合器断电，以及鼓风机开关断开、空调开关断开、电磁离合器损坏等，都会切断电磁离合器的电路。

8）当环境温度传感器断路，端子进水或接地线接触不良，信号显示环境温度在零下，数据流中环境温度低于室内温度时，空调系统不制冷。

9）空调压缩机受发动机冷却液温度传感器、环境温度传感器、空调压缩机继电器、蒸发器出口温度传感器控制，它们一旦出了故障，空调系统无法正常工作。

10）蒸发器出口温度传感器（见图8-12）失效，会导致空调压缩机离合器频繁吸合和分离。膨胀阀到蒸发器之间的管路结霜，会导致空调出风量小。

11）空调系统制冷的条件之一是环境温度高于室内温度。当环境温度传感器断路、端子进水、接触不良或接地不良时，数据流会显示环境温度在 -30℃以下，所以空调不制冷。

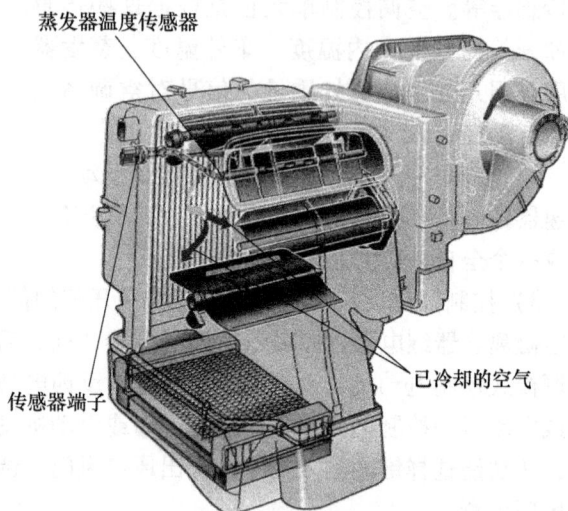

图 8-12　蒸发器出口温度传感器

（2）蒸发器的温度控制　蒸发器温度控制的目的是防止蒸发器结霜。如果蒸发器的温度低于0℃，凝结在蒸发器表面的水分就会结霜或结冰，严重时会堵塞蒸发器的空气通道，导致冷却系统制冷效果明显降低。为了避免蒸发器结霜，就必须将蒸发器的温度控制在0℃以上。控制方法有两种：

1）用蒸发压力调节器控制蒸发器的压力，进而控制蒸发器的温度。

2）用装在蒸发器中央的蒸发器温度传感器或温度开关通过控制空调压缩机的运转来控制蒸发器的温度。

四、空调系统的养护

1. 定期清洗冷凝器和蒸发器

冷凝器和蒸发器堵塞会造成制冷循环系统高压端压力升高，进而造成电磁离合器经常断开，使空调压缩机工作断断续续，并影响空调换气时空气的洁净，所以需定期清洗冷凝器和蒸发器。

（1）注意事项

1）制冷剂不能直接接触皮肤。

2）不能对管路进行焊接。

3）养护时所在场地通风要良好。

4）空调管路打开以后，接口要密封。

（2）清洗冷凝器

1）冷凝器外部的清洗。每两年清洗一次冷凝器。冷凝器装在汽车的前边，脏物堵塞的情况会比较严重，如果不及时清洗外部，不仅降低制冷效果，同时会增加各种能源消耗。

2）冷凝器内部的清洗。清洗时将冷凝器拆下，用水枪先洗去表面的浮土。对于 R12 制冷系统，可用压缩空气反方向吹洗其内部管路，使其彻底清洗干净。对于 R134a 制冷系统，严禁用压缩空气吹洗其内部管路，因为 R134a 制冷剂与高压空气混合会造成燃烧，在密闭的情况下还会造成爆炸。因此在维修 R134a 制冷系统时严禁使用普通的压缩空气，只能用水清洗管路。

（3）清洗蒸发器　蒸发器相对要干净一些，每 3 ~ 4 年清洗一次即可。蒸发器分为外部清洗和内部清洗两个方面。清洗重点为蒸发器上的滤网，因为滤网堵塞后会造成风量减少。对于外部清洗，可用水枪直接清洗蒸发器上的滤网，或将滤网泡在水中用软毛刷子清洗。对于 R12 制冷系统蒸发器内部的清洗，则可以用压缩空气或用带有中性清洗剂的温水清洗蒸发器的管路。对于 R134a 制冷系统蒸发器内部的清洗，只能用带有中性清洗剂的温水清洗蒸发器的管路。

2. 空调系统养护时的注意事项

1）加注制冷剂前必须先抽真空。

2）冷冻机油容易吸收大气中的水分，所以当拆开制冷系统部件时应立即堵住各管口，防止湿气进入制冷系统。连接制冷系统各部件时要抓紧时间，尽量减少湿气进入制冷系统。

3）制冷系统发生泄漏后，因制冷剂对人的眼睛和呼吸系统有害，所以在维修前应先进行通风换气。如果制冷剂进入眼睛，要立即用清水冲洗。

4）换油时不要错加制冷剂或冷冻机油。如果加错油，在两三天内就会造成空调压缩机因缺乏润滑而损坏。

3. 空调系统净化清新剂

（1）作用　可以迅速清除空调系统和暖风系统中的真菌和微生物。

（2）使用方法　关闭所有汽车门窗，打开空调，开到最冷的挡，将空调系统净化清新剂摇匀，从空调的进气孔喷射 10 ~ 20s，关闭空调和发动机，打开汽车门窗至少 5min。

小·提示

开空调后刚刚 30min 空调自动关闭

每年在使用冷凝器前，应用压缩空气将其外侧吹干净，否则制冷效果会降低。冷凝器过脏，造成散热不好，会使空调系统压力过高，开空调后 30min 车厢里还较热，但因系统压力过高，空调压缩机的电磁离合器就会切断压缩机的电路。

4. 定期检查空调压缩机传动带的张紧度

空调压缩机传动带过紧会增加传动带磨损，导致压缩机轴承损坏；过松则会降低转速，降低制冷效果，甚至发出尖叫声。故应定期检查空调压缩机传动带的张紧度。检查时用拇指按住传动带中部，全力向下按，以能压下 10 ~ 20mm 为合适。

5. 要保证充足的制冷剂

如果是原装的空调，通常是每三年添加一次制冷剂，加前必须先抽真空，否则会造成加的量不合适。加制冷剂后，使发动机转速保持在 2000r/min，用观测镜如果能看到连续性的大量气泡，说明制冷剂不足。如果急减速时也看不见气泡，则说明制冷剂过量。

使发动机转速保持在 2000r/min，以在观测镜处看不见气泡而急减速时能见一些气泡为合适。

6. 定期开启空调

在空调不用的期间，为了保证空调系统的润滑和密封，最好每周开启一次，每次运行 5~10min，以保证各部件的润滑和密封。

五、汽车空调系统的常规检查

使用 R134a 制冷剂的空调系统的检测条件及正常情况下的压力值如下：

1）空气温度 30~35℃。

2）发动机转速为 1500r/min。

3）风机的速度置于高挡。

4）温度控制置于"最冷"。

5）工作方式置于"重复循环"。

在正常情况下，空调压力表低压端制冷剂的压力应为 0.15~0.25MPa，高压端制冷剂的压力应为 1.37~1.50MPa。

六、汽车空调系统常见故障及排除方法

1. 通过温度变化分析空调系统故障

（1）空调系统高压和低压回路的温度

1）用手摸空调系统的高压回路（空调压缩机出口→冷凝器→储液罐→膨胀阀的进口），在正常情况下应呈较热状态，但不烫手。

2）用手摸空调系统的低压回路（膨胀阀出口→蒸发器→空调压缩机的进口），在正常情况下应较冷。

3）如果高压和低压回路无明显温差，则说明空调压缩机出现严重内漏或系统中出现外漏，制冷剂的量过少。

（2）空调压缩机进气阀和出气阀的温度

1）在正常情况下工作时，压缩机进气阀是凉的，出气阀是热的。

2）如果空调压缩机进气阀和出气阀都是凉的，则说明空调压缩机出现内部泄漏，必须更换。

3）如果空调压缩机出气阀很烫，手不敢在此处停留，则说明空调压缩机内制冷剂过多，应立即放出多余的制冷剂，否则会造成空调压缩机内部泄漏。

（3）冷凝器进口和出口的温差

1）在正常情况下，冷凝器进口温度比出口温度高 10~20℃。

2）上下测试冷凝器表面或沿着弯管弯头检测温度时，从上到下温度应逐渐降低。如果温度发生剧烈变化，冷凝器进口和出口的温差过大，则说明冷凝器内部发生堵塞，必须彻底

清洗或更换冷凝器。

（4）储液罐进口和出口的温差

1）用手感觉储液罐进口和出口的温度，两者温差应保持不变。当储液罐的进口和出口间温差发生变化时，如果温差很小，则说明制冷剂不足，应先检查制冷系统有无泄漏点；如果没有温差，则应及时补充制冷剂。

2）检查储液罐及其接头是否有结霜，如果有，则说明储液罐内有堵塞故障，应更换储液罐内的干燥器。

（5）膨胀阀进口和出口的温差

1）冷凝器输出管至膨胀阀的输入口之间的制冷剂为中温、高压区，整个管道温度应一致。

2）在正常情况下工作时，膨胀阀进口温度略高，但进口和出口的温差不超过3℃。

3）如果进口和出口的温差超过3℃或膨胀阀出口至空调压缩机之间的软管间结霜，则说明膨胀阀出口可能已经发生结冰堵塞。

2. 根据系统压力判断故障

（1）高、低压压力偏低

故障现象： 高、低压压力与正常压力比较，偏低。

故障原因： 系统管路连接处有泄漏或各零部件有泄漏。

故障排除： 检漏、排漏，在加注制冷剂前先抽真空，然后按规定的量加注纯、真制冷剂。

（2）高、低压压力偏高

故障现象： 高、低压压力与正常压力比较，偏高。

故障原因： 系统内制冷剂和冷冻机油太多，系统内有空气。

故障排除： 放掉制冷剂，按规定的量加注纯、真制冷剂。

（3）系统内堵

故障现象： 高压不高，低压为负值。

故障原因： 系统内清洁度差，导致储液罐、节流装置堵塞；系统内有水分，导致节流装置冰堵。

故障排除： 清洗系统，更换储液罐，更换节流装置。

3. 空调系统制冷差或不制冷的常见原因

1）空调系统有制冷剂泄漏，系统压力低，制冷效果差，空调系统蒸发器至空调压缩机输入口间的压力低于0.2MPa时，系统会进入失效保护，切断电磁离合器，关闭空调。

2）空调系统高压和低压回路无明显温差，有可能是空调压缩机因为用错冷冻机油或缺油、磨损过度而出现严重内漏，使压缩机系统压力过低，例如系统中出现外漏、制冷剂的量过少等故障。

3）空调系统中制冷剂过多或空气压力高、热交换差，空调压缩机输出口压力超过2.5～3.2MPa（不同车型规定不一样），系统会进入失效保护，切断电磁离合器，关闭空调。

4）制冷剂与冷冻机油中杂质过多，在储液罐处产生微堵，造成制冷效果下降，特点是储液罐及其接头有结霜，说明储液罐内有堵塞故障，造成热交换差。对于组合式储液罐，可更换里边的过滤器，而对于整体的储液罐，则换储液罐总成。

5）空调系统电扇不转，导致冷却液温度高，会造成热交换差，系统工作不正常。

6）储液罐内干燥瓶失效，空调系统有水分，膨胀阀、蒸发器外表结霜，外侧有水滴是正常现象。如果外表结霜，则说明膨胀阀上的毛细管发生冰堵，会造成压缩机间歇性工作，制冷效果明显下降。对于组合式储液罐，可更换里边的干燥罐，而对于整体的储液罐，则换储液罐总成。

7）空气流量传感器信号过高，发动机控制单元接收到发动机负荷（曲轴每旋转一圈喷油器持续喷油的时间）信号过高，空调系统不工作。

8）冷却液温度传感器断路或接地线接触不良，导致散热器温控风扇不转，冷却液温度过高，当超过或达到120℃时空调系统退出控制，不制冷。

9）环境温度传感器断路或接地线接触不良，数据流会显示环境温度为零下，因环境温度低于室内温度而使空调系统不制冷。

10）CAN总线舒适系统控制单元有故障，空调系统有可能受到影响，造成全自动空调有时制冷，有时不制冷。更换了舒适系统控制单元后，故障排除。

11）节气门系统因故障退出控制后，接通点火开关后空调电磁离合器不吸合。

12）使用不纯正的制冷剂等都有可能造成系统压力过高，会断续进入失效保护，切断电磁离合器，关闭空调，造成热交换差。

13）冷凝器外部或内部不清洁，造成高温降不下来，系统压力过高，制冷效果下降，冷凝器应该是上部较热，下部较冷，进口温度比出口温度高10℃，否则需要用软毛刷清洁冷凝器外部。空调风扇传动带松，风扇转速下降，风扇无高速，也会造成冷凝器散热能力下降。

七、空调系统案例分析

案例1　干燥剂失效，制冷系统中出现水分，时而制冷，时而又不制冷

故障现象　空调系统时而制冷，时而又不制冷，如果不及时检修，最终会造成不制冷。

故障分析　以上现象说明储液罐内干燥剂失效，制冷系统中出现水分，水在膨胀阀出气口（毛细管）内结冰，造成制冷剂循环暂停，于是空调压力表低压端显示有真空度。冰融化后空调系统工作恢复正常，空调压力表低压端压力也就恢复正常。

故障诊断　检查制冷剂压力：空调压力表低压端制冷剂的压力有时正常，有时为真空度；空调压力表高压端制冷剂的压力完全正常。上述现象说明储液罐内干燥剂完全饱和。

故障排除　对于组装式储液罐，可更换干燥剂；对于封闭式储液罐，必须更换储液罐总成。

案例2　空调系统发生外部泄漏，制冷不充分

故障现象　从观测孔看，即使在高速时也有大量的气泡，空调系统制冷不充分。

故障分析　从观测孔看，即使在高速时也有大量的气泡，且储液罐前后管子温差很小，这是典型制冷剂不足的外在表现。制冷系统可能发生外部泄漏，造成制冷剂不足。

故障诊断　空调压力表高、低压端制冷剂的压力都明显偏低；从观测镜中观察，在高速时连续出现气泡；储液罐前后管子温差很小。

故障排除　使用空调系统泄漏检查器（见图8-13）检查是否有气体泄漏。在通常情况下，泄漏处外表较脏。将探头靠近泄漏点，如果发出强烈刺耳的报警声，说明该处泄漏。

案例 3 制冷剂不循环，不间断地制冷

故障现象 储液罐或膨胀阀前后管子上出现冰霜，大部分车辆表现为不制冷，也有部分车辆表现为断断续续地制冷。

故障分析 储液罐内干燥剂完全饱和或过滤器失效，致使制冷剂中水和污垢在膨胀阀节流管处发生冰堵或杂质堵塞，阻碍制冷剂流动。

图 8-13 空调系统泄漏检查器

故障诊断 膨胀阀毛细管堵塞后，空调压力表在低压端可以检测出制冷剂的压力出现真空，而高压端压力高。在储液罐或膨胀阀前后管子上，正常时应有水滴，而不应结霜。

故障排除 如果储液罐前后管子上出现冰霜，则说明罐内滤清器堵塞。此时可通过观测镜进行检查，在空调工作时如果有大量的气泡流动，且储液罐前后管子上温差较大，则说明罐内滤清器堵塞，应先回收制冷剂，再拆开系统进行检修，通常需更换储液罐。如果膨胀阀前后管子上出现冰霜，则说明膨胀阀节流管处发生冰堵，可用压缩空气清除膨胀阀中的污垢。在清除过程中如果发现有气体从热敏管处泄漏，则需更换膨胀阀。故障排除后，再将制冷剂充入系统。

案例 4 制冷系统有空气，制冷效果不佳

故障现象 加速时仍然可以从观测镜看到大量气泡，制冷效果不佳。

故障分析 在制冷系统打开后没有抽真空就灌注制冷剂，会造成制冷系统内有空气。

故障诊断 空调压力表高、低压端压力都过低，从观测镜可看到大量气泡，用手触摸可感觉到低压管发热。

故障排除 抽出空气，并注入新的制冷剂。

案例 5 灌注制冷剂的量过多，制冷效果不佳

故障现象 制冷效果不佳，特别是汽车长时间怠速运转或在高温下行驶时，因工作压力过高，有时会出现空调压缩机电磁离合器切断，停止吹冷风的故障。

故障分析 灌注制冷剂的量过多。

故障诊断 空调压力表高、低压端制冷剂的压力都过高，在发动机转速下降时始终看不到气泡。

故障排除 抽出多余的制冷剂。

案例 6 开空调后空调压缩机电磁离合器不吸和，空调不工作

故障现象 宝来 1.8L 轿车，当空调温度设在最低时，刚开始时运行正常，而运行一段时间后 A/C 指示灯熄灭，风口出来的不是冷风，再按动 "A/C" 按钮无任何反应，此时按动 "RMB"（环境温度）按钮却显示 0℃。

故障分析 对于自动空调系统而言，有一个环境温度传感器，当环境温度传感器感知到外界温度低于 0℃ 时，就通过空调全自动控制器控制压缩机电磁离合器断开，直接从外界进入新鲜空气。这样做的目的是使压缩机磨损减少。

故障诊断 在查找开关和电路时，发现环境温度传感器电路断路。因为传感器安装在下导水板内，刮水器运行时与其运动干涉，造成传感器电路断路。

故障排除 连接环境温度传感器电路后，开空调，制冷效果正常，说明故障已被排除。

案例 7　空调压缩机故障造成空调系统不制冷

故障现象　空调压缩机进气阀和出气阀都是凉的，空调系统不制冷。

故障分析　空调系统不制冷，空调压缩机内部泄漏。

故障诊断　正常情况下工作时压缩机进气阀是凉的，出气阀是热的，但用手摸后发现空调压缩机进气阀和出气阀都是凉的，说明空调压缩机出现内部泄漏。空调压力表低压端制冷剂的压力过高，高压端制冷剂的压力过低。

故障排除　更换空调压缩机即可将故障排除。

案例 8　冷凝器外侧过脏，膨胀阀安装不正确导致制冷效果不好

故障现象　冷凝器上、下温度一致，制冷效果不佳。

故障原因　冷凝器外侧过脏，膨胀阀开口过宽。

故障诊断　空调压力表冷凝器翅片被脏物堵塞。冷凝器每两年应清洗一次，如果不及时清洗，不仅降低制冷效果，而且会增加各种能源消耗。冷凝器过脏，散热不好，会造成空调系统压力过高，开空调后 30min，电磁离合器就会因系统压力过高而切断压缩机的电路。冷凝器和蒸发器堵塞会造成制冷循环系统高压端压力升高，并影响空调换气时空气的洁净。

故障排除　用水清洗冷凝器翅片，使其保持清洁，然后重新安装膨胀阀。

> **小·提示**
>
> 蒸发器每 3 ~ 4 年应清洗一次，分为外部清洗和内部清洗两个方面。清洗重点为蒸发器上的滤网，因为滤网堵塞后会造成风量减少。

案例 9　冷凝条件不好造成制冷效果不好

故障现象　空调压力表高压端的压力过低，低压端的压力正常，制冷效果不佳。

故障分析　高压端压力过低，低压端的压力正常，有可能是冷凝条件不好。

故障诊断　空调压力表高压端的压力过高，低压端的压力正常。

故障排除　先检查风扇是否漏油，再检查冷却风扇转速是否过低。特别是硅油风扇，一旦硅油泄漏，风扇就可能停转，使冷凝器的散热效果明显下降。

上述故障主要表现为制冷效果差。这类故障主要通过空调压力表进行检测。空调系统的另一类故障则表现为空调压缩机不工作，这类故障主要是由电路故障引起的。

检修时可用万用表进行检测：

1）用万用表检测电磁离合器的线圈，看其是否能够导通。

2）如果电磁离合器的线圈能导通，再拔下高、低压切断开关的电源端子，测压力开关端子，看高、低压两组触点是否导通。

3）如果高、低压两组触点能导通，再测电源插座是否有电。

4）用同样的方法检测防霜开关是否导通。

案例 10　鼓风机风量调节功率晶体管短路，空调出风口出风不正常

故障现象　空调出风口出风不正常，旋钮旋至风量最大位置时出风口有风，处于其他位置时无风。

故障分析　空调出风口旋钮无法进行正常调节，可能是鼓风机风量调节功率晶体管工作不正常。鼓风机风量调节功率晶体管端子如图 8-14 所示。

故障诊断　断开功率晶体管四芯接头进行测量：1 号端子与 3 号端子之间的电阻值约为 $1.5 \times (1 \pm 1\%)$ kΩ；3 号端子与 4 号端子之间应为不导通；用红表笔连接 2 号端子，黑表笔连接 3 号端子，应导通；用红表笔连接 2 号端子，黑表笔连接 4 号端子，应导通；反方向测则应不导通。检测结果是更换表笔后也能导通，说明风量调节功率晶体管内部短路。

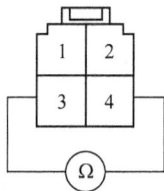

图 8-14　鼓风机风量调节功率晶体管端子

故障排除　更换鼓风机风量调节功率晶体管，试车，空调出风口出风量恢复正常，说明故障已被排除。

1）冷凝器外部或内部不清洁造成制冷效果下降，冷凝器应该是上部热，下部温，进口温度比出口温度高 10℃，否则需要清洁冷凝器。

2）制冷剂与冷冻机油中的杂质过多，在储液罐处产生微堵，造成制冷效果下降，特点是储液罐外部结霜。对于组合式储液罐，可更换里边的过滤器；对于整体式储液罐，则换储液罐总成。

3）干燥罐饱和，造成膨胀阀至蒸发器间的毛细管冰堵，膨胀阀外部结霜，制冷效果明显下降。对于组合式储液罐，可更换里边的干燥罐，对于整体式储液罐则换储液罐总成。

案例 11　更换冷冻机油后，发现空调压缩机发出异响，制冷效果变差

故障现象　一辆捷达轿车更换冷冻机油后，头两天制冷效果非常好，但两天后压缩机开始发出异常响声，制冷效果变差。

故障原因　更换冷冻机油后产生故障，有可能是机油标号不正确。

故障诊断　经检查发现，R134a 制冷剂应加 ND8 和 ND9 号冷冻机油，即 PAG（聚烃乙二醇）人工合成油，而该车却错加了 R12 制冷剂使用的 ND6 号冷冻机油（矿物型冷冻机油），导致空调压缩机早期磨损。

R134a 制冷剂如果错误地加注 ND6 或 ND7 号冷冻机油，因其不能和矿物型冷冻机油相溶，冷冻机油也就不会随制冷剂一起循环，因而不能返回空调压缩机，使空调压缩机因缺乏润滑而早期磨损。同时，由于 R134a 制冷剂和 R12 制冷剂使用的矿物型冷冻机油不相溶，很快就产生了油泥，不仅使空调压缩机润滑不良，导致空调压缩机早期磨损和污染，而且腐蚀管路中的橡胶密封件，造成一系列损失。

值得注意的是，ND6 号和 ND7 号冷冻机油和 ND8 和 ND9 号冷冻机油的价格相差 4~5 倍。

故障排除　排空不正确的 ND6 号冷冻机油，更换为 ND9 号冷冻机油，即可将故障排除。

案例 12　压力调节阀弹簧预紧力过大导致制冷断断续续

故障现象　一辆上海别克轿车在行驶过程中，空调出风口的冷风逐渐减弱直至消失，但过 6~7min 后又恢复正常。

故障原因　这类故障多是由于发动机散热器前边的空调冷凝器过脏而造成的。但经检查发现，冷凝器外部很干净，进口与出口温差在 10℃，说明冷凝器内部没有堵塞。

故障分析　别克轿车装的是可变排量压缩机，其冷却强度取决于空调泵内部压力的变化，即空调系统不采集蒸发器出风口温度信号，而是根据空调管路压力开关的信号自动进行温度调节。在制冷过程中空调泵始终是旋转的，制冷强度的调节完全依靠空调泵内部的压力调节阀进行调节和控制。若压力调节阀处于低压端，则空调压力下降；若压力调节阀处于高压端，则压力上升到一定程度后压力调节阀就会缩短空调泵内五个小活塞的有效工作行程，进而降低空调泵的制冷强度。当高压端压力下降到一定程度而低压端压力上升到一定程度时，压力调节阀则增大活塞的有效工作行程，以提高制冷强度。

整个工作过程的关键在于压力调节阀内弹簧的弹力。如果弹簧的弹力增大，将造成压力控制点上移，导致制冷强度过大，造成蒸发器外部结霜（在正常的情况下蒸发器外部只会有水珠），结霜的同时空调出风口冷风逐渐减弱直至消失，过 6～7min 后蒸发器外部结霜融化，空调出风口的冷风又恢复正常。

2000 年以后，我国生产的汽车空调使用的制冷剂都是 R134a，可是该车在路边小店做维护时，由于原车制冷剂不足，制冷效果不好，误补了冒牌的 R134a 制冷剂（实际是 R12 制冷剂）。两种不同制冷剂的混用导致系统制冷能力上升。工作一段时间后，过低的温度提高了压力调节阀内弹簧的弹性系数，于是就发生了上述故障。

故障排除　彻底排空了系统内的制冷剂，更换了压力调节阀，填充了纯正的 R134a 制冷剂，故障排除。

【一句话介绍】

1）空调系统的功能：保持适宜的温度、湿度、气流和洁净的空气。

2）空调系统的组成：制冷系统、供暖系统、送风系统、控制系统。

3）空调系统的工作过程为压缩过程（过热）、冷凝过程、节流过程和蒸发过程（过冷）。

4）冷凝器对制冷剂高温、高压的气体进行散热，使之凝结成中温、高压的液体。

5）用节流短管替代膨胀阀，对制冷剂进行节流降压，使之成为低温、低压的气液两相体。

6）蒸发器使制冷剂低温、低压的气液两相体吸热蒸发，完成制冷，使之成为低温、低压的气体，被压缩机吸入。

7）某些空调系统在高压管路上没有配置储液罐（储存、干燥、过滤制冷剂），而是在回路的低压管路上配置气液分离器，其作用是使制冷剂充分汽化，保证压缩机不产生液击，同时干燥、过滤制冷剂。

8）帕萨特 B5 轿车的压缩机后端增加卸压阀，可防止压力过高，保护压缩机。当系统内高压达到 3.51～4.40MPa 时，泄压阀打开，泄放制冷剂；当系统内高压降至 3.02MPa 后，泄压阀关闭，停止泄放制冷剂。

9）CCTXV 制冷系统：带电磁离合器压缩机并配置热力膨胀阀作为节流元件的制冷系统。

10）CCOT 制冷系统：带电磁离合器压缩机并配置节流管元件的制冷系统。

11）定期检查空调压缩机传动带的张紧度。用拇指按住传动带中部使劲向下按，以能压下 10～20mm 为合适。

12）为了保证空调系统的润滑和密封，在空调不用的期间，最好每周开启一次，每次运行 5～10min。

13）原装的空调通常是每三年添加一次制冷剂，添加前必须先抽真空，否则会造成添加的量不合适。

14）在正常情况下，低压端制冷剂的压力为 0.15 ~ 0.25MPa，高压端制冷剂的压力为 1.37 ~ 1.50MPa。

【故障一点通】

1）冷凝器和蒸发器堵塞会造成制冷循环系统高压端压力升高，低压端压力过低，制冷断断续续，并影响空调换气时空气的洁净。

2）冷凝器每两年应清洗一次，如果不及时清洗，不仅降低制冷效果，而且会增加各种能源消耗。

3）蒸发器每 3 ~ 4 年应清洗一次，分为外部清洗和内部清洗两个方面，清洗重点为蒸发器上的滤网，因为滤网堵塞会造成风量减少。

4）冷凝器过脏，散热不好会造成空调系统压力过高，开空调后 30min，电磁离合器就会因系统压力过高而切断压缩机的电路。

5）膨胀阀出口孔过大，使进入蒸发器的制冷剂过多，进而使制冷剂无法完全汽化（制冷效果不好），会出现"呜呜"的异常响声。

6）空调泵异响一般由空调泵内部轴承磨损所致，维修解决方法为更换空调泵。但是因为有磨损，所以建议检查一下是否有大量金属颗粒进入管路，这样就需要清洗空调系统管路，更换膨胀阀与干燥罐。

7）一辆帕萨特 1.8T 轿车的空调有时制冷有时不制冷，维修站更换过空调系统所有零部件，均未解决该故障。后来更换了空气流量传感器后故障解决了。因为发动机控制单元接收到发动机负荷过大的信息时会关闭空调，故出现空气质量计信号过高和空调不工作现象。

8）2000 年以后，我国生产的汽车空调使用的制冷剂都是 R134a，如果因原车制冷剂不足，制冷效果不好，而误补了冒牌的 R134a 制冷剂（实际是 R12 制冷剂），则两种不同制冷剂的混用会导致系统制冷能力上升。工作一段时间后，过低的温度提高了压力调节阀内弹簧的弹性系数，于是在行驶过程中空调出风口的冷风逐渐减弱直至消失，但过 6 ~ 7min 后又恢复正常。如此反复，造成制冷断断续续。

9）将 R12 制冷剂用的 ND6 号冷冻机油和 ND7 号冷冻机油误用了 R134a 制冷剂使用的 ND8 号冷冻油和 ND9 号冷冻机油，会造成压缩机因得不到润滑而早期损坏。

10）日照强度传感器断路或其电路断路后，空调系统进入失效保护，不制冷。环境温度传感器断路、端子接触不良或接地不良，数据流会显示环境温度在 -30℃ 以下，空调不制冷。空调系统制冷的条件之一是环境温度高于室内温度，所以开空调时如果发现系统压力正常，冷却风扇运转正常，但电磁离合器不吸合，空调压缩机不工作，则有可能是环境温度传感器的故障。此类故障可通过调取故障码进行查询，故障码通常显示为环境温度传感器断路、短路（短路时会显示环境温度特别高，所以不会影响制冷）。当遇到此类故障时，除了检查环境温度传感器的电阻，确定其是否断路外，还应检查两点：首先检查端子插头内是否有积水，如果有积水，则用压缩空气或吹风机吹干，并用防水胶处理，防止再次进水；其次要检查接地线是否接触不良。排除完故障后，清楚故障码即可。

11）天气不太热时制冷效果还令人满意，热天后制冷效果下降，大都是由制冷剂过多或不足造成的。

12）汽车空调的控制单元信号线断路，怠速时会出现低怠速与正常怠速转速间的反复游车。

13）低、高压两个开关均为保护开关。低压开关在压力低于250kPa时断开，高压开关在压力高于3000kPa左右时时断开。

14）开暖风时，出风口吹出的风如果有刺鼻的气味，客舱内蒸馏水特别多，则应检查蒸发器是否发生泄漏。

15）制冷剂不足会造成空调压缩机离合器频繁吸合，严重时空调压缩机不工作。

16）别克轿车空调系统的开启是由空调压力开关控制的，空调压力开关损坏后空调压缩机不工作。

17）空调运转0.5h后，空调系统结冰。系统错加了R12制冷剂，因R12制冷剂与R134a制冷剂的蒸气压力不同，而压缩机的排量是根据低压侧的压力控制的。在18℃以下R12制冷剂的压力高于R134a制冷剂，当压缩机控制阀接收到一个比较高的压力时，就会使压缩机大排量工作，造成空调系统结冰。

18）上海大众POLO 1.4轿车风扇不工作。通过风扇控制器接收高压开关G65和热敏开关F18信号控制的空调在刚打开时，风扇有可能是不工作的，因为只有系统压力大于8×10^5Pa时风扇才工作，若G65无信号，则风扇不工作，同时压缩机也不工作。

19）一辆帕萨特B5轿车每三四个月需要补充制冷剂，但用检漏仪器检测不到泄漏点，而更换全部密封圈后故障解决。该车的制冷剂为R134a，要求使用耐氟橡胶制成的密封圈，因为R134a容易泄漏，若使用普通密封圈，就会造成缓慢的渗漏。

20）帕萨特B5轿车空调低压管结冰的直接原因是制冷剂在蒸发箱内未完全蒸发，流到低压管继续蒸发。在蒸发箱内不能完全蒸发的原因一般有以下几种情况：

① 变排量压缩机压力调节阀损坏，或压缩机内部斜盘卡住，造成排量过大。

② 节流阀堵塞或损坏，造成制冷剂雾化不良，在蒸发箱内未完全蒸发，流到低压管继续蒸发，造成低压管结冰。

③ 蒸发箱过脏或翅片碰伤等蒸发箱的故障，会造成蒸发箱蒸发效果不好，制冷剂在蒸发箱未蒸发完而流到低压管继续蒸发，造成空调低压管结冰。

21）压缩机内部的响声一般是由压缩机内部润滑不良或压缩机内部零件损坏造成的。此时应更换压缩机，并注意使用时的保养。

① 共振现象：可通过松动共振件的固定螺栓或垫入防振缓冲材料来解决。

② 管路气流声：如果冷凝效果不好，流进膨胀阀的是气体，当气体流过小孔时会发出气流声。当管路有弯折或部分堵塞等情况时，会造成小孔节流，节流后的制冷剂呈气态，再经过膨胀阀或其他小孔时便会发出气流声。

22）在帕萨特B5轿车空调系统各部件正常的情况下，断开压缩机的情况为：系统压力过高（如制冷剂过多）时，因汽车空调在设计的时候使用了高压保护置，对于帕萨特B5轿车，当压力高于2.5MPa时就会断开压缩机。除了高温造成的压力过高外，制冷剂过多、冷凝效果不好（如冷凝器脏、风扇故障等）、使用不纯正的制冷剂等都有可能造成系统压力过高。

23）上海大众POLO轿车压缩机电控阀好坏的判断：测量电控阀的电阻为10.4Ω ± 0.2Ω。用示波仪测量电控阀上的信号线为方波，占空比为2% ~ 100%。压缩机排量大则占空比大，反之则小。若信号线波形正常，则故障出在压缩机电控阀上或压缩机内部其他件上，应更换压缩机。

第二节　CAN 总线故障分析

一、CAN 总线的组成、工作原理和作用

1. CAN 总线的组成

CAN 是控制单元区域网络的缩写，意思是控制单元通过网络交换数据，是为了现代汽车中众多的控制与测试仪器之间的数据交换而开发的一种串行数据通信协议，是控制单元间运行数据的高速通道，是一种多主总线。通信介质可以是双绞线、同轴电缆或光导纤维，通信速率可达 1MB/s。一辆汽车不管有多少块控制单元，不管信息容量有多大，每块控制单元都只需引出两条线共同接在两个节点上，这两条导线就称为数据总线。其最大的特点是废除了传统的站地址编码，代之以对通信数据块进行编码。采用这种方法的优点是可使网络内的节点个数在理论上不受限制。数据块的标识码可由 11 位或 29 位二进制数组成，因此可以定义两个不同的数据块。这种按数据块编码的方式，还可使不同的节点同时接收到相同的数据，这一点在分布式控制系统中非常有用。CAN 数据传输系统中每块控制单元的内部都增加了一个 CAN 控制器和一个 CAN 收发器，每块控制单元的外部都连接了两条 CAN 数据总线。在系统中作为终端的两块控制单元，其内部还装有一个数据传递终端（有时数据传递终端安装在控制单元外部）。

（1）CAN 协议检查错误的方法　CAN 协议可使用五种检查错误的方法，其中前三种为基于报文内容检查。

1）循环冗余检查（CRC）。在一帧报文中加入冗余检查位可保证报文正确。接收站通过 CRC 可判断报文是否有错。

2）帧检查。这种方法通过位场检查帧的格式和大小来确定报文的正确性，用于检查格式上的错误。

3）应答错误。如前所述，被接收到的帧由接收站通过明确的应答来确认。如果发送站未收到应答，那么表明接收站发现帧中有错误，也就是说，ACK 场已损坏或网络中的报文无站接收。CAN 协议也可以通过位检查的方法探测错误。

4）总线的检测。有时，CAN 中的一个节点可监测自己发出的信号。因此，发送报文的站可以观测总线电平并探测发送位和接收位的差异。

5）位填充。一帧报文中的每一位都由不归零码表示，可保证位编码的最大效率。然而，如果在一帧报文中有太多相同电平的位，就有可能失去同步。为保证同步，同步沿用位填充产生。在五个连续相等位后，发送站自动插入一个与之互补的补码位，接收时，这个填充位被自动丢掉。例如，在五个连续的低电平位后，CAN 自动插入一个高电平位。CAN 通过这种编码规则检查错误。如果在一帧报文中有六个相同位，CAN 就知道发生了错误。

如果至少有一个站通过以上方法探测到一个或多个错误，它将发送出错标志终止当前的发送。这可以阻止其他站接收错误的报文，并保证网络上报文的一致性。当大量发送数据被终止后，发送站会自动地重新发送数据。作为规则，在探测到错误后 23 个位周期内重新开

始发送。在特殊场合，系统的恢复时间为 31 个位周期。

（2）CAN 各部件的功能

1）CAN 控制器的作用是接收控制单元中微处理器发出的数据，然后处理数据并传给 CAN 收发器。同时，CAN 控制器也接收收发器收到的数据，然后处理数据并传给微处理器。

2）CAN 收发器是一个发送器和接收器的组合，它将 CAN 控制器提供的数据转化成电信号并通过数据总线发送出去，同时，它也接收总线数据，并将数据传到 CAN 控制器。

3）数据传递终端实际是一个电阻器，其作用是避免数据传输终了反射回来，产生反射波而使数据遭到破坏。

4）CAN 数据总线是用以传输数据的双向数据线，分为 CAN 高位和 CAN 低位。

2. CAN 的工作原理

当 CAN 总线上的一个节点（站）发送数据时，它以报文形式广播给网络中的所有节点。对每个节点来说，无论数据是否是发给自己的，都对其进行接收。每组报文开头的 11 位字符为标识符，定义了报文的优先级，这种报文格式称为面向内容的编址方案。在同一系统中，标识符是唯一的，不可能有两个站发送具有相同标识符的报文。

大部分轿车为两条 CAN 总线，有些先进的轿车配置了三条 CAN 总线，如图 8-15 所示。几种不同的总线系统必须以一个中间频率进行数据交换。

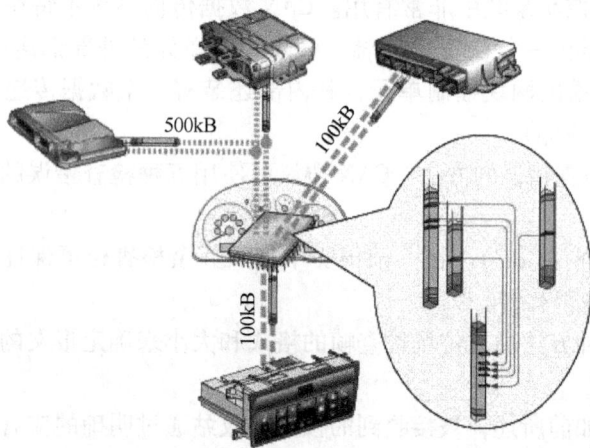

图 8-15　先进的轿车配置有三条 CAN 总线

（1）CAN 总线动力传动系统　第一条 CAN 总线，高速网络 HS- CAN，响应速度为 1 ~ 5ms。动力控制单元组成一个完整的 CAN 总线系统，主要连接对象是发动机控制单元，自动变速器控制单元，ABS、EBD、EBA、ASR 及 ESP 控制单元，ESP（转向助力）控制单元，组合仪表等。它们的基本特征相同，都是控制与汽车行驶直接相关的系统，如图 8-16 所示。

（2）CAN 总线舒适系统　第二条 CAN 总线，中速网络 GEM，响应速度为 5 ~ 50ms。车身电器控制单元组成一个完整的 CAN 总线系统。车身系统用 CAN 总线的主要连接对象是防盗系统、安全气囊、自动空调系统、轮胎智能监视系统、中控门锁、电动门窗、刮水器控制、后视镜和厢内照明灯等控制单元，如图 8-17 所示。目前，驱动系统用 CAN 总线和车身系统用 CAN 总线这两根总线之间是独立的，彼此之间没有关系。

（3）CAN 总线通信与娱乐系统　第三条 CAN 总线，中速网络 MS- CAN，响应速度为

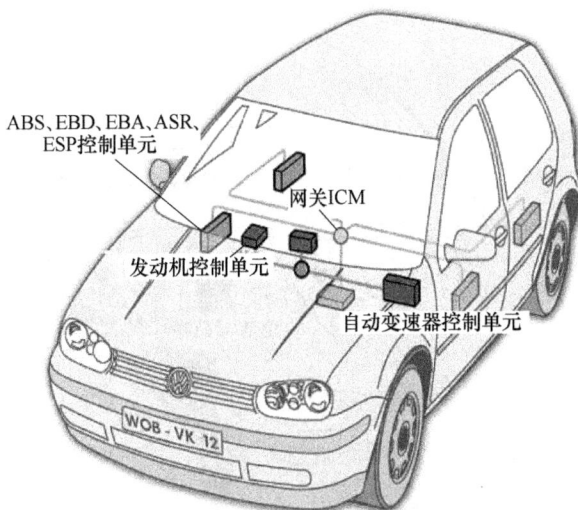

图 8-16 CAN 总线动力传动系统

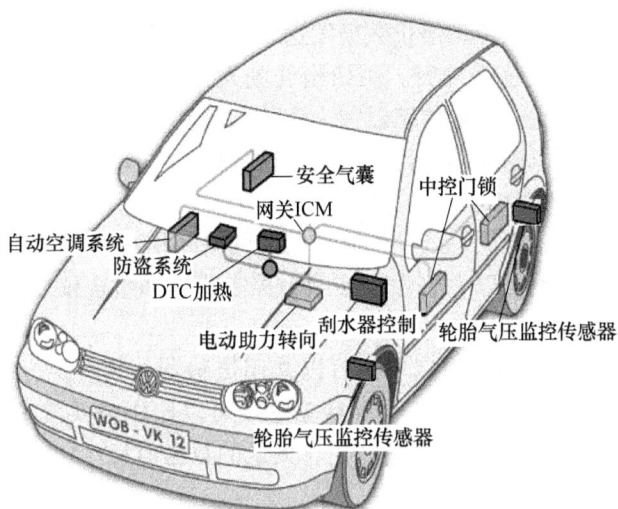

图 8-17 CAN 总线舒适系统

20～50ms。通信与娱乐系统主要负责卫星导航及智能通信系统，即 GBD 全球定位系统、无线通信系统、DVD 导航系统、电视调谐器、电话、紧急呼叫和数字音响处理系统等，如图 8-18 所示。

（4）网络 为了实现信息共享而将多个数据总线连在一起，或者将数据总线和控制单元作为一个系统。网络上的节点信息可分成不同的优先级，可以满足不同的实时要求。CAN 节点在错误严重的情况下，具有自动关闭总线的功能，应切断它与总线的联系，以使总线上其他操作不受影响。

（5）网关 ICM 装在电子仪表内，又称为网间连接器，是一个网络连接到另一个网络的"关口"。各信息数据的传输速度、数据量和优先级信息都在网关中进行过滤，必要时将信息暂时储存起来。网关可以单独设置，也可以装在组合仪表内。当两个节点同时向网络上

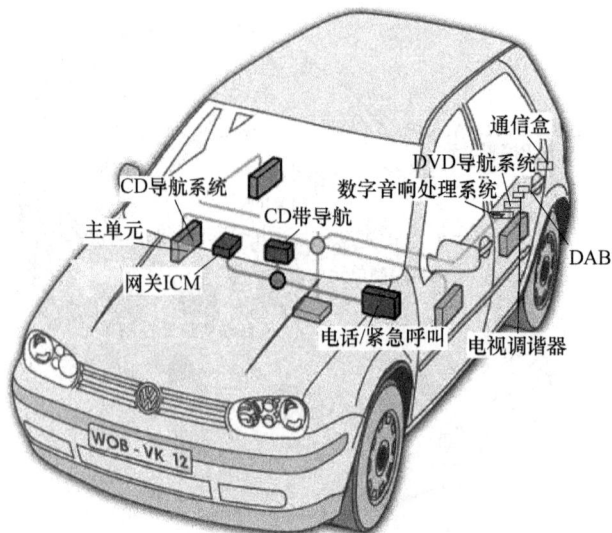

图 8-18　CAN 总线通信与娱乐系统

传送数据时，优先级低的节点主动停止数据发送，而优先级高的节点可不受影响地继续传输数据，这样就有效地避免了总线冲突。例如当驾驶人一只脚同时踩下制动踏板和加速踏板时，网关就会同时收到节气门位置传感器加大负荷和制动开关的制动信号。由于在数据总线中制动信号优先级高，所以制动信号得以继续传输数据，实现有效制动，而节气门位置传感器信号则回到怠速状态。

网关工作的好坏决定了不同总线、控制单元和网络间相互通信质量的好坏。网关可以是一个单独的硬件控制器，也可以"寄生"在某个控制器（如组合仪表）内。

3. CAN 总线的优点

CAN 总线传递速度快，相关控制单元可以共用传感器，具有更少的线束，更小的控制单元，节省了空间，如图 8-19 所示。CAN 数据总线可以比作公共汽车（见图 8-19），公共汽车可以运输大量乘客，而 CAN 数据总线包含大量的数据信息。

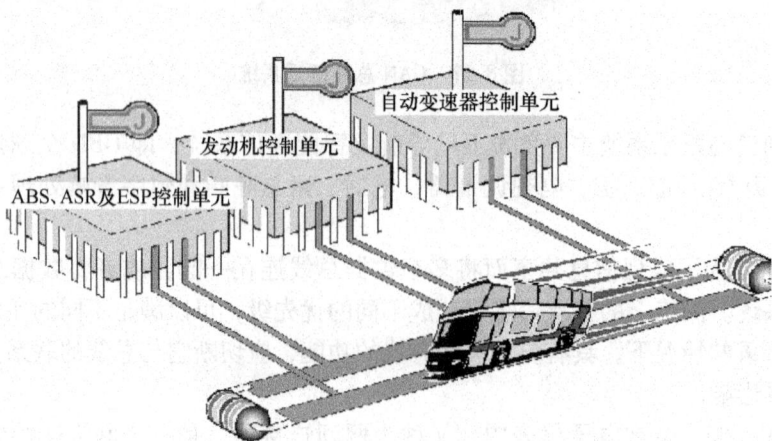

图 8-19　CAN 数据总线

> **小·提示**
>
> 　　福克斯轿车采用的 CAN 网络分为 HS-CAN（高速 CAN 汇流排网络，传输速度为 500KB/s）和 MS-CAN（中速 CAN 汇流排网络，传输速度为 125KB/s）。
> 　　ICM 同时连接 HS-CAN 和 MS-CAN 汇流排，保证两种汇流排间信息的传输和通信。
> 　　在 PCM/GEM/ICM 的模块内部有 120Ω 的端电阻，用于故障的追踪和防止信号回流。
> 　　信息共享：例如车速信号通过网络可用于 ICM/PCM/ABS/GEM 等。

4. 网络系统-CAN-BUS 的特点

（1）双线制　CAN+高端与 CAN-低端。

CAN+高端：隐性电压为 2.5V，显性电压为 3.5V。

CAN-低端：隐性电压为 2.5V，显性电压为 1.5V。

（2）信号传递保护措施　CAN 高低差导致产生总线信号，具有抗电磁干扰性。采用双绞线也能防止外界信号干扰。端电阻的作用是防止信号在网络上产生回流。

（3）网络休眠　HS-CAN 在关点火 30s 后信号电压为零，MS-CAN 在关点火 5s 后信号电压为零。

二、CAN 总线常见故障分析

CAN 总线常见故障及其影响见表 8-1。

表 8-1　CAN 总线常见故障及其影响

常见故障	影响
网络上任一模块的电源损失	除受到影响的模块不能够通信之外，CAN 使其他模块通信继续进行
失去与网络上任一模块连接的地线	
失去与非端接模块连接的 CAN+ 和（或）CAN-	
失去与端接模块连接的 CAN+ 和（或）CAN-	受到影响的模块不能通信，系统其他部分以信噪比降低后的值继续工作
CAN+/CAN- 断路	断路对侧的模块之间无法进行通信，断路同侧的模块之间可以进行通信，但是由于端接端电阻器的合成作用，降低了抗扰能力
CAN+/CAN- 导线对蓄电池正极短路	无法实现网络通信
CAN+ 导线对地短路	无法实现网络通信
CAN- 导线对地短路	可以实现网络通信，因为总线电压在共模电压范围内。通信继续进行，同时抗扰度降低，电磁辐射增加

1. 系统中某个控制单元出现故障后的快速查询方法

如果诊断仪显示自动变速器控制单元有故障，但实际上并不一定是变速器控制单元的故障，则可以关闭点火开关，逐个断开 CAN 总线上的控制单元端子，当断开 CAN 总线上某个控制单元端子并重新打开点火开关后故障灯不再亮，说明该控制单元有故障。

2. 某个控制单元硬件故障的查询方法

如果诊断仪显示某个控制单元硬件故障，则可以关闭点火开关，断开所有控制单元的端子，连接上其中一个控制单元，打开点火开关，先清除该故障码，然后关闭点火开关，再重新打开点火开关，10s 后读取故障码，若显示"硬件损坏"，则更换该控制单元；若没有显示，则继续检查下一个控制单元，直到找到有问题的控制单元为止。

3. 优先原则

数据总线具有优先权和仲裁功能。采用非破坏性仲裁技术，当两个节点同时向网络上传送数据时，优先级低的节点主动停止数据发送。例如，前面所述的加速和制动相比，行车制动优先级高，可继续传输数据，即使已经踩了加速踏板，发动机也会回到怠速状态。由于优先级高的节点可不受影响而继续传输数据，这样就有效地避免了总线冲突。

4. 广播式传递方式总是显示最后一个传感器有故障

车载网络控制采用广播式传递方式，某个控制单元或传感器发生故障后，调取故障码，总是显示同一条数据线上最后一个传感器有故障。

5. 系统控制单元发生故障后可能会造成某个子系统工作不正常

一辆帕萨特 1.8T 轿车全自动空调有时制冷，有时不制冷，维修站更换过空调系统所有的零部件，均未排除故障。该车更换了舒适系统控制单元后，故障得以解决。空调系统的数据是通过舒适系统数据总线来传输的，而舒适总线又和舒适系统控制单元是有连接的，若舒适系统某个控制单元有故障，空调系统就有可能受到影响。

6. 如何区分控制单元甲和乙之间到底是谁的故障

如果诊断仪显示控制单元甲没有收到控制单元的信号，但没有控制单元乙的故障码，说明控制单元乙没有故障，而控制单元甲有故障。

7. 使用光缆时的注意事项

使用光缆时弯曲度要小（最小半径为 50mm），不准扭结，严禁摩擦，严禁挤压光缆，不要过度延伸（光缆过长会使信息减弱），应远离热源（周边温度应低于 85℃），端面应光洁、整齐（必须使用专用工具），插头连接应规范等。

三、CAN 总线案例分析

案例 电动车窗无法工作

故障现象 一辆上海大众 POLO 轿车在某装饰部分加装一套防盗器和中控门锁后，出现电动车窗无法工作的现象。

故障分析 从故障现象分析，该车故障的原因可能是控制单元编码错误。那么为什么会导致控制单元编码错误呢？在分析造成控制单元编码错误的原因时，发现在装饰部分安装防盗器和中控门锁时，用试灯测量了控制单元管脚，可能是在装防盗器时查找某个信号或电源时，误把试灯接头插入诊断导线（K 线或 L 线），错误地给控制单元一个编码信号，从而导致该故障的产生。目前，对数据总线的检测只允许使用厂家指定的故障诊断仪，如大众车系只能使用 V. A. S5051/5052 诊断仪。

故障诊断 首先连接 V. A. S5051/5052 故障阅读仪，输入 09 地址码（车载网络管理系统控制单元），利用 02 功能（查询故障存储器）读取故障码，得到两个偶发性故障码，一个是电源电压太低，一个是 CAN 网络线断路。利用 05 功能（清楚故障存储器）清除故障码后，再利用 02 功能（查询故障存储器）读取故障码，发现没有故障码存在。利用 06 功能（结束输出），再输入 19（数据总线控制单元），利用 02 功能读取故障码，发现没有故障码。

再输入46（舒适系统），利用02功能读取故障码，读得的故障码是01330，含义为舒适系统中央控制单元-T393电源供给太小。利用05功能清除故障码后，再利用02功能读取故障码，没有故障码存在。按压车窗开关，没有反应。再输入09地址码，读取控制单元版本为6Q1937049C00BN-SG 1S32 Coding09216WSC00000。发现控制单元编码不对，该车的控制单元编码应该是17566，而读得的编码为09216。利用V. A. G1552故障阅读仪进入07（编码），输入17566，退出再进入19读版本，发现数据总线编码为00014，是正确的。

退出，输入46地址码，读取控制单元版本为6Q0959433G 3Bkomfortgert0001 Coding01024WSC12345。发现该编码也不对，该控制单元编码应该是00067，而读得的结果为01024。

故障排除 利用V. A. G1552故障阅读仪进入07（编码），输入00067，然后退出系统，按压电动车窗开关，电动车窗工作正常。

【一句话介绍】

1）为了弄清CAN总线是否完好工作，监测总线上的通信情况十分重要。

2）CAN总线的直流电压测量检测的前提为蓄电池已连接且点火开关打开。在测试仪上切换到测量系统–λ测量范围，测量CAN Low（低速）或者CAN High（高速）的对地电压，标准电压为2.5V±0.5V。

3）CAN Low（高速）对CAN High（低速）短路或断路（单线运行）：在每个控制单元中都有各自的一个总线端，意味着一旦断路，电平可能在整个K-CAN网络上保持，这会导致发送控制单元不能识别该故障，并继续在双线模式下工作。但如果控制单元越过中断位传送一条信息，则接收控制单元仅在未损坏的总线导线上确定活性，接收控制单元将由此识别出单线运行状态，并存储下故障码"CAN线路故障"。

4）如果在系统中存在短路，则所有K-CAN控制单元必定记录了故障码"CAN线路故障"。只有当故障目前不存在时，才可以读取故障码"CAN通信故障"。如果当前存在故障，则不能再与控制单元通信，因此也不能读取故障码存储器。

5）采用短帧结构，每一帧的有效字节数为八个，数据传输时间短，受干扰的概率低，重新发送的时间短。

6）废除传统的站地址编码，代之以对通信数据块进行编码，可以多种方式工作。

7）每帧数据都有CRC校验及其他检错措施，保证了数据传输的高可靠性，适于在高干扰环境下使用。

8）节点在错误严重的情况下具有自动关闭总线的功能，切断它与总线的联系，以使总线上其他操作不受影响。

9）可以点对点、一对多及广播集中的方式传送和接收数据。

10）各个CAN之间搭桥实现资源共享，将各个数据总线的信息反馈到仪表板总成上的显示屏上，驾车者只要看看仪表板，就可以知道各个电控装置是否正常工作了。

11）诊断总线时，目前只能使用专用诊断仪，不能使用万用表等旧的诊断工具。

12）若两根导线中有一根导线对电源短路，则将导致整个网络失效。

13）若两根导线中有一根导线断路，则仍可以进入数据链接诊断菜单，并进行测试。

14）若两根导线在靠近数据链接接头（诊断接头）处发生断路，则诊断仪与网络之间将无法通信。如果只是网络某个分支上两根导线断路，则只是断路后面的模块无法与诊断仪通信。

15）若两根导线对地短路，将导致整个网络失效，各个控制单元只能按故障模式工作，汽车可以起动、行驶，但控制单元只能使用与其直接连接的传感器的信号，使变速器的挡位和发动机的动力性受到限制。

16）若两根导线之间短路，将导致整个网络失效。

17）若某个控制单元内部发生故障，则显示系统内所有控制单元都有故障。此时可关闭点火开关，断开所有控制单元的端子，连接上其中一个控制单元，打开点火开关，先清除该故障码，然后关闭点火开关，再重新打开点火开关，10s后读取故障码，若显示"硬件损坏"，则说明是这个控制单元有故障，更换该控制单元，消除故障码即可。

18）不要在打开点火开关60s内执行车身控制单元至发动机控制单元/动力系统接口模块链接程序，否则会导致动力系统接口模块无法链接。

19）不要在执行车身控制单元至发动机控制单元/动力系统接口模块链接程序后的60s内关闭点火开关，否则会导致动力系统接口模块无法与车身控制单元/发动机控制单元进行链接，所做的更改无法编程输入到动力系统接口模块中。

20）动力系统接口模块更换后只有和车身控制单元和发动机控制单元进行安全链接，才能起动车辆。在进行执行链接程序前，应获取安全码和车身控制单元安全号。

21）系统中更换任何一个控制单元，都必须进行系统接口模块的匹配操作。

第三节　安全气囊故障分析

一、安全气囊的组成、作用和工作过程

1. 安全气囊系统的组成

安全气囊系统（SRS）由碰撞传感器、控制单元、气囊、爆燃式安全带张紧器、螺旋导线单元等组成，如图8-20所示。其中控制单元为控制中枢，包括电子加速度传感器、中央处理器（CPU）、诊断数据存储器、蓄能器和碰撞数据记录器，具有自检、监控、故障存储、引爆指令及撞车记录等功能。SRS控制单元的位置通常装在变速器变速杆的前边或后边的装饰板内，也可能装在后排座椅的中部或后备箱内。

2. 安全气囊的作用

安全气囊是座椅安全带的辅助装置，只有在正确使用安全带的基础上，该系统才能充分发挥保护驾驶人和乘员的作用。

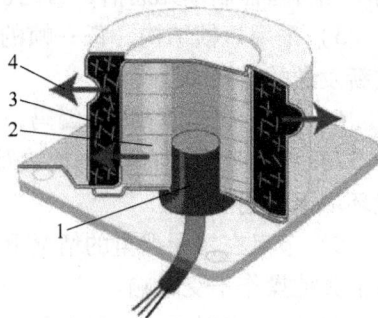

图8-20　安全气囊的组成
1—点火器　2—叠氮化钠
3—过滤器　4—氮气

当汽车遭受前方一定角度的碰撞时，安装在汽车前部角上的碰撞传感器根据撞车性质和强度，将检测到的汽车突然减速的情况变成电压信号，输送给SRS的控制单元，以便判断是否发生碰撞。当SRS的控制单元判断碰撞达到设定值时，控制单元发出控制指令，打开

门锁和行李舱锁，锁止车内开关，接通车内照明灯。气囊为终端引爆元件。控制单元接通气囊组件中的点火器（电雷管）电路，电雷管引爆使点火剂（炸药）受热爆炸（电热丝通电发热引爆炸药）。点火剂引爆时，迅速产生大量的热量，使充气剂（叠氮化钠固体药片）受热分解，释放出大量的氮气，使气囊完全打开（见图 8-21），将人体和前方与车内部件之间的硬性碰撞变成弹性碰撞，通过气囊产生的变形和排气节流来吸收人体碰撞产生的能量，从而达到保护人体的作用。

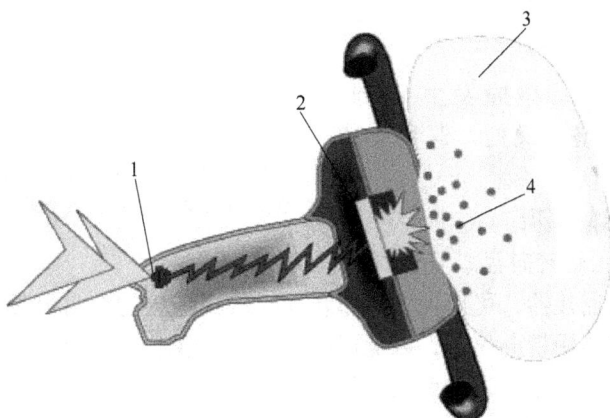

图 8-21　安全气囊的引爆

1—撞击传感器　2—充气系统　3—安全气囊　4—氮气

3. 安全气囊系统工作过程

当碰撞发生时，由点火器、气袋、惰性气体发生器适时引爆不同位置的气囊。

1）开始打开安全气囊。碰撞发生后约 10ms，控制单元向点火器发出点火指令引爆点火剂，使充气剂受热分解产生气体。此时，驾驶人还没有在惯性的作用下向前移动。

2）拉紧安全带。当碰撞发生时，依据撞击加速度的大小和方向，控制单元在 20ms 内向张紧器的点火器发出指令，在 12ms 内驱动安全带预紧装置，使安全带在乘客能承受的最大拉力程度下迅速回卷，有效地改变大腿和胸部载荷。

3）气囊完全打开。当碰撞发生 40ms 后安全气囊完全打开，气囊达到最大体积，驾驶人在惯性作用下向前移动，部分冲击能量被安全气囊吸收，如图 8-22 所示。

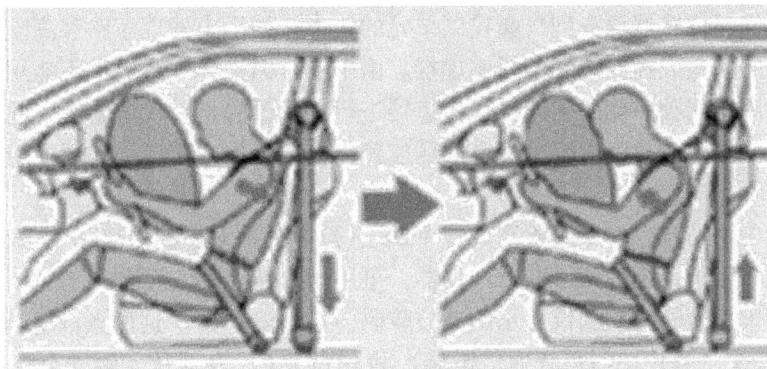

图 8-22　碰撞过程

4）驾驶人压向气囊。当碰撞发生 60ms 后，驾驶人头部及身体上部压向气囊，气囊内的气体通过排气节流吸收驾驶人与气囊之间因弹性碰撞而产生的能量。正是利用安全带的最大拉力程度和气囊排气节流的阻尼作用吸收人体惯性力产生的冲击能量，从而减轻人体遭受伤害的程度，如图 8-23 所示。

5）碰撞基本结束。碰撞发生 110ms 后，大部分气体从气囊中逸处，驾驶人又可以恢复原有坐姿。

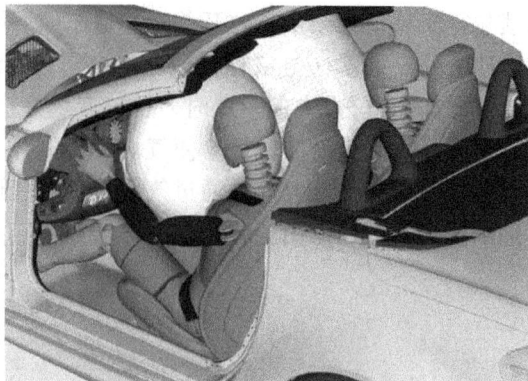

图 8-23　安全带的最大拉力程度和气囊排气节流的阻尼作用吸收人体惯性力产生的冲击能量

4. 使用中需注意的事项

1）螺旋导线单元是转向盘、安全气囊与转向柱之间线束的连接器，可以保证行车转向时气囊连接的自由行程。在检测安全气囊的电器元件时，不允许使用带电仪器，以免误起动安全气囊。用解码器读取数据流，可以显示每个安全气囊、安全带张紧器、线束的连接状况。

2）安全气囊爆开后必须更换控制单元，因为控制单元内引爆程序只能起动一次，引爆后的气囊必须更换。

3）安全带张紧器内的点火器引爆后，点火器内自检电阻熔断，安全带即处于不可逆的绷紧状态，引爆后也必须更换。

4）如果气囊控制模块因在维修中受到振动而没有装配好，或某个电源线要跨过安全气囊的发火管，就可能使安全气囊爆开。所以在维修控制模块前必须断开蓄电池负极，并等 2min，让电容器充分放电。

二、安全气囊案例分析

案例 1　发动机起动后安全气囊报警灯不灭

故障现象　马自达轿车发动机起动后安全气囊报警灯不灭

故障分析　气囊报警灯不灭应属于通信故障，既然是通信故障，则先检测此传感器插头到气囊控制单元的线束是否正常。断开蓄电池负极 1min 后，拔下气囊传感器插头，用万用表欧姆挡测量气囊传感器插头到气囊控制单元的线束。如果未发现短路和高阻值情况，则有可能是传感器的插座或控制单元的插座虚接。由于安全因素，气囊组件不能用万用表进行测量。于是想到用副驾驶一侧的安全气囊传感器进行替代试验。替代试验后，此故障消失。根据检测控制单元显示的故障内容分析，问题应该出自传感器的接口。在更换新的传感器后此故障消失。

故障诊断　用马自达 6 专用检测设备 WDS 进行控制单元检测。WDS 是美国福特公司开发的通用型汽车电子系统故障诊断专用仪器，可用于福特系列车型和马自达 6、马自达 3 等马自达系列的车型检测。检测仪显示两条故障码，且消除不了。这两条故障码分别为 u2017（代表驾驶席安全气囊传感器系统通信错误）和 b1993（代表驾驶人侧安全气囊系统对电源短接或对地短接）。

故障排除　对安全气囊组件进行检查时，依然不能用万用表直接测量，但可以用阻值相等的部件替代气囊组件，给控制单元一个替代值。气囊组件的阻值是 2Ω，用调好的可变电阻器进行替代试验，故障依旧，说明气囊组件正常，再检查气囊组件到控制单元的线束，没有发现断路和短路的情况。于是，准备更换控制单元。用检测设备对新的气囊控制单元进行匹配后，故障消失。

故障排除后的思考　安全气囊系统与其他系统不同，不能用万用表直接测量，更不能带电测量。在拆卸电路插头前，应先关闭点火开关，然后再拆卸蓄电池负极并等待至少 1min，以使气囊控制组件的备用电源释放存电。

案例 2　SRS 指示灯不灭

故障现象　打开点火开关后所有的指示灯都应该亮起，自检后应关闭，但 SRS 指示灯不灭。

故障分析　如果 SRS 指示灯常亮不熄或连续闪多次后常亮不熄，说明 SRS 的控制单元检查到故障，可能有以下三种情况：

1）曾拆过 SRS 的电路系统。

2）曾发生过碰撞事故。在发生过碰撞事故后，SRS 的控制单元自诊断系统记有故障码，修车后未能消除故障码。

3）SRS 的电路系统确实存在故障。汽车的 SRS 中确实存在电路系统故障，如传感器故障或 SRS 的控制单元有故障，相关电路端子接触不良、断路（安全气囊的连接端子脱落）、搭铁或安全气囊诊断模块（SDM）内部进水等。

一般情况下，SRS 的控制单元极少损坏，SRS 较多出现的故障是盘旋电缆断开，电源、搭铁线或端子接触不良。

【一句话介绍】

1）在对汽车电路进行检修时，只要拆过 SRS 的电源、传感器，或断开过线束端子，SRS 的控制单元自诊断系统就会记下故障码。

2）控制单元内引爆程序只能起动一次，并且在引爆气囊后，必须更换 SRS 的控制单元。更换控制单元后，必须按厂家规定重新匹配，否则仪表板上的安全气囊故障指示灯常亮，安全气囊不工作，并且没有故障码。

3）正是利用安全带的最大拉力程度和气囊排气节流的阻尼作用吸收人体惯性力产生的冲击能量，从而减轻人体遭受伤害的程度。

4）面防护安全气囊主要保护人员的面部与胸部。

5）侧面防护安全气囊主要保护人员的头部和腰部，顶部防护安全气囊主要保护人员的头顶部。

6）安全气囊系统由碰撞传感器、控制单元、气囊、爆燃式安全带张紧器、螺旋导线单元等组成。

7）点火器引爆后，点火器内自检电阻熔断，安全带即处于可逆的绷紧状态。在引爆后也必须更换安全带。

8）SRS 控制单元包括电子加速度传感器、中央处理器（CPU）、诊断数据存储器、蓄能器和碰撞数据记录器。

9）螺旋导线单元是转向盘、安全气囊与转向柱之间线束的连接器，可以保证行车转向时气囊连接的自由行程。

10）当碰撞发生时，由点火器、气袋、惰性气体、发生器适时引爆不同位置的气囊。

11）被动安全系统的防止碰撞危害设计必须考虑转向盘的突出量、转向杆的后移量以及制动踏板的后移量，如图8-24所示。所以现在配置较高的轿车都配置有可溃缩式转向柱。在车辆遇到撞击时，可溃缩式转向柱受力自动收缩，减小转向柱对驾驶人胸部的伤害。研究表明，发生正面碰撞事故时，车辆内部变形和侵入是造成乘员受伤的主要因素。可溃缩式转向柱可在车辆发生正面碰撞事故时自动反向缩进，避免撞击、挤压驾驶人胸部，有效避免驾驶人胸部受伤，并且便于驾驶人逃生。

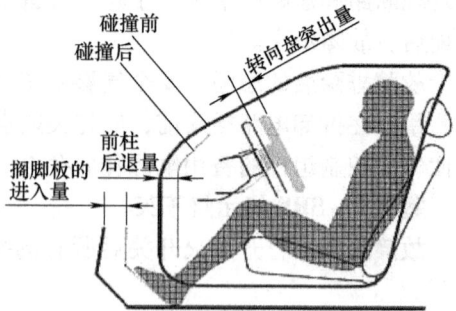

图8-24 碰撞后的座舱空间变形量

读者信息反馈表

感谢您购买《汽车故障诊断与典型案例分析》一书。为了更好地为您服务，有针对性地为您提供图书信息，方便您选购合适图书，我们希望了解您的需求和对我们教材的意见和建议，愿这小小的表格为我们架起一座沟通的桥梁。

姓　　名		所在单位名称			
性　　别		所从事工作（或专业）			
通信地址				邮　　编	
办公电话			移动电话		
E- mail					

1. 您选择图书时主要考虑的因素（在相应项前面画✓）：

（　）出版社　（　）内容　（　）价格　（　）封面设计　（　）其他

2. 您选择我们图书的途径（在相应项前面画✓）：

（　）书目　　（　）书店　　（　）网站　　（　）朋友推介　　（　）其他

希望我们与您经常保持联系的方式：

□电子邮件信息　□定期邮寄书目

□通过编辑联络　□定期电话咨询

您关注（或需要）哪些类图书和教材：

您对我社图书出版有哪些意见和建议（可从内容、质量、设计、需求等方面谈）：

您今后是否准备出版相应的教材、图书或专著（请写出出版的专业方向、准备出版的时间、出版社的选择等）：

非常感谢您能抽出宝贵的时间完成这张调查表的填写并回寄给我们，我们愿以真诚的服务回报您对机械工业出版社技能教育分社的关心和支持。

请联系我们——

地　　址　北京市西城区百万庄大街 22 号　机械工业出版社技能教育分社

邮　　编　100037

社长电话　（010）88379083　88379080　68329397（带传真）

E-mail　jnfs@ mail. machineinfo. gov. cn